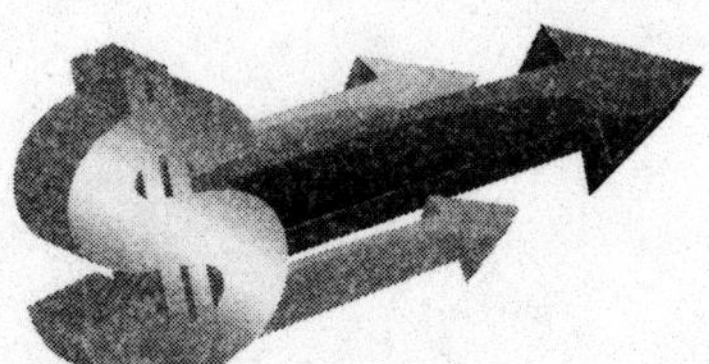

股票基金投资入门

——初学者必须知道的 698 个问题

（第二版）

宋国涛◇编著

地震出版社
Seismological Press

图书在版编目(CIP)数据

股票基金投资入门：初学者必须知道的698个问题/宋国涛编著. —2版.
—北京：地震出版社，2015.5(2015.6重印)
ISBN 978-7-5028-4570-4

Ⅰ.①股… Ⅱ.①宋… Ⅲ.①股票投资—基本知识②基金—投资—基本知识 Ⅳ.①F830.91②F830.59

中国版本图书馆CIP数据核字(2015)第008894号

地震版 XM3581

股票基金投资入门

——初学者必须知道的698个问题 （第二版）

宋国涛 编著

责任编辑：刘素剑

责任校对：庞亚萍 凌 樱

出版发行：地震出版社

北京市海淀区民族大学南路9号 邮编：100081
发行部：68423031 68467993 传真：88421706
门市部：68467991 传真：68467991
总编室：68462709 68423029 传真：68455221
证券图书事业部：68426052 68470332
http://www.dzpress.com.cn
E-mail：zqbj68426052@163.com

经销：全国各地新华书店

印刷：廊坊市华北石油华星印务有限公司

版(印)次：2015年5月第二版 2015年6月第二次印刷

开本：787×1092 1/16

字数：634千字

印张：24.75

书号：ISBN 978-7-5028-4570-4/F(5262)

定价：48.00元

前言 Preface

在追逐财富的梦幻时代，股票、基金市场提供了投资致富的绝好机会。可能再也没有什么东西，能像股票、基金这么神奇了！作为投资致富的神秘领域，因其有获得巨额利润的可能性，正吸引着越来越多的投资者。而经历了近两年股票市场的跌宕起伏，广大投资者多了一份清醒与理性，对股票、基金投资知识的渴求与日俱增。

遨游与搏击于风云变幻的股票、基金与期货市场，可以激发你的智慧，展示你的才华。

股票、基金和期货投资是一种风险投资，许多人对此知之甚少，缺乏理性的认识，本能地具有“希望大于失望”的投资冲动，因而较容易存在市场“幻觉”，缺乏风险意识。总认为炒股、买基金和做期货是一种赚大钱的理想投资方式，殊不知，这些投资方式虽然能获得高收益，但是也充满了风险和挑战。

在阅读本书之前，很多朋友可能并没有真正从事过股票、基金投资，但通过媒体的大量报道和宣传，也已经略知一二。有些专业性较强图书，对股票、基金投资的复杂性描写到了无以复加的地步，甚至让人望而却步。其实，股票、基金投资并不神秘，和其它具有风险性的投资行业一样，既有赚钱获利的机遇，同时也必须冒一定的风险，有时可能还要付出代价。

本书力避晦涩难懂得的名词术语、理论概念和眼花缭乱的图表解析，尽量运用通俗易懂得的语言，全面系统地阐释最新的股票、基金的各种知识和投资方式方法，在介绍基本常识、买卖技巧、赚钱策略的基础上，与读者朋友探讨股市、基金与市场的深层意蕴，涨跌背后的心理状态和性格变化，以及如何冲破“神秘莫测”的技术分析关，弄懂各类专家的分析意见，吸收他人的见解并确立自己的观点。通过阅读本书，读者朋友对于一系列复杂的技术环节，都可以通过实践迅速掌握并熟能生巧。

“股市有风险，投资须谨慎”。我们不想把每位股民、基民都变成专家，但希望本书能使大家耳聪目明，头脑清晰地自如操作，增大投资的理性成分，从而提升赚钱的几率。

我们希望每一位朋友都能通过股票、基金投资财运亨通，从普通投资者成为市场博弈中的行家里手。如果读者能从本书中汲取若干有用的成分，抓住赚钱机遇，力避投资风险，本书定能物尽所值了。

目 录

上 篇 股票投资技巧

第一章 股票常识

第二章 炒股入门

第三章　股票实战策略

第四章 股票操作技法

第五章 选股秘籍

第六章 股票技术分析

第七章 股市风险防范

下 篇 基金投资技巧

第八章 基金知识必备

第九章　基金入市指南

第十章　基金投资实务

第十一章　基金制胜方略

—上 篇—

股票投资技巧

GUPIAOTOUZIJIQIAO

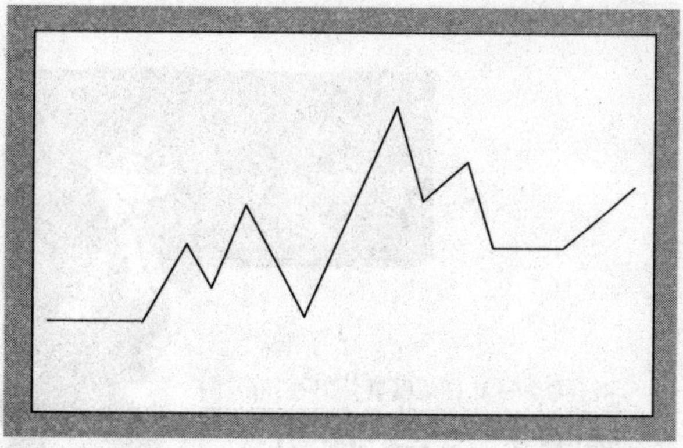

GUPIAOJIJINTOUZIRUMEN

股票基金投资入门

第一章 股票常识

学而不思则罔，思而不学则殆。只想不做，那叫空想；只做不学，那叫蛮干。掌握股票知识，看准股市潮流，果断采取行动，才能赢得痛快淋漓。随波逐流，稀里糊涂，虽然短期也可能获利，但时间一久必赔无疑。新入市的投资者应全面了解股票知识，做到有备无患，知己知彼，才能在市场中有个良好的开端。

1. 什么是股票?

说穿了,股票不过是一张纸,一个符号,它之所以能成为万人追逐的目标,是因为一旦买到了股票,就成为该股票发行公司的股东,在公司赚了钱时,能领到现金红利,或领取配股,低价买进,高价卖出时,可以赚取差价。可见,小小的一张“纸”,具有不少可以享受的权利,还有不少赚钱的机会,也正因如此,人们才愿意买进并拥有它;作为一种具有高流动性、易变现的流动资产,人们越来越喜欢它。

初涉股海的投资者,可能对股票感到神秘。其实,股票是股份有限公司在筹集资本时向出资人发行的股份凭证,代表着其持有者(即股东)对股份公司的所有权。这种所有权是一种综合权利,如参加股东大会、投票表决、参与公司的重大决策,收取股息或分享红利等。股票可以通过买卖方式有偿转让,股东能通过股票转让收回其投资,但不能要求公司返还其出资。股东与公司之间的关系不是债权债务关系,而是一种所有权关系。持有了股票就成为公司的股东,股东以其出资额为限对公司负有限责任,承担风险,分享收益。股东权力的大小,取决于占有股票的份额多少。

股票自诞生之日起,已经有好几百年的历史。企业可以通过向社会公开发行的方式或者向特定对象定向发行方式发行股票,筹集资金用于生产经营。国家可通过控制多数股权的方式,用同样的资金控制更多的资源。

金融家点评:

一位伟大的思想家曾经说:“当人们忘记了一切时,剩下的便是文化。”股票的道理也是如此。知道了什么是股票,才能纵观大局,理解股市发展久盛不衰的深层动力。

2. 股票有什么特征?

想买进股票的人多了,价格自然上涨,想卖出股票的人多了,价格就会下跌。股价的升降起伏,就是买者与卖者较量的结果。从股票的买卖特性看,有如下特征:

(1)流通性。股票的流通性是指股票在不同投资者之间的可交易性。流通性通常以可流通的股票数量、股票成交量以及股价对交易量的敏感程度来衡量。可流通股数越多,成交量越大,价格对成交量越不敏感(价格不会随着成交量一同变化),股票的流通性就越好,反之就越差。股票的流通,使投资者可以在市场上卖出所持有的股票,取得现金。通过股票的流通和股价的变动,可以看出人们对于相关行业和上市公司的发展前景和赢利潜力的判断。

(2)可以在市场上流通,但不可要求偿还。股票是一种无偿还期限的有价证券,投资者认购了股票后,就不能再要求退股,只能到二级市场卖给第三者。股票的转让只意味着公司股东的改变,并不减少公司资本。从期限上看,只要公司存在,它所发行的股票就存在,股票的期限等于公司存续的期限。

(3)能给投资者带来收益。股东凭其持有的股票,有权从公司领取股息或红利,获取投资的收益。股息或红利的大小,主要取决于公司的赢利水平和公司的赢利分配政策。

(4)赋予投资者一定权利。股东有权出席股东大会,选举公司董事会,参与公司重大决策。

股票持有者的投资意志和享有的经济利益，通常是通过行使股东参与权来实现的。股东参与公司决策的权利大小，取决于其所持有的股份的多少。从实践中看，只要股东持有的股票数量达到左右决策结果所需的实际多数时，就能掌握公司的决策控制权。

(5)因价格波动具有投资风险。股票在交易市场上作为交易对象，同商品一样，有自己的市场行情和市场价格。由于股票价格要受到诸如公司经营状况、供求关系、银行利率、大众心理等多种因素的影响，其波动有很大的不确定性。正是这种不确定性，有可能使股票投资者遭受损失。价格波动的不确定性越大，投资风险也越大。因此，股票是一种高风险的金融产品。

金融家点评：

小富靠攒、大富靠天，其实这个“天”指的就是机遇。把握股票特征，抓住机遇，你就赢得财富，就能获得成功。

3. 股票票面上有哪些内容？

股票凭证是股票的具体表现形式，就像什么票据凭证都必须有相关内容一样，一般情况下，上市公司的股票凭证票面上应具备以下内容：

(1)发行该股票的股份有限公司的全称及其注册登记的日期与地址。

(2)发行的股票总额、股数及每股金额。

(3)股票的票面金额及其所代表的股份数。

(4)股票发行公司的董事长或董事签章，主管机关核定的发行登记机构的签章，有的还注明是普通股还是优先股等字样。

(5)股票发行的日期及股票的流水编号。如果是记名股票，则要写明股东的姓名。

(6)印有供转让股票时所用的表格。

(7)股票发行公司认为应当载明的注意事项。如注明股票过户时必须办理的手续、股票的登记处及地址，是优先股的说明优先权的内容等。

随着计算机技术及网络技术的发展与应用，我国沪深股市股票的发行和交易都借助于电子计算机及电子通讯系统进行，上市股票的日常交易已实现了无纸化，所以现在的股票仅仅是由电子计算机系统管理的一组组二进制数字而已。但从法律上来说，上市交易的股票都必须具备上述内容。我国发行的每股股票的面额均为1元人民币，股票的发行总额为上市的股份有限公司的总股本数。

金融家点评：

股票不但要取得国家有关部门的批准才能发行上市，而且其票面必须具备一些基本的内容。股票凭证在制作程序、记载的内容和记载方式上都必须规范化并符合有关的法律法规和公司章程的规定。

4. 股票是从哪里来的？

现代社会，股票已经越来越为人们所熟悉，也越来越走近普通人的生活。股票是脱胎于股份制有限公司的一种产物，而股份制公司是市场经济发展到一定阶段的产物。

股份制就是以入股方式把分散的、属于不同人所有的生产要素集中起来，统一使用、合理经营、自负盈亏，按股分红的一种经济组织形式。股份制的基本特征是生产要素的所有权和使用权的分离，在保持所有权不变的情况下，把分散的使用权转化为集中的使用权。

股份公司是股份制最典型的形式。一般认为，股份制公司最早的起源应该是1902年建立的荷兰东印度公司。但其最盛时期是自19世纪后半叶以后，这时经济发展迅速，企业迫切需要巨额资金来扩大规模，推广新技术，从而刺激了股份制公司的发展。股份简称为“股”，把公司资本总额按相等金额分成的单位叫做股份。股份制公司是通过发行股票及其他证券来筹集资金的一种企业组织形式。

金融家点评：

对股票的历史略知一二，你就会发现，充实自己的头脑，比充实钱袋还要重要。

5. 股票与债券有什么不同？

两者都是有价证券，都是可以通过公开发行募集资本的融资手段，是证券市场上的主要金融工具，同在一级市场上发行，又同在二级市场上转让流通。股票和债券的区别在于：

(1)发行主体不同。作为筹资手段，无论是国家、地方公共团体还是企业，理论上来说都可以发行债券，而股票则只能是股份制企业才可以发行。

(2)收益稳定性不同。从收益方面看，债券在购买之前，利息率已定，到期就可以获得固定利息，而不管发行债券的公司经营获利与否。股票一般在购买之前不定股息率，股息收入随股份公司的赢利情况变动而变动，赢利多就多得，赢利少就少得，无赢利不得。

(3)保本能力不同。从本金方面看，债券到期可回收本金，也就是说连本带利都能得到。股票则无到期之说。股票本金一旦交给公司，就不能再收回，只要公司存在，就永远归公司支配。公司一旦破产，还要看公司剩余资产清盘状况，那时甚至连本金都会蚀尽，小股东特别有此可能。

(4)经济利益关系不同。债券和股票是两种性质不同的有价证券，两者反映着不同的经济利益关系。债券所表示的只是对公司的一种债权，而股票所表示的则是对公司的所有权。权属关系不同，就决定了债券持有者无权过问公司的经营管理，而股票持有者，则有权直接或间接地参与公司的经营管理。

(5)风险性不同。债券作为一般的投资品种，其交易转让的周转率比股票低，价格变化幅度相对不大，因此风险性要小一些。但股票交易转让的周转率高，市场价格变动幅度大，可能暴涨暴跌，因此安全性低，风险很大。但在同时，由于可能获得很高的预期收入，故又能够吸引不少投资者参与。

金融家点评：

股票的特性中，不可返还性决定了股票投资的风险性，价格的波动性决定了股票具有极大的投机性。这就是股市的意义和奥妙所在。

6. 股票投资和储蓄有何不同？

股票投资和储蓄存款，都是将一定的资金交付给他人，并获取相应的利益。但两者在本质上是根本不同的。

(1)两者的投资性质不同。股票投资和储蓄存款都是建立在某种信用基础上的,但股票是以资本信用为基础,体现着股份公司与股票投资者之间围绕股票投资行为而形成的权利与义务关系;而储蓄存款则是一种银行信用,建立的是银行与储蓄者之间的借贷性债务债权关系。

(2)法律地位和权利内容不同。股票持有者处于股份公司股东的地位,依法有权参与股份公司的经营决策,并对股份公司的经营风险承担相应的责任;而银行存款人的存款行为相当于向银行贷款,处于银行债权人的地位,其债权的内容尽限于定期收回本金和获取利息,不能参与债务人的经营管理活动,对其经营状况也不负任何责任。

(3)投资增值的效果不同。股票和存款储蓄都可以使货币增值,但货币增值的多少是不同的。股票是持有者向股份公司的直接投资,投资者的投资收益来自于股份公司根据赢利情况派发的股息红利。这一收益可能很高,也可能根本就没有,它受股份公司当年经营业绩的影响,处于经常性的变动之中。而储蓄存款是通过实现货币的储蓄职能来获取货币的增值部分,即存款利息的。这一回报率是银行事先约定的,是固定的,不受银行经营状况的影响。

(4)存续时间与转让条件不同。股票是无期的,只要股票发行公司存在,股东不能要求退股以收回本金,但可以进行买卖和转让;储蓄存款一般是固定期限的,存款到期时存款人收回本金和利息。普通的储蓄存款不能转让,大额可转让储蓄存单除外。

(5)风险不同。股票投资行为是一种风险性较高的投资方式,其投资回报率可能很高,但高回报率伴随的必然是高度的风险;银行作为整个国民经济的重要金融支柱,其地位一般说来是稳固的,很少会衰落到破产的危险地步。

金融家点评:

尽管银行存款的利息收入通常要低于股票的股息与红利收益,但它是可靠的,而且存款人存款后也不必像买入股票后那样的要经常性的投入精力去关注它的变化。而投资股票就大不相同了。

7. 股票与股份公司是什么关系?

股份公司具有以下几个特点:通过发行股票和公司债券等有价证券来筹集资本;基本上允许股票自由转让;股东以自己的出资额为限对公司的债务负责;从决策、业务执行、监察这些明确为公司机关的经营责任制来看,适合于大企业形式;担当社会经营职务的董事不一定必须是股东。

股票是股份公司卖给股东的一种所有权证书。股票持有者在获得了股票的所有权后,便理所当然地成为该公司的股东,其有参与公司经营的决策,享有公司的利润分配,优先购买新股,检查公司经营和分配公司剩余财产等权利。因此,股票、股东、股份公司之间就具有了上述的密切联系。

金融家点评:

投资不可以“盲人骑瞎马,夜半临清池”。对于投资者来说,了解股票与股份公司的关系是很重要的。

8. 哪些股票能上市交易?

并不是所有的公司都有资格发行股票,更不是所有的股票都有资格上市。不同的国家、不同的交易所对股票上市所要求的条件是不一样的,但一般包括以下几个方面:

(1)申请股票上市的公司的股本总额能够达到法定的标准;

(2)公司具备一定的赢利和抗风险能力;

(3)股权分散。

这几条规定是上市公司发行的股票能够吸引投资者的秘诀。上市公司有较高的资本额,就有充足的资金进行生产和经营,反映它有较强的经济实力和较大的发展潜力。公司能够赢利,投资者才有希望在近期获得较高的股利收入,才对公司发行的股票感兴趣,股票才有价值。任何一种股票,有收益就有风险,但公司自由资本所占比重大,借入资本所占比重小,公司抗风险的能力就强,公司股票的风险就低,股东对债务的负担就小。股权适当分散,股票才便于流通,免于被少数股东垄断。

金融家点评:

只要上市交易,股票面前,人人平等。东挪西借的入市新手,市场也决不会稍事寒暄、客气一番,饱读经书的专家学者,市场也决不留些情面,照顾情绪。

9. 股票上市需要具备什么条件?

股票上市,指的是某种股票经过证券交易所的批准,在交易所内挂牌买卖。这种经过批准、在交易所内注册的股票就是上市股票,发行股票的公司就是上市公司。在交易所内上市的证券除了股票以外还有国债、地方政府债券等,但是股票的交易量最大,上市条件最为严格,程序也最为复杂,因此,证券市场也被泛称为股票市场。

目前,我国的股份有限公司要申请股票在上海和深圳交易所上市,必须具备下列条件:

(1)股票的公开发行经过了国家证监会的审查批准;

(2)发行后的股本总额不少于人民币 5000 万元;

(3)持有面值人民币 5000 元以上的个人股东人数不少于 1000 人;

(4)个人持有的股票面值总额不少于人民币 1000 万元;

(5)公司有最近 3 年连续赢利的记录,原有企业改组设立股份有限公司的,原企业有最近 3 年赢利的记录,新设立的股份有限公司除外;

(6)国家证监会规定的其他条件。

金融家点评:

股票上市路途漫漫,正因为这样,不少中长期投资者永远看好后市,不为风浪所动,结果逢凶化吉、屡战屡胜,甚至在股市流行起“炒不如买,买不如捂”的说法。

10. 股票种类有多少?

作为一种有价证券,股票本身虽然没有价值,但是它可以为持有人带来股息收入。按照不同的标准,可以对股票进行各种不同的分类。

按照股东享有的权益和承担的风险不同,股票可以分为普通股和优先股,按照有无记名分为记名股票和无记名股票;按有无票面金额分为面额股票和无面额股票;按投资主体的不同情况,分为国家股、法人股(企业法人股)、个人股(自然人的散股)和外资股等。

金融家点评:

股票尽管种类繁多,但物以稀为贵,人们追捧的永远是能赚钱的股票,股市奉行的就是这个原则。

11. 什么是原始股?

原始股是在中国股市初期,在股票一级市场上以发行价向社会公开发行的企业股票。原始股从总体上可划分为:国有股、法人股与自然人股。

(1)国有股是国家持有股份,目前法律对国有股上市有严格的规定;

(2)法人股是企业法人所持有的股份,不经过转让是不能直接上市流通的;

(3)自然人股是一般个人所持有的股票,一旦该股票上市就可以流通。

在中国证券市场上,"原始股"一向是赢利和发财的代名词。通过上市获取几倍甚至几十倍的高额回报,通过分红能取得比银行利息高得多的回报。

金融家点评:

原始股的认购有完整的认购体系,不能进行私下交易。购股者要了解承销商是否有授权经销该原始股的资格,避免上当受骗。

12. 什么是普通股和优先股?

普通股和优先股是股票的两种基本类型。普通股是公司最基本、数量最多的股份。普通股的股东因此也享有最为广泛的权利并承担最为广泛的义务。普通股的股息不固定,由董事会每年根据公司赢利情况而决定。持有普通股的股东只有在优先股持有人之后才享有利润分配权、资产分配权和股份转移权。

优先股是股份有限公司专门为某些获得优先持有特权的投资者精心设计出的一种股票,它比普通股具有某些特别权利,同时又有更多限制。优先股具有以下几个特征:

(1)优先股的股息一般相对固定,无论公司经营好坏,其股息不变,且股息支付也优先于普通股;

(2)优先股一般不具有投票权,不参与公司的经营管理,除非当公司需要讨论优先股有关权益时，优先股股东才有权参加股东大会，并享有投票权；

(3)优先股一般具有可赎回性质，发行此类股票的企业在一定年限后可按照一定价格将其赎回，必要时可平价赎回。

金融家点评：

普通股和优先股名副其实，是形式和内容的统一。

13. 什么是A股、B股、H股、N股和S股？

我国上市公司的股票有A股、B股、H股、N股和S股等的区分。这一区分主要依据股票的上市地点和所面对的投资者而定。

A股的正式名称是人民币普通股票。它是由我同境内的公司发行，供境内机构、组织或个人(不含台、港、澳投资者)以人民币认购和交易的普通股股票。

B股的正式名称是人民币特种股票，它是以人民币标明面值，以外币认购和买卖，在境内(上海、深圳)证券交易所上市交易的。它的投资人限于：外国的自然人、法人和其他组织，香港、澳门、台湾地区的自然人、法人和其他组织，定居在国外的中国公民。中国证监会规定的其他投资人。现阶段B股的投资人，主要是上述几类中的机构投资者。B股公司的注册地和上市地都在境内。B股开始时，投资者在境外或在中国香港，澳门及台湾，2001年我国开放境内个人居民可以投资B股。

H股，即注册地在内地、上市地在香港的外资股。香港的英文是HongKong，取其字首，在港上市外资股就叫做H股。依此类推，纽约的第一个英文字母是N，新加坡的第一个英文字母是S，纽约和新加坡上市的股票就分别叫作N股和S股。

金融家点评：

股票虽小，种类不少。

14. 什么是ST股票？

我国沪深证券交易所在1998年4月22日宣布，根据1998年实施的股票上市规则，将对财务状况或其他状况出现异常的上市公司的股票交易进行特别处理，由于“特别处理”的英文是Special trealhent(缩写是“ST”)，因此这些股票就简称为ST股。上述财务状况或其他状况出现异常主要是指两种情况，一是上市公司经审计连续两个会计年度的净利润均为负值，二是上市公司最近一个会计年度经审计的每股净资产低于股票面值。在上市公司的股票交易被实行特别处理期间，其股票交易应遵循下列规则：

(1)股票报价日涨跌幅限制为5%；

(2)股票名称改为原股票名前加“ST”，例如“ST辽物资”；

(3)上市公司的中期报告必须审计。

金融家点评：

投资者对于特别处理的股票也要区别对待，具体问题具体分析，有些 ST 股主要是经营性亏损，那么在短期内很难通过加强管理扭亏为盈。有些 ST 股是由于特殊原因造成的亏损，或者有些 ST 股正在进行资产重组，是否具有投资价值需要进一步观察。

15. 什么是*ST 股票？

证券交易所对存在股票终止上市风险的公司股票交易实行“警示存在终止上市风险的特别处理”，其股票简称前被冠以“*ST”标志，股价日涨跌幅限制为 5%。

当上市公司出现以下 5 种情况终止上市风险情形时，其股票将被实行“退市风险警示”：①最近两年连续亏损的；②因财务会计报告存在重大会计差错或虚假记载，被中国证监会责令改正或公司主动改正，对以前年度财务报告进行追溯调整，导致最近两年连续亏损的；③因财务会计报告存在重大会计差错或虚假记载，中国证监会责令其改正，在规定期限内未对虚假财务会计报告进行改正的；④在法定期限内未依法披露年度报告或半年度报告的；⑤处于股票恢复上市交易后的第一个年度报告期间的。

实施退市风险警示制度的目的在于进一步完善中国证券市场退市机制，提高市场透明度，向投资者充分揭示风险。

由于连续三年亏损就要退市。因此，*ST 股票已经连续亏损两年，只要本年度继续亏损就要退市。需要指出的是，在 ST 前面加*并不是对上市公司的处罚，而只是对上市公司目前所处状况的一种客观揭示，其目的在于向投资者提示市场风险，引导投资者进行理性投资，如果公司异常状况消除，可以恢复正常交易。

金融家点评：

*ST 股票已经连续亏损两年，只要本年度继续亏损就要退市。

16. 什么是 PT 股票？

PT 股是基于为暂停上市流通的股票提供流通渠道的特别转让服务所产生的股票品种（PT 是英文 Particular Transfer“特别转让”的缩写），这是根据《公司法》及《证券法》的有关规定，上市公司出现连续三年亏损等情况，其股票将暂停上市。沪深证券交易所从 1999 年 7 月 9 日起，对这类暂停上市的股票实施“特别转让服务”。PT 股的交易价格及竞价方式与正常交易股票有所不同：

(1)交易时间不同。PT 股只在每周五的开市时间内进行，一周只有一个交易日可以进行买卖。

(2)涨跌幅限制不同。据最新规定，PT 股只有 5%的涨幅限制，没有跌幅限制，风险相应增大。

(3)撮合方式不同。正常股票交易是在每交易日 9:15~9:25 之间进行集合竞价，集合竞价未成交的申报则进入 9:30 以后连续竞价排队成交。而 PT 股是交易所在周五 15:00 收市后一次性对当天所有有效申报委托以集合竞价方式进行撮合，产生唯一的成交价格，所有符合条件的委托申报均按此价格成交。

(4)PT 股作为一种特别转让服务，其所交易的股票并不是真正意义上的上市交易股票，因此股票不计入指数计算，转让信息只能在当天收盘行情中看到，投资者需引起注意。

金融家点评：

ST、PT 股票虽然风险很大，但如果操作投资科学合理，会带来意外收获。

17. 什么是蓝筹股和红筹股？

蓝筹股多指长期稳定增长的、大型的、传统工业股及金融股。此类上市公司的特点是有着优良的业绩、收益稳定、股本规模大、红利优厚、股价走势稳健、市场形象良好。

在海外股票市场上，投资者把那些在其所属行业内占有重要支配性地位、业绩优良，成交活跃、红利优厚的大公司股票称为蓝筹股。“蓝筹”一词源于西方赌场。在西方赌场中，有两种颜色的筹码，其中蓝色筹码最为值钱，红色筹码次之，白色筹码最差。投资者把这些行话套用到股票。美国通用汽车公司、埃克森石油公司和杜邦化学公司等股票，都属于“蓝筹股”。蓝筹股并非一成不变。随着公司经营状况的改变及经济地位的升降、蓝筹股的排名也会变更。据美国著名的《福布斯》杂志统计，1917 年的 100 家最大公司中，目前只有 43 家公司股票仍在蓝筹股之列，而当初“最蓝”、行业最兴旺的铁路股票，如今完全丧失了入选蓝筹股的资格和实力。

金融家点评：

在香港股市中，最有名的蓝筹股当属全球最大商业银行之一的“汇丰控股”。中国大陆的股票市场虽然历史较短，但发展十分迅速，也逐渐出现了一些蓝筹股。

18. 什么是概念股和指标股？

概念股是指具有某种特别内涵的股票，而这一内涵通常会被当做一种选股和炒作题材，成为股市的热点。

概念股是与业绩股是相对而言的。业绩股需要有良好的业绩支撑，概念股则是依靠某一种题材支撑价格。“中国概念股”就是外资因为看好中国经济成长而对所有在海外上市的中国股票的称呼。

说起指标股，不能不说到股票指数。股票指数虽说是代表整个市场走向的晴雨表，但往往只挑选了一些样本公司的股票进行计算，且在计算时，由于其中的某只或某几只股票价格高、数量大，占的权重大，从而这几只股票的价格变动对股指的最后计算结果影响大。总股本大的股票，所占整个股市全部股份的比重就大，每上涨(个股)几个百分点对整个大盘的指数上涨做出贡献就很大。假定全部的股票都不涨不跌，某一个指标股涨 10%，可能根据它的权重能使得大盘上涨一个百分点。如国企大盘股和部分上海老的 A 股，都是指标股。

指标股在股市起着聚集市场人气、推动价格升涨的作用。因为指标股是对股指变动影响较大的股票，它们的上涨很可能带动股指的上涨，给人整个市场上涨的印象。对于想影响人们对整个市场判断的人或机构来说，操纵指标股显然是一种四两拨千斤的做法——只需集中精力影响指标股，就能左右整个市场的走势。

由于上海证券交易所和深圳证券交易所的大盘指数计算方法的不同，所以指标股的具体所指是有差别的。上海证券交易所的指数是采用全部股本(包括流通股本和非流通股本)作权重，所以只要看总股本大的就是指标股；深圳证券交易所成分指数是采用流通股本作权重，所以总股本大的不一定对指标产生大的影响，而需要看流通盘的大小。

金融家点评：

指标股通常能受到数家大主力的关照，指标股股价一旦开始上涨，往往会有一段坚挺而持续的升涨行情，因而在指标股起动初期及时购进，通常总能有所收获。

19. 什么是题材股?

顾名思义，题材股是有炒作题材的股票，这些题材可供炒作者(所谓庄家)借题发挥，可以引起市场大众跟风。例如，能源紧张了，一些替代性的生产酒精或生产太阳能电池的企业股票就成为炒作题材，称为“新能源题材股”。外资进入股市了，又出现了“外资收购题材股”，奥运申办成功了，立刻就出现了“奥运题材股”。总之，一切可以引起市场兴趣的话题，都是炒作题材，所涉及的股票，也就成了题材股。

题材股由于某一突发事件或特有现象而使部分个股具有一些共同特征，有时也被称作“板块”，例如“资产重组板块”、“WTO 板块”等。市场要炒作就必须以各种题材做支撑，这已成了股票市场的规律。

金融家点评：

常被利用的炒作题材股大致有以下几类：①经营业绩好转，赢得状况改善的公司股票；②国家产业政策扶持，政府实行政策倾斜的公司股票；③将要或正在合资合作、股权转让的公司股票；④出现控股或收购等重大资产重组的公司股票；⑤增资配股或高送股分红的公司股票等。

20. 什么叫一线股和二线股?

根据股票市值的高低，可以直观地将股票分为一线股、二线股和三线股，一线股通常指股票市场上市值较高的一类股票。这些股票业绩优良或具有良好的发展前景，股价领先于其他股票。大致上，一线股等同于绩优股和蓝筹股。一些高成长股，如我国证券市场上的一些高科技股，由于投资者对其发展前景充满憧憬，它们通常被看作是一线股。一线股享有良好的市场声誉，为机构投资者和广大中小投资者所熟知。

二线股是价格中等的股票。这类股票在市场上数量最多。二线股的业绩参差不齐，但从整体上看，它们的业绩也同股价一样，在所有上市公司中居于中游。

三线股指价格低廉的股票。这些公司大多业绩不好，前景不妙，有的甚至已经到了亏损的境地。

金融家点评：

也有少数上市公司，因为发行量太大，或者身处夕阳行业，缺乏高速增长的可能，难以塑造出好的投资概念来吸引投资者。这些公司虽然业绩尚可，但股价却徘徊不前，也被投资者视为了三线股。

21. 什么是股票市场?

一般地，股票市场可以分为一级市场、二级市场，一级市场也称为股票发行市场，二级市场也称之为股票交易市场。大多数人了解的股票市场一般是指二级市场或次级市场，是股票发行和流通的场所，也可以说是指对已发行的股票进行买卖和转让的场所。股票的交易都是通过股票市场来实现的。

股票是一种有价证券。有价证券除股票外，还包括国家债券、公司债券、不动产抵押债券等。因此，股票交易只是有价债券交易的一个组成部分，股票市场也只是多种有价债券市场中的一种。目前，很少有单一的股票市场，股票市场不过是证券市场中专营股票的地方。

股票市场是上市公司筹集资金的主要来源之一。随着商品经济的发展，公司的规模越来越大，需要大量的长期资本。而如果单靠公司自身的资本化积累，是很难满足生产发展的需求的，所以必须从外部筹集资金。公司筹集长期资本一般有三种方式：一是向银行借贷；二是发行公司债券；三是发行股票。前两种方式的利息较高，并且有时间限制，这不仅增加了公司的经营成本，而且使公司的资本难以稳定，因而有很大的局限性。而利用发行股票的方式来筹集资金，则无须还本付息，只需在利润中划拨一部分出来支付红利即可。

金融家点评：

无利不起早，发行股票对公司来说无疑是最有利，也是最符合经济原则的，由此催生了股票市场的发展与壮大。

22. 什么是股票一级市场?

一级市场指股票发行市场。是股票发行者为扩大经营，按照一定的法律规定和发行程序，向投资者出售新股票所形成的市场，是指发行股票从规划到销售的全过程。新公司的成立，老公司的增资或举债，都要通过发行市场，都要借助于发行、销售股票来筹集资金，使资金从供给者手中转入需求者手中。

股票发行市场的特点，一是无固定场所，可以在投资银行、信托投资公司和证券公司等处发行，也可以在市场上公开出售新股票；二是没有统一的发行时间，由股票发行者根据自己的需要和市场行情自行决定发行时间。

股票一级市场由三个主体因素相互连结而组成。这三者就是股票发行者、股票承销商和股票投资者。发行者的股票发行规模和投资者的实际投资能力，决定着发行市场的股票容量和发达程度；同时，为了确保股票发行的顺利进行，使发行者和投资者都能顺利地达到自己的目的，往往需要市场中介参与其中，代发行者发行股票，并向发行者收取手续费用。

金融客点评：

发行市场是以承销商为中心，一手联系发行者，一手联系投资者，由此开展股票发行活动。一级市场是把储蓄转化为投资，从而创造新的实际资产和金融资产，增加社会总资本和生产能力，促进社会经济的发展。

23. 什么是股票二级市场?

二级市场指股票交易市场。是股票经过发行市场后，投资者不断对股票进行买卖交易所产生的股票流通市场。

股票流通市场是已经发行的股票按时价进行转让、买卖和流通的市场，包括场内交易市场和场外交易市场两部分。由于股票流通市场是建立在股票发行市场基础上的，因此股票流通市场又称作二级市场。

股票二级市场是已发行股票进行买卖交易的场所，已发行的股票一经上市，就进入二级市场，二级市场有以下主要功能：

(1)促进短期闲散资金转化为长期建设资金；

(2)调节资金供求，引导资金流向，是沟通储蓄与投资的融通渠道；

(3)二级市场的股价变动能反映出整个社会的经济情况，有助于提高劳动生产率和促进新兴产业的兴起；

(4)维持股票的合理价格，保护买卖双方的利益。

金融客点评：

二级市场的最大特点是，投资人根据自己的判断和需要买进和卖出股票，其交易价格由买卖双方来决定，投资人在同一天中买入股票的价格有可能是不同的。

24. 股票市场由哪几部分组成?

如上所述，平常我们说的"股市"，实际是"股票市场"的简称。股票是通过股票市场发行的，在二级市场上进行交易。因此一个完整的股票市场包括两个部分：发行市场与交易市场。

发行市场的作用就在于提供股票，在发行市场中有以下几个重要角色。

(1)发行股票的公司。公司为了筹措资金，发行一定的股份和股份证书，交由出资人(购买股票者)，以作为对发行公司拥有权益的凭证。

(2)承销股票的证券承销商。除了国家设立有关投资公司作为专门证券承销商外，众多为银行金融机构的储蓄部或信托部也兼营。公司发行的股票，不能自己直接使其上市，而通过承销商，以代销或包销的方式，达到股权分散的目的。

(3)股东或股票申购者。原始股东缴纳股本，从发行公司领取股票；申购股票者按照股票承销办法，申购刚发行还未转手的新股票。

二级市场的作用是对股票进行买卖，除了从事股票交易的买方和卖方外，二级市场中还有如下两个重要角色：

(1)证券交易所。证券交易所就是一般投资者常说的证交所，它提供交易的场地及设备，但只容纳证券商进行交易，一般投资者是不能直接在交易所买卖股票的。

(2)证券商。证券商又分为证券自营商、证券经纪商两种。证券自营商可自行买卖股票,证券经纪商只能代理证券买卖业务。

从上可知,构成股票市场的组织要素有股票发行者、股票投资者和股票承销者。股票的发行者是通过发行股票而筹集资金的企业或部门,是原始股票的供应者。具有股票发行资格的分为已经成立的股份有限公司和经批准成立的股份有限公司。股票承销商是按承销合同,为发行者包销或代销股票的股票经营机构,主要由证券公司、商业银行、投资银行等,它是股票发行者和投资者之间的中间人,是发行市场的枢纽。

金融家点評：

"赢也爱你,输也爱你"。话虽悲壮,但也说出了股票市场的个性。

25. 什么是沪市?

沪市是指上海证券交易所。上海证券交易所创立于 1990 年 11 月 26 日,同年 12 月 19 日开始正式营业。

上证所市场交易时间为每周一至周五。上午为前市,9:15 至 9:25 为集合竞价时间,9:30 至 11:30 为连续竞价时间。下午为后市,13:00 至 15:00 为连续竞价时间,周六、周日和上证所公告的休市日市场休市。上证所市场交易采用电子竞价交易方式,所有上市交易证券的买卖均须通过电脑主机进行公开申报竞价,由主机按照价格优先、时间优先的原则自动撮合成交。

金融家点評：

沪市就是上海证券交易所。

26. 什么是深市?

深市是指深圳证券交易所,成立于 1990 年 12 月 1 日。深交所的主要职能包括:提供证券交易的场所和设施;制定业务规则;审核证券上市申请、安排证券上市;组织、监督证券交易;对会员进行监管;对上市公司进行监管;管理和公布市场信息;中国证监会许可的其他职能。

证券采用竞价交易方式,每个交易日的 9:15 至 9:25 为开盘集合竞价时间,9:30 至 11:30、13:00 至 14:57 为连续竞价时间,14:57 至 15:00 为收盘集合竞价时间。

金融家点評：

深市是指深圳证券交易所。

27. 什么是中小板?

2004 年 5 月,经国务院批准,中国证监会批复同意深圳证券交易所在主板市场内设立中小企业板块。中小板块即中小企业板,是指流通盘大约 1 亿以下的创业板块,是相对于主板市场而言的，有些企业的条件达不到主板市场的要求，所以只能在中小板市场上市，中小板的市场代码是002开头的。

⑴处于成长期：中小板企业大多处于企业生命周期的成长期，与处于成熟期的企业相比，成长期的企业具有高成长、高收益的特点。

⑵具有区域优势：中小板企业大多位于东南沿海等经济发达的地区，沿海区域的经济发展为中小企业的发展提供了巨大的空间。

⑶自主创新能力强：中小板企业多数是一些在各自细分行业处于龙头地位的小公司，拥有自主专利技术的接近90%，部分公司被列为国家火炬计划重点高新技术企业和国家科技部认定全国重点高新技术企业。"十一五"规划强调了高科技的自主创新能力，科技含量较高的中小板企业将迎来良好的市场发展环境。

⑷中小企业板块的进入门槛较高，上市条件较为严格，接近于现有主板市场。而创业板的进入门槛较低，上市条件较为宽松。

金融家点评：

深市以002打头的个股就是中小板。

28. 什么是创业板?

创业板，又称二板市场，即第二股票交易市场，是与主板市场不同的一类证券市场，专为暂时无法在主板上市的创业型企业、中小企业和高科技产业企业等需要进行融资和发展的企业提供融资途径和成长空间的证券交易市场，是对主板市场的重要补充，在资本市场有着重要的位置。

创业板与主板市场相比，上市要求往往更加宽松，主要体现在成立时间，资本规模，中长期业绩等的要求上。由于新兴的二板市场上市企业大多趋向于创业型企业，所以又称为创业板。创业板市场最大的特点就是低门槛进入，严要求运作，有助于有潜力的中小企业获得融资机会。在创业板市场上市的公司大多从事高科技业务，具有较高的成长性，但往往成立时间较短、规模较小，业绩也不突出，但有很大的成长空间。可以说，创业板是一个门槛低、风险大、监管严格的股票市场，也是一个孵化科技型、成长型企业的摇篮。

2009年10月30日，中国创业板正式上市。由于创业板风险相对较大，投资者交易创业板的股票要办理开通手续。办理手续的时候要本人携带本人身份证，到开户的营业部办理。如果开户未满两年，那需要五个交易日之后才可以开通；如果开户满两年，那两个交易日之后就可以开通。

金融家点评：

深市以300打头的就是创业板，要办理完开通手续后才能交易。

29. 沪深两市有什么区别?

(1)股票代码不同。

深圳股票代码"002"开头的是中小板,"000"开头的是主板,"3"开头的是创业板;上海股票代码"6"开头的,全部的上海股票都为主板。

上海 B 股代码是以 900 开头,新股申购的代码是以 730 开头,配股代码以 700 开头。

深圳 B 股代码是以 200 开头,新股申购的代码是以 00 开头,配股代码以 080 开头。

权证:沪市是 580 打头,深市是 031 打头。

(2)交易的场所不同。一个是上海,一个是深圳。

(3)构成的指数不同。上证指数是加权指数,深证指数是成份指数。

(4)新股申购基数单位不同。申购上海股票,资金账号最低申购 1000 股,每 1000 股为一个基数单位;申购深圳股票,一个资金账号最低是 500 股,每 500 股为一个单位基数单位。

(5)股市最后三分钟交易模式不同,上海市场依旧是连续竞价,深圳市场为集合竞价时间。

(6)过户费不同,上海股票过户费每一千股收取 1 元,深圳股票过户费 0 元。

沪深两市的性质都是:通过股票的发行,大量的资金流入股市,又流入了发行股票的企业,促进了资本的集中,提高了企业资本的有机构成,大大加快了商品经济的发展。另一方面,通过股票的流通,使小额的资金汇集了起来,又加快了资本的集中与积累。

金融家点评:

收市前最后 3 分钟,深市是集合竞价;沪市是连续竞价。

30. 什么是三板?

中国的三板市场起源于 2001 年"股权代办转让系统"。目前包含三类企业股:第一类是历史遗留问题公司,主要指从 STAQ、NET 法人股市场转过来的股票;第二类是因为连年亏损、走投无路而被迫从主板上摘牌的企业;第三类,是 2006 年初,国家批准中关村科技园区的高科技企业在三板市场进行交易后挂牌的企业。同年 1 月 23 日,高新技术企业世纪瑞尔和北京中科软进入代办股份转让系统挂牌交易,三板市场开始摆脱"垃圾股收容站"的角色。第三类企业股,被称为"新三板"。

从本质上来讲,三板市场的主要任务是承载与缓减上市公司退市的压力,应该做到适度的活跃,既不应该被看成"垃圾桶",也不要被想成是现成的"金矿"。在整个市场体系有望得到改善的背景下,三板市场存在一定的投资机会。①为了减轻主板上市公司的退市压力,激活三板市场将成为管理层的政策方向,推出相关的政策利好应在意料之中;②目前在三板市场转让的大部分公司仅将三板转让作为一个过渡,最终在主板上市将是这些公司的主要奋斗目标;③国内投资者进入三板市场成本低,基本没有投资进入壁垒,管理层对扩大三板市场投资者规模有极大的调控能力;④目前三板市场部分股票的价格较主板而言有明显优势。

金融家点评：

退市后的个股在三板市场交易。

31. 什么是新三板?

新三板属于场外市场,特指中关村科技园非上市股份有限公司进入代办股份系统进入转让试点。因为进入股份转让的企业都是高科技企业,和原来的退市企业以及原STAQ、NET系统挂牌公司不同,所以就被形象的成为“新三板”。“新三板”主要是针对公司,这种代办股份转让系统的出现对企业、公司都会有很大的好处。

2013年1月,新三板正式开板。2013年12月,新三板从北京、天津、上海、武汉四城市高新园区试点,扩大到全国范围内企业均可挂牌。

三板股票风险相对来说非常大,购买三板股票需要另外开通一个三板账户。个人投资者需要有两年以上的证券投资经验,或具有会计、金融、投资、财经等相关专业背景。同时,要求投资者本人名下前一交易日日终证券类资产市值在300万元人民币以上。证券类资产包括客户交易结算资金、股票、基金、债券、券商集合理财产品等,信用证券账户资产除外。本人带着身份证和股东卡到具备三板资格的证券公司营业部办理,开通三板账户后就能购买三板股票了。

金融家点评：

新三板跟三板不一样,是新挂牌的企业。

32. 什么是公募发行与私募发行?

公募发行指发行人通过中介机构向社会公众公开地发售证券。在公募发行情况下,所有合法的社会投资者都可以参加认购,包括个人投资者、法人机构、证券投资基金等。为了保障广大投资者的利益,各国对公募发行都有严格的要求,如发行人要有较高的信用,并符合证券主管部门规定的各项发行条件,经批准后方可发行。在我国,公募发行需符合《证券法》、《公司法》的有关规定。

私募又称不公开发行或内部发行,是指面向少数特定的投资人发行证券的方式。私募发行的对象大致有两类,一类是个人投资者,例如公司老股东或发行人机构自己的员工(俗称“内部职工股”);另一类是机构投资者,如大的金融机构或与发行人有密切往来关系的企业等。私募发行有确定的投资人,发行手续简单,可以节省发行时间和费用。私募发行的不足之处是投资者数量有限,流通性较差,而且也不利于提高发行人的社会信誉。

金融家点评：

目前,我国境内上市外资股(B股)的发行几乎全部采用私募方式进行。

33. 什么是平价发行与折价发行？

平价发行也称为等额发行或面额发行，是指发行人以票面金额作为发行价格。如某公司股票面额为1元，如果采用平价发行方式，那么该公司发行股票时的售价也是1元。由于股票上市后的交易价格通常要高于面额，因此绝大多数投资者都乐于认购。我国最初发行股票时，就曾采用过，如1987年深圳发展银行发行股票时，每股面额为20元，发行价也为每股20元，即为平价发行。

折价发行是指以低于面额的价格出售新股，即按面额打一定折扣后发行股票，折扣的大小主要取决于发行公司的业绩和承销商的能力。如某种股票的面额为1元，如果发行公司与承销商之间达成的协议折扣率为5%，那么该股票的发行价格为每股0.95元。

金融家点评：

折价发行方式较为简单易行，但其主要缺陷是发行人筹集资金量较少，多在证券市场不发达的国家和地区采用。

34. 我国的证券交易所有哪些？

我国的证券交易所有两个，分别在上海与深圳。

上海证券交易所是我国目前最大的证券交易中心，成立于1990年11月26日，注册人民币1000万元。深圳证券交易所是我国第二家证券交易所，筹建于1989年，于1991年7月经中国人民银行批准正式营业。这两个交易所开业以来，不断改进市场运作，逐步实现了交易的电脑化、网络化及股票的无纸化操作。目前，这两个交易所上市的证券品种有(A股、B股)、国债、企业债券、权证、基金等。

上海证券交易所和深圳证券交易所按照国际通行的会员制方式组成，是非赢利性的事业单位。其业务范围包括：

(1)组织并管理上市证券；

(2)提供证券集中交易的场所；

(3)办理上市证券的清算与交割；

(4)提供上市证券市场信息；

(5)办理中国人民银行许可或委托的其他业务。其业务宗旨是：完善证券交易制度，加强证券市场权利，促进中国证券市场的发展与繁荣，维护国家、企业和社会公众的合法权益。

上海证券交易所和深圳证券交易所由会员、理事会、总经理和监事会四个部分组成。会员是经审核批准且具备一定条件的法人，他们都享有平等的权利，有权参加会员大会，对交易所的理事和监事有选举权和被选举权，对交易所的事务有提议权和表决权。会员大会是证券交易所的最高权力机关，每年召开一次。理事会为证券交易所会员大会的日常事务决策机构，向会员大会负责。总经理为交易所的法定代表人，由理事会提名通过报主管机关批准。总经理的职责是组织实施会员大会和理事会的决议并向其报告工作；主持本所日常业务和行政工作；聘任本所部门负责人；代表本所对外处理有关事务。证券交易所还设监事会，负责本所财务、业务工作的监督，并向会员大会负责。

金融家点评：

有关证券交易所的情况，是投资者需要了解和掌握的基本常识。

35. 什么是机构投资者？

在股票市场上，凡是出资购买股票的个人或机构，统称为股票投资者。也就是说，股票的持有者包括个人投资者和机构投资者，在证券市场发展的初期，市场参与者主要是个人投资者，即以自然人身份从事股票买卖。一般的股民就是以自然人身份从事股票买卖，因此被称为个人投资者。

从广义上讲，机构投资者是指用自有资金或者从分散的公众手中筹集的资金专门进行有价证券投资活动的法人机构。在西方国家，以有价证券收益为其主要收入来源的证券公司、投资公司、保险公司、各种福利基金、养老基金及金融财团等，都被称为机构投资者。其中最典型的机构投资者是专门从事有价证券投资的共同基金。在中国，机构投资者目前主要是具有证券自营业务资格的证券自营机构，符合国家有关政策法规的各类投资基金等。

金融家点评：

所谓机构投资者的"机构"，是一个金融行业的法人组织，不可与政府行政部门的"机构"混为一谈。

36. 机构投资者有什么特点？

机构投资者与个人投资者相比，具有以下几个特点：

(1)投资管理专业化。机构投资者一般具有较为雄厚的资金实力，在投资决策运作、信息搜集分析、上市公司研究、投资理财方式等方面都设立了专门部门，由证券投资专家进行管理。1997年以来，国内的主要证券经营机构，都先后成立了自己的证券研究所。个人投资者由于资金有限而高度分散，同时绝大部分都是小户投资者，缺乏足够时间去搜集信息、分析行情、判断走势，也缺少足够的资料数据去分析上市公司经营情况。因此，从理论上讲，机构投资者的投资行为相对理性化，投资规模相对较大，投资周期相对较长。

(2)投资结构组合化。证券市场是一个风险较高的市场，机构投资者入市资金越多，承受的风险就越大。为了尽可能降低风险，机构投资者在投资过程中会进行合理投资组合。机构投资者庞大的资金、专业化的管理和多方位的市场研究，也为建立有效的投资组合提供了可能。个人投资者由于自身的条件所限，难以进行投资组合，相对来说，承担的风险也较高。

(3)投资行为规范化。机构投资者是一个具有独立法人地位的经济实体，投资行为受到多方面的监管，相对来说，也就较为规范。一方面，为了保证证券交易的"公开、公平、公正"原则，维护社会稳定，保障资金安全，国家和政府制定了一系列的法律、法规来规范和监督机构投资者的投资行为。另一方面，投资机构本身通过自律管理，从各个方面规范自己的投资行为，保护客户的利益，维护自己在社会上的信誉。

金融家点评：

在过去的十几年中，以养老基金、共同基金以及保险基金等为代表的机构投资者在资本市场中都获得了迅猛发展。这些机构投资者发展背后的依托是其成熟的投资理念、熟练的投资技巧与专业的研究分析。他们的很多理念和做法，值得投资者学习和借鉴。

37. 什么是战略投资者?

战略投资者没有统一、权威的定义，战略投资者是指符合国家法律、法规和规定要求、与发行人具有合作关系或合作意向和潜力并愿意按照发行人配售要求与发行人签署战略投资配售协议的法人，是与发行公司业务联系紧密且欲长期持有发行公司股票的法人。

我国在新股发行中引入战略投资者，允许战略投资者在发行人发行新股中参与申购。主承销商负责确定一般法人投资者，每一发行人都在股票发行公告中给予其战略投资者一个明确细化的界定。

具体来讲，战略投资者就是指具有资金、技术、管理、市场、人才优势，能够促进产业结构升级，增强企业核心竞争力和创新能力，拓展企业产品市场占有率，致力于长期投资合作，求获得长期利益回报和企业可持续发展的境内外大企业、大集团。一般来说，战略投资者必须具有较好的资质条件，拥有比较雄厚的资金、核心的技术、先进的管理等，有较好的实业基础和较强的投融资能力。同时，战略投资者不仅能带来大量资金，更能带来先进技术和管理，能促进产品结构、产业结构的调整升级，并致力于长期投资合作，谋求长远利益回报。

金融家点评：

确认战略投资者，要具体情况具体分析，不能仅认为国际500强、国家500强才是战略投资者，对有资金、有技术、有市场，能够增强企业竞争力和创新能力、形成产业集群的，都是战略投资者。

38. 什么是合格境外机构投资者(QFII)?

QFII是一个英文缩写词，中文意思是“合格境外机构投资者”。QFII制度是指允许经核准的合格境外机构投资者，在一定规定和限制下汇入一定额度的外汇资金，并转换为当地货币，通过严格监管的专门账户投资当地证券市场，其投资收益等经审核后可转为外汇汇出的一种市场开放模式。

QFII制度1990年发源于中国台湾。当时施行这一形式的目的，在于解决资本项目管制条件下向外资开放本土证券市场的问题。这一制度在台湾收效良好，其后成为许多新兴市场国家所采取的一种重要制度。

QFII限制的内容主要有资格条件、投资登记、投资额度、投资方向、投资范围、资金的汇入和汇出限制等等。在中国，引入QFII机制的意义是吸引境外有资格的机构投资者来中国资本市场投资，更直接的目的是为中国资本市场带来大量新增的境外资金，这无疑将为资本市场注入新鲜的血液,给市场带来活力。

我国证券市场经过 20 多年的发展,整体规模、功能和效率大大提升,已经成为亚太地区最大同时也是最有活力的证券市场之一。目前我国证券市场中的机构投资者比重远远低于境外成熟市场,这严重制约了我国证券市场功能的发挥。从这个角度来看,引入 QFII 制度具有积极的意义。

金融家点评:

QFII 制度是一种有限度地引进外资、开放资本市场的过渡性制度。由于我国的货币还没有实现完全可自由兑换,资本项目尚未完全对外开放,外资大量介入有可能对我国证券市场带来较大冲击。通过 QFII 制度,管理层可以对外资进入进行必要的限制和引导,抑制境外投机性游资对我国经济的冲击,促进资本市场健康发展。

39. 什么是合格境内机构投资者(QDII)?

QDII 也是一个英文缩写词,中文意思是"合格境内机构投资者"。根据证监会的定义:在资本项没有完全开放的情况下,境内符合相关规定的一些机构可以投资于境外,这一制度称为 QDII 制度。从资金的流向来看,QFII 是境外资金进入我国境内市场进行证券投资,QDII 是境内的合格机构通过募集资金投资于境外市场,资金流向一个是进,一个是出,这是它们之间最明显的区别。

QDII 是在尚未全面铺开个人境外投资时产生的投资工具。目前市场中推出的主要是银行和基金公司的 QDII 产品。按照目前的规定,银行系 QDII 可投资境外股票等权益类产品,但投资于股票的资金不得超过单个理财产品总资产净值的 50%,因此,银行系 QDII 总体上属于风险比较低、收益也比较低的稳健型产品。

QDII 的产生背景让我们知道它的投资价值和风险系数,而各机构的 QDII 的比较则可以帮助投资者分析风险收益,进而与自己的投资目的、预期和风险承受能力相比较,更好地选择 QDII 产品, 比如为筹集养老金且短期没有大量资金需求的投资者适合选择银行系的 QDII 产品;而追求超额收益、对风险有一定承受能力的成长型投资者,则可以选择基金系 QDII 产品。

金融家点评:

巴菲特告诉我们,投资股票有如选择爱人。同样,选择投资工具也需要我们认真分析,了解其中的产品特性,不断补充相关信息达到足够的认知程度,发现其投资价值,在众多投资产品中选出最适合自己的产品进行投资。

40. 注册制是什么?

股票发行注册制主要是指发行人申请发行股票时,必须依法将公开的各种资料完全准确地向证券监管机构申报。证券监管机构的职责是对申报文件的全面性、准确性、真实性和及时性作形式审查,不对发行人的资质进行实质性审核和价值判断而将发行公司股票的良莠留给市场来决定。注册制的核心是只要证券发行人提供的材料不存在虚假、误导或者遗漏。这种制度的市场化程度最高。

A 股市场 IPO 推行注册制，将具有划时代的历史意义：①证监会不再直接干预股市涨跌；②证监会不再干预 IPO 节奏，更无权暂停 IPO；③证监会监管重心将从 IPO 后移至二级市场，严厉打击违规者及证券犯罪行为；④投资者将会真正自觉地学会用脚投票。这是真正意义上的还权于市场，还权于投资者。

金融家点评：

注册制是股市的重大改革。

41. 什么是股息和红利？

股息是股东定期按一定的比率从上市公司分取的赢利，红利则是在上市公司分派股息之后按持股比例向股东分配的剩余利润。获取股息和红利，是股民投资于上市公司的基本目的，也是股民的基本经济权利。

一般来讲，上市公司在财会年度结算以后，会根据股东的持股数将一部分利润作为股息分配给股东。根据上市公司的信息披露管理条例，我国的上市公司必须在财会年度结束的 120 天内公布年度财务报告，且在年度报告中要公布利润分配预案，所以上市公司的分红派息工作一般都集中在次年的第二和第三季度进行。

上市公司的税后利润既是股息和红利的来源，又是它的最高限额，上市公司的经营状况直接关系这股息和红利的发放。在一个经营财会年度结束以后，当上市公司有所赢利时，才能进行分红与派息。且赢利愈多，用于分配股息和红利的税后利润就愈多，股息和红利的数额也就愈大。

金融家点评：

股东一年的股息和红利有多少要看上市公司的经营业绩，因为股息和红利是从税后利润中提取的，所以税后利润既是股息和红利的唯一来源，又是上市公司分红派息的最高限额。

42. 股息和红利是如何派发的？

在分配股息红利时，首先是优先股股东按规定的股息率行使收益分配，然后普通股股东根据余下的利润分取股息，其股息率则不一定是固定的。在分取了股息以后，如果上市公司还有利润可供分配，就可根据情况给普通股股东发放红利。

除了经营业绩以外，上市公司的股息政策也影响股息与红利的派法。在上市公司赢利以后，其税后利润有两大用途，除了派息与分红以外，还要补充资本金以扩大再生产。如果公司的股息政策倾向于公司的长远发展，则就有可能少分红派息或不分红而将利润转为资本公积金。反之，派息分红的量就会大一些。股息和红利的分配受国家税收政策的影响。上市公司的股东不论是自然人还是法人都要依法承担纳税义务，如我国就有明确规定，持股人必须交纳 20%的股票收益（股息红利）所得税。

在上市公司分红派息时，其总额一般都不会高于每股税后利润，除非有前一年度节转下来的利润。由于各国的公司法对公司的分红派息都有限制性规定，如我国就规定上市公司必须按规定的比例从税后利润中提取资本公积金来弥补公司亏损或转化为公司资本，所以上市公司分配股息和红利的总额总是要少于公司的税后利润。

金融家点评：

上市公司在实施分红派息时，它必须符合法律规定且不得违反公司的章程，这些规定在一定程度上也影响着股息和红利的发放数量。

43. 股息红利的发放形式有哪些？

股息红利作为股东的投资收益，是以股份为单位计算的货币金额，如每股多少元。但在上市公司实施具体分派时，其形式可以有四种：这就是财产股利、负债股利、现金股利和股票股利等。

财产股利是上市公司用现金以外的其他资产向股东分派的股息和红利。它可以是上市公司持有的其他公司的有价证券，也可以是实物。

负债股利是上市公司通过建立一种负债，用债券或应付票据作为股利分派给股东。这些债券或应付票据既是公司支付的股利，又确定了股东对上市公司享有的独立债权。

现金股利是上市公司以货币形式支付给股东的股息红利，也是最普通最常见的股利形式，如每股派息多少元，就是现金股利。

股票股利是上市公司用股票的形式向股东分派的股利，也就是通常所说的送红股。

金融家点评：

采用送红股的形式发放股息红利实际上是将应分给股东的现金留在企业作为发展再生产之用，它与股份公司暂不分红派息没有太大的区别。股票红利使股东手中的股票在名义上增加了，但与此同时公司的注册资本增大了，股票的净资产含量减少了。但实际上，股东手中股票的总资产含量没什么变化。

44. 分红要遵守哪些基本程序？

由于要在获得利润后才能向股东分派股息和红利，上市公司一般是在公司营业年度结算以后才进行这项工作。在实际中，有的上市公司在一年内进行两次决算，一次在营业年度中期，另一次是营业年度终结。相应地向股东分派两次股利，以便及时回报股东，吸引投资者。但年度中期分派股利不同于年终分派股利，它只能在中期以前的利润余额范围内分派，且必须是预期本年度终结时不可能亏损的前提下才能进行。

在沪深股市，股票的分红派息都由证券交易所及登记公司协助进行。在分红时，深市的登记公司将会把分派的红股直接登录到股民的股票账户中，将现金红利通过股民开户的券商划拨到股民的资金账户。沪市上市公司对红股的处理方式与深市一致，但现金红利需要股民到券商处履行相关的手续，即股民在规定的期限内到柜台中将红利以现金红利权卖出，其红利款项由券商划入资金账户中。如逾期未办理手续，则需委托券商到证券交易所办理相关手续。

金融家点评：

分红必须遵守基本程序：首先由公司董事会根据公司赢利水平和股息政策，确定股利分派方案，然后提交股东大会审议通过方能生效。董事会即可依股利分配方案向股东宣布，并在规定的付息日在约定的地点以约定的方式派发。

45. 股票发行有哪些程序?

股票的发行要有一定的程序。一个股份有限公司要想发行股票,其具体的步骤如下:

第一步,股份有限公司通过其董事会作出新股发行的决议,并做好一系列的新股发行的准备工作,如起草申请工作中所需的各种资料和文件,委托资产评估机构或会计事务所对公司资产的真实价值进行评估。

第二步,依据法律的规定向有关部门提出发行股票的正式申请,如果审批部门批准后,便进入下面的环节。

第三步,股份有限公司同投资机构、股票公司等股票经营机构签署承销协议。

第四步,股份公司在获得批准后,在一定的时间期限内,应当公布招股说明书。

第五步,在前面的准备工作完成以后,则进入了招认股份阶段,具体操作程序为:原有股东优先认购,公司有关人员优先认购,公众认购。

第六步,随着新股的发行,公司原有股份结构发生了变化,等到公司股份募集结束后,应该尽快召开股东大会改选董事、监事。

金融家点评:

程序是人定的,主意是自己拿的。相信自己,甚至独立独行,会有意外收获。

46. 股票发行有哪几种方式?

目前国内股票发行方式主要有股东优先认购、定向募集和公开发行三种。股东优先认购是原有股东按照一定比例优先认购的股票发行方式。定向募集是采取定向募集方式设立的公司,发行的股票除了发起人认购以外,其余不向社会公开发行,而是主要向其他法人发行部分股份,经批准也可以向公司内部职工发行部分股份的发行方式。公开发行则是指股份有限公司通过发行中介机构,公开向社会发行股票,法人、个人等都可以认购的发行方式。

金融家点评:

千万不要被“原始股”的发财梦忽悠了。

47. 股票的价值有哪几类?

对于初进股市的投资来说,了解股票的价值是有必要的。

股票的价值涉及到股票的票面价值、股票的账面价值、股票的清算价值、股票的内在价值等四个概念。

一般来讲,股票的票面上总要表明每股价值若干,习惯上称为股票面值。面值的初始意义全在于保证股东在退股时,能收回票面所表明的现金本金或与之相等的实物。而今股票面值几乎失去了其意义,其作用演化为两个方面:一是代表股东持股后所有权和表决权;二是代表一种红利分配权。股票面值与发行公司的财产已经游离甚远,往往会高于或低于公司的实际资产。

股票的账面价值是指股票所含实际资产的价值，这是证券分析专家及其他行家用来分析股价的一个净值概念。其计算方法是把公司的资产负债表上列出的净值，减去流通在外的优先股面值、再除以普通股的股份总数，所得就是股票的账面价值。但需要指出的是，事实上，股票的价格总是处于变化之中，总是高于或低于其账面价值。

股票的清算价值是指公司清算时，每个股份所代表的实际价值。除非是当一个公司破产或是解散时，一般人们不会讨论到股票的清算价值。因为大多数资产只有在压价的情况下才可以出售，所以清算时每股的账面价值总是大于清算价值。

股票的内在价值也是专家们进行投资分析时经常提起的一个概念。计算股票的内在价值的方法是折现法。利用折现法计算股票内在价值等于用某一折现率，把公司未来达到各期盈余，或股东未来的各期可以收到的现金股利折现后的票值。

金融家点评：

股票价值是炒股必备知识的重要内容。

48. 股票价格术语有哪几种？

有关股票的价格，有几个常用的术语，对投资者非常有用，它们是开盘价，收盘价，最高价与最低价。

开盘价是指股票集合竞价时产生的成交价格，收盘价是交易日最后一笔成交的价格。

最高价与最低价分别是指交易日内最高与最低的成交价格。

股票的发行价格是指投资者购买新发行的股票时所必须支付的价格，因此，它也最为投资者所关注。在股票的发行中，会涉及到面额价、市价、中间价和竞价四种价格。以股票的面额作为发行的价格的为面额价格的发行，这种方式现在已经很少使用。

市场发行是指以市场价格为基准来确定股票价格的发行方式。由于通常情况下，股票的市场价格总要高于股票面额价格和中间价格，对发行人来说很有益处，所以这一方式多被采用，而且股民也正在逐步适应这种表里不一的价格方式。中间价发行是以介于面额价和市价两个价位之间的第三种价格发行股票的方式，这种方式目前在国内也比较常见。竞价，即“双边拍卖”。只是这种拍卖区别于一般的拍卖。在竞价中有出价和要价两个概念，出价总是指股票的购买者在一定的时间内对某一种股票所愿意出的最高价格，而要价是指股票的出卖者同时对该种股票愿意出卖的最低价格。当买卖双方的出价与要价一致时，一笔交易拍板成交。

金融家点评：

炒股术语看似杂乱，其实不然。只要肯下功夫学习，很短时间就可运用自如。

49. 什么是首次公开发行股票(IPO)？

IPO(initial public offerings)就是“首次公开发行股票”的意思。首次公开招股是指一家企业第一次将它的股份向公众出售。通常，上市公司的股份是根据其出具的招股书或登记声明中约定的条款通过经纪商或做市商进行销售。一般来说，一旦首次公开上市完成后，这家公司就可以申请到证券交易所或报价系统挂牌交易。

金融家点评：

IPO新股定价过程分为两部分，首先是通过合理的估值模型估计上市公司的理论价值，其次是通过选择合适的发行方式来体现市场的供求，并最终确定价格。

50. 什么是增发？

增发是股票增发的简称。股票增发配售是已上市的公司通过指定投资者（如大股东或机构投资者）或全部投资者额外发行股份募集资金的融资方式，发行价格一般为发行前某一阶段的平均价的某一比例。

增发对股价的影响：

上市公司选择的增发方式是公开增发还是非公开增发（又叫定向增发），如果是公开增发，那么对二级市场的股价是有压力的，对资金的压力就更大，如果在市场不好时增发，就绝对是利空。如果是定向增发，那么对二级市场的股价影响就小一些，而且如果参与增发的机构很有实力，表明市场对其相当认可，可以看做利多。

增发价格，如果是公开增发，价格如果折让较多，就会引起市场追逐，对二级市场的股价反而有提升作用。如果价格折让较少，可能会被市场抛弃。如果是定向增发，折让就不能太高，否则就会打压二级市场的股价。

金融家点评：

通常情况下，增发对股价有明显的影响。

51. 什么是除权和除息？

上市公司发放股息红利的形式虽然有四种，但沪深股市的上市公司进行利润分配一般只采用股票红利和现金红利两种，即统称所说的送红股和派现金。当上市公司向股东分派股息时，就要对股票进行除息；当上市公司向股东送红股时，就要对股票进行除权。

当一家上市公司宣布上年度有利润可供分配并准备予以实施时，则该只股票就称为含权股，因为持有该只股票就享有分红派息的权利。在这一阶段，上市公司一般要宣布一个时间称为“股权登记日”，即在该日收市时持有该股票的股东就享有分红的权利。

在以前的纸质股票交易时期，为了证明对上市公司享有分红权，股东们要在公司宣布的股权登记日予以登记，且只有在此日被记录在公司股东名册上的股票持有者，才有资格领取上市公司分派的股息红利。实行股票的无纸化交易后，股权登记都通过计算机交易系统自动进行，股民不必到上市公司或登记公司进行专门的登记，只要在登记的收市时还拥有股票，股东就自动享有分红的权利。

金融家点评：

进行股权登记后，股票将要除权除息，也就是将股票中含有的分红权利予以解除。除权除息都在股权登记日的收盘后进行。除权之后再购买股票的股东将不再享有分红派息的权利。

52. 怎样计算除息价和除权价?

在股票的除权除息日,证券交易所都要计算出股票的除权除息价,以作为股民在除权除息日开盘的参考。

因为在开盘前拥有股票是含权的,而收盘后的次日其交易的股票将不再参加利润分配,所以除权除息价实际上是将股权登记日的收盘价予以变换。这样,除息价就是登记日收盘价减去每股股票应分得的现金红利,其公式为:

除息价=登记日的收盘价—每股股票应分得权利

对于除权,股权登记日的收盘价格除去所含有的股权,就是除权报价。其计算公式为:

股权价=股权登记日的收盘价÷(1+每股送股率)

若股票在分红时即有现金红利又有红股,则除权除息价为:

除权价=(股权登记日的收盘价-每股应分的现金红利+配股率×配股价)÷(1+每股送股率+每股配股率)

金融家点评:

除权和除息是两个不同的概念,不能混为一谈。

53. 什么是股票的分红?

股票分红是股份公司在支付股息之后仍有盈余,将盈余再分派给股东的分配活动,股东分得的除股息以外的盈余就是红利。股票分红遵守下列原则:分红的方法应在公司法或公司章程中做出明确规定,分红过程必须依照法规章程办理;公司无盈利不分红,赢利少则少分,亏损时不分,股东分红采用平等原则,分配的金额、日期等对各个股票持有者不应存在差别。

金融家点评:

简单地说,经股东大会通过,上市公司定期以派发现金、股票等形式回报其股票投资者的行为叫分红。只要你拥有该公司的股票,即使只有1股股票也完全有分红的权利。

54. 送红股与派现金哪个更好?

在上市公司分红时,投资者都偏好送红股。其实对上市公司来说,在给股东分红时采取送红股的方式,与完全不分红、将利润滚存至下一年度等方式并没有什么区别。这几种方式,都是把应分给股东的利润留在企业作为下一年度发展生产所用的资金。它一方面增强了上市公司的经营实力,进一步扩大了企业的生产经营规模,另一方面它不像现金分红那样需要拿出较大额度的现金来应付派息工作,因为企业一般留存的现金都是不太多的。所以这几种形式对上市公司来说都是较为有利的。

将送红股与派现金相比,两者都是上市公司对股东的回报,只不过是方式不同而已。只要上市公司在某年度内经营赢利,它就是对股民的回报。但送红股与派发现金红利有所不同,如果将这两者与银行存款相比较，现金红利有点类似于存本取息，即储户将资金存入银行后，每年取息一次。而送红股却类似于计复利的存款，银行每过一定的时间间隔将储户应得利息转为本金，使利息再生利息，期满后一次付清。

但是，送股这种回报方式又有其不确定性，因为将赢利转为股本而投入再生产是一种再投资行为，它同样面临着风险。若企业在未来年份中经营比较稳定、业务开拓较为顺利，且其净资产收益率能高于平均水平，则股东能得到预期的回报；若上市公司的净资产收益率低于平均水平或送股后上市公司经营管理不善，股东不但在未来年份里得不到预期回报，且还将上一年度应得得红利化为了固定资产沉淀。这样送红股就不如现金红利，因为股民取得现金后可选择投资其他利润率较高的股票或投资工具。

金融家点评：

落袋为安，你才真正放心。

55. 为什么中国股市送红股较为普遍?

我国的股市有其特殊性，因为上市公司中约有一半以上的股份为国家股，且其股权代表基本上都是上市公司的经营管理人员。由于切身利益的影响，经营管理人员基本上都赞同企业的发展与扩张，所以我国上市公司的分红中，送红股的现象就非常普遍。派现金还是送红股，它取决于持多数股票的股东对公司未来经营情况的判断和预测，因为分红方案是要经过股东大会讨论通过的。

金融家点评：

这是中国股市的一大特色，但情况正在慢慢改变。在很多上市公司，国家控股的比例正在逐步降低。

56. 什么是配股?

配股是上市公司根据公司发展的需要，依据有关规定和相应程序，旨在向原股东进一步发行新股、筹集资金的行为。按照惯例，公司配股时新股的认购权按照原有股权比例在原股东之间分配、即原股东拥有优先认购权。

在一定的时期，转配股是我国股票市场特有的产物。国家股，法人股的持有者放弃配股权，将配股权有偿转让给其他法人或社会公众，这些法人或社会公众行使相应的配股权时所认购的新股，就是转配股。在特定情况下，转配股虽然能解决国家股东和法人股东无力配股的问题，但它造成国家股和法人股在总股本中的比重逐渐降低的状况，长此以往会丧失控股权。同时，转配股产生了不能流通的社会公众股，影响了投资者认购积极性，带来了股权结构的混乱。为克服转配股的局限性，越来越多上市公司的国家股东和法人股东，纷纷以现金或者以资产折算为现金参加配股。大大提高了公司的实力，既保证股权不被稀释，又鼓舞了广大社会公众对上市公司的投资信心。

金融家点评：

配股就是你有公司的股票，公司要继续发展，需要资金而采取的一种筹资方法。当公司要配股，你有公司的股票就有配股权。就可按一定的价格.一定的比例，在约定的时间内买入相应的股票。不过也可弃权不参加配股，这就要由自己判断配股后是否划算了。

57. 什么是后配股？

后配股是在利益或利息分红及剩余财产分配时比普通股处于劣势的股票，一般是在普通股分配之后，对剩余利益进行再分配。如果公司的盈利巨大，后配股的发行数量又很有限，则购买后配股的股东可以取得很高的收益。后配股一般在下列情况下发行：

(1)公司为筹措扩充设备资金而发行新股票时，为了不减少对旧股的分红，在新设备正式投入使用前，将新股票作后配股发行；

(2)企业兼并时，为调整合并比例，向被兼并企业的股东交付一部分后配股；

(3)在有政府投资的公司里，私人持有的股票股息达到一定水平之前，把政府持有的股票作为后配股。

金融家点评：

对于企业来说，发行后配股，一般所筹措的资金不能立即产生收益。因此，对于投资者来说，持有后配股要慎重。

58. 配股与分红有什么区别？

分红是上市公司对股东投资的回报，它的特征为：上市公司是付出者，股东是受益者，且股东收获的是上市公司的经营利润，所以分红是建立在上市公司经营赢利的基础之上的，没有利润就没有红利可分。而配股并不建立在赢利的基础上，只要股东情愿，即使上市公司的经营发生亏损也可以配股，上市公司是索取者，股东是付出者。股东追加投资，股份公司得到资金以充实资本。配股后虽然股东持有的股票增多了，但它不是公司给股民投资的回报，而是追加投资后的一种凭证。

根据公司法的有关规定，当上市公司要配售新股时，它应首先在老股东中进行，以保证老股东对公司的持股比例不变，当老股东不愿参加公司的配股时，它可以将配股权转让给他人。对于老股东来说，上市公司的配股实际上是提供了一种追加投资的选择机会。

老股东是否选择配股以追加对上市公司的投资，可根据上市公司的经营业绩、配股资金的投向及效益的高低来进行判断。但在现实的经济生活中，除了配股外，股民还可通过购买其他公司的股票、投资债权及居民储蓄来实现追加投资，其关键就视投资收益情况来确定。

如果配股上市公司的净资产收益率还达不到居民储蓄存款利率，显然上市公司的经营效益太差，其投资回报难以和居民储蓄相比拟，股民就可不选择配股这种方式来追加对上市公司的投资。当然，当一个上市公司确定配股以后，如配股权证不能流通，其配股就带有强制性，因为配股实施后股票就要除权，价格就要下跌，如老股东不参加配股，就要遭受市值下降的损失。其逃避配股的唯一方法就是在配股前将股票抛出。

金融家点评：

在比较成熟的股市中，配股是不受股东欢迎的。中国股市创立的时间较短，投资者认为只要买到股票就赚钱，这极大地刺激着百姓入市投机的热情，而上市公司正是利用了这一点，低价向老股东配售新股，一方面壮大了公司的资金实力，且也满足了股民对股票的渴求。

59. 重组是什么？

资产重组是指企业改组为上市公司时将原企业的资产和负债进行合理划分和结构调整，经过合并、分立等方式，将企业资产和组织重新组合和设置。狭义的资产重组仅仅指对企业的资产和负债的划分和重组，广义的资产重组还包括企业机构和人员的设置与重组、业务机构和管理体制的调整。目前所指的资产重组一般都是指广义的资产重组。

在一个拥有健全市场机制、完备法律体系、良好社会保障环境的社会经济中，企业进行资产重组可以壮大自身实力，实现社会资源优化配置，提高经济运行效率。①与企业自身积累相比，企业购并能够在短期内迅速实现生产集中和经营规模化；②有利于减少同一产品的行业内过度竞争，提高产业组织效率；③与新建一个企业相比，企业购并可以减少资本支出；④有利于调整产品结构，加强优势淘汰劣势产品，加强支柱产业形成，促进产品结构的调整；⑤可以实现企业资本结构的优化，在国家产业政策指导下，可以实现国有资产的战略性重组，使国有资本的行业分布更为合理。

通常情况下，重组利多股价。国内重组股的原动力基本上都是因为亏损而起的，因此在二级市场中，很多投资者甚至把重组板块理解为亏损板块甚至带"T"(ST、PT)的板块。重组的也可以是强强联合。重组股给被重组公司带来新的机遇，并引导了资源在股市的优化配置。对我国当前的股市来说，重组股的一个现实而深远的意义在于，它把市场外的优质资源体面地嫁接到市场内部来，给股市带来了巨大的新生活力。

金融家点评：

通常情况下，重组是利好。

60. 什么是股票价格指数？

股票价格指数是由证券交易所或金融服务机构编制的表明股票行市变动的一种供参考的指数。由于股票价格起伏无常，投资者必然面临市场价格风险。对于具体某一种股票的价格变化，投资者容易了解，而对于多种股票的价格变化，要逐一了解，既不容易，也不胜其烦。为了适应这种情况和需要，一些金融服务机构就利用自己的业务知识和熟悉市场的优势，编制出股票价格指数，公开发布，作为市场价格变动的指标。投资者据此就可以检验自己投资的效果，并用以预测股票市场的动向。

这种股票指数，也就是表明股票行市变动情况的价格平均数。编制股票指数，通常以某年某月为基础，以这个基期的股票价格作为100，用以后各时期的股票价格和基期价格比较，计算出升降的百分比，就是该时期的股票指数。投资者根据指数的升降，可以判断出股票价格的变动趋势。并且为了能实时的向投资者反映股市的动向，所有的股市几乎都是在股价变化的同时即时公布股票价格指数。

金融家点评：

股票价格的上升或下跌能通过股价指数非常敏感地反映出来。它不仅是一种对现状的感觉和理解，更主要的是对未来抉择的一种预测。

61. 计算股价指数要考虑哪些因素？

计算股票指数，要考虑三个因素：一是抽样，即在众多股票中抽取少数具有代表性的成份股；二是加权，按单价或总值加权平均，或不加权平均；三是计算程序，计算算术平均数、几何平均数，或兼顾价格与总值。

计算股价平均数或指数时经常考虑以下四点：

(1)样本股票必须具有典型性、普通性和代表性。

(2)计算方法应具有高度的适应性，能对不断变化的股市行情作出相应的调整或修正，使股票指数或平均数有较好的敏感性。为了使得股票价格指数更精确地反映股价变化情况，一般要对各采样股票加上适当的权数，如以股票发行量作为权数等等。股票指数之所以能够较为客观地反映股票价格的总体变动情况，并能够为全世界的证券交易市场及股民普遍接受，是因为股价指数本身具有两个独特的基本特点，这是其他股价参数所无法替代的，那就是股价指数所具有的代表性和敏感性。

(3)要有科学的计算依据和手段。计算依据的口径必须统一，一般均以收盘价为计算依据，但随着计算频率的增加，有的以每小时价格甚至更短的时间价格计算。

(4)基期指数应有较好的均衡性和代表性。

金融家点评：

在股市行情千变万化之中，处变不惊，选择机会，果断投资，这才是股价指数的敏感性的真谛所在。

62. 计算价格指数时样本股票是如何选择的？

由于上市股票种类繁多，计算全部上市股票的价格平均数或指数的工作是艰巨而复杂的，因此人们常常从上市股票中选择若干种富有代表性的样本股票，并计算这些样本股票的价格平均数或指数。用以表示整个市场的股票价格总趋势及涨跌幅度。

为此，选择样本必须综合考虑其行业分布、市场影响力、股票等级、适当数量等因素。股价指数的代表性主要是指在股票市场上众多的股票中，需要选择不同行业中具有典型性的若干种重要的股票作为样本来进行计算。相反，如果仅选择了局限性较大的且没有典型性的几种股票，或者虽选择了典型性的几种股票但却受到了行业范围的限制，也同样不足以反映整个股市的交易总体变化情况。通常的做法是，选择不同行业中真正具有典型性的重要股票作为样本，然后加以计算。即把采样的股票先分门别类，分别计算并公布其分类指数，然后进一步进行计算并公布其综合指数。

金融家点评：

总而言之，选择的样本股票必须具有典型性、普通性和代表性，并且根据情况的变化，样本股票也是经常调整的。

63. 世界著名股票价格指数有哪几种？

当今世界上各大股票交易所几乎都有自己的股票指数。其中最为著名和常用的有以下几种：

（1）道·琼斯股票价格平均指数。这是世界上影响最大、最有权威性的一种股价指数，其起源要追溯到1884年。道·琼斯股票平均指数共分为四组，第一组是由30种具有代表性 大工商业公司的股票组成，由于其股票总值占全美股票总值30%，因此它可以大致反映股市的基本趋势，所以人们通常所说的道□琼斯指数即指这一种指数；第二组是由20家很有代表性的运输业公司的股票组成的道·琼斯运输股票平均价格指数业；第三组是由代表美国公用事业的15家煤气公司和电力公司的股票组成的道·琼斯公用事业股票平均价格指数；第四组是由前面三组指数的全美65家公司股票综合计算得出的道·琼斯平均价格综合指数。

（2）标准·普尔股票价格指数。这是美国最大的证券研究机构标准·普尔公司编制的股价指数，是美国仅次于道·琼斯指数的重要的股价指数。该公司于1923年开始编制发表股票价格指数。最初采选了230种股票，编制两种股票价格指数。到1957年，这一股票价格指数的范围扩大到500种股票，分成95种组合。其中最重要的四种组合是工业股票组、铁路股票组、公用事业股票组和500种股票混合组。从1976年7月1日开始，改为40种工业股票，20种运输业股票，40种公用事业类股票和40种金融业股票。几十年来，虽然有股市更迭，但始终保持为500种。标准·普尔公司股票价格指数以1941年至1993年抽样股票的平均市价为基期，以上市股票数为权数，按基期进行加权计算，其基点数位10。以目前的股票市场价格乘以基期股票数为分母，相除之数再乘以10就是股票价格指数。

（3）纽约证券交易所股票价格指数。是由纽约证券交易所编制的股票价格指数。它起自1996年6月，先是普通股股票价格指数，后来改为混合指数，包括着在纽约证券交易所上市的1500家公司的1570种股票。纽约股票价格指数是以1965年12月31日确定的50点为基数，采用的是综合指数形式。纽约证券交易所每半个小时公布一次指数的变动情况。虽然纽约证券交易所编制股票价格指数的时间不长，但它可以全面及时地反应其股票市场活动的综合状况，因而较为受投资者欢迎。

（4）金融时报股票价格指数。金融时报股票指数的全称是“伦敦金融时报工商业普通股股票价格指数”，是由英国金融时报公布发表的。该股票价格指数包括从英国工商业中挑选出来的具有代表性的30家公开挂牌的普通股股票。它以1935年7月1日作为基期，其基点为100点。该股票价格指数以能够及时显示伦敦股票市场情况而闻名于世。

（5）日本经济新闻社道式股票平均价格指数，简称为“日经股价指数”。 系由日本经济新闻社编制并公布的反映日本股票市场价格变动的股票价格平均数。该指数从1950年9月开始编制。最初在根据东京证券交易所第一市场上市的225家公司的股票算出修正平均股价，当时称为“东证修正平均股价”。1975年5月1日，日本经济新闻社向道·琼斯公司买进商标，采用美国道·琼斯公司的修正法计算，这种股票指数也就改称为“日经道·琼斯平均股价”。1985年5月1日在合同期满10年时，经两家商议，将名称改为“日经平均股价”。

(6)纳斯达克综合指数。纳斯达克(NASDAQ)是美国全国证券交易商协会于1968年着手创建的自动报价系统名称的英文简称。纳斯达克的特点是收集和发布场外交易非上市股票的证券商报价。它现已成为全球最大的证券交易市场。纳斯达克是全世界第一个采用电子交易的股市，它在50多个国家和地区设有20多万多个计算机销售终端。纳斯达克指数是反映纳斯达克证券市场行情变化的股票价格平均指数，基本指数为100。纳斯达克的上市公司涵盖所有新技术行业，包括软件和计算机、电信、生物技术、零售和批发贸易等。世人瞩目的微软公司便是通过纳斯达克上市并获得成功的。1971年2月8日纳斯达克股市建立，最初的指数为100点，10年后突破了200点。

(7)香港恒生指数。是香港股票市场上历史最悠久、影响最大的股票价格指数，由香港恒生银行于1969年11月24日开始发表。恒生股票价格指数包括从香港500多家上市公司中挑选出来的33家有代表性且经济实力雄厚的大公司股票作为成份股，这些股票涉及到香港的各个行业，并占香港股票市值的68.8%，具有较强的代表性。恒生股票价格指数的编制是以1964年7月31日为基期，其计算方法是将33种股票按每天的收盘价乘以各自的发行股数为计算日的市值，在与基数的市值相比较，乘以100就得出当天的股票价格指数。由于恒生股票价格指数所选择的基期适当，因此，不论股票市场狂升或猛跌，还是处于正常交易水平，恒生股票价格指数基本上能反映整个股市的活动情况。

金融家点评：

指数重要，价值更重要，千万不能只见森林不见树木，淹没在一片指数声中。

64. 国内主要股票价格指数有哪几种？

在我国，股票指数也有多种，除港台股市以外，目前国内市场的股票价格指数主要包括上海证券交易所编制的上证指数系列、深圳证券交易所编制的深证指数系列和中证指数公司编制的包括沪深300指数在内的中证指数系列等。最主要最常用的是以下两种：

（1）上证股票指数。由上海证券交易所编制的股票指数，1990年12月19日正式开始发布。该股票指数的样本为所有在上海证券交易所挂牌上市的股票，其中新上市的股票在挂牌的第二天纳入股票指数的计算范围。该股票指数的权数为上市公司的总股本。由于我国上市公司的股票有流通股和非流通股之分，其流通量与总股本并不一致，所以总股本较大的股票对股票指数的影响就较大。

上海证券交易所股票指数的发布几乎是和股票行情的变化相同步的，它是我国股民和证券从业人员研判股票价格变化趋势必不可少的参考依据。

(2)深圳综合股票指数。由深圳证券交易所编制的股票指数，1991年4月3日为基期。该股票指数的计算方法基本与上证指数相同，其样本为所有在深圳证券交易所挂牌上市的股票，权数为股票的总股本。由于以所有挂牌的上市公司为样本，其代表代表性非常广泛，且它与深圳股市的行情同步发布，它是股民和证券从业人员研判深圳股市股票价格变化趋势必不可少的参考依据。在前些年，由于深圳证券所的股票交易不如上海证交所那么活跃，深圳证券交易所现已改变了股票指数的编制方法，采用成份股指数，其中只有40只股票入选并于1995年5月开始发布。

现深圳证券交易所并存着两个股票指数，一个是老指数深圳综合指数，一个是现在的成份股指数，但从最近三年来的运行势态来看，两个指数间的区别并不是特别明显。

金融家点评：

股价指数仅供参考，正如股市格言"在枪炮声中买进，在柔和的小提琴乐曲中卖出"在今天已经过时一样，价格指数的变化，一切都要自己去衡量。

65. 股票价格指数是如何编制的？

目前股价指数编制的方法主要有三种，即算术平均法、几何平均法和加权平均法。

(1)算术平均法。该方法是先选定具有代表性的样本股票，以某年某月某日为基期，并确定基期指数，然后计算某一日样本股票的价格平均数，将该平均数与基期对应的平均数相比，最后乘以基期指数即得出该日的股票价格平均指数。

(2)几何平均法。在几何平均法中，报告期和基期的股票平均价采用样本股票价格的几何平均数。国际金融市场上有一部分较有影响的股票指数是采用几何平均法编制的，其中以伦敦金融时报指数和美国价值线指数为代表。

(3)加权平均法。不同股票的地位不同，对股票市场的影响也有大小。加权平均法首先按样本股票在市场上的不同地位赋予其不同的权数，即地位重要的权数大，地位次要的权数小；然后将各样本股票的价格与其权数相乘后求和，再与总权数相除，得到按加权平均法计算的报告期和基期的平均股价；最后据此计算股票价格指数。加权平均法权数的选择，可以是股票的成交金额，也可以是它的上市股数。若选择计算期的同度量因素作为权数，则被称为派许(Paasche)加权法。

金融家点评：

与前两类方法相比，加权平均股价指数能更真实地反映市场整体走势。

66. 什么是股票承销？

当发行人通过股票市场筹集资金时，就要聘请股票承销商来帮助他销售股票。股票承销商借助自己在股票市场上的信誉和营业网点，在规定的发行有效期限内将股票销售出去，这一过程称为股票承销，它是股票承销商的基本职能之一。根据股票承销商在承销过程中承担的责任和风险的不同，承销又可分为代销和包销两种形式。

代销是指股票发行人委托承担承销业务的股票承销商代为向投资者销售股票。承销商按照规定的发行条件，在约定的期限内尽力推销，到销售截止日期，股票如果没有全部售出，那么未售出部分退还给发行人，承销商不承担任何发行风险。

包销是指发行人与承销商签订合同，由承销商买下全部或销售剩余部分的股票，承担全部销售风险。对发行人来说，包销不必承担股票销售不出去的风险，而且可以迅速筹集资金，与代销相比,包销的成本相应较高。包销在实际操作中有全额包销和余额包销之分。全额包销是指发行人与承销商签订承购合同,由承销商按一定价格买下全部股票,并按合同规定的时间将价款一次付给发行人,然后承销商以略高的价格向社会公众出售。余额包销是指发行人委托承销商在约定期限内发行股票,到销售截止日期,未售出的余额由承销商按协议价格认购。余额包销实际上是先代理发行,后全额包销,是代销和全额包销的结合。

金融家点评:

根据《中华人民共和国公司法》规定,股份有限公司向社会公开发行新股,应当由依法设立的证券经营机构承销,签订承销协议。承销协议中应当载明承销方式。承销期满,尚未售出的股票按照承销协议约定的包销或者代销方式分别处理。

67. 股票包销与代销有何区别?

股票在上市发行前,上市公司与股票的代理发行证券商签订代理发行合同,确定股票发行的方式,明确各方面的责任。如上所述,股票代理发行的方式按发行承担的风险不同,分为包销发行方式和代理发行方式两种,两者有着明显不同。

包销发行是由代理股票发行的证券商一次性将上市公司所新发行的全部或部分股票承购下来,并垫支相当股票发行价格的全部资本。由于金融机构一般都有较雄厚的资金,可以预先垫支,以满足上市公司急需大量资金的需要,所以上市公司一般都愿意将其新发行的股票一次性转让给证券商包销。如果上市公司股票发行的数量太大,一家证券公司包销有困难,还可以由几家证券公司联合起来包销。

代销发行是由上市公司自己发行,中间只委托证券公司代为推销,证券公司代销证券只向上市公司收取一定的代理手续费。

股票上市的包销发行方式,虽然上市公司能够在短期内筹集到大量资金,以应付资金方面的急需。但一般包销出去的证券,证券承销商都只按股票的一级发行价或更低的价格收购,从而不免使上市公司丧失了部分应有的收益。代销发行方式对上市公司来说,虽然相对于包销发行方式能或获得更多的资金,但整个筹款时间可能很长,从而不能使上市公司及时的得到自己所需的资金。

金融家点评:

投资者在考察一家准备上市的公司时,看一看并分析一下它的发行方式是包销还是代销,有时也能看出一些比上市公告书更深一层的信息。

68. 什么是可转债?

可转换债券是可转换公司债券的简称,又简称可转债。它是一种可以在特定时间、按特定条件转换为普通股票的特殊企业债券。可转换债券兼具债权和期权的特征,对投资者来说是“有本金保证的股票”。可转换债券对投资者具有强大的市场吸引力,其有利之处在于:

(1)可转换债券使投资者获得最低收益权。

可转换债券与股票最大的不同就是它具有债券的特性,即便当它失去转换意义后,作为一种低息债券,它仍然会有固定的利息收入;这时投资者以债权人的身份,可以获得固定的本金与利息收益。如果实现转换,则会获得出售普通股的收入或获得股息收入。可转换债券对投资者具有"上不封顶,下可保底"的优点,当股价上涨时,投资者可将债券转为股票,享受股价上涨带来的盈利;当股价下跌时,则可不实施转换而享受每年的固定利息收入,待期满时偿还本金。

(2)可转换债券当期收益较普通股红利高。

投资者在持有可转换债券期间,可以取得定期的利息收入,通常情况下,可转换债券当期收益较普通股红利高,如果不是这样,可转换债券将很快被转换成股票。

(3)可转换债券比股票有优先偿还的要求权。

可转换债券属于次等信用债券,在清偿顺序上,同普通公司债券、长期负债(银行贷款)等具有同等追索权利,但排在一般公司债券之后,同可转换优先股,优先股和普通股相比,可得到优先清偿的地位。

在二级市场上,投资者只要拥有了股票账户,也就可以买卖可转债。具体操作与买卖股票类似。可转债实行 T+0 交易,其委托、交易、托管、转托管、行情揭示、交易时间参照 A 股办理。可转债在转换期结束前的十个交易日终止交易,终止交易前一周交易所予以公告。

可转换公司债券即可转换为该公司股票:首先是申请转股。投资者转股申请通过证券交易所交易系统以报盘方式进行。证交所接到报盘并确认其有效后,记减投资者的债券数额,同时记加投资者相应的股份数额。要注意:转股申请不得撤单。转换后的股份可于转股后的下一个交易日上市交易。

金融家点评:

要注意:转股申请操作后不得撤单。

69. 哪些人炒股容易赔钱?

(1)缺乏主见的人。有时看到别人抛,不问他人抛的理由,就糊里糊涂地跟着抛,自己手中潜力很好的股票也抛出去了。有时谣言四起,由于跟风心理在作怪,也跟着别人往外抛,这样往往会上当,而后悔莫及。因此,投资者要树立自己买卖股票的意识,不能跟着别人的意志走。

(2)优柔寡断的人。事前已经发觉手中的股票价格偏高,是抛出的时机,同时也作出了决策。但在临场时,听到他人你一言我一语的议论,决策马上改变了,从而放弃了一次抛售的大好时机。或者,事前已看出某只股票价格偏低,是适合买入的时候,并作出了趁低吸纳的决策。到临场一看,见到卖出股票的人挤成一团,纷纷抛售,又临阵退缩,放弃了投资的决定,从而失去了一次发财的良机。

(3)赌徒心态的人。有利都要,寸步不让。这种贪心的投机人,不能够控制自己的贪欲,股票上涨,不肯果断抛出;股票下跌,又迟迟不肯买进,总盼望跌了再跌。只想到高风险中有高收益,而很少想到高收益中有高风险。劝君莫贪心,不要老是羡慕他人的幸运,应相信分析,相信自己对企业,经济形势以及大势的判断而果断行动。如果和银行利息比,炒股快得多,风险也大得多。包赚不赔是不可能的。但是一辈子投资股票获利肯定要比存银行大几十倍,甚至上百倍。

(4)赌徒心态的人。具有赌博心理的股市投资者,总是希望一朝发迹。他们恨不得捉住一只或几只股票,好让自己一本万利,他们一旦在股市投资中获利,多半会被胜利冲昏头脑,象赌棍一样频频加注,恨不得把自己的身家性命都押到股市上去,直到输个精光为止。当股市失利时,他们常常不惜背水一战,把资金全部投在股票上,这类人多半落得个倾家荡产的下场。

(5)想赢怕输的人。许多投资者买股票,买进后上升一段时间,便迫不及待地要卖出去获利。他们相信,只有把钱装进口袋里才算安全。可是他们却忽略了股票的合理价值。一般说来,股票的市场价格不一定能完全反映股票的真实价值。所以有些投资人卖出股票后,股价依然持续不断地上升。而且往往表现为卖出后的价格上升幅度比卖出前的上升幅度还大。尤其是原始股票,按照一般的国际惯例也会上升数倍。因此不能见好就收,见涨就卖,要以市盈率为基准,作出卖的决策。许多人投资股票,往往赚的非常有限,赔的却非常多。其中的一个重要原因就是想赢怕输的心理在作怪。

金融家点评:

美国人常说,在华尔街,做多和做空都可以发大财,只有贪得无厌是例外。有道是:"空头多头都能赚,唯有贪心不能赚"。

70. 炒股心理是如何失衡的?

初入股市者,都想早赚钱,多赚钱,永远赚下去,只赚不赔就更好了。比如你现在有5000元,但你只投入500元进去,买了一只4元左右的股票100股,两个礼拜后,这个股票可能涨到6元,然后你就赚了200元,于是你心理不平衡了,你会这样想:"要是我当初买了1000股的话,不就赚了2000元吗?"于是你就将剩下的钱全部投进去又买900股,这时你的成本价已经是5块多钱了,可能庄家是从1元开始赚的钱,现在涨到6元他全部抛了,你就被套在里面,看着股票跌,跌那么两三块,你就亏了两三千了。这时,你的心理还会平静如水吗?

炒股如同吃鱼。鲜鱼上桌,有人抢吃鱼肚,有人抢吃鱼头、鱼尾。头尾的肉固然鲜美无比,然而结构复杂、肉少刺多。当费尽心力一无所获的时候再回头看:中段味道稍逊的大块肉已被分食净光!追求大赚、一夜巨富不是绝对不可能,而是极难,搞不好已有的东西都保不住。所以,秉持"中庸之道",少赚不贪多,是老百姓入市的准则。

金融家点评:

要想取得投资胜利,关键是对金钱有一个正确的态度,投资的基本点包括想象力、耐力、远见以及经验。

71. 为何不能借钱炒股?

在股票市场里,高风险与高收益并存,作为投资者一定要有风险意识。要想在股市中赚钱,必须是自己的经济条件宽裕,如果你想靠借钱到股市中去赚钱,那是非常危险的。

买股票首先要有钱,没有钱或钱少,你就买不到价格优良的绩优股票,而投资劣质股票,可能会使你血本无回,如果是借的钱岂不是雪上加霜?

即使是炒股赚了,借的钱要还本付息,这笔钱与你买卖股票所得的利润相抵,将所剩无几。另一方面,借钱炒股只能作短线投资,为了还钱,你不能等到比较高的价位卖出,有时甚至不得不在低价位忍痛卖出，岂不悲哀？

在当前的股市中，还有一些想靠炒股赚钱的下岗职工，本来他们的生活状况就很糟糕，风险承受能力极差，再借钱炒股，恐怕风险更大。所以，提醒大家千万不要借钱炒股，这是一大陷阱，陷进去了，往往是愈陷愈深。

金融家点评：

不是人人都能在股票市场中发财致富，股市花招迭出，变幻莫测，存在不少的陷阱，一夜暴富绝非易事。

72. 股市上的钱是从哪里赚来的？

股市有亏有赚，于是很多投资者认为，赚钱人赚的钱就是赔钱人赔的钱，其实，这样理解是不全面的。有些人把股市当成赌场，所以在这种情况下就有人提出来，股市是游戏，赚钱人赚的钱就是赔钱人赔的钱。实际上我们要看到的是，赔钱人赔的钱是被赚钱人赚走了，但是赚钱人赚的钱绝不仅仅是赔钱人赔的钱。赚钱人赚的钱是包括三部分：

(1)企业创造出增值的这部分的价值。上市公司每年形成的利润是不能吃光分净的，必须要提留公积金，一个叫做盈余公积金，一个叫资本公积金，盈余公积金是利润里边强制提取的，每年要提取15%，不断累计渐渐就形成积累了。也就是说原来一个股票是1块钱一股，但是提留了15%或者30%的公积金之后就变成1.3元了，就是说股票是唯一一个本身可以增长的品种。股票的含金量从1元增加大1.3元，这是企业实实在在创造出来，又没有被股东吃光分净拿走的钱。第二块就是资本公积金，资本公积金是企业增发，从首次上市募集，募集当中是1元钱一股作价，但是股民二级市场买股票就要靠10元、8元地买，一股也是按一元钱算，那9元钱都当作了资本公积金，而且立刻按照持股比例进行了分配。所以也标志着每股含金量的增长，所以就可能出现一股一元钱的股票，净资产可能是5元，含金量是8元都有，所以如果是8元钱的资产价格，股票价格当然会涨。这是企业增值的一部分。

(2)被市场虚拟出来的，而且又被社会承认的那部分。股市是一个理性跟非理性的结合这样的一个产物，在这个里边，投资者坚信国家经济会保持稳定，每年仍然会以10%的速度递增，坚信经济会出现更好的繁荣，并且在泡沫延伸的过程当中，泡沫本身可能会泡沫，但是泡沫的又一个功能是可以由虚变实，泡沫是可以填充的，如果进入一个良性的经济循环泡沫经济是可以由虚变实的。国家经济最重要的市场是资本市场，资本市场就是股民参与的市场，这就是被虚拟出来、又被社会承认的价值。

(3)赔钱人赔的钱被股民赚走了。所以赚钱人赚的是三部分的钱，企业创造的价值的钱，赔钱人赔的钱，加上被虚拟出来又被社会承认的那部分价值。

金融家点评：

股市是可以多赢的，不是说我赚的钱一定是谁亏的那部分。

73. 怎样判断哪些股票最赚钱？

股票要赚钱，必须具有投资价值。股票的价值决定于其投资标的物的价值。一般来讲，股票的价值是由其投资标的的基本面决定的。不同的投资理论和流派对上市公司基本面的分析评价方法是不同的，比较公认的、简单地衡量上市公司基本面的指标是其市盈率。市盈率是指每股市价与每股收益的比率，可以用来估计公司股票的投资回报和风险。从长期来看，市盈率越高，该公司投资价值越低；市盈率越低，则投资价值越高。当然，评价上市公司的基本面，还要考虑宏观经济环境，行业发展前景，企业的行业竞争能力、现金流量折现和未来发展战略等诸多因素的影响。

投资者判断股票能否赚钱，可以从股票市场的以下几个特征进行观察。

（1）股市的偏向性。指股票价格总体上具有不断向上增长的长期历史趋势，而非短期市场表现。这是股票长期投资能够赢利的重要理论依据。

（2）股市的随机性。指股票价格的统计分布服从随机性分布的特征。一般投资者很难准确把握股票价格的涨跌。

（3）股市的跳跃性。指股票价格运动具有的以较短的交易时间完成较大的运动距离的特性。

（4）股市的周期性。指股票价格波动的频率具有相对稳定的重复性的特征。

（5）股市的心理性。指股票市场价格波动受到市场心理因素强烈影响的特性。

这五个特征并不是一种平行并存的关系，而是一种相互作用、相互制约的关系。投资者可利用股票市场价格波动的这几个特征，来制订自己的投资战略和策略，或赚取上市公司的红利，或博得二级市场的差价。

金融家点评：

捧牛打熊，股市之常情。然而不管牛市、熊市，都有可炒作的成份，都可能赚到大钱，也都可能赔个净光，关键还在于投资者的素质与经验。

74. 股市分析有哪两大流派？

目前，对股票进行理性分析主要有两大流派，一派是技术分析派，一派是基本分析预测派。两派各有所长和所短。

技术分析派是借助于价格本身进行分析通过图表、图形，能够清楚地看清价格的未来走势。它具有弹性，依个人判断而异，且时间短，可马上操作。但价格分析方法交易，是大多数人都采用的方法，往往是一哄而上，其结果与出发点截然相反。

基本分析预测派允许人用充足的时间仔细地分析市场的动向，得出的分析结果也有待时间检验。这种方法的长处在于有充分的时间考虑，缺陷是需要的时间过长。基本分析包括国内外政治、经济、金融情况，上市公司的行业整治形势、公司的经营业绩及未来展望、政府对股市采取的政策措施及股市大势等其他因素。

金融家点评：

尺有所短，寸有所长。两大流派，各有特色。

75. 什么是股权分置？

股权分置是指中国股市因特殊历史原因和在特殊的发展演变中，中国 A 股市场的上市公司内部普遍形成了“两种不同性质的股票”(非流通股和社会流通股),这两类股票形成了“不同股不同价不同权”的市场制度与结构。

股权分置问题被普遍认为是困扰我国股市发展的头号难题。由于历史原因,我国股市上有三分之二的股权不能流通。由于同股不同权、同股不同利等“股权分置”存在的弊端,严重影响着股市的发展。一句话概括,股权分置就是指上市公司的一部分股份上市流通,一部分股份暂不上市流通。股权分置是近些年才出现的新名词,但股权被分置的状况却由来已久。

股权设置有四种形式:国家股、法人股、个人股、外资股。而1994年7月1日生效的《公司法》,对股份公司就已不再设置国家股、集体股和个人股,而是按股东权益的不同,设置普通股、优先股等。

金融家点评:

我国正在加大股权分置改革的力度,逐步规范上市公司的股权结构,统一股权、统一价格、统一市场、统一利益。随着改革的深化,中国股票市场“股权分置”存在的弊端将逐步得到解决。

76. 什么是融资融券?

融资融券交易,又称信用交易,分为融资交易和融券交易。通俗的说,融资交易就是投资者以资金或证券作为质押,向券商借入资金用于证券买卖,并在约定的期限内偿还借款本金和利息;融券交易是投资者以资金或证券作为质押,向券商借入证券卖出,在约定的期限内,买入相同数量和品种的证券归还券商并支付相应的融券费用。

在完善的市场体系下,信用交易制度能发挥价格稳定器的作用,即当市场过度投机或者坐庄导致某一股票价格暴涨时,投资者可通过融券卖出方式沽出股票,从而促使股价下跌;反之,当某一股票价值低估时,投资者可通过融资买进方式购入股票,从而促使股价上涨。

参与融资融券交易的投资者,必须先通过有关试点券商的征信调查。投资者如不能满足试点券商的征信要求,在该券商网点从事证券交易不足半年,交易结算资金未纳入第三方存管,证券投资经验不足,缺乏风险承担能力,有重大违约记录等,都不得参与融资融券业务。

投资者向券商融资融券前,要按规定与券商签订融资融券合同以及融资融券交易风险揭示书,并委托券商开立信用证券账户和信用资金账户。投资者只能选定一家券商签订融资融券合同,在一个证券市场只能委托券商开立一个信用证券账户。

金融家点评:

融资是做多;融券是做空。

77. 炒股的几个基本原则是什么?

(1)掌握基础的技术分析知识,把命运把握在自己的手中。股票投资是一种高风险与高利润并存的投资方式。股市是一个没有硝烟的战场,它不同情无知者与弱者。所以劝告您,不能把炒股票作为谋生之路,也不能把股市作为暴富的赌场。它是投资理财的一个渠道,由于不成熟与不规范和特定的客观条件,目前的股市对于中小散户而言,掌握基本技术和基本分析方法,是少赔多赚的开始。

（2）不盲从于媒体、股评、各种消息。许多投资者选股的主要依据来源于传媒消息、媒体股评，这种选择随意性盲目性太强，赢少输多，结果是成为劣质股评、谋利小报的牺牲品。对于股评，要在自己掌握技术分析的基础上，一分为二地加以分析判断，去伪存真，方可立于不败之地。应该相信，也许这些铺天盖地的股评家水平还不如自己高呢！

（3）重视个股，抓小放大。随着股市的逐步完善，最初的各种股票齐涨齐跌的现象将逐步成为历史，取而代之的是技术分析，所以跑赢大市的关键在于选股，应该关注的是公司的业绩，题材性的炒作永远是短线，大盘趋势的研判可以交给股评家来分析，个股的选择却要自己掌握，在股市中应把握抓小放大，优中选优的策略，果断的换股与止损是获利的保证。

金融家点评：

股市中的赚与赔都是不可避免的，只有保持平常的心态，从容应对，才能在关键时刻作出正确的抉择，不被气氛效应及各种骗局所左右，把握成功机会，从中获得财富。

78. 炒股所得怎样缴纳个人所得税？

根据国家税务总局的有关规定，个人转让股票所得属于"财产转让所得"应税项目，应按照20%的税率计征个人所得税。但是，为配合我国企业改制和鼓励证券市场的健康发展，经报国务院同意，财政部、国家税务总局分别于1994年6月、1996年12月和1998年3月下发了《关于股票转让所得暂不征收个人所得税的通知》、《关于股票转让所得1996年暂不征收个人所得税的通知》和《关于个人转让股票所得继续暂免征收个人所得税的通知》，规定从1994年起，对股票转让所得暂免征收个人所得税。

《中华人民共和国个人所得税法实施条例》第22条规定："财产转让所得，按照一次转让财产的收入额减除财产原值和合理费用后的余额，计算纳税"，所以，现行税法对股票转让所得是按每"次"所得来课税的，在现行分项税制模式下，不同"次"数之间的所得不允许盈亏相抵，也就是说，有所得就要征税，无所得则不征税。由于国家目前对股票转让所得暂不征收个人所得税，税务总局在研究股票转让所得的申报时考虑到：个人在一个纳税年度内可能频繁发生多次股票交易，要求其逐次记载股票转让所得，无疑将增大个人自行纳税申报难度；同时考虑到在一个纳税年度内股票交易盈亏具有不确定性，所以，在明确股票转让所得申报口径时规定，一个纳税年度内股票转让所得与亏损盈余相抵后的结果为正数的，应统计在12万元之内；考虑到一些纳税人的其他应税所得项目已经超过12万元，本身已属于高收入群体，对于一些高收入者的股票转让盈亏相抵结果为负数的，为避免炒股的"负盈余"对已超过12万元的其他各项所得的冲抵，加强税源监控，税务总局规定"负盈余"按"零"申报。

金融家点评：

2007年1月1日开始施行的个人所得税法实施条例规定，对于年所得12万元以上的个人要自行向税务机关办理纳税申报，年所得中包括个人的股票转让所得。对年所得12万元以上的纳税人而言，虽然其取得股票转让所得也要自行申报，但仍不征收个人所得税，对股票转让所得自行申报和是否征税是两回事。

79. 如何制定炒股计划?

一个良好的炒股计划,能记录投资者在买进股票时的想法,可以帮助你控制情绪,让你有一个思考的过程,便于你总结经验教训,总之,很有好处。一个完整的操作计划应该包括以下内容:

(1)良好预期和介入时机。你所依据何种预期,是否是一个可行的入市时机。

(2)良好的分析计划。分析内容有:大幅增长的赢利报告;大比例的股本送转;是否是当前市场热点;有无突发利好;是否是季度结算前敏感时间;基本面有无其他积极变化。

(3)主要风险提示。股票市场是一个高收益,高风险的市场,建仓前要将如何控制可能出现的风险放在首位,这直接决定你在进行多次的交易后是否能获利。

(4)预期收益,你建仓一支股票是因为你认为它会涨,而且还会有可观的涨幅。估计一下可能的收益,这需要经验,时间越长,你的估计可能会越准确。如果股价如你所预期的一样出现大幅上涨,你需要在某个地方卖出以实现你的获利,比如赢利报告前的一到两天、或者股价下调到赢利 15%或 20%处,都可以,这些最好在建仓就在计划中明确出来。

(5)能够承受的损失。根据你的预期收益和你可能的最大损失,你可以得到一个收益风险比,如果这个风险收益比小于 3:1,你可能需要寻找更好的投资目标,如果你的风险收益比大于 3:1 按这个计划做下去,这次成功的可能性可能会高一些。

(6)总结。如实记录你所要建仓的时间、价位、数量是否需要加仓,止损的价位,止盈的价位,跟踪计划,这样你就可以大胆做交易了。

金融家点评:

做股票和做任何生意一样,做什么东西,什么时间做最好,具体每一步该怎么做,这都是事先要想好的。

80. 为什么说止损很重要?

人们通常认为股市高手每战必赢,站在云端,高高在上,其实不然。华尔街的顶尖高手成功机率大都在 50%左右,有的甚至不到 50%。怎么获利呢?他们每次的亏损很有限,一般最多在 7%~8%左右,而他们每次的赢利都在 20%、30%,甚至几倍。这样,总的看来,他们收益就很可观了。

如果你也能这样去做,在看错了的时候坚持止损,在看对了时坚持持股,在获利丰厚时止盈,你也能获得可观的赢利。

如果可以,从现在开始,抛掉你手中的垃圾股,改掉随意买卖股票和听小道消息买卖股票的习惯。从现在开始,只买基本面有良好预期的股票,只在适当的时机买进有技术面支持的股票,设立止损位和止盈位,做一个详细的计划,总结经验和教训,坚持下来,你就建立了一个良好的获利模式。这样,你一定能在股市中实现稳定的收益!

金融家点评:

索罗斯讲"让你的亏损减小,让你的赢利奔跑",说的就是这个意思。

81. 购买境外股票主要有哪些风险?

购买境外的股票,必须通过境内有资格的金融机构代理,这也叫代客境外理财业务,银监会放宽了代客境外理财业务投资范围,各大银行如交通银行、光大银行等中资银行,纷纷获得QDII资格,QDII的出现为投资者提供了更宽的投资渠道,这为在人民币汇率不断升值的背景下,提高QDII的回报率提供了可能。

银行境外代客理财产品大多以人民币认购,且周期大都在1年以内。在人民币升值预期十分强烈的背景下,潜在的汇率风险就成了银行代客境外理财产品面临的主要潜在问题。按照目前人民币在远期市场的走势,银行代客境外理财产品面临着大约年化收益率近3%的潜在损失。这样来算,代客境外理财产品要达到6%以上的年收益率,才能与人民币理财产品收益基本相当。

海外投资产品种类繁多,选择起来需要耗费相当精力。另外,海外投资产品还有较为高昂的相关费用,如托管费与管理费,甚至有些产品还收取销售服务费。

金融家点评:

对于普通的投资者,购买境外的投资产品前,要充分了解投资海外的相关专业知识,同时要注意人民币汇率的变化。

82. 决定股市价格涨跌的因素有哪些?

股指持续上涨,就是我们通常所说的牛市,也就是投资者相信这种上涨势头会长期保持。就一个正常成熟的股票市场来说,牛市常常要有经济强劲增长、居民充分就业和收入大幅提升作为强大的后盾。相反,股票持续下跌就是熊市,当熊市出现时,大多数投资者相信这种下跌还会长期持续,进而相继卖出股票,进一步加剧市场的下跌深度。通常熊市是由宏观经济紧缩、公司赢利和个人收入增长大幅下滑所导致的。

牛市和熊市的表面特征是股价的上升或下降,但透过表面现象可以看到背后隐藏着的深层次的原因,影响股市涨跌的主要因素有:

(1)宏观经济表现。人们通常把股票市场与经济发展的关系形象地比喻为“股市是国民经济的晴雨表”,表明股市的冷暖与宏观经济形势有极强的正相关性。虽然形成股市牛市或熊市的原因众多,但最根本的基础还是一国或一个地区的经济发展状况,虚拟经济可以在一段时期内与实体经济不匹配,但最终还是要靠实体经济作依托。因为上市公司的业绩表现、老百姓的钱袋子鼓不鼓,决定了投资者的投资意愿,也决定了股市是“牛”还是“熊”。

(2)投资者的心理。由于市场的行为是由无数个人的行为集合而成的,投资者的心理和情绪自然会影响股市的涨跌。在牛市中,几乎人人都想参与到股市中来获取丰厚回报,乐观的情绪会不断推升股价。而在持续下跌的熊市中,投资者的信心受到打击,相继把资金从股市撤出;投资者的投资信心一旦失去,短时间内很难恢复,熊市就会持续很长时间。

(3)股票供求状况。在牛市中,投资者对股票的需求高涨,而股票供给却相对紧张。也就是说,大多数人都想买进股票,而很少有人愿意卖出股票,求大于供,自然会形成股价持续上涨;

在熊市中,大多数人都不愿意持有股票,纷纷抛出,股价自然会越走越低。

金融家点评:

股票走势本来就难以预测,虽然不应该凑热闹、瞎起哄,但一味地孤芳自赏,一意孤行,却容易使自己蒙受不必要的损失。从长远来看,应多听取稳健型投资者的意见,以基本分析、技术分析作为选股的依据,这样才不至于有太大的偏差。

83. 判断牛市、熊市的基本依据是什么?

判断股市是"牛"还是"熊"的关键是发展的长期趋势,而不是股市对突发事件的短期反应。市场的小幅波动只是在一种大的趋势下的主动调整,比如在一个长期走熊的市场格局下出现个别几周的市场转暖不能认为是熊市的结束。通常情况下,只有当股市变动的幅度超过15%~20%时,才可基本确认股市发生了趋势性的根本转折。

在牛市中,最理想的情况是投资者在牛市启动前就买入股票并在牛市达到顶部前卖出,以充分享受股市上涨带来的丰硕果实。但在实际操作中准确判断牛市开始和结束的时间几乎是不可能的。我们可以做到的是,经过我们的分析,从总体上判断这是一个牛市还是熊市。

常常听到人们用牛市和熊市来形象地比喻股市涨跌状况,然而准确地定义和理解牛市与熊市,并不像人们说的那么容易。由于股市的发展方向是决定投资者投资热情大小的最主要原因,所以,了解牛市和熊市意味着什么、有什么特征,以及会带来哪些影响,对投资决策的形成非常重要。

金融家点评:

如果判断是牛市,则牛市不言顶;如果判断是熊市,则规避风险的最好办法是"现金为王"。

84. 牛市、熊市应采取怎样投资策略?

对于大多数投资者来说,在牛市时买入股票的风险相对较小,赢利的概率远大于亏损的概率。即使出现亏损,一般来说,也是投资者可以忍受的,不会对投资者造成致命的伤害。此时,投资者应该以更加积极自信的态度买入经过自己认真研究后看好的股票,以扩大回报。

而在熊市里,由于谁也无法准确判断熊市何时结束,即便在你认为的低点买入,也可能会被套牢,因为"跌"无止境。所以在熊市里最稳健的投资策略就是把资金投到低风险的固定收益型产品或防守型股票上来,因为在熊市里风险远远大于收益。无论是在牛市里还是在熊市里,顺势而为,不逆市场潮流而动,尤其是投资于真正质地优良的绩优股票并长期持有,风险实际上是很小的。

金融家点评:

牛市、熊市的出现,有其基本的表象和内在规律。遇到牛市、熊市的发生转折时,投资者应该及时调整自己的投资思维和投资策略。

85. 为什么说中国股市是"消息市"?

我国股市过去一直被称为消息市、政策市,靠消息决定投资去向的人很多,凭技术分析方法研究股市的人较少,因此,消息的影响很大,不论对大盘走势,还是对个股股价变动,都是一样的。各种消息对上市公司股价的走势影响举足轻重。就连一些股市专家对于某只股票今后的趋势预测,同样也经常引用来源广泛的各种消息做依据。

对于股市来讲,凭着不实的所谓"内部消息"而兴起大牛的股市,是不健康、不正常的股市;因为小道消息满天飞而萧条冷落的股市,也是令人痛心不忍看到的。无论如何,消息在一定程度上左右着我国股市和部分上市公司,我们在判断股市趋势时,一定要慎重而又认真地把这些因素考虑进去,还要把各种非技术原因揉进去,一并研究,综合评判。

金融家点评:

对于来路不明的消息,竟可信其无,不可信其有。

86. 什么是上网发行股票?

上网发行是指投资者通过证券交易所电脑交易网络系统进行股票发行的方式。上网发行又分为上网竞价发行和上网定价发行。

上网竞价发行是指投资者通过证券交易所电脑交易网络系统进行竞价,确定股票实际发行价并成交的发行方式。竞价发行的具体办法与二级市场的股票买卖方式差不多,但是也有一些具体的差别。竞价发行具有很多优点,在很大程度上解决了其他发行方式产生的问题,竞价发行由于采用了计算机无纸化发行,节约了人力物力。竞价发行由于是通过股票交易所通向全国各地的计算机网络发行,解决了小户购买股票的困难,体现了机会平等,也解决了现金大量搬运的问题。竞价发行极大地降低了投资者的认购成本,提高了效率。从实践情况看,竞价发行方法存在的主要问题是竞价发行股票有可能被与发行方有利益关系的机构操纵。

上网定价发行也是通过股票交易所交易网络系统发行股票的一种方式。与竞价发行所不同的是,上网定价发行不是由股票的购买者通过集合竞价的方式决定股票的发行价格,而是在上网发行之前由上市公司与承销商来确定股票的发行价格。

金融家点评:

上网定价发行与竞价发行的区别在于一个是事先人为确定股票价格,一个是由市场的竞争决定股票价格。此外,上网定价发行在投资者认购股票时,往往需要按比例分配或摇号抽签的办法。在其他方面,两者是完全一致的。

87. 什么是打新?

所谓的打新股其实就是说的新股申购,申购新股要在正常交易时间下委托。委托手续与二级市场购入股票方式相同,只是代码有区别。

打新股申购流程：

(1)投资者申购[T 日]：投资者在申购时间内缴足申购款，进行申购委托。

(2)资金冻结[T+1 日]：由中国结算公司将申购资金冻结。

(3)验资及配号[T+2 日]：交易所将依据最终的有效申购总量，按沪市每 1000，深市每 500 股股配一个号的规则，由交易主机自动对有效申购进行统一连续配号。

(4)摇号抽签[T+3 日]：公布中签率，并依据总配号量和中签率组织摇号抽签，于次日公布中签结果。

(5)资金解冻[T+4 日]：对未中签部分的申购款予以解冻。

金融家点评：

新股申购通常好几只同时进行，最好集中一只申购。

88. 政府经济政策如何影响股价走势？

由于股票在资本主义国家十分流行，所以许多西方学者、专家纷纷研究股票市场的预测问题，提出了许多理论，如道·琼斯股票价格波动论、期望理论和有效市场假说等；有的甚至建立了模型。这些理论和模型虽然能从某一方面描述股票市场的情况，但它们主要建立在对股票市场本身的分析上，如股票市场过去的价格趋势、股票市场上各种指标的变化等。其实，影响股票市场走势的不仅有市场本身因素，也有外部因素，政府的经济政策就是很重要的外部因素。在研究股票市场的走势时，不能不考虑这些因素。

世界各国的证券行市几乎都受到国家经济金融状况和政策的影响。在我国，国家的金融政策直接影响到证券交易的交易价格。国家重大经济活动和金融政策的出台都会对股市的行情产生影响。

金融家点评：

为了在股票投资上获得收益，投资者事先应对股票市场走势进行预测。一个成功的投资者必须是一位敏锐的经济分析家，同时又是一名训练有素的经济政策专家。

89. 企业经营状况如何影响股票质量？

股票的质量指发行企业的信誉、经营状况、经济效益、企业发展前景、产品销售以及股息红利率等因素。目前我国股票的质量主要是指企业发行的信誉和股息红利率。由于我国证券发行和流通市场的机制尚未完善，缺乏一整套评定企业信誉的科学指标体系，也缺乏一批具有权威的从事企业信誉评价的机构，因此，发行企业的信誉在很大程度上主要取决于其在社会公众中的印象，特别是该企业的产品在市场上的销售情况，该企业的级别大小、人员多少，该企业原有的所有制性质等。

从理论上讲，企业经营效益好，股息红利就高，反之亦然。由于我国证券发行企业现在还未向社会公开资产负债情况，投资者无从得知企业的经济效益如何，因此股息红利率的多少是反映股票质量的一个重要因素。

金融家点评：

由于社会公众是从股息红利率来看企业经济效益和经营状况的，所以说，股息红利率是影响股票质量和股票价格的一个重要因素。

90. 哪些因素会影响投资者做出正确判断？

很多人不断地重复他们错误的投资行为，原因就在于，他们没有以正确的态度看清楚面前的障碍究竟是什么，下列因素往往会蒙住了投资者的双眼。

(1)不动脑子思考。一些投资者根本不看大势，不分析公司的基本面，长期持有一只公司业绩不好的股票，还寄希望于“乌鸦变凤凰”，绝地重生，亏损变赢利。然而，这种翻身的机会很难遇到，大部分情况下是造成投资者的资金长期套牢，无法取得收益，破坏了投资者的收支平衡，增加了投资者的焦虑心理。

(2)情绪反复无常。情绪化是投资者在投资活动中最普遍、最容易出现的一种障碍，是最容易犯的毛病，看到盘面泛红就兴高采烈，看到满盘皆绿就心如刀割，这种情绪化的表现会阻碍投资者进行理性思考，导致他们经常做出错误的投资决定，不是买在最高点，就是卖在最低点。股价此时也最会捉弄人，你认为跌的，它涨了；你认为涨的，它反而跌了，投资者往往是在买进或卖出后后悔不已。

(3)不具备起码的投资知识。有不少投资者认为，炒股不是什么高科技，连退休人员和看自行车的老太太都能做，只要选择“正确”的股票进行买卖就可以赚钱了，而不清楚股票市场是如何运作的，不知道股票价格受什么因素的驱动而涨跌，不了解什么才是真正正确的投资行为。

(4)盲目追风。相当多的投资者很容易被一些当前表现良好、但未来表现不确定的股票吸引，也就是所谓的追逐热点、炒作题材，在没有充分了解其上涨的原因和有什么风险的情况下就贸然买入这些热门股。有许多投资者不知道何时该卖出那些已经赚钱的股票。他们往往选择长时间持有这只上涨的股票，总认为涨了还会再涨，却不知这个做法并不总是正确的。

(5)缺乏长期投资眼光。许多投资者都知道应该树立长期投资意识，但在实际操作过程中，却仍然只是根据股市的短期波动和投资者突然冒出的想法就做出决策。如果没有长期投资规划，决策就很容易受市场短期波动左右。这种依据不可预知的市场波动来做出决策的方法极其危险，犯错的概率极大。当认为牛市到来的时候，他们会倾其所有，希望能跟着专业投资者大赚一笔，但此时往往是牛市已接近尾声；当股市出现大幅下跌时，又难免惊惶失措，经常在熊转牛时的底部卖掉股票。

金融家点评：

股市本身就是一个强大的平衡机器，它不会一直青睐于某些股票，冷落另一些股票，用“风水轮流转”来形容股市是非常贴切的，投资者必须主动、适当地调整投资组合品种，以踩准股市的变化节奏。明智的做法是，卖掉一部分获利的股票，把变现的收益投资到其他一些更有增长潜力的股票上。

91. 炒股中“庄家”是什么意思?

“庄”在汉语的释义中,古代多形容封建社会君主、贵族等所占有的成片土地,如:皇庄、庄主;在近代多形容为某些种类的赌博和赌局,局中人轮流为主,如庄家、坐庄。庄家是从赌博中引进的概念,在股市上,庄家是指能影响某一股票行情的大户投资者,具备通吃通赔的资金量与散户赌博者称之为庄。

庄家和散户是一个相对的概念,庄家也是股东,通常是指持有大量流通股的股东。庄家坐庄某股票,可以影响甚至控制它在二级市场的价格,通常占有50%以上的发行量。有时庄家控制量不一定达到50%,一般30%即可控盘。

庄家是与散户为对手的以赢利为唯一目的的赌徒,一心梦想着在股市上通吃,外表看似公平,实际非常狡猾和贪婪,不遵守基本的炒股规则,擅长使用阴谋诡计。有人称庄家是股市上的“魔术师”,也有人称之为“强盗、大骗子和魔鬼”。

金融家点评:

股市中的庄家与赌场中的庄家虽有所区别,但股市中的庄家基本上具备了赌场中庄家所有的特征。

92. 什么是“老鼠仓”?

老鼠仓是指庄家在用公有资金拉升股价之前,先用自己个人(机构负责人,操盘手及其亲属或关系户)的资金在低位建仓,待用公有资金拉升到高位后个人仓位率先卖出获利,当然,最后亏损的是公家资金。“无庄不成股”这是中国股市中的消极因素,而老鼠仓就存在于这些大大小小的庄股当中。券商是庄股中的主力队员,有些券商利用自身具有融资的天然优势,从社会各方面融入大量资金坐庄拉升股票。坐庄本来是为了赚钱盈利的,但券商坐庄很少有真正赚钱的,原因就在于券商把股票拉升后,大量底部埋仓的老鼠仓蜂拥出货,券商又在高位接盘。这样的结果就是券商亏损累累,老鼠仓赚个钵满盆满。这便是当今券商被掏空的主要形式。

金融家点评:

其实,老鼠仓就是一种财富转移的方式,是券商中某些人化公家资金为私人资金的一种方式,本质上与贪污、盗窃没有区别。投资者应该对此保持警惕。

93. 如何培养持股的耐心?

投资者买进了自己看好的股票,就开始了漫长的等待历程。等到了持股的上涨之时,获其大利后,都有一个成功的经验,那就是:总会等到你!

有了这样耐心等待的信念,才会尝到久等之后的甜美收获。当然,股市中也不乏那些手疾眼快,追涨杀跌,随机应变的换股老手,不断追逐在轮涨的个股上,累得半死,也苦中有乐。但也的确有那么一部分属于海枯石烂心不变的死牛角尖上钻的硬汉子。买进之后,不涨,就是不卖,眼见别的股都涨了,就是自己的股不见动静,生气是难免的。但还是要等个水落石出,以证明自己选择的英明。

有关统计资料表明,一般的短线投资者,这种耐心不超过 3 天,3 天不涨,就定要转换目标了。如果进一步观察发现,操作行为中,也有耐心较大的,最长可持续到一周以上,10 天以内。这时如果还不涨,十之八九就卖掉了。而只有一两个人还会等下去。

所以,缺乏耐性的人,总会在股价上升前一分钟放弃了信念,一经出手之后,股价就会扶摇直上,发生了悲剧性的悔恨。天天等不来,一时不等就来了。投资者要想获得丰厚的回报,需付出的最大代价便是耐心的等待,以及眼见别的股种大涨的诱惑考验,自己的持股不涨的精神苦痛折磨。

苦熬苦煎的投资者,都有一种共同的心得体会,不断换手,并不比等待报酬多,人们往往就因为忍受不了这种寂寞冷落才让赚钱机会到了门口时,没有开门却走失了。

等待是艰苦的,等待之后的果实却是分外甜美。这是众多投资者的一致共识。这是在众多投资方法中最简单的一种,然而有时却是最奏效的一种。

美国的股票大王沃伦·巴菲特说:"如果你因为第一种股票的升值等得不耐烦了而把它抛出的话,那么第二天,这种股票就可能升值了。这种事情肯定会发生,我称它为脱离后的繁荣。"

金融家点评:

利润是需要付出巨大的忍耐和等待的代价的!投资者买进了大器晚成型的实力股之后,就该坚定信念,不为所动,千万别因为 3 天不涨就犯急,5 天不涨就动摇了信心。一念之差,或许就半途而废,把本该到手的利润化为泡影。

94. 哪些情绪会影响股市操作?

(1)偏执的情绪。许多投资者不会客观地对待市场,俗话说的"一根筋"。他们会固执地认为股市总是会朝着他们自己设想的方向发展, 实际上股市是不会随任何人的意愿运动的,只有客观理性地看待股市,才能从中获得收益。投资者应当学会不把自己的观点强加于市场,而是敏锐地察觉市场所传递出的信息,哪怕是蛛丝马迹都不要放过。

(2)过于相信直觉。心理学认为,判断和决策与实际情况之间的偏差经常是由认知假象导致的,与视觉假象一样,很难消除由直觉推理产生的失误。面对股市环境的复杂性和不确定性,如果仅仅依赖于直觉来做最后的判断和决策,容易受认知假象的迷惑,会存在对风险视而不见,做出理由不充分的交易判断,一旦结果不如意时,则开始责备自己或迁怒于他人。有些投资者总是自我感觉良好,忽视一些自己不喜欢但其实是很重要的相关事实。面对股市环境的复杂性和不确定性,如果仅仅依赖于直觉来做最后的判断和决策,会对存在的风险视而不见,做出理由不充分的交易判断。

(3)盲目乐观的情绪。盲目乐观,对于股市投资者来说,可能会遭遇灭顶之灾。因为投资者在决策过程中,如果出现盲目乐观情绪,就容易导致高估自己的知识和技能、高估市场的表现,低估或忽视风险的存在,夸大了自己掌控局面的能力。

(4)懊悔焦虑的情绪。在股市里,投资者经常是后悔没做某事,"为什么当初就没买这只如今涨得这么好的股票呢?”这是人们经常听到的声音。股市里的这种有悖常理的懊悔情绪只会把事情变得更糟,把投资者的心态搞坏,进而可能陷入恶性循环之中。如果投资者经常有这种懊悔情绪,时常把失败挂在嘴边,就难以振作起精神来。

金融家点评:

投资者在决策过程中要时刻注意控制自己的情绪,牢记股市是一个高风险的场所,不为暂时的成绩忘乎所以,也不为一时的失误而灰心气馁。

95. 上市公司怎样分配利润?

为了反映上市公司利润的分配及未分配情况,公司应该在年终编制利润分配表,并公开对外报告。按照现行制度规定,公司实现的利润应按一定的顺序进行分配,这一分配顺序要求在上一顺序的项目未分配以前,不得进行下一项目的分配。公司税前利润的分配顺序是:

第一步,交纳被没收的财物、滞纳金和罚款。

第二步,弥补以前年度的亏损。

第三步,提取盈余公积。

第四步,向投资者分配利润。

向投资者分配的利润是指向各类投资者分配的利润,如向国家、其他单位、个人以及外商等投资者分配的利润,但不包括向各种债权人支付的利息。在上市公司,向投资者分配的利润包括支付的优先股股利和普通股股利。

金融家点评:

对于投资者来讲,应该重点了解上市公司股利分配的两种主要形式:一是现金股利,发放现金股利是股利发放中最常见的方式,在我国现金股利俗称“现金红利”。二是股票股利,这是指采用增发股票的方式向股东分派股利。发放这种股利时,一般要按法定程序办理增资手续,然后根据股东所持股票数按应发股利的等值比例折算后,发放股票。

96. 股市上都是哪些人在炒股?

从知识及能力的角度看,在股票市场上较为多见的有以下几类人:

一是股票行家。这些人被称之为股票市场上的“老手”,具有较高的分析股市行情的技术和能力,他们不因行情便宜就下手买进,行情跌到底了也不一定买。有时可能在景气好转或股票上升突破时,却积极追进,但却都仅在较有把握时为之。该种人操作时有目标,有方向,有策略,获利也较为容易,虽然有时也会因判断失误而遭亏损,但基本上不会赔大钱。

二是即非股票专家,亦非投资外行人。这些人不具有股票专家所具有的高超能力和水平,他们大多以股息和银行存款利率相比较,如果觉得买股票获利比银行存款的利息高,就会买进股票,以待将来好转时出售;相反的如果觉得股票利息比银行利息低时,便予以卖出观望。该种人较少在市场上进行买卖进出,对于短期涨跌起伏亦不在意,对于复杂的行情分析,有许多人根本是不懂,但由于交易时非常慎重,长期做下去大多数人亦能获利。

三是散兵游勇式的零星客户。这些人对股票似懂非懂，纯粹是因看了新闻报道或听消息而买卖。他们对股票少有研究亦缺乏确切的买卖目标。稍微赚点钱便沾沾自喜，长期下来却都亏损累累，买天价、卖底价是经常出现的事情。

金融家点评：

可以对号入座瞧一下，您属于哪一个人群？

97. 怎样成为稳健型投资者？

稳健型炒股的人，像上面谈及的股票专家一样，他们大都将股票投资的重点放在基本分析和技术分析上，由于本身精于研究分析，因此在操作时有自己的目标，同时也较易获利。虽然有时难免因判断失误而发生亏损，但总的来看不会赔大钱。

如果你想成为稳健型的投资者，除了练就一身过硬的"功夫"外，还需注意，影响股票变化的并非都是经济因素，如果仅凭基本的分析和技术分析来对股价动向做推测的话，可能与实际状况有一定的差距，因此千万不可忽略对其他投资者的心理分析。

金融家点评：

知己知彼，才能百战百胜。既能用技术方法分析股市，又能分析自己心理，还能较透彻地洞悉他人心理，这样稳健型投资者，怎能不更胜一筹？

98. 哪些钱不能用来炒股？

在决定炒股时必须注意，有些钱是不能用来炒股的，有些钱虽能用于炒股，但应力求避免风险。大致来说，以下几类资金的使用要特别注意。

(1)家庭日常花销。用于衣、食、住、行等日常生活消费的资金绝对不可用来炒股，就是压缩正常消费以致捉襟见肘来投资也不宜采用。以免连买菜钱也赔进去，落得家徒四壁。连温饱都成了问题，还谈什么赚钱？

(2)借来的资金。借贷资金并非不可用于投资，但千万不投资于风险高的项目，否则，一旦到期不能归还便陷入困境。

(3)急用资金。家里计划用于买房、结婚、生孩子、教育、看病等必需费用开销，都是急需用的款，不宜用来投资过于冒险的项目，否则，很可能给家庭带来危机。

(4)保险性资金。家里的保险金、养老金、退休金等，都是用来保险最低生活水平所需的资金，原则上应投资于本息稳定与安全的项目上，不易冒过大的风险。

总的原则是，用来投资的资金应该是宽裕的、而不是急用的，不能因为投资而使生活处于困境。

金融家点评：

经常有人问我"是否可以借款或贷款买股票？"我会毫不犹豫地回答：人们绝不应该借钱或贷款买股票，除非他是一个轻举妄动的冒险家。

99. 确定投资目标要考虑哪些因素?

投资者在未迈入股票市场之前,必须要有一个明确的投资目标,那就是你为什么要炒股?一般而言,投资目标大致有以下三个。

(1)保存资金。投资的目的为确保资金的安全性,可选择的项目有,将资金存入银行生息,买短期公债等。

(2)赚取固定收益。目的为赚取可观而稳固的定时收入,以应付各种生活开销。较适宜的选择有,国库券、声誉卓越的公司债券或高素质的优先股等。

(3)资金增值。目的为确保货币的购买力,不会因为通货膨胀而被吞噬。较适宜的投资工具是,有成长潜能的公司股票,让投资者在较长时期的投资中,分享公司业绩的稳健成长而带来的好处与权益。

炒股就是为了赚钱,但还必须考虑相关的因素,包括个人和配偶及子女的年龄、健康情况、职业的稳定性、负债及财富情况等。由于个人的情况不同,其投资目标也截然不同,所承担的风险大小也不一样。

以一对收入稳定的年轻夫妇说,每月的收入若应付生活开销绰绰有余的话,可将剩余的资金注入股票市场,购买有增长潜能的股票,以坐收长期的资本增值所带来的好处。但这所需要承担的风险也不低,一旦选择错误,可能会损失不轻。

对于一个已达垂暮之年的老人来说,身边的积蓄就必须小心保管,仔细理财,不但保存资金,且能支付日常开支,不能像年轻小伙子那般具有冒险精神。较适宜的投资是存放于银行及购买债券。

金融家点评:

理财投资之道,因人而异,必须针对投资者个人的特殊情况,这包括上面所谈到的投资目标、预期收益、资金的流动性等,并无一个放之四海皆准的方案。

100. 怎样比较炒股与其他投资的收益?

随着经济的发展,人们手中愈来愈宽裕,握在手中的那笔闲钱,无论多少,都想好好加以利用,不仅要保值,而且还能增值,使资金像滚雪球一样,愈滚越多。买黄金首饰、买房地产、存入银行生息,都是令人放心的去处。怎样比较不同投资方式的收益呢?

在买卖黄金过程中,由于金价一进一出之间差距不大,除非价格涨得很多,否则短期内买进内再卖出,恐怕划不来。而且金价一旦下跌,亏损也相当厉害。

至于房地产,保值功能固然不小,但所需要的投资金额却相当庞大,一般靠工资生活的人根本高攀不上,而且房地产变现金不易,需要用钱时不能救急。

最传统最保守的方式就是把钱存人银行。存钱虽能得到固定的利息收入,但低利率似乎并以能达到生财的愿望。

相比之下,股票投资所需的资金绝非天文数字,几千上万块的闲钱就够了,而且随时可买进卖出,同时也可作长期投资。更重要的是,这种投资不仅可以带来实质的金钱利益,而且有时还能享受到一些有价值的权利。

金融家点评：

虽然投资的种类有很多，但相比较而言，对于普通百姓来说，较为合适的投资方式，应属股票投资。

101. 使用网上银行应注意哪些问题？

随着近来股市行情火暴，网上炒股的股民数量直线上升。据一些券商的统计显示，在新开户股民中，至少有七成人选择网上交易模式。网上炒股需要进行资金转账，这就离不开网上银行。投资者在使用网上银行时，黑客极其可能通过植入木马病毒等“攻陷”、偷盗股民的股票账户和密码。

不法分子针对股民作案主要有3种类型：一是发送电子邮件，以虚假信息引诱用户中圈套；二是利用木马和黑客技术窃取用户信息后实施盗窃；三是假冒网上银行网站，骗取受害人账号、密码实施盗窃。

针对上述情况，投资者在申请好网上银行账号后，必须尽快更改初始密码，并且尽可能地不与银行卡密码相同。同时，要尽量避免在网吧使用网上银行，如果使用了公用电脑，须及时修改IE浏览器“自动设定”选项，取消系统对用户名、密码的默认状态，并及时、有效清除上网记录，防止网上银行信息泄漏。要安装正版杀毒软件，并及时升级杀毒软件病毒库，经常查杀木马病毒，防止感染木马病毒、在网上购物时被人窃取网上银行信息。同时，投资者还要定期查询账户，一旦发现账户金额有出入，要立即与银行取得联系，了解相关情况，如发现银行账户被盗用，要及时报警。

金融家点评：

使用网上银行，最容易出现问题的是账户密码被盗。有很多投资者缺乏必要的网络安全常识，密码设置过于简单或者长期不更换，给不法分子造成了可乘之机。

102. 网上证券交易操作程序是什么？

网上证券交易，是指投资者使用终端设备(计算机、手机等)通过互联网和券商相连进行交易的方式。随着更多的家庭拥有电脑并连通了互联网，利用互联网在家进行证券交易，成为越来越多投资者的选择。相对于传统交易方式，网上交易有诸多好处：成本低廉，突破地域限制，信息广泛、快捷等等。而在交易方式上，与传统交易方式相比，则有许多不同之处。

首先，必须到证券公司开通网上交易，同时在你的电脑里安装交易软件，再连上互联网后，方可开始进行交易。在交易前，要对下列过程有充分了解：

登录账户。网上登录和传统登录方式基本相似。只是有时网络可能繁忙或系统失灵，无法进入账户。因此，在交易前应向证券公司问明在这种情况下可通过哪些途径进行委托。

查询报价。通常网上报价是实时报价，但有时因为网络拥挤，数据不能及时更新会产生时滞，屏幕显示为历史报价。投资者在看报价时应当确认报价时间，否则会带来投资风险。

委托。网上委托和传统委托方式大致相同，但是投资者必须明确证券公司对委托是否有限制,同时了解委托被拒绝执行时,证券公司如何发出通知。

证券公司发出的通知。投资者应了解证券公司如何对委托的执行情况发出通知,以及如何确认委托的执行、取消或更改,以便及时了解信息。通常系统会自动发出通知更新委托的执行情况。投资者须区别委托确认及交易确认。委托确认只显示证券公司已收到委托,但委托仍未执行,交易确认指委托已执行。

撤单。投资者撤单时,必须确定原先发出的委托尚未执行。交易确认的传送有时会出现延误,以致出现委托无法撤回现象。遇到上述情况时,投资者应向证券公司查询,切勿盲目发出指令。

金融家点评:

委托执行后证券公司会把最新情况传送给客户,或向客户发出电子邮件确认交易,投资者应保留交易确认的书面或电子记录。对于证券公司发出的实物成交单据或电子成交单据,投资者须熟悉单据的一般格式,以及单据上必须列明的项目。

103. 股票网上交易有哪些优点?

(1)网上交易不受同城地域的限制、不受上班时间的限制,只要你办理了网上委托交易的相关手续,你就可以坐在家里、办公室里或即使出差在外,进行行情接收和委托下单,轻轻松松地实现交易。

(2)获取的信息广、相关的服务多。事实上,仅仅将网上交易理解为它是一种可利用的交易手段的话,未免过于简单。投资者上网交易更多的是可以方便、及时、全面地获取各种证券投资信息,而且在获取信息的选择上更具主动性。你可以随时查询你要了解的上市公司相关资料,如果你是某证券公司的客户,只要点击一下,你还可以获得证券公司所属证券研究所及其他咨询机构的股市分析与研究报告,还可以得到特殊的信息资讯服务,如证券公司提供的即时信息服务,使你在第一时间获得与市场有关的信息,及时对市场走势做出判断和投资决策。此外,你可以免费浏览其他的证券资讯网站,免费定制各种你需要的信息和个股行情。

证券网站推出的企业与个人理财服务系统,能为你投资股市提供全方位的投资咨询服务。证券网站咨询系统提供公司证券分析师对大盘走势的基本看法,你还可以在网上与这些专家进行交流。这种互动性的交流不受时间、地域的限制,使你能够时时刻刻把握股市动态。

(3)费用相对比较合理。根据2002年5月1日起实行的浮动佣金制,开通网上交易的证券商,在收费上基本上采取了网上交易低于传统交易收费标准,以鼓励更多的投资者使用网上交易。网上交易与传统交易相比,其交易收费标准基本相同,按规定收取相同比例的手续费、印花税和其他规定的交易费用。网上交易的投资者在费用上需要多付出的只是通讯费(电话费)和上网费。不过,网上交易所提供的交易便利条件(不受交通、天气等的限制),获取信息的快捷便利,内容丰富、全面,使投资者在更全面及时获取信息、判断信息,做出投资决策上,是传统的交易方式提供的服务所不可比的。相比之下,这样的费用还是比较合理。况且,网上交易的这部分费用收费标准正在逐步降低。一些证券营业部为鼓励投资者使用网上交易,不断推出各种折扣优惠。

金融家点评：

总之，网上交易与传统交易方式相比，优势明显，是广大证券投资者可以利用其进行证券投资的工具。

104. 股票网上交易应注意哪些问题？

网上交易应注意如下问题：

(1)网络安全性。证券网上交易往往涉及巨额资金，一旦网络受到外部攻击造成系统中断，或网络犯罪使信息泄露，将会造成重大损失。

(2)速度和稳定性。网上交易被称为“流动大户室”，主要就是因为其便利的操作程序和快捷的传输速度。但黑客只要使用大量发送垃圾信息的方法，就可以大大降低网络的运行速度，严重时网站甚至被迫关闭。

(3)交易成本。低成本是网上交易迅速发展的直接原因，如果上网费用过高，一般股民就难以涉足。

金融家点评：

网上交易尚属近年来发展起来的新生事物，国家有关部门关于网上交易的法律、法规尚待健全。因此，要注意网上交易的安全性。

105. 你是否适合网上交易？

网上交易又称为股票的无形市场交易。无形市场是相对于有形市场而言的，无形市场不设交易大厅作为交易运行的组织中心，投资者利用证券商与交易所的电脑联网系统，直接将买卖指令输入交易所的撮合系统进行交易。投资者委托买卖、成交回报以及资金的交割，均通过证券商与交易所的电脑联网系统实现。

理论上，只要你具备了上网的条件，所有股民均可办理网上交易的开户手续，并通过因特网进行网上交易。当然，投资者还要根据自身的经济情况，以及对电脑和因特网的了解程度来决定是否开通网上交易。网上交易作为交易的一种手段并不是唯一的交易方式，在目前网上交易的各项因素还不能尽善尽美的情况下，传统的交易方式仍然被大多数人所采用。

金融家点评：

为避免因网上交易方式不熟悉而造成损失，投资者可以将网上交易方式与传统的交易方式结合起来使用。

106. 怎样规避交易堵单带来的损失？

“我买的股票正在跌，想早点出手抛掉，营业厅却不能正常交易，一下子我就损失了3000

元”这是一个股民痛心疾首的抱怨。

中国股市经历十几年发展,燃起了无数投资或投机者的欲望。股民热情高涨,数量剧增,使得很多交易信息集中在某一时间段进行,证券交易系统网络阻塞的现象经常发生,极大地损害了股民利益,如何有效预防股票交易信息堵塞现象,减少股民财产意外损失呢?

通过网上交易的股民可以选择市价委托,就是股民在下单买卖的时候,只需要填写买入股票名称和数量,无须填写成交限价,交易系统会按照委托单到达之时的股票即时最新成交价格来成交,也就是“随行就市”成交,以避免由于堵单带来的损失,这样比较保险。市价委托虽不能彻底避免堵单发生,至少可以降低交易失败的风险。比如,某只股票当前价格是20元,而股民若一定要买到它,最好是作用市价委托来买,这样,即使出现堵单现象,也不至于错过交易机会。

金融家点评:

堵单事件多因技术原因而引起,股民可以提前操作,避开在集合竞价或开盘交易时电话委托或网上委托方式。

107. 用手机炒股有哪些优势?

相对于传统的炒股方式而言,手机炒股显得更加精巧方便。通过下载运营商提供的一些小型的股票软件,投资者能够通过手机查看行情甚至下单。

有很多年轻的投资者,喜欢使用手机上的股票软件进行炒股。在他们的通讯费中,每个月只要交纳一定数额的手机上网费,就能享受这一服务。

在手机的自选股票栏目中,数据是即时的,比用电脑上网看还要方便。目前,中国的主要运营商中国移动和中国联通都已开通手机网上炒股服务。

市场上有许多款专用于炒股的手机,价格也不算贵,其中有些手机在出厂时就安装了炒股软件,还有些手机可以到网站上免费下载软件进行安装。

金融家点评:

手机炒股业务,主要是凭借移动通信网络,通过空中加密传输,能最大限度的保护用户数据的安全。用手机炒股的用户很多,查询股票行情和进行交易也很方便。

108. 如何用手机炒股?

手机炒股不受时空的限制,比较适合白领上班族,即使是在工作间隙或者在旅游途中,也能满足热衷炒股者随时随地的股市信息需求。手机炒股的相关信息较之电脑更为安全和令人放心。中国移动、中国联通等几大电信运营商,都开通了移动证券业务,推出了相应的炒股服务,即“掌上股市”,手机炒股正成为一种热潮。

一般来说,只要是能上网的手机,就可以用来炒股。目前手机炒股的主要方式有短信、WAP、客户端软件等,其中短信是最为传统的方式,但短信只能获取简单的行情查询、个股推荐等信息,无法进行实时交易;WAP方式炒股则是通过手机上网操作,如果安装有客户端炒股软件,就能够像在电脑上一样进行实时的行情查询、股票交易。

目前,大屏幕的智能手机显然在炒股上占有优势,清晰的高清屏幕,可以清楚地看股票的大盘走势。同时,智能手机大多具备软件的拓展功能和具有广泛的兼容性。目前网络上有各种各样的手机炒股软件,供炒股者自由下载,稍有电脑操作经验的用户,下载后就可以轻松地使用了。

股民常用的炒股软件很多,只要登录官方网站,大部分手机炒股软件都可以免费注册,然后按照注册的用户名和密码登录就可以炒股了,有些软件可以无限期免费使用。

金融家点评:

用手机炒股需要:不要让人随便翻看您的手机,不要打开不知名的短信,要定期修改您的密码,定期给手机杀毒。

109. 网上炒股怎样防病毒?

网上炒股以其交易方便快捷、信息量大、紧跟行情、辅助分析系统强大等特点成为股民炒股的首选方式。然而,不及时升级杀毒软件,擅自关掉杀毒软件和防火墙的监控,因为记不住银行密码,而把密码存在电脑的文本文件里,这三种安全隐患已经成为新股民的网上"软肋"。同时,为了炒股的方便,大量用户开始使用网上银行,这样则直接增加了现金失窃的可能。

电脑遭"病毒"感染以后的症状,主要表现为电脑运行变慢、重要文件被删除,少部分"中毒"股民的股票账户和银证通账户出现异常。黑客虽然不能从股票账户中提取现金,但是可以将偷来的股票账户进行高买低卖。股民如何防"病毒"呢?

首先,电脑上应安装正版杀毒软件,及时升级。上网进行交易时,一定要打开杀毒软件的实时监控和个人防火墙。一些用户觉得杀毒软件和防火墙经常弹出提示信息比较麻烦,干脆将它们关闭,从而给黑客攻击提供了可乘之机。

其次,一定要在券商的官方网站下载正版的炒股软件。在进行网上炒股时,由于正版软件的安全特性高,可以大大提高炒股的安全程度。

第三,股票账户和银行账户的密码不能储存在电脑文件上,尽量不要使用生日、电话号码、门牌号等简单的密码,否则很容易被黑客破解。

最后,尽量不要在网吧等公共场所炒股,如果在公共场所炒股,完成交易后一定要退出交易系统,以免造成股票和账户资金损失。

金融家点评:

由于大多数股民缺乏基本的防护意识和措施,网上炒股面临极大的安全风险。你在炒股时,看不见的网络"黑客"可能在偷窥你的账户和密码,网上炒股一定要绷紧安全这根弦。

110. 什么是沪港通?

沪港通是指上海证券交易所和香港联合交易所允许两地投资者通过当地证券公司(或经

纪商)买卖规定范围内的对方交易所上市的股票,是沪港股票市场交易互联互通机制。沪港通下的股票交易于2014年11月17日开始。

沪港通包括沪股通和港股通两部分:

沪股通,是指投资者委托香港经纪商,经由香港联合交易所设立的证券交易服务公司,向上海证券交易所进行申报(买卖盘传递),买卖规定范围内的上海证券交易所上市的股票。

港股通,是指投资者委托内地证券公司,经由上海证券交易所设立的证券交易服务公司,向香港联合交易所进行申报(买卖盘传递),买卖规定范围内的香港联合交易所上市的股票。

金融家点评:

目前,香港证监会要求参与港股通的境内投资者仅限于机构投资者,及证券账户及资金账户余额合计不低于50万元的个人投资者。

111. 港股与A股区别是什么?

港股与A股主要有以下区别:

(1)交易制度的区别。A股现行的是T+1交易制度,且有涨跌幅限制;而港股现行的则是在当天交易时段内可以自由买卖,交易次数及涨跌幅均无限制的T+0交易制度。在股票买卖过程当中,A股每手统一实行100股为一个交易单位,而港股的每手交易单位,主要是根据股票的价格来定,并没有统一的规定,大致设有400股、500股、1000股、2000股、10000股/手不等。这也是有些投资者经常遇到未能全仓买入或出现买入股数不准确而被取消交易的主要原因。

(2)交收制度及资金的存取区别。目前,A股实行的是T+1交收制度,在资金管理方面,由银行进行第三方托管;港股市场现行为T+2交收制度,在股票卖出后,向开户行提交提款申请后,需第2个工作日才能进行资金转取,资金托管实行第三方托管,常见的由汇丰银行、恒生银行、中国银行(香港)等,客户提取资金或股票转托管需要填写证券公司专用表格,并签字经核实才可转取。因此,投资者开户签字样式是很重要的,它是资金存取的法律依据。

(3)交易品种的区别。A股市场现存的交易品种,主要是以股票、基金为主,同时还有部分权证、可转债等品种;而港股市场上的交易品种众多,除股票、股指期货、基金之外,还拥有如高息票据、股票沽空、期权、股票挂钩票据等各种衍生工具,并可实行保证金账户(透支)买卖。

金融家点评:

其实,与交易制度、交收制度等技术细节的差别相比,投资理念的差别才是最大的差别。大多数内地投资者仍旧崇尚的是政策与消息面主导股市,很少关注境外市场的变化。投资港股,这是新的投资机会,也是对投资理念的挑战。

112. 投资港股与A股哪个风险大?

任何投资都是有风险的,关于投资A股与港股究竟哪个市场风险更大,必须辩证地看待这个问题。有人单从“是否有涨跌幅限制”的角度，来判断投资港股存在巨大风险，显然是片面的。熟悉港股市场的人都知道，我们经常用蓝筹、红筹、国企股、细价股来区分股票或者上市公司的实力，犹如国内股市用绩优股、ST股一样。大多数情况下，这些一、二线股票每天的波动幅度不会超过正负3%，波动并不大，诸如A股市场经常出现的连续拉涨停或跌停的情况并不多见，只有极少数三线或细价股才会出现较大波动，但市场均会有风险提示的消息。

从目前出台的种种政策可以看出，A股市场正在逐步向国际市场接轨，投资者可以在A股市场拼杀，也可以尝试主动接受港股的挑战？当然，投资者也不可盲目操作，切忌根据那些小道消息买卖股票。投资港股的初期可从“A+H”股票入手，或者买卖大型蓝筹、国企股股票，并且要多浏览香港联交所网站的信息，或者参加一些港股投资者交流会等。

金融家点评：

港股市场属于国际化市场，海外基金以及市场游资介入较多，与全球经济及金融市场紧密相连，除本地因素之外，多数时候还需“眼观六路，耳听八方”，参考其他地区股市的变化。因此，投资者应该更为理性，更加注意对基本面的分析。

113. 投资港股应注意哪些问题？

除了要注意港股和A股的区别以外，还需要注意以下问题：

(1)交易时间段。香港股市每个交易日在早上10:00开盘交易，中午12:30收市休息；下午14:30开盘，交易直到16:00结束。这与A股的交易时段有明显差异。此外，指数期货的交易时段要比股票市场多出30分钟，具体的时间为早上9:45开盘，下午16:15结束。值得注意的是，港股的节假日也与A股不尽一致。由于是与国际接轨的市场，在“五一”、“十一”及春节三个假期中，香港股市的休市时间比内地股市短，在每年的圣诞节、重阳节、中秋节等节假日，港股根据假期时间休假。对于初入港股市场的内地股民来说，可以登陆港交所网站查询每年具体的休市时间。

(2)关注开盘。关注过香港股市的股民应该知道，香港股市开盘跳空高开或跳空低开情况很多，缺口出现的次数要明显比A股市场多。原因主要是美国股市对港股影响巨大。一般情况下，美国股市在前一个交易日收盘的涨跌情况将决定港股第二天开盘的走向，一些在香港上市的H股和红筹股，比如中国人寿、中国移动、中国石油，它们在美国纽约交易所上市预托凭证的收盘价，基本上会是香港上市的这些股票第二天的开盘价格。

(3)利率变化。投资A股的新老股民都知道，央行是否加息直接影响A股市场的走向。香港股市同样也会受到银行利率变动的影响；不过，与内地不同的地方在于香港利率的变动并不掌握在香港金管局(功能类似于中央银行)手中，而是由各家银行自行决定。在这种市场状况下，当几家大的发钞银行如汇丰银行、中银香港、渣打银行决定调整存款利率时，香港其他的中小银行往往会跟随调整。

(4)有关高送配。与A股股民喜欢公司高送配股份相比，香港股民更愿意买一些高股息的股票。如果某一家公司推出10股送10股的高送配方案，这在A股可能会迎来一波大涨，而在港股则可能是一波大跌。究其原因，香港股民往往会担心高送股会摊薄利润，影响公司年底分红利，或是大股东之间有利益输送。

(5)涨跌幅无限制。香港股市并没有涨跌10%停牌的制度,无论是新上市股票还是已上市股票,每天的涨跌幅都不受限制。一般情况下,H股及香港大蓝筹股每天的涨跌幅也不过3%左右,10%则是属于极端情况,一年下来也不会有几次。

金融家点评:

港股是国际化程度较高的股市,受美国股市的影响较大。其实,不仅是香港股市,亚太地区各个股市都受美国股市的影响,特别是早于港股1小时开盘的日本股市的变动,很多时候都是港股涨跌的风向标。

114. 投资港股须提防哪些误区?

"港股直通车"的开通,给不少内地投资者提供了投资机会。通过各种方式投资港股的内地投资者,虽然有的获利不菲,但他们也存在一些认识上的误区,值得新入市的内地投资者注意。

一种情况是以A股手法炒作港股。内地投资者进入香港市场,一般还保留着投资A股的许多习惯。内地投资者投资港股的换手率非常之高,出手也比较凶悍,有一些"狼性"特点,但对于国际市场存在的风险,防范却有所不足。A股是单边市,投资者在股价上涨时才能赚钱,而香港市场有沽空机制,大户资金会通过股指期货和衍生权证的操作,在股市下跌时也能赚钱,这样的市场一旦下跌,往往会非常剧烈。

另一种情况是误认为细价股便宜涨升空间大。香港市场有不少价格很低的所谓"仙股",价格不足1港元的股票也占不小比例,这些股票俗称"细价股"。由于基数较小,这些"便宜"股票一旦上涨,涨幅也非常之大,因而吸引不少新入市投资者的兴趣。其实,大户资金一般较少参与细价股投资,这些股票的流动性较差,下跌时的风险也非常之大。如果持股数量较多,即使以低价抛售,也可能无人接盘。

内地投资者进入香港股市,首先需要了解市场具有哪些投资工具,了解港股的操作方式,其次不要仅看技术面,而要多看基本面,买那些优质的股票,但千万要谨防走入误区。

金融家点评:

内地投资者作出投资港股的决策之前,应仔细掂量其中存在的风险。这些风险主要包括以下几个方面:汇率变动、市场的国际化、做空机制、无涨跌幅限制、估值差异、信息不对称、新股跌破发行价等。

第二章

炒股入门

千里之行，始于足下，涉足股海，有的人除了脑中塞满杂乱无章的信息外还是心中无主，热衷于道听途说、跟着热门跑；有的人则在市场学到了真经。每次操作都是严格按照铁定的买卖来进行。或许入门时大家的赢亏所差无几，但几年之后，前者充其量偶有大赢，但随着时间的推移最终又还了回去，甚至亏损累累，而后者必然会在股海中积累起可观的财富，实现经济自由。让梦想起飞，敢想敢做更要会做。

115. 炒股从何处学起?

炒股从何处学起?是初涉股市的朋友们最关心的问题。想要了解股市,首先要了解我们的自身状况。从某种程度上讲,如果你是一个从未接触过股票的新手,只要经过科学的训练,就会很快进入得心应手的状态。而如果你对股票市场抱有成见,即使有一定的炒股经历,要想改变错误的行为和方式将会极其困难。

第一步,学习常见的股市知识。比如,对于一些你所不熟悉图表的形状,以及它们的含义。还有一些常用的名词术语和概念,要知道它们的确切意思,比如成交量,就是单位时间内市场成交的数量,等等。最重要的是,要保持你作为初学者勤奋好学的状态。

第二步,学习观察市场的方法。就像任何事物都有其发展变化的规律一样,虽然股价起伏不定,股市变化无常,但股市的变化也有其自身的规律可循。作为初入股市的投资者,学习正确的观察市场的方法非常重要,观察方法正确,你才能得出正确的结论。

第三步,学习技术分析的方法。观察市场重点在于培养你对市场的感性认知,而技术分析则是一种理性判断。当你听到有人谈论股市感性认识的时候,你觉得很有道理,市场似乎就是这个样子。而后你又听到有人谈论技术分析,你觉得也有道理。这时,你开始迷惑了,究竟是感性认识正确呢?还是理性的技术分析更有道理?其实,两者各有所长,只是侧重点有所不同。当你阅读一些投资著作时,会经常遇到波浪理论、江恩理论、周期理论等,虽然有些理论深奥难懂,但对你掌握技术分析方法会有一定的帮助。

金融家点评:

在股市投资的领域里,充斥着各种各样的概念和理论,若没有一套科学正确的学习方法,投资者会很容易陷入投资误区迷失自己。正确的学习方法像是一座灯塔,指引投资者穿越股海迷雾,驶向成功的彼岸。

116. 入市前应该做好哪些准备?

进入股市之前起码要做好三个方面的准备。

其一,知识准备。入市之前,要了解一些股票交易的基础知识。很多投资者还没搞清楚股票是怎么回事,就一头扎进去了,股权证到期时才发现手里的票据已经成了废纸一张,有些在股指期货仿真交易中,投资者误把新合约当作新股来炒作。有些股民连交易时间、股票代码、除权除息、每股收益等最基本的东西都还没弄清楚,就贸然入市,这样就会有很大的风险。所以,投资者在入市之前,必须先学习一些股票交易的基础知识。

其二,资金准备。没有资金,一切都无从谈起。但是,筹备资金要量力而行,有些投资者,特别是新进入市的股民,对股市的风险缺乏足够了解,因此可能出现把储蓄全部拿来投资股票,甚至产生借钱或者卖房炒股的想法,这是万万要不得的。股市投资应该是家庭财产的一个有机组成部分,考虑到股市起落和股票流动性的问题,您应该使用一部分富余资金来作投资,这样在心态上才不会过于急功近利,万一投资失手也不至于影响到家庭生活。

其三,时间准备。就是要合理安排自己的时间。要做好股票投资就必须要对一些宏观的、政策的、公司行业的动态信息有及时的关注和掌握,而且是日复一日年复一年的持续性掌握,您在入市前就得考虑自己是否有足够的时间和精力来做这件事情。对于喜欢短线操作的投资者来说,务必要确保自己能时刻盯盘,并要确保下单畅通无阻。建议您要同时使用电话委托和网上在线委托,以防止交易通道出现问题。

金融家点评:

工欲善其事,必先利其器。有备无患,方能成功。

117. 怎样掌握炒股基本技能?

掌握基本技能,必须对股市有些初步的了解,可以先阅读一些书,掌握一些基本用语,逐渐做到能看懂报刊、电视以及网上的炒股信息,听懂广播。另外不少证券公司营业部里常有出售不定期出版的沪深股市资料,如上市公司情况汇总表、分红配股情况表等,也是非常有用的。没有时间经常出入股市的人,还可以通过其他渠道了解股市行情,只是反应的速度不如在证券营业部里那么快。随着微机进入家庭,坐在家里炒股也已经变成现实。只要在电脑中装上必要的软件,就可以随时接收到股票的行情和各类信息了。

其次,炒股者要学会看行情,弄明白股市常用名词的含义,就得去简单学习一下股市常用的投资技巧。一般来说股市投资自下而上分三个层次:技术分析、博弈分析和价值分析。单独掌握任何一层的技巧都能增加您投资的胜算。以价值分析为主挑选投资品种,以技术分析、博弈分析为辅选择买卖时机,是最理想最有效的投资方法。技术分析和价值分析可以通过投资大师们提供的参考书,参加一些普及型的培训课程加以掌握,至于博弈分析,投资者可以在投资过程中慢慢揣摩。

金融家点评:

掌握技能无非两条路,一靠学习,二靠实践。学习靠书本,实践靠操练。

118. 新手上路有哪些外在表现?

要做投资者,准入门槛较低,一个自然人办理了股东账户和资金账户,然后进入股市开始运作,即成为一名投资者。

投资者作为新手刚刚上路时,正处于初试锋芒、跃跃欲试的阶段。其主要表现是:盲目乐观,胆大冒进。新手上路时虽然不了解股票知识或知之甚少,对"除权"、"个股收益"等专业名词尚不知何意,也不会具体办理填单、委托等事宜,更不知道该买什么样的股票。但是,初生牛犊不怕虎,由于盲目而又胆大,特别是认为买股票能发财,所以敢于买入任何股票。

新手们刚一开户后,手就发痒,马上就会买进若干股,好像开了户不买股票,心里就不踏实。新手刚入市时,若恰逢牛市往往初战即赚;若遇到熊市,则套牢者居多。初入股市者往往瞎蒙就能赚上一笔,这容易使得他们兴高采烈,更加认准了股票能赚钱。所以,新手们觉得股市赚钱容易且赚钱快,而且逢人便侃"股市虽有风险,但入市更要大胆"等炒股经验,并且会不遗余力地鼓动周围的亲朋好友赶紧加入炒股队伍。

金融家点评：

无知者无畏，大概就是这个道理。

119. 股票交易包括哪些手续费？

股票交易手续费主要包括两部分：

(1)印花税。现为成交金额的10‰，单边收费，对于股市的印花税，国家有关部门会根据宏观经济运行状况，不定期进行调整。

(2)券商交易佣金。最高为成交金额的3‰，最低5元起，单笔交易佣金不满5元按5元收取。一般情况下，券商对大资金量、交易量的客户会给予降低佣金率的优惠，因此，资金量大、交易频繁的客户可自己去和证券部谈。另外，券商还会依客户是采取电话交易、网上交易等提供不同的佣金率，一般来说，网上交易收取的佣金较低，普遍是1.2‰左右。办理网上交易，只要和开户的营业部签订协议，安装交易软件后就可以买卖股票了。

金融家点评：

调整印花税是国家进行宏观经济调控的手段之一，直接影响到股票交易的成本，需要投资者引起注意。

120. 如何选择最佳入市时机？

要想选择最佳的入市时机，可以通过以下方法和途径：

(1)了解上市公司赢利报告，包括年报、中报和季报。在大盘走稳的前提下，业绩有良好预期的个股，在报告发布前的二周到四周或之前就开始上涨，可在个股技术面形成多头时建仓，到报告发布前几天涨势减缓或开始下调时出货。

(2)把握股本分割，包括送红股和转增情况。在大盘走稳的前提下，大比例的股本分割可能会带来10%以上的涨幅。送得越多越好，最好是10送8或10送10。在方案公布后会有一波上涨，方案执行前也有一波上涨。可以根据这种特点进行建仓。需要注意的是，当大盘处于弱势时，股本分割有可能被理解成负面预期，从而令股价加速下挫。

(3)关注热点板块动身。大盘每一轮上涨都有一定的热点板块。如2003年是汽车、钢铁、银行和电力等板块，2004年是钢铁、有色金属和科技股等板块，2005年是中小板、股改受益板块和商业板块。大盘强势时，跟热点机会多一些。大盘弱势时，大多数热点不具有持续性，这时就需要谨慎。

(4)分析股市消息。如果事前有传言，消息出来前股价已有一定涨幅，股价可能对这种预期已经有所反应，这时可能是一个卖出的好时机。如果是突发性的利好，可在技术面条件良好情况下，设置好止损位后可适当介入。如果是负面消息则可能要先出来观望为好。

(5)参考基金操作。每季的最后两周基金可能会在最近表现良好的股票上加仓，以让自己的账户看起来比较漂亮或者增加账面的赢利。这个机会也可以利用。

金融家点评：

市场是有周期性的，涨多了就会跌，跌多了就会涨，所有的证券市场都是这样。投资者还可以自己根据自己的观察，总结出一些获利机会较高的入市时机。

121. 炒股者容易存在哪些心理误区?

在股票市场中由于股票投资者自身的错误决策和自身的错误行为而带来的风险，也是每个投资者时时刻刻都能感到的风险。这种风险与市场和股票本身的客观环境无关，而与每个投资者对于这些客观因素作出的主观反映有关，股市对于投资者的心理素质有着极高的要求。因此，投资者超越自我，战胜自己的心理误区，是炒股很重要、很关键的一环。

一般而言，投资者在买卖股票时存在的心理误区有以下6种：

(1)投机心理。股市中的一些短线交易者，只顾赚取差价利润，他们不问公司业绩，忽视股票内在品质，完全是一种投机炒作。

(2)暴富心理。有些炒股票的人总希望一朝发迹，他们恨不得同时捉住一种或几种股票，让它们一下就翻出一头金牛来，在操作上则表现出急切的心态，因而盲目性强。

(3)盲从心理。一些投资者缺乏主见，随波逐流，往往是见跌就杀，见涨就追，只看到眼前的形势，而不想未来的情况会完全相反。

(4)犹豫心理。股票利润的得失，除事先计划以外，在买卖的现场，还需要果断的选择。应买还是卖，作出判断后，即立即行动，勿迟疑不定，许多投资者的成败关键就在这一刹那间，尤其是一些找寻刺激的市场人士，更需要迅速的抉择。

(5)恐惧心理。当股价下跌时，人们看到的是损失是眼前的，而反转行情的受益却是未来才能发生的，所以第一心理反应是"逃"，回避当前的危险再说。在证券市场中有些人总是担心自己成为交易的牺牲品，不时为股票市场的价格涨落担惊受怕，即使在机会面前也往往优柔寡断，常常错失良机。

(6)贪婪心理。有这种心态的投资者，其心理价位特别高，在股票交易中不肯见好就收，甚至到了贪得无厌的地步。其结果他们很少得到自己奢望的收获。

金融家点评：

以上这些常见的心理误区往往就把潜在的风险变成事实的风险，使自己坠入股市陷阱之中，给自己的投资行为造成重大损失。

122. 新手入市怎样磨练耐心?

通常情况下，新手投身股市一开户，就按捺不住自己内心的激动，总是迫不及待地买进股票。既不问股价是否偏高，也不问股市是否处于高风险，只求一时快感。等到股票到手，又一心想股价天天见涨，若股价偏偏原地踏步，甚至反跌，又方寸大乱，寝食不安。由于沉不住气，急着卖出，转而追抢那些天天见涨的股票。一些大户炒作某种股票，为了顺利吃货，吓走那些想顺路搭车的小户，常常采用集中力量的方式，即在股价涨跌的节骨眼上倒出部分持股，将股价压低，让信心不足的小户退出，自己再以低价买进，然后重新拉抬。这样便获取利润。小户为何在大户这种集中力量的方式下败退呢?

金融家点评：

原因很简单，就是缺乏耐心。

123. 新手怎样培养自主决断能力?

自主判断、自主决断能力很重要。不能总是跟在别人后面人云亦云。自己没有主心骨，永远也不可能有大赢。

刚刚入市的投资者，应该学会在股市中冷静分析市场行情，远离那些喜欢追涨杀跌的人，向有经验和有技巧的朋友学习，逐步在实战中调整自己的心态。投资者要努力培养一个赢家的心理素质，头脑冷静，不轻信市场传言，不轻举妄动，克服急躁和贪婪，养成独立自主的交易习惯。有条件的话，可适当购买一些证券方面的书刊，知识先于投资，为今后把自己锻炼成为自觉驾驭操作股票的"行家里手"创造条件。

要敢于自我作主，敢于承担风险。初入股市，先要清醒第估计自己承受风险的能力。这种承受风险的能力既包括个人的财力，也包括个人的心理承受力。如果个人财力有限，就要采取稳妥的策略——先求保本再求增值，假如个人承受心理能力较差，那么最好远离涨跌起伏较大的股市。

金融家点评：

进入股市后，投资者应该时刻提醒自己，自己是否有主见，如果没有，就必须加强培养。

124. 新手如何克服恐惧心理?

新入市的投资者往往有恐惧股市的心理，投资时犹犹豫豫，放不开手脚，结果是愈怕输就愈输，弄得十分狼狈。要在股市中放开手脚，就应该做到：

(1)大胆实践，敢于磨练。该买进时就买进，该卖出时就卖出。进入股市的投资者，有许多不敢翻炒，总觉得经验不丰富。而越是不炒，越是没有经验，就成了多米诺骨牌效应。其实，每个人得炒股都是在实践中陶冶出来的。能成为一个富翁，总得经历一个艰辛的过程。

(2)探寻规律，适可而止。新涉足股市的投资者不敢炒作，还有一个心理障碍就是避险，总想穷尽股市的规律，把风险降低为零。股市的有些规律，靠理性是总结不出来的，而是更多地靠投资者的直觉发现的。因此，作为投资者，要想穷尽股票的规律是不可能的，而主张非理性化也是不对的。正确的做法就是不要过分地去穷尽规律，试图把风险降低为零，这是不现实的，也是不可能的，它只能使你丧失机会，束缚你的手脚。

(3)面对图形，沉着应战。股市长炒作中，最神秘的就是技术图形。许多新投资者一见到它就脑袋发炸，信心不足。其实，只要有初中水平的人，就能看懂图形。在股市中，用的最多的是K线图，K线图主要用于股价短期波动分析。K线图又称为红黑线图或阴阳线图，分为日线、周线、月线等多种，分别表示股票日、周、月的开盘价、收盘价、最高价、最低价及其涨跌情况。

金融家点评：

常在河边走，没有不湿鞋的，常在股市上转的，没有一个次次都赢的。炒股有赢也有输，输了不馁，就是股市搏击不怕输的精神。

125. 买卖股票为什么要找券商？

股票的交易程序一般包括开户、委托买卖、成交、清算及交割、过户等几个过程。一般客户是不能直接进入证券交易所进行场内交易的，而要委托证券商代为进行。客户的委托买卖是证券交易所交易的基本方式，是指投资者委托证券商在场内进行股票买卖交易的活动。

证券商接受客户委托代理买卖股票的主要规定有：证券商必须经证券主管机关批准方可在证券交易市场经营经纪业务；代理证券商受理委托买卖股票，限于其公司本部营业机构和分支机构以及经证券主管机关批准的股票交易业务的代理机构。代表证券商受理买卖股票的，是必须在证券交易所注册登记的出市代表。

金融家点评：

由于股票交易所只对会员证券商开放，所有的股票买卖都发生在证券商之间，所以，一般投资者要想参与股票交易必须选定证券商，让他的驻场交易员代为进行。

126. 怎样选择优秀券商？

要想买卖股票，首先要寻找一家信誉可靠，同时又能提供优良服务的证券公司作为经纪人。投资者选择证券公司一般要考虑以下几方面：

(1)必须是信誉可靠。这对于投资者来说是头等重要的事情。因为，投资者本人不能进入证券交易所从事股票的买卖。同时，他也不能全面了解有关股票交易的有关信息。

(2)该证券公司应取得证券交易所的席位。因为，只有取得了证券交易所席位的证券公司才能派员进入证券交易所从事股票的买卖。不然的话，证券公司只能再委托其他获得席位的经纪人代理买卖，如果这样将会徒然增加委托买卖的中间环节，增加投资者买卖股票的费用。

(3)投资者在选择证券公司时，还应考虑该公司的业务状况是否良好，工作人员的办事效率是否高，公司的交易设施是否完备、先进，收费是否合理等多方面。

金融家点评：

在变化无常的证券市场上从事股票交易，选择一个信誉可靠的证券公司作为经纪人，毫无疑问将是保证其资产的安全，进而能够赢利的重要前提。

127. 股票交易有哪几个步骤？

一般地说，买卖股票有以下几个步骤：

第一步：开户。即亲自到经纪商那里办理开户手续，其实也就是与证券商签订“委托买卖证券受托契约”。就如同在存钱时，先得在银行开个户头，拥有一个账号一样，开户后才能进行买卖。开户前，别忘了带上身份证、印章等。办好了开户，就可以进行买卖股票的交易。不过这项买卖不能自己直接到证券交易所去进行，而只能委托券商代为执行。

第二步：委托买卖。委托买卖方式有多种。如亲自找到券商当面委托、电话委托。另外还可采取书面委托、电报委托，不过后面两种方式现在已很少使用。在买卖形态上，也有市价委托等多种形态，究竟采用哪一种形式好，要看各自的情况而定。

第三步：交割。当委托买进或卖出股票后，除了付给证券经纪人一定的手续费（即佣金）外，还必须到券商处领取股票和交钱（若是卖，则交出股票收回钱），这个手续就是交割。按照不同的交易所规定，交割有不同的时间要求。

第四步：过户。当你买进某张股票时，必须到该股票发行公司办理登记过户手续，才算成了股票发行公司的股东，只有过户，才能在将来享受到拥有股票的好处。

如果是在交易所上市后的股票，则是需要委托买卖，其他步骤的交割与过户计算机自己完成。

金融家点评：

如果是在交易所上市的股票，则只需委托买卖，其他步骤的交割与过户计算机自动完成。

128. 什么叫开户？

买卖股票时，投资者需办理两个账户：证券账户和资金账户。办理这两个账户的过程就叫开户。

开户的主要作用是在于确定投资者信用，表明该投资者有能力支付买股票的价款或佣金。投资者开设证券账户，是委托证券商或经纪人代为买卖股票时，与证券商或经纪人签订委托买卖股票的契约，确立双方为委托与受托的关系。投资者委托买卖股票，须事先在证券经纪商处开立证券交易结算资金账户，资金账户用于投资者证券交易的资金清算，记录资金的币种、余额和变动情况。

金融家点评：

开户是投资者走进股市的第一步。证券账户可以视为投资者进入股票交易市场的通行证，只有拥有它，才能进场买卖证券。

129 如何办理开户手续？

开立个人账户时，投资者必须持有效的身份证件（一般为居民身份证）去证券交易所指定的证券登记机构或会员证券公司办理名册登记并开立证券账户。个人投资者在开立证券账户时，应载明登记日期和个人的姓名、性别、身份证号码、家庭地址、职业、学历、工作单位、联系电话等并签字或盖章。

开立资金账户时，须提交本人身份证和证券账户卡。投资者在资金账户中的存款可随时提取，证券经纪商按活期存款利率定期计付利息并自动转入投资者的资金账户。投资者委托买入时，资金账户要有足够的余额。

金融家点评：

您开立证券账户须持本人身份证原件及复印件，开立资金账户还须携带证券账户卡原件及复印件。一张身份证只能开立一个证券账户。

130. 如何开立B股账户？

根据中国证监会有关规定，B股的投资者限于：

(1)外国的自然人、法人和其他组织；

(2)中国台、港、澳地区的自然人、法人和其他组织；

(3)定居海外的中国公民；

(4)国家规定的其他B股投资人；

(5)中国境内居民个人。

符合上述条件的投资者如想参与B股交易，必须首先选择一家开通B股的证券公司为其指定结算会员，并在该券商处开设外汇资金账户，同时通过该券商向证券登记结算公司申请开户名册登记。投资者一经开户，则日后股票交易的清算交收、分红派息、配股缴款及有关查询等均通过该券商代理。

境内居民个人开立B股资金账户和股票账户，应当按照下列程序办理：

(1)凭本人有效的身份证明文件到其原外汇存款银行将其现汇存款和外币现钞存款划人证券经营机构在同城、同行的B股保证金账户，暂时不允许跨行或异地划转外汇资金。境内商业银行应当向境内居民个人出具进账凭证，并向证券经营机构出具对账单。

(2)凭本人有效身份证明和本人进账凭证到证券经营机构开立B股资金账户，开立B股资金账户的最低金额为等值1000美元。

(3)凭B股资金账户开户证明到该证券经营机构开立B股股票账户。

经中国证监会批准经营B股业务和经国家外汇管理局批准经营外汇业务的证券公司和信托投资公司，可以凭中国证监会核发的从事B股业务资格证书和国家外汇管理局核发的经营外汇业务许可证，到所在地同一城市所有经批准经营外汇存款、汇款业务的境内商业银行或其分支机构开立B股保证金账户；上述公司的分支机构可以凭加盖分支机构印章的总公司资格证书复印件和许可证复印件办理开户手续。证券公司和信托投资公司或其分支机构在一个境内商业银行只能开立一个B股保证金账户，不得在同一境内商业银行开立一个以上的B股保证金账户。

金融家点评：

注意，办理上述手续时必须由本人办理，不能委托他人代办。

131. B股清算交收有何规定？

沪市清算交收程序是：B股的清算在成交后的第三日完成，但投资者可以在成交当天反向卖出已买入但未交收的股票，这就是所谓“T+0回转交易、T+3清算交收”规则。不过，由于目前B股交易实行的是有形席位交易方式，券商无法得到交易所的即时成交回报，因而T+0回转交易难以执行;而出于活跃交易起见,卖出股票所得款项,各券商一般规定委托次日交割确认成交后即可再行买入,但资金的划转仍须在T+4日方能进行。

深市清算交收程序:①在交易所达成的所有B股交易记录在当日收市后传送至本所的B股结算系统,并转化为一类指令;②本所在T+1日执行一类指令对盘,即核对成交资料内容,并在T+1日上午12:00之前将内容不符的一类指令通知结算会员。结算会员应当在T+2日中午2:00之前反馈更正指令;③本所在T+2日执行二类指令配对,即根据指令发送双方的内容完成指令配对,并在T+2日上午12:00之前将配对不符的二类指令通知结算会员,结算会员应当在T+2日下午2:00之前反馈更正指令;④本所在T+2日下午3:00之后执行资金试交收,列出结算会员T+3日应交收的资金净额。资金试交收完成后,所有交收数据不得变更;⑤本所在T+3日上午股份交收,即记加或记减投资者股份账户和结算会员的股份总账户。

金融家点评:

要记住深市和沪市清算交收程序的不同。

132. B股分红如何进行?

(1)送股和转增股本。送股后转增股本是登记公司在股权登记日(即最后交易日后的第三个工作日)按照上市公司方案将股票自动记入投资者的股票账户。

(2)派发现金红利。上市公司与登记公司签订代理发放协议并在距股权登记日三个工作日前将红利款汇入登记公司指定账户。登记公司确认收到红利款后通知上市公司,并将领息股东名单提供给指定结算会员。指定结算会员书面确认后,从登记公司领取红利并转入其客户的资金账户内。

(3)配股。①配股权证:登记公司在配股权证登记日(即最后交易日的第三个工作日)将权证自动记入投资者股票账户内。在之后的权证交易期间,配股权证可以通过交易方式转让。②配股:权证交易期结束后,登记公司将投资者持有配股权证的数据提供给上市公司及配股主承销商。由主承销商通知投资者在规定期限内将配股资金汇入指定的银行账户。银行将实际到账的明细提供给主承销商,主承销商据此确认实际配股结果,并制作成电子文件交登记公司,由登记公司将股票记入投资者的股票账户。

金融家点评:

B股与A股在分配上是同股同权,但具体操作上情况有所不同。

133. 不同的交易方式有哪些区别?

目前可供投资者选择的股票交易方式共分为三种形式:营业部现场委托交易、电话委托交易和网上交易。数据显示,目前通过网上交易来委托买卖的成交金额占到总成交金额的70%左右,部分地区高达80%。原因很简单,网上交易相比现场和电话委托更自由、快捷和方便,而且收费还是三种方式中最低的。

如前所述，投资者买卖股票所需要收取的费用分为两部分：印花税和交易佣金。其中，印花税是由国家统一规定的，而交易佣金却不是这样，许多营业部都会根据客户的具体情况来进行调整，选择不同的交易方式，佣金水平也会有差别。

金融家点评：

具体来看，营业部现场委托的费用最高，电话委托次之，而网上交易的费用最低。

134. 使用哪种交易方式最好？

正如上面所提到的，炒股时，进行交易的方式很多，可以进行网上交易、电话委托交易或者现场交易。现场交易也叫刷卡委托交易业务，是券商为小股民提供的一种交易手段，股民必须到营业部现场的机器上刷卡买进和卖出股票。证券营业部的交易大厅都配有数量不等的计算机终端，供股民在现场查询股票交易情况。

一般来说，散户大部分都是些中老年人，互联网的知识有限，在家里进行网上交易或者电话委托交易都很不方便；虽然现场交易费要高一些，但是大家在一起交流方便。所以，刷卡委托交易对散户来说，是一种方便的、合适的交易方式。

为方便投资者进行现场交易，有些证券营业部还建有中户室和大户室。一般来说，中户标准为单个账户 150 万元以上或月交易量 200 万元以上，大户标准为单个账户 500 万元以上。

金融家点评：

如果投资者在某家证券公司办了股票交易卡，并且签有协议，券商就应该为股民提供刷卡委托交易的相应服务。否则，股民有权通过法律手段维护自己的合法权益。

135. 新股网上竞价发行程序是什么？

（1）新股竞价发行，须由主承销商持中国证监会的批复文件向证券交易所提出申请，经审核后组织实施。发行人至少应在竞价实施前 2~5 个工作日在中国证监会指定的报刊及当地报刊上按规定公布招股说明书及发行公告。

（2）除法律、法规明确禁止买卖股票者外，凡持有证券交易所股票账户的个人或者机构投资者，均可参与新股竞买。尚未办理股票账户的投资者可通过交易所证券登记结算机构及各地登记代理机构预先办理登记，开立股票账户，并在委托竞价申购前在经批准开办股票交易业务的证券营业部存入足够的申购资金。

（3）投资者在规定的竞价发行日的营业时间办理新股竞价申购的委托买入，其办法类似普通的股票委托买入办法。申购价格不得低于公司确定的发行底价，申购量不得超过发行公告中规定的限额，且每一股票账户只能申报一次。

（4）新股竞价发行申报时，主承销商为唯一的卖方，其申报数为新股实际发行数，卖出价格为发行底价。

(5)新股竞价发行的成交(即认购确定)原则为集合竞价方式。即对买入申报按价格优先、同价位时间优先原则排列，当某申报买入价位以上的累计有效申购量达到申报卖出数量(即新股实际发行数)时，此价位即为发行价。当该申报价位的买入申报不能全部满足时，按时间优先原则成交。累计有效申报数量未达到新股实际发行数量时，则所有有效申报均按发行底价成交。申报认购的余数，按主承销商与发行人订立的承销协议中的规定处理。

(6)电脑撮合成交产生实际发行价格后，即刻通过行情传输系统向社会公布，并即时向各证券营业部发送成交(认购)回报数据。

(7)新股竞价发行结束后的资金交收，纳入日常清算交割系统，由交易所证券登记结算机构将认购款项从各证券公司的清算账户中划入主承销商的清算账户；同时，各证券营业部根据成交回报打印"成交过户交割凭单"同投资者(认购者)办理交割手续。

(8)竞价发行完成后的新股股权登记由电脑在竞价结束后自动完成，并由交易所证券登记结算机构交与主承销商和发行人。投资者如有疑义，可持有效证件及有关单据向证券登记结算机构及其代理机构查询。

(9)采用新股竞价发行，投资人仅按规定交付委托手续费，不必支付佣金、过户费、印花税等其他任何费用。

(10)参与新股竞价发行的证券营业部，可按实际成交(认购额)的3.5‰的比例向主承销商收取承销手续费，由交易所证券登记结算机构每日负责拨付。

金融家点评：

投资者须注意的是，目前网上定价发行的具体处理原则为：有效申购总量等于该次股票发行量时，投资者按其有效申购量认购股票。当有效申购总量大于该次股票发行量时，由证券交易所主机自动按每1000股确定一个申报号，连序排号，然后通过摇号抽签，每一中签号认购1000股。

136. 新股网上申购的具体程序是什么?

投资者应在申购委托前把申购款全额存入与办理该次发行的证券交易所联网的证券营业部指定的账户。申购具体程序如下：

(1)申购当日(T+0日)，投资者申购，并由证券交易所反馈受理。上网申购期内，投资者按委托买入股票的方式，以发行价格填写委托单，一经申报，不得撤单。投资者多次申购的，除第一次申购外均视作无效申购。每一账户申购委托不少于1000股，超过1000股的必须是1000股的整数倍。每一股票账户申购股票数量上限为当次社会公众股发行数量的千分之一。

(2)申购资金应在(T+1日)入账，由证券交易所的登记计算部门将申购资金冻结在申购专户中，确因银行结算制度而造成申购资金不能及时入账的，须在T+1日提供通过中国人民银行电子联行系统汇划的划款凭证，并确保T+2日上午申购资金入账。所有申购的资金一律集中冻结在指定清算银行的申购专户中。

(3)申购日后的第二天(T+2日)，证券交易所的登记计算部门应配合主承销商和会计师事务所对申购资金进行验资,并由会计师事务所出具验资报告,以实际到位资金(包括按规定提供中国人民银行已划款凭证部分)作为有效申购进行连续配号。证券交易所将配号传送至各证券交易所,并通过交易网络公布中签号。

(4)申购日后的第三天(T+ 3 日),由主承销商负责组织摇号抽签,并于当日公布中签结果。证券交易所根据抽签结果进行清算交割和股东登记。

(5)申购日后的第四天(T +4 日),对未中签部分的申购款予以解冻。

金融家点评:

这些程序虽然复杂,但投资者有必要了解其相应过程。

137. 股票交易的基本规则是什么?

"公平、公正、公开"是证券市场的最基本的行为准则。体现在交易市场上,交易所的电脑交易系统则按照"价格优先"和"时间优先"的原则对买卖委托进行撮合以确保"三公"准则得以具体体现。

在撮合过程中,成交顺序为:较高买进委托优先于较低买进委托;较低卖出委托优先于较高卖出委托;同价位委托,按委托顺序成交。不论投资者姓甚名谁、大户小户,一律按价格和时间顺序撮合成交。

金融家点评:

由于电脑交易系统的广泛应用,"三公"原则在股票交易过程中得以充分体现。

138. 股票交易是如何撮合成交的?

证券经营机构受理投资者的买卖委托后,应即刻将信息按时间先后顺序传送到交易所电脑主机,公开申报竞价。股票申报竞价时,可依有关规定采用集合竞价或连续竞价方式进行,交易所的撮合大机将按"价格优先,时间优先"的原则自动撮合成交。

目前,沪、深两家交易所均存在集合竞价和连续竞价方式。上午 9:15~9:25 为集合竞价时间,其余交易时间均为连续竞价时间。在集合竞价期间内,交易所的自动撮合系统只储存而不撮合,当申报竞价时间一结束,撮合系统将根据集合竞价原则,产生该股票的当日开盘价。沪、深新股挂牌交易的第一天不受涨跌幅 10%的限制,但深市新股上市当日集合竞价时,其委托竞价不能超过新股发行价的上下 15 元,否则,该竞价在集合竞价中作无效处理,只可参与随后的连续竞价。

集合竞价结束后,就进入连续竞价时间,即 9:30~11:30 和 13:00~15:00。投资者的买卖指令进入交易所电脑主机后,撮合系统将按"价格优先,时间优先"的原则进行自动撮合,同一价位时,以时间先后顺序依次撮合。在撮合成交时,股票成交价格的决定原则为:①成交价格的范围必须在昨收盘价的上下 10%以内;②最高买入申报与最高卖出申报相同的价位;③如买(卖)方的申报价格高(低)于卖(买)方的申报价格时,采用双方申报价格的平均价位。交易所电脑主机撮合成交的,电脑主机将成交信息即刻回报到券商处,供投资者查询。未成交的或部分成交的，投资者有权撤销自己的委托或继续等待成交，一般委托有效期为一天。

另外，深市股票的收盘价不是该股票当日的最后一笔的成交价，而是该股票当日有成交的最后一分钟的成交金额除以成交量而得。

金融家点评：

在电脑撮合成交的情况下，可最大程度的减少人为干预的因素。

139. 股票交易怎样进行清算、交割与过户？

清算是指证券买卖双方在证券交易所进行的证券买卖成交之后，通过证券交易所将证券商之间证券买卖的数量和金额分别予以抵消，计算应收、应付证券和应付股金的差额的一种程序。

交割是指投资者与受托证券商就成交的买卖办理资金与股份清算业务的手续，深沪两地交易均根据集中清算净额交收的原则办理。

清算与交割以后，就要办理股票过户。所谓过户就是办理清算交割后，将原卖出证券的户名变更为买入证券的户名。对于记名证券来讲，只有办妥过户者是整个交易过程的完成，才表明拥有完整的证券所有权。深圳和上海两个证券交易所上市的个人股票，都不需要股民亲自去办理过户手续，而是由相应的计算机交易系统来完成。

金融家点评：

只有办理了过户手续，才算完成了一笔股票的交易过程。

140. 怎样根据企业经营业绩看待股票价值？

一只股票涨或不涨，主要取决于公司的经营业绩与被估计的市场价值。在一定时期内，被估计的价值会受到投资者风险偏好等各种因素的影响，惟有企业长期的赢利能力和增长速度，才是决定这家公司的股票是否具有投资价值的核心因素。

怎样根据企业的经营业绩选择股票呢？投资者可以借鉴企业生命周期理论，把企业分为突出成长、高速稳定成长、高速周期成长及成熟成长四大类别。然后从客观的财务数据出发，通过系统的筛选和分析来识别经营业绩持续增长的企业。

说得具体一点，就是依据最近企业的销售收入、利润、现金流和经营利润率的变化去识别增长加速的企业，同时根据各个行业的经营特征和具体指标再加以横向比较，以进一步确认行业或企业基本面的变化趋势。

对于利润增长较快的企业，投资者要分析增长背后的驱动力量，判断这些力量是否会推动企业经营出现持续的良性变化。在初步筛选和分析的基础上，再深入分析行业的竞争状况、企业的行业地位、产品的特性和市场需求的变化等因素来判断这些驱动力量所带来的增长是否具有持续性和长期性。

金融家点评：

成功投资的关键在于敏锐地抓住各类公司成长的不同阶段，提前一步发掘公司的核心价值和成长驱动要素，分析风险，理性投资。

141. 怎样看懂股市行情表？

股市行情表反映了每天的股票交易和价格变动情况，是投资者必须认真研究的信息。深沪两地行情表大同小异。大致包括如下主要内容。

(1)收市。收市是指收盘价格。收市价并非指证券交易所闭市收盘时的价格，而是指当天交易中最后成交的一笔价格。目前上海证券交易所集市时间为星期一至星期五上午9:30~11:00，下午 13:00~15:00；深圳证券交易所集市时间为上午 9:00~11:00，下午 14:00~15:30，法定节假日不开市。在开市时间里，成交的最后一笔价，即为收市价。收市价分为上午（又称为前市）收市价与下午（又称为后市）收市价。

(2)开盘。开盘是开盘价格的简称，每天每种股票第一笔成交的价格，为开盘价格。如30 分钟后仍未产生开盘价，一般取前一日收盘价为当日开盘价。如前一日无成交价格，则由交易所提出指导价格，促使成交后作为开盘价。若首日上市买卖的股票，其开盘价取上市前一日的柜台转让平均价格；如无柜台转让价格，则取该证券的发行平均价格。

(3)最高。每天的股票交易，成交的笔数很多，价格也不相同，行情表中的“最高”系指当天不同成交价格中的最高价格。有时成交的最高价格只有一笔，有时有几笔。

(4)最低。最低是指当天成交的不同价格中的最低价位。有时只有一笔，有时不止一笔。

(5)升跌。是指以当天的收盘价格与前一天的收盘价格比较而得到的结果，正为涨，负为跌，涨跌幅度用百分比来表示。

(6)成交量。成交量是指股票当天的交易数量，其计算单位有两种，一是一股数计算，另一种是以金额计算。在深圳、上海证交所行情中，往往将成交量与成交金额分开来，前者以股数来计算，后者以金额来计算。

金融家点评：

能够看懂得股市行情表，是对炒股者最基本的技术要求。

142. 怎样看懂证交所的证券代码？

在上海证券交易所上市的证券，根据上交所“证券编码实施方案”，采用 6 位数编制方法，前 3 位数为区别证券品种，具体见下表所列：001×××国债现货；201×××国债回购；110×××120×××企业债券；129×××100×××可转换债券；310×××国债期货；500×××550×××基金；600×××A 股；700×××配股；710×××转配股；701×××转配股再配股；711×××转配股再转配股；720×××红利；730×××新股申购；735×××新基金申购；900×××B 股；737×××新股配售。

在深圳证券交易所上市面上证券，根据深交所证券编码实施采取 4 位编制方法，首位证券品种区别代码，具体见下表所示：0×××A 股；1×××企业债券、国债回购、国债现货；2×××B 股及 B 股权证；3×××转配股权证；4×××基金；5×××可转换债券；6×××国债期货;7×××期权;8×××配股权证;9×××新股配售。

金融家点评:

每一只上市证券均拥有各自的证券代码,证券与代码一一对应,且证券的代码一旦确定,就不再改变。这主要是便于电脑识别,使用时也比较方便。

143. 怎样看懂招股说明书与配股说明书?

投资者申购新股,首先从发行人的招(募)股说明书、配股说明书获取信息,因此,招(募)股说明书、配股说明书是投资者获得公司信息的最佳途径之一,也是投资者对公司股票进行价值判断的主要依据。投资者应重点关注以下内容:

(1)发行概况。包括发行人、股票种类、发行数量、价格、方式、对象、费用、募集资金、参与本次发行的所有当事人或机构,包括承销商、推荐人等,这些机构将对与发行相关的各自义务承担责任。

(2)风险因素。披露出来的发行人风险因素,是投资者应仔细阅读的部分,它包括了发行人在业务、市场营销、技术、财务、募股资金投向及发展前景等方面存在的困难和障碍。如果风险提示非常简单,投资者就要小心谨慎。

(3)募集资金的使用。募集资金的用途是投资者对发行人未来发展的价值判断之一,如果说明书没有满意的解释募集资金的用途,就不要轻易作出投资决定。

(4)经营业绩。投资者可以根据这一部分专业人员的审计报告和审查结论,来观察发行人过去3年的经营业绩,包括:最近3年销售总额和利润总额;发行人业务收入的主要构成;发行人近期完成的主要工作;产品或者服务的市场情况;筹资与投资方面的情况等。以此来判断公司经营的稳定性。

(5)股利分配政策。公司的股利分配政策将反映股票是收益型的还是成长型的。如果是收益型股票,公司应该有一个很好的股利分配历史;如果是成长型股票,公司就可能没有发放股利的历史记录。有些公司由于受到债权人的限制,很少分配股利。

(6)财务资料。发行人的财务资料披露了发行人资产负债表中主要项目的重要事项、经营业绩和现金流量的情况。

(7)关联交易。各式各样的关联交易可能会将资金和收益转移出去,因此要对有问题的贷款、担保、用于个人收益的商业资产、没有竞争力的销售和购买保持警惕。

(8)诉讼或仲裁。诉讼或仲裁事项汇总了公司正在进行的重要诉讼活动。这些诉讼是导致风险的重要因素,是投资者不得不关注的内容之一。

(9)管理层。说明书提供了经理人员的年龄、地位、资历,以及对管理者的报酬计划、期权计划、股票认购权利、其他奖励等信息。这些将对雇员、高级管理人员产生激励,值得注意的是,过度的报酬对股价也会产生不利影响。

(10)股本。股本项目描述了股票的类别,拥有的权利,哪些股票可以流通,哪些拥有决策权,主要股东是谁。这些信息告诉投资者可以被出售的股票总量,它们的增加将对股票价格产生可能不利的影响。

金融家点评：

招股书是投资者申购新股前用以考察上市公司最直接的信息来源。在对待招股说明书的态度上，投资者必须保持独立思考。具体而言，既要心存怀疑，又要相信自己的判断力。投资者应尽可能多的提出与发行相关的问题，如果得不到这些问题的合理答案，就不要轻易做出决策。

144. 什么是利多与利空？

利多和利空的区分有四条基本原则。

一是对股市供求关系的影响。因为股市上资金与股票的供求关系决定着股价的涨跌，资金相对盈余时，股价就上涨；反之，当资金相对紧张时，股票价格就下跌。所以一切有利于资金扩容的消息都是利多消息，一切关于股票扩容的消息就是利空消息。

二是对炒作收益或交易难易程度的影响。如对股票红利或股民的资本利得（股票差价）是否征税或税率的调整，股票交易费、税或股票交割期延长与缩短等。因为股票交易税或费率的增加，将减少股民的投资收益，则交割期的延长如T+0改为T+1，它将增加股票的炒作难度，相应延长了资金的运转周期，加大了股票炒作风险，所以它是利空消息。

三是对上市公司经营效益的影响。一切影响上市公司经营效益的信息都是利空消息，如上市公司经营环境的变化，包括国家的政治经济局势的变化、国家是否处于战争状态、宏观经济的运行是否平稳等，因为这些因素的变化都影响着上市公司原材料的供应或产品的销售、员工的工作情绪或状态，从而直接影响着上市公司的经营效益。另外当上市公司的内部因素改变时，如管理水平的改善或降低，技术设备水平的改善和提高，劳动生产率的提高或降低，新项目的投产或失败等等。

四是对股票投资价值的影响。一切能增加股票相对投资价值的因素都是利多因素；反之，一切降低股票相对投资价值的因素都是利空。当其他领域的投资收益率上升时，将导致股票收益率的相对降低，如储蓄利率或债券利率的上调，实业投资如房地产投资收益的提高等等都是利空，而储蓄利率或债券利率的下调等就是利多消息。

金融家点评：

在股票投资中，投资者都是根据所获取的信息来预测股票将来的走势，进行投资的决策。有时为了造成一种对自己有利的局势，无论是空头或是多头都乐于制造或传播一些流言来影响股价走势。对于投资者来说，除了辨别流言的真伪以外，最关键的就是要区分信息的性质是利多还是利空。

145. 什么是涨停板和跌停板？

涨停板和跌停板是交易所为股票设定的单日涨跌幅限制，比如限定个股单一交易日最多只能较上一个收盘价上涨或下跌10%，当价格升至当日价格上限，就称为涨停板，跌至价格下限则称为跌停板，有些交易所会在涨停板或跌停板时停止交易，直至市场价格脱离价格上限或下限；也有的交易所会在短暂停止交易后于扩大的价格区间内恢复买卖。涨跌停板制度旨在保护广大投资者利益，保持市场稳定。

也有不受涨跌停板限制的情况，如新股上市第一天不受涨跌幅限制，权证不受涨跌幅限制，股改当天也不受涨跌幅限制。

金融家点评：

我国的涨跌停板制度与国外制度的主要区别在于股价达到涨跌停板后，不是完全停止交易，在涨跌停价位或之内价格的交易仍可继续进行，直到当日收市为止。

146. 为什么要设定涨停板和跌停板？

涨跌限制起源于涨跌停板。而“涨停板”或“跌停板”，其说法起源于过去国外交易所在拍卖时，以木槌敲击桌面来表示成交或停止买卖，此法运用到股市中，就是当股票价格涨到上限或跌到下限时，叫涨幅限制或跌幅限制。不过，在涨限价或跌限价上并不停止买卖，交易继续进行，只是价格不变而已。

从 1996 年 12 月 16 日起，深交所、上交所对上市的股票、基金的交易实行涨跌幅限制在 10%以内，此后，深沪证券交易所还对挂牌上市特别处理的股票（ST 股票）实行涨跌幅度限制为 5%的规定，对 PT 处理的股票实行涨幅 5%限制，跌幅不受限制的规定。

金融家点评：

一般情况下，为了避免股票的过分波动与投机，证券监管部门才设立涨跌幅度限制。

147. 什么是停牌？

停牌是指暂时停止股票买卖。当某家上市公司因一些消息或正在进行的某些活动而使该公司股票的股价大幅度上涨或下跌，这家公司就可能需要停牌。若遇到以上情况，股票行情表中会出现“停牌”字样，该股票买卖自然停止，该股票一栏即是空白。

对上市公司的股票进行停牌，是证券交易所为了维护广大投资者的利益和市场信息披露公平、公正以及对上市公司行为进行监管约束而采取的必要措施。

根据《证券法》规定，因突发性事件而影响证券交易的正常进行时，证券交易所可以采取技术性停牌的措施；因不可抗力的突发性事件或者为维护证券交易的正常秩序，证券交易所可以决定临时停市。

一般来说，股票停牌有以下三个方面的原因：一是上市公司有重要信息公布时，如公布年报、中期业绩报告，召开股东大会、召开董事会，增资扩股、公布分配方案，重大资产重组、重大收购兼并，股权分置改革、投资以及股权变动等，其次是证券监管机关认为上市公司需要就有关对公司有重大影响的问题进行澄清和公告时，再者就是上市公司涉嫌违规需要进行调查时，至于停牌时间长短要视情况来确定。

金融家点评：

遇到停牌时一天都没有价格，也不能交易。

148. 什么是股票市盈率?

市盈率即市价赢利率,又叫本益比。它是上市公司的股票在最新年度每股的赢利与该公司最新股价的比率。市盈率是分析股票市价高与低的重要指标,是衡量股票投资价值的一种方法。

由于市盈率把股价和企业盈利能力结合起来,其水平高低更真实地反映了股票价格的高低。例如,股价同为50元的两只股票,其每股收益分别为5元和1元,则其市盈率分别是10倍和50倍,也就是说当前的实际价格水平相差5倍。若企业盈利能力不变,这说明投资者以同样50元价格购买的两种股票,要分别在10年和50年以后才能从企业盈利中收回投资。

但是,由于企业的盈利能力是会不断改变的,投资者购买股票更看重企业的未来。因此,一些发展前景很好的公司即使当前的市盈率较高,投资者也愿意去购买。预期的利润增长率高的公司,其股票的市盈率也会比较高。例如,对两家上年每股盈利同为1元的公司来讲,如果A公司今后每年保持20%的利润增长率,B公司每年只能保持10%的增长率,那么到第10年时A公司的每股盈利将达到6.2元,B公司只有2.6元,因此A公司当前的市盈率必然应当高于B公司。投资者若以同样价格购买这家公司股票,对A公司的投资能更早地收回。

金融家点评:

为了反映不同市场或者不同行业股票的价格水平,也可以计算出每个市场的整体市盈率或者不同行业上市公司的平均市盈率。具体计算方法是用全部上市公司的市价总值除以全部上市公司的税后利润总额,即可得出这些上市公司的平均市盈率。

149. 影响股票市盈率的因素有哪些?

影响一个市场整体市盈率水平的因素很多,最主要的有两个,即该市场所处地区的经济发展潜力和市场利率水平。一般而言新兴证券市场中的上市公司普遍有较好的发展潜力,利润增长率比较高,因此,新兴证券市场的整体市盈率水平会比成熟证券市场的市盈率水平高。欧美等发达国家股市的市盈率一般保持在15~20倍左右。而亚洲一些发展中国家的股市正常情况下的市盈率在30倍左右。另一方面,市盈率的倒数相当于股市投资的预期利润率。因此,由于社会资金追求平均利润率的作用,一国证券市场的合理市盈率水平还与其市场利率水平有倒数关系。

金融家点评:

只要记住两点:经济发展水平和市场利率水平与股票市盈率密切相关。

150. 怎样正确看待市盈率?

市盈率是一个反映股票收益与风险的重要指标,也叫市价盈利率。一般来说,市盈率表示该公司需要累积多少年的盈利才能达到目前的市价水平,所以市盈率指标数值越小越好,市盈率越小说明投资回收期越短,风险越小,投资价值一般就越高;倍数大则意味着翻本期长,风险大。美国从1891年到1991年的100年间,市盈率一般在10~20倍,日本常在60~70倍之间,我国股市曾有过成千上万倍的个股,但目前多在20~30倍左右。

必须说明的是,观察市盈率不能绝对化,仅凭一个指标下结论。因为市盈率中的上年税后利润并不能反映上市公司现在的经营情况;当年的预测值又缺乏可靠性,有许多上市公司在公开场合预测当年盈利预测值时往往过高,这一点需要引起投资者的注意。

金融家点评:

市盈率指标和股票行情表一样,提供的都只是一手的真实数据,对于投资者而言,更需要发挥自己的聪明才智,不断研究创新分析方法,将基础分析与技术分析相结合,才能做出正确的、及时的决策。

151. 股票的交易时间是如何规定的?

股票作为一种商品,并不是随时随地都可以买卖的。根据有关规定,深沪证交所市场交易时间为每周一至周五。每日9:15可以开始参与交易,11:30~13:00为中午休息时间,下午13:00再开始,15:00交易结束。具体交易时间为:上午为前市9:15~9:25为集合竞价时间,9:30~11:30为连续竞价时间。下午为后市13:00~15:00为连续竞价时间。14:57~15:00为深市集合竞价时间。周六、周日和上证所公告的休市日(一般为“五一”“十一”、春节等国家法定节假日)不进行交易。

金融家点评:

世界各国的股市交易时间不尽相同,但都有相对固定的时间。

152. 为何办理指定交易?

由于沪市股票由上海证券交易所进行中央托管,投资者的上海股票可在任何一家券商进行交易,为保证投资者的股票安全,上交所推出“指定交易”服务,就是由投资者自愿选定一家券商,限定其上海股票交易只在此家券商交易,不能在除此外第二家券商交易,以防止其股票在其他券商被盗卖,保证其股票安全。“指定交易”只可指定唯一的一家券商,若重新在第二家“指定交易”,必须在原“指定”券商办理“指定撤销”后,方可在第二家券商办理“指定交易”。此种指定交易随时可以办理,也可随时撤销。

金融家点评:

指定交易须唯一,“一女二嫁”不允许。

153. 办理指定交易有哪些好处?

(1)股票安全性加强。如果投资者的股票账户丢失,只需到指定券商处办理挂失,就会保证其股票安全;否则,别人捡到后,可到其他任意一家券商抛出套现。

(2)股票红利自动到账。办理了指定交易,如果投资者的某只股票红利在挂牌期间未领,证券交易所会在该红利挂牌的最后一天自动派到投资者账户,投资者不用办理任何手续;否则,投资者要到证券登记公司或指定的地点补领。

(3)可享受证交所发送的股票对账。对于办理了指定交易的账户,可在证交所不定期发送对账数据的次交易日,在指定券商处查到股票余额。证交所不发送未指定交易账户的股票余额,只可到证券登记公司申请查询。

金融家点评:

已办理指定交易的账户,不可能被其他投资者误指定。而未办理指定交易的账户,有可能因为其他原因的误指定而被锁定股票,造成无法正常交易。

154. 什么是股票电子交易系统?

随着现代化科技的发展,各种场外市场正在逐渐合并成为统一的全国市场系统,从而消除各种场外交易的差别,使场外交易面目一新。中国证券交易系统有限公司是1992年由中国人民银行批准成立,在国家工商行政管理局注册登记的一家全国性证券交易中介机构。它专门为证券的集中场外交易提供服务,不以赢利为目的,其开发、建设与管理的全国电子交易系统(简称为NET系统)与中国人民银行遍布全国的上百个卫星数据通讯网络相连,形成了全国性的场外证券交易的集中场所,总部设在北京。NET系统只为本系统的证券商服务,其他投资者必须经过中介才能进入交易,但它仍然是不同于交易所的场外交易。系统证券商不必派员进驻系统的中央交易大厅,只要在自己的营业柜台通过计算机进入自动撮合系统即可进行买卖,而交易大厅只是主机所在地而已,不同于交易所人声鼎沸、数字变幻、屏光闪闪的景象。

投资者要通过电子交易系统进行股票交易,必须先在系统内证券商处开立账户,委托证券商代为交易。委托要填写委托单,证券商工作人员接单后将指令输入计算机后,按照价格优先、时间优先的原则进行自动撮合,及时将结果返回证券商,并自动办理交割清算业务。

金融家点评:

全国电子交易系统采用先进的通讯技术手段,行情显示快速及时,撮合成交效率高,公平公正,回报情况迅速快捷,覆盖面广,容量大,能够很好地保障投资者的合法权益。

155. 如何办理非交易过户?

所谓过户就是办理清算交割后,将原卖出证券的户名变更为买入证券的户名。对于记名证券来讲,只有办妥过户者才是整个交易过程的完成,才表明拥有完整的证券所有权。

沪市实行的是法人证券集中托管。所谓法人证券集中托管,是指上海证券交易所会员(券商)对托管(指定交易)在其名下的自营证券、客户证券实行集中核算及管理。实行法人证券集中托管后,投资者可前往指定交易的证券交易营业部办理非交易过户手续。

深市的情况的有所不同。在深圳本地,可到深交所登记部柜台、工商银行、招商银行等开户点办理该项业务。如委托他人代办,最好使用公证委托。更换新的账户卡号以后,在原股东账户卡下登记的股份将被转移至新账户下。

另外,在深市,一个股东代码可以在多个营业部买卖股票。投资者在哪里买则托管在该证券营业部,如想卖出则必须通过该部。如想在另外一个证券部卖出所持有股份或想更换证券营业部,则需要办理转托管。

金融客点评:

新入市的投资者需要注意的是,上海和深圳证券交易所在办理非交易过户的做法并不完全相同。

156. 如何进行转托管?

转托管,又称证券转托管,是专门针对深交所上市证券托管转移的一项业务,是指投资者将其托管在某一证券商那里的深交所上市证券转到另一个证券商处托管,是投资者的一种自愿行为。投资者在哪个券商处买进的证券就只能在该券商处卖出,投资者如需将股票转到其他券商处委托卖出,则要到原托管券商处办理转托管手续。投资者在办理转托管手续时,可以将自己所有的证券一次性地全部转出,也可转其中部分证券或同一券种中的部分证券。目前,深交所的转托管业务与前几年有所不同,现行的转托管业务的是通过深交所的交易系统进行办理的。转托管业务的一般程序如下:

首先,投资者向转出券商提出转托管申请,填写"转托管申请书"。转出券商收到申请书后,认真核对投资者的身份证及申请书内容是否正确,核对无误后,在交易时间内,通过交易系统向深交所报盘转托管。

每个交易日收市后,深圳证券结算公司将处理后的转托管数据通过结算系统发给券商,券商根据所接收的转托管数据及时修订相应的股份明细账。转托管证券 T + 1 日(即次一交易日)到账,投资者可在转入证券商处委托卖出。转出券商每次受理转托管业务时,向投资者收取一定数量的转托管费。

金融家点评:

投资者需注意,转托管成功后,在原转出券商处的深圳账户如不销户,仍可继续使用,但还是要在哪儿买,哪儿卖。

157. 沪深证交所有哪些基本交易规则?

根据有关规定,上海和深圳证券交易所有下列基本交易规则:

(1)交易原则:价格优先、时间优先。

(2)成交顺序:较高买进委托优先于较低买进委托;较低卖出委托优先于较高卖出委托;同价位委托,按委托顺序成交。

(3)报价单位:A 股、B 股以股东为报价单位,基金以基金单位为报价单位,债券以 100 元面额为报价单位;国债回购以资金年收益率为报价单位。

(4)价格变化档位:A股、债券、基金为0.01元;深市B股为0.01港元,国债回购为0.01%;沪市A股、债券、基金为0.01元,B股为0.002美元。

(5)委托买卖单位与零股交易:A股、B股、基金的委托买单位为"股"(基金按"基金单位"),但为了提高交易系统的效率,必以100股(沪市B股为1000股)或基金整数倍进行委托买卖。

金融家点评:

投资者须注意,如有低于100股(或B股1000股)的零股需要交易,必须一次性委托卖出。同时,不能委托买进零股。

158. 什么是市价委托?

市价委托只指定交易数量而不给出具体的交易价格,但要求按该委托进入交易撮合系统时以市场上最好的价格进行交易。市价委托的好处在于,委托价格紧跟市场价格变化,随行就市,成交迅速且成交率高。换句话说,市价委托就是按照场内挂出的买入或卖出价格进行交易,不限制成交价格,这样,就可以确保即时成交。在市况极具追涨和杀跌价值时,特别有用。

市价委托的缺点是:实际成交价格不由委托者控制,会与投资者预期价格有差距。在股价暴涨暴跌时,可能出现买高卖低的现象,使投资者有资金损失的风险。

市价委托的类型有两种,分别为:最优五档即时成交剩余撤销,最优五档即时成交剩余转为限价。

金融家点评:

市价委托只适用于开盘后的委托买卖,不适用于开盘前的竞价,并且适用于有涨跌停价限制的股票。

159. 什么是限价委托?

限价委托是指投资者要求必须以限定或低于指定价格买进,以限定或高于指定价格卖出的委托方式。例如:要买进深发展1万股,价格为18.8元,则代表你最高愿意购买深发展的价格为18.8,于是你可能以18.8或低于18.8的价格(18.7、18.6等)成交。但是,若下单之后,市场上的成交价格皆高于18.8或者在18.8只有少量成交,则你的单子可能会未能成交。

由上可知,投资者发出买卖某种股票的指令时,不仅投资者提出买卖的数量,而且对买卖的价格作为限定,即在买入股票时,限定一个最高价,只允许按其规定的最高价或低于最高价的价格成交;在卖出股票时,限定一个最低价,只允许按其规定的最低价或高于最低价的价格成交。限价委托的一个最大特点是,股票的买卖可以按照投资者希望的价格或者更好的价格成交,有利于投资者实现预期投资计划,谋求最大利益。

限价委托的缺点是:由于限价与市价之间可能有一定的距离,必须等限价与市价一致时才有可能成交,会使投资者有可能因此坐失良机或遭受损失。

金融家点评：

证交所撮合交易时，采取时间优先、价格优先，即先输入委托单者先成交，若同时输入，则市价优先于限价。

160. 什么是股权登记日？

上市公司的股票每日在交易市场上流通，上市公司在送股、派息或配股的时候，需要定出某一天，界定哪些股东可以参加分红或参与配股，定出的这一天就是股权登记日。也就是说，在股权登记日这一天仍持有或买进该公司股票的投资者是可以享有此次分红或参与此次配股的股东，这部分股东名册由证券登记公司统计在案，届时将所应送的红股、现金红利或者配股权划到这部分股东的账上。

所以，如果投资者想得到一家上市公司的分红、配股权，就必须弄清这家公司的股权登记日在哪一天，否则就会失去分红、配股的机会。

金融家点评：

股权登记日后的第一天就是除权日或除息日，这一天购入该公司股票的股东是不同于可以享有上一年度分红的"新股东"，不再享有公司此次分红配股。

161. 如何查询自己购买的深市股票？

所有进入深交所集中买卖、透过结算系统清算交收的股票都实行非实物化的制度，即：股票经登记托管后方能进入结算系统和在深交所买卖。

根据这一结算制度，投资者将股票托管在全国各地深交所会员的证券营业部，券商保留和管理其所属投资者的股票明细资料，深圳证券结算公司集中管理股份。

金融家点评：

一般情况下，投资者可凭本人身份证、深圳证券账户卡，直接在买卖股票的证券营业部查询股票和资金余额、委托成交、分红派息、配股确认等情况；如遇特殊情况也可通过券商到当地登记机构或深圳证券结算公司查询。

162. 如何查询自己购买的沪市股票？

就查询而言，只要投资者在某一证券营业部办理了证券账户的指定交易，他就可于办理指定交易的次日起凭"二证"（身份证、证券账户卡）到指定交易所属证券营业部进行有关证券余额的查询，或通过证券营业部的电脑、电话、网上交易系统自行完成证券账户的各项查询。

为方便券商核对投资者证券账户的登记开户资料，上证中央登记结算公司将向券商传送已办理指定交易的投资者证券账户的登记开户资料，并在每个交易日闭市后向券商传送当日所增指定交易与撤销指定交易的投资者证券账户的登记开户资料，其中包括证券账号、投资者姓名、身份证号等内容。

证券营业部在投资者办理指定交易的当日，受理其买卖证券的委托，但该投资者证券账户的指定信息还未由上证登记结算公司传给相关证券营业部，故投资者指定交易当天的查询，仍只是上个交易日的记录数。投资者如对在券商处取得的查询结果存在的异议，可向当地上证登记结算公司委托的证券登记机构进行查询。

金融家点评：

上海证券交易所在推行全面指定交易制度后，对投资者办理查询手续作了相应调整，使查询更加方便了。

163. 股票账户卡遗失了怎样办？

在深交所，投资者遗失股票账户卡，应先在营业部冻结股票，取得证券营业部冻结股票的证明，再凭身份证、股票冻结证明到原开户处或深圳证券结算公司办理挂失和补办手续。如投资者同时遗失股票账户和身份证，需持公安机关出具的身份证遗失证明、户口本及其复印件办理挂失和补办手续。投资者如委托他人代办挂失，代办人应同时出示法律公证文件。投资者挂失证券账户卡后，到营业部办理解冻股票手续，不可再用作废代码买卖股票。

在上交所，1998 年 4 月 1 日实行全面指定交易制度后，已办理指定交易的投资者，由其指定交易所属证券营业部负责办理该投资者的挂失。

值得注意的是，推行全面指定交易后，对因种种原因没有办理指定的投资者，其股票账户的查询和挂失仍按上证中央登记结算公司原有规定由当地证券登记机构负责受理。

金融家点评：

投资者办理挂失后，可到证券公司指定的代理开户机构重新办理新的股票账户，并持重新领取的股票账户申请办理转户。

164. 股票账户卡挂失程序是怎样的？

在具体操作中，为维护已办理指定交易的投资者利益，证券营业部按照以下程序办理投资者提出的股票账户挂失申请：

(1)认真审查投资者的本人身份证(如身份证同时遗失，须提供户籍管辖的公安派出所出具的身份证遗失证明，并贴本人近期证件照盖公章)；

(2)股票账户所有的股票予以冻结；

(3)在投资者提供由上海证券中央登记结算公司代理机构开出相同股票账户登记资料的新股票账户后，为其办理相应的股票转户手续；

(4)证券营业部在受理投资者转户并登记其股票明细账后，于当日闭市前将变更情况传送上证中央登记结算公司用于变更登记；

(5)证券营业部可办理投资者撤销挂失申请，但已办理股票转户手续的股票账户不能撤销挂失；

(6)证券营业部在受理投资者股票账户挂失的账户时，上证中央登记结算公司将把挂失账户内的全部股票权益一次变更登记到转入方的账户。

金融家点评：

程序虽有点繁琐，但一步也不能少。

165. 股票账户卡挂失如何收费？

深市投资者在券商处查询股票无需收取任何费用，但到证券登记公司查询，收20元费用。股票挂失费按前日收市价5‰，股票冻结费每户100元，补开新户按新开户标准收取。

沪市则根据上海证券中央登记结算公司业务收费标准简列如下：

证券商在受理投资者沪市证券查询不收取查询费，如要求打印查询记录会适当收费，上海本地为5元/页，10元/户，异地为10元/页。每张软盘不得超过50元。股票挂失手续费10元，异地20元，另加电信费10元。补开新户按新开户标准收费。

金融家点评：

虽然收费不高，但还是要提醒投资者要保存好账户卡。

166. 遇"不可抗力"因素是否承担责任？

在股票交易过程当中，交易所或券商有时会出现停电、断电或通讯系统中断等意外，使投资者委托申报不能成交，由于这些情况是"不可抗力"的，根据我国的法律，在交易所或券商遇到"不可抗力"而不能履行合约或合同造成他人损失时，交易所或券商不负担责任。

我国的证券交易系统电子化的程度很高，所谓的"不可抗力"包括交易所的电脑主机或券商的电脑终端运行不正常，通讯系统的中断，电脑主机系统运转失灵，电子干扰造成的通讯系统紊乱等。

金融家点评：

在这样的情况下，交易所和券商受免责条例保护，可不"负责"，但交易所和券商有责任向股民作出解释。

167. 股票交易中发生"异常情况"怎样处理？

异常情况指导致交易所集中交易市场或挂牌股票无法正常交易的情况，证券交易所异常情况处理办法有如下规定：技术性异常情况是指交易所电脑交易系统发生技术故障，导致集中交易无法正常进行，或者通讯网络发生技术故障，导致集中交易无法正常进行；自然性异常情况是指出现不可抗力事件如地震、火灾、天气异常、电力中断、设备失灵等事件，造成15%以上证券公司或营业部或交易席位不能正常交易。

一旦发生上述异常情况，证券交易所有权采取以下措施：

(1)临时停市(临时停止集中交易的行为)。

(2)向深圳证券交易所会员和新闻媒介及时公告临时停市的决定及原因，同时报有关主管部门。

(3)导致临时停市的异常情况消除后即恢复交易,但收市时间不作顺延。

(4)临时停市前符合交易所业务规则的交易有效。

金融客点评:

异常情况常见于一些难以预测的突发事件,投资者对此要做好心理准备。

168. 投资者如何解决交易中的疑难问题?

(1)咨询证券营业部。投资者在交易过程当中遇到疑难,首先都会咨询证券营业部柜台营业员,随着证券业的不断发展,现在证券营业部为客户提供服务越来越仔细,例如,许多证券商成立客户服务中心,有专职人员专门解答投资者的疑问,或者提供免费咨询电话为客户服务,还有成立专门的专家顾问群为客户提供投资咨询服务等等。

(2)求助于相关报纸、杂志等媒体。目前报纸、杂志一般都设置专版是为股民解答疑难。在家里有上网条件的投资者还可以通过上网查询有关资料,如今网上证券资讯很多,寻找几家著名的站点访问,或证券公司在网上开设的网站,都提供了网上证券交易的相关知识。

(3)咨询交易所投资者热线。交易所服务专线专为投资者、券商和上市公司服务,例如,深圳证券交易所设有几条专线电话为投资者,券商和上市公司服务,此外还设立了投资者教育服务中心。

金融客点评:

俗话说"兼听则明",遇到疑难问题应该多方咨询求教,但最后拿主意还要靠自己。

169. 什么是"银证通"业务?

"银证通"业务是指在银行与券商联网的基础上,投资者直接利用在银行各网点开立的活期储蓄存款账户卡或存折做为证券保证金账户,通过银行的委托系统(如:电话银行、银行柜台系统、银行网上交易系统、手机银行),或通过证券商的委托系统(电话委托、自助键盘委托、网上委托、客户呼叫中心等)进行证券买卖的一种新型金融服务业务。

"银证通"业务中,投资者的股票由券商管理,相应的资金清算由银行直接在投资者的银行账户进行记账,投资者不必频繁地将资金在银行和券商间划拨。股民可直接用存折或银行卡买卖股票及查询交易结果,而不用到证券公司开设专门的保证金账户,无须在银行与券商之间来回转保证金,投资理财更方便、更快捷。由于资金始终在股民的银行账户上,不受证券公司营业时间的限制,储蓄账户资金可随时提现,包括在休市日。"银证通"买卖股票与传统的证券营业部买卖股票的区别如下:

(1)临柜地点不同:"银证通"投资者是通过银行的储蓄网点来受理投资者的开户等临柜业务,投资者不需要到证券营业部的柜台处理以上业务。

(2)委托渠道不同:"银证通"投资者既可通过银行方的委托方式(如:电话银行),也可通过所选择证券商一方的委托方式(如证券网上交易系统、证券营业部证券委托电话、证券商客户呼叫中心等)。

(3)资金结算处不同:"银证通"投资者不需要在证券商处开立资金账户,只须将钱存入银行的活期限存折就可以买卖股票。

金融家点评:

银证通业务提高了资金使用效率、省除了资金调拨的手续,最大限度地满足了投资者的集中理财要求,最适合需要进行股票投资但又时间不多的投资者。

170. "银证通"业务的开户流程是什么?

"银证通"业务是指在银行与券商联网的基础上,投资者直接利用在银行(如工行、农行、建行、招行等)各网点开立的活期储蓄存款账户卡(折)作为证券保证金账户,通过银行的委托系统(如电话银行、银行柜台系统、银行网上交易系统、手机银行),或通过证券商的委托系统(电话委托、自助键盘委托、网上委托、户呼叫中心等)进行证券买卖的一种新型金融服务业务。例如中国工商银行的"牡丹证券卡"、招商银行的"一卡通'银证通'服务"等。其开户流程如下:

第一步:持"三证"开户。投资者携带身份证、股东代码卡、活期储蓄卡折(简称"三证")及复印件,到银行储蓄网点办理开户手续。(注:没有股东代码卡的,可先到具有代理资格的银行储蓄网点或证券营业部开好深、沪股东代码卡,然后再到银行储蓄网点办理"银证通"的开户;机构投资者持营业执照副本原件及复印件、法人授权委托书原件、经办人身份证原件)

第二步:选择委托券商。目前银行开通的银证通业务有不同对应的证券商,投资者可以选择自己希望委托的证券商来开户。

第三步:填写协议书。各行规定与客户需签字确认的协议书的种类、名称及内容条款均有差别,大致有《"银证通"证券委托交易协议书》、《指定交易协议书》等之类的协议书,办妥后客户签字确认。

第四步:设置证券交易密码。"银证通"业务开户手续办妥后,设置证券交易密码,得到证券交易账号(一般交易账号即卡/折账号或股东代码),即可进行证券交易。

金融家点评:

交易密码必须妥善保管,在使用完毕后,应当采取必要的安全措施:在使用电话委托方式后按任意键,防止他人利用重拨功能破解密码;使用电脑委托方式后应立即退出程序,防止他人进行操作或窃取资料,并定期更改密码。

171. "银证通"业务开户操作要点是什么?

一般情况下,银行及其分行辖属各储蓄网点均可受理"银证通"业务。投资者申请办理"银证通"的任何一项服务(不包含打印交割单、对账单和查询)必须到原受理"银证通"开户的储蓄网点办理。

通过"银证通"进行证券交易的营业时间一般与券商营业时间相同(即上午9:30~11:30,

下午 1:00~3:00)。但投资者的活期储蓄存款账户办理储蓄业务的时间根据各家银行的具体情况确定,一般与银行的营业时间相同。

投资者持有的证件(即身份证及复印件、股东代码卡及复印件、活期储蓄存折或卡,简称“三证”)都应保管好,今后的委托交易、办理指定交易、转托管、查询、挂失等手续都需要提供相关证件。

指定用于“银证通”的活期储蓄存款账户既作为投资者证券交易资金的结算账户,也可作为一般的储蓄存款账户,执行中国人民银行《储蓄管理条例》。指定用于“银证通”的活期储蓄存折,卖出证券的资金当日(T 日)不能提取、转账及消费,第二日(T+1 日)才能提取、转账和消费,但当日可买卖证券。

金融家点评:

遗失股东代码卡、身份证、活期储蓄卡折等证件时,应立即到原开户点办理挂失手续,如遗失股东代码卡,还须到证券登记公司及相关机构办理挂失。

172.“银证通”有哪些好处?

“银证通”业务中,投资者的股票由券商管理,相应的资金清算由银行直接在投资者的银行账户进行记账,投资者不必频繁地将资金在银行和券商间划拨,也就是实现所谓“存折炒股”。

股民可直接用存折买卖股票及查询交易结果,而不用到证券公司开设专门的保证金账户,无须在银行与券商之间来回转保证金,投资理财更方便、更快捷。买入股票时,资金从储蓄账户中扣收,卖出时,资金自动回到储蓄账户,由于资金始终在股民的银行账户上,不受证券公司营业时间的限制,储蓄账户资金可随时提现,包括在休市日。实现了“储蓄、炒股两不耽误”。

“银证通”遵守“银行托管资金,券商托管证券”的原则,各银行的营业网点均需经过国家主管部门的批准方能设立,业务受国家主管部门监管,在银行营业网点开通“银证通”,其业务范围及功能近似目前存在的证券营业部,是合法经营的单位机构,因此,使用“银证通”是比较安全的。“银证通”系统在数据传输过程中均严格加密,并有安全识别措施。

金融家点评:

“银证通”业务提高了资金使用效率,省除了资金调拨的手续,最大限度地满足了投资者的集中理财要求,最适合需要进行证券投资但又时间不多的投资者。

173.“银证通”与“银证转账”一样吗?

一些证券商开通了“银证通”业务,而另一些券商开通的是“银证转账”业务,二者并不一样,区别在于:

(1)业务内容不一样。“银证通”业务可以提供包括证券买卖、认购新股、分红派息、查询和打印交割单等证券服务,而“银证转账”业务仅仅是把银行的资金转到证券公司或把证券公司的资金转到银行。

(2)“银证通”投资者买卖股票时不须开立证券保证金账户,只要在银行开立活期储蓄账户即可,而"银证转账"业务投资者既须有在证券公司开立的证券保证金账户,还须有在银行的储蓄账户。

金融家点评:

由于"银证通"是用银行的存折(或卡)来炒股,因此,办理"银证通"开户业务就必须到银行。当然,开户时需要提供的深、沪证券代码卡需要到当地的证券登记公司或代办处(证券营业部、银行网点)办理,如果银行的营业网点同样可以办理证券账户卡的话,那么开户手续就可以一次完成。

174. "银证通"业务给投资者提供哪些服务?

与在证券营业部开通证券交易一样,开通"银证通"的银行柜台提供以下基本的银证服务:

(1)开户。代理开办深、沪 A 股股东代码卡;"银证通"开户、销户(包括开通电话银行、证券网上交易等的开户、销户)。

(2)密码设置。交易密码、存折密码的设置与重置。

(3)证券委托交易。买入、卖出证券;撤单;认购新股、配股。

(4)证券查询。查询委托成交情况;查询证券账户(股票、资金);查询实时行情、成交清单。

(5)代发放红利。代理发放上市公司红利、股息。上市公司所派发的红股将自动计入投资者的股票户,红利将自动存入投资者的活期储蓄存折账户或保证金账户。

(6)指定交易。办理上海证券交易所指定交易和撤销指定交易。根据上海交易所规定,每个上海证券账户须指定一家券商进行交易。投资者需到银行网点柜台先填写《指定交易协议书》,并交验有效证件后即可办理上海指定交易。或者投资者可利用银行"银证通"业务委托系统凭密码办理上海指定交易。撤销指定交易也必须到原办理指定交易的网点办理,提供身份证、股东代码卡、银行存折办理。撤销指定交易后,投资者日后发生的证券交易与相应分红派息与原网点或原券商无关。

(7)证券转托管。办理深圳证券交易所转托管。如果你想从一个证券营业部转到另一个证券商所属营业部进行证券交易,在原"银证通"开户的储蓄网点(原股票托管营业部办理)办理有关手续。转托管的手续与在营业部办理一样,必须携带身份证和股东代码卡。填写《转托管申请书》,办妥后在《申请书》上签字确认,第二天即可在转入的指定的证券营业部,届时投资者可以查询到是否到账并可开始交易。

(8)挂失。证券账户挂失和解挂,"银证通"存折挂失。

(9)打印证券交割单、证券交易对账单。投资者可以凭身份证、活期储蓄卡折和股东代码卡到银行的储蓄网点柜台打印。或通过银行的自动打印设备打印清单,投资者还可以通过网上交易系统、客户呼叫中心打印和电话银行传真。

(10)各种证券咨询服务。

金融家点评:

利用"银证通"系统与在证券营业部交易的费用一样,并没有其他额外的收费。

175. 如何正确使用“银证通”账号密码?

银证通投资者在进行证券交易或查询时,要用到证券交易账号、证券交易密码或活期储蓄卡折号码、电话银行密码。开通网上交易的还需使用通讯密码,由于密码较多,投资者在使用时要注意不要记错、输错。

为防止泄密,还要定期修改各项密码并牢记各账号、密码,如密码遗忘可到原“银证通”开户网点办理重置手续,如储蓄卡折、股东代码卡遗失可到“银证通”开户网点挂失修改。

要修改“银证通”开户资料时,可用以下方法办理:

(1)凡投资者需要更改活期储蓄存款账号、更改或增加股东代码卡号、更改投资者其他信息(如地址、电话号码等)均可到原受理开户的储蓄网点(卡/折开户地任一网点)办理更改投资者资料手续。

(2)更改活期储蓄存款账号须携带身份证和活期储蓄存折,更改或增加股东代码卡号须携带身份证和股东代码卡,更改投资者其他信息只须带身份证。

金融家点评:

重新设置交易密码,投资者因电话银行交易密码或证券交易密码遗忘均可到原受理开户的储蓄网点办理重置交易密码手续,办理时须携带“三证”。填写有关《申请书》,选择其中重置交易密码项目,办妥后在《申请书》上签字确认即可。

176. 怎样使用“银证通”进行证券交易?

“银证通”存折(或卡)系统是按双向发起模式设计的,持有“银证通”存折(或卡)的投资者既可拨打银行方的委托电话,也可通过证券营业部提供的多种接入方式进行证券委托交易。这些接入方式包括:

(1)委托电话;

(2)证券商网站委托交易系统;

(3)移动电话;

(4)机顶盒;

(5)其他电子设备。

金融家点评:

使用“银证通”进行交易很方便,已经被越来越多的投资者所接受。

GUPIAOJIJINTOUZIRUMEN

股票基金投资入门

第三章 股票实战策略

在股市上，不是说你读的书多就可以成为专家，也不是说你操作的多就一定能赢。兵无常势，水无常形。成功并没有一种固定的模式，炒股的秘诀10%是灵感，90%是汗水。所谓炒股的绝招和秘籍，就是对市场规律的把握，掌握了它，你就拥有了开启股市财富大门的金钥匙。

177. 选择股票要看重哪些因素?

选择合适的股票,重点要考察股票所属行业和上市公司情况,两者缺一不可。

(1)股票所属行业。每一时期都有不同行业的股票取得骄人的成绩,这些行业一般都是与国计民生密切相关,对这个时期的经济发展起到促进作用,公司的成长更要受其所属产业或行业兴衰的制约。

(2)上市公司状况。目前由于我国一些上市公司行为不规范,如招股说明书与上市公告书相差很远,股票的价格和回报率相差较多等等,另外,也因投资者的知识和水平不高,这些都使得正确地评价一个上市公司有很大难度。

金融家点评:

上市公司业绩是股票价值的基础。在选择股票时,重眼前,更重长远;重价格,更重业绩。

178. 什么是上市公司的信息披露制度?

2007年1月30日,中国证监会发布了《上市公司信息披露管理办法》,办法规定,上市公司必须及时、真实、充分、公平地向广大投资者披露可能影响投资者决策的信息,这是上市公司必须履行的义务。从宏观而言,它有助于国家的宏观调控和市场的运转,有助于社会资源的优化配置,有助于维护证券市场秩序,促进证券市场的发展。从微观而言,它有助于保障投资者和债权人等信息使用者的利益,有助于公司的筹资和降低筹资成本,有助于促进公司自身的发展,有助于落实和考核其经营管理责任。因此,公平、真实、充分、及时的上市公司信息披露制度,对于国家、企业和广大投资者来说,都是大有好处的,也是非常必要的。

从近些年的情况看,上市公司在信息披露方面已经取得了很大进步,并正在向好的方向发展,但也存在不少问题,主要问题是信息披露不规范、不真实、不及时,影响投资者对市场真实情况的判断。

金融家点评:

目前我国已经由有关机构发布实施了一系列股票交易法律、规则,并规定了公司信息披露的原则要求和内容。但是,由于种种原因,我国上市公司信息披露中还存在不少不规范的现象,影响了我国股票市场和上市公司的健康发展,也使广大投资者蒙受了许多不应有的损失,广大投资者必须提高警惕。

179. 怎样阅读上市公司年报?

投资者阅读上市公司年报时,应注意提防以下误区。

(1)只泛读,不精读。投资者面对年报中一大堆文字材料和繁杂的数字,一时无从下手,阅读的兴趣可能一下子降至冰点,往往是一目十行,一扫而过,这种现象是应当纠正的,阅读年报应当养成精读的好习惯。

(2)只阅读,不保管。投资者对于年报,往往没有养成良好的整理和保管习惯,除对关乎股东权益的主要会计指标进行抄录外,其他资料一概弃之,殊不知,看报中披露了很多产生这些数据背后的经营过程,这些资料也非常重要,也应保管好。

(3)只看业绩,不看风险。业绩大幅度增长、吸引眼球的上市公司,可能会吸引投资者为过去的业绩而盲目追涨,从而产生高位套牢的局面。相反,那些业绩微增,或持续性增长的上市公司股票,其年报却不被重视,从而使投资者失去应有的挖掘投资亮点的机会。

(4)只看历史,不看未来。投资者都知道,买股票就是买预期,可在阅读年报时,投资者还是盯着上市公司的以往业绩而自豪,而不去关心和预测上市公司未来发展前景。应该说,上市公司因所处的行业不同,都会受周期景气度的影响。因此,对上市公司的未来业绩保持谨慎乐观的态度,很有必要。

(5)只看结果,不看过程。上市公司千股千面,经营状况不一,年报编制也呈现出一定的个性。因此,对投资者来说,阅读年报虽然没有研究员得心应手,也应当对重要会计数据的产生过程,特别是影响上市公司最终经营成果的主要事项进行分析,从而提炼出上市公司未来业绩增长的信息来指导自己投资。

(6)只看主页,不看附页。上市公司因编制规则要求,都有主页和附页之分,主页是年报的正文,是会计数据和经营情况的详细分析,而附页是审计结论和有关的补充说明。其实,一份完整的年报,其主附页之间是一种相互印证的联动关系。主页是否真实、准确、完整,附页将作出说明。某些重大事项的披露是否完整,附页将给予解释。

金融家点评:

走出了以上种种误区,相信投资者会得到更大的收获。

180. 如何根据行业题材选股票?

行业题材与国家经济的发展状况有关,如生物制药产业、信息产业等是成长型产业,其发展前景比较好,对投资者的吸引力就大;反之,如果公司属于煤炭与纺织业,则属于夕阳产业,其发展前景欠佳,投资效益相应就低。当然,再好的产业都会有盛衰兴亡的周期。那么在这种情况下,该如何判定股票所属行业的状况呢?

(1)从产品形态上分析公司的产品属于生产资料还是消费资料。不同行业的股票,受经济环境的影响不同,一般来讲,生产资料受景气变动影响要比消费资料大。当经济好转时,生产资料的生产增长比消费资料快;反之,生产资料的生产萎缩得也快,在消费品中,还应该分析上市公司产品是必需品,还是奢侈品。不同的产品性质,对市场需求、公司经营和市场价格变化都将产生不同的影响。

(2)从需求形态上分析公司产品的销售对象及销售范围。显而易见,内销产品易受国内政治、经济因素的影响,外销产品易受国际大环境的影响。此外,还必需掌握公司产品对不同需求对象的满足程度,不同的需求对象对商品的性能和质量等有不同的要求,公司必须以需定产,否则,必然影响到公司产品的销售和赢利水平,使投资效益降低,股价下降。

(3)从生产形态上分析公司是劳动密集型、资本密集型或知识密集型。随着技术进步的不断深入和加速,技术密集型企业已经逐步取代资本密集型企业,不同的生产形态,所产生的劳动生产率和竞争力不同,同样会影响到企业效益,使投资收益产生变化。

(4)从行业发展阶段上分析。一个企业行业所处的不同阶段,使行业内各公司的股票价格也深受影响。在行业开创期,技术进步非常迅速,利润极可观,但风险也最大,因此,表现在该类公司的股票价格也是呈大起大落状。这时候的投资要胆大心细,果断积极,以求最大的效益。在行业扩张期,少数大公司已经控制了该行业,他们已取得了雄厚的财力和较高的经济效益。

金融家点评:

在行业停滞期,由于市场饱和,使行业生产规模的增加越发困难,虽然其内部竞争不减,但普遍利润下降,这时的股票行情表现得比较平淡或出现下跌,有的企业甚至被淘汰,此时投资者应谨慎应对。

181. 如何全面了解上市公司业绩?

选择股票时,对上市公司情况要有较为全面的了解:

(1)公司的历史背景、赢利记录及发展前景,有什么严重的历史包袱或难愈的先天不足;

(2)公司管理水平及产品研发情况,如公司人员文化层次如何,是否与现代化的管理和经营相适应;

(3)产品的专利和商标的知名度,公司在广告宣传方面的工作,公司在整体形象设计方面的情况;

(4)公司的成长性估计,如在公司长远发展中所需的资金、技术、人才、计划等方面的情况;

(5)公司的生产能力及经营的多元化情况,包括公司的经营指导方针和重要原则,是否能面向市场,面向世界,面向广泛的消费群体。

金融家点评:

公司业绩反映了股票质量,公司是否具有凝聚力和竞争力,这些都是该公司能够取得并保持良好业绩的必备条件,也是公司股票是否受追捧的重要因素。

182. 哪些公司的股票不能买?

评价一个上市公司是好是坏,有不少指标。仅看公司的业绩报告远远不够,许多国际行业组织每年都要搞个本行业企业排名,只要资料准确可信,都可以作为投资者评价公司经营经营状况和赢利前景的重要依据。

哪些企业的股票不能买呢?

一是思路僵化、固守老方法、经营无方的企业;

二是不善竞争、缺乏锐气和进取精神,满足于过去的成绩和得过且过的企业;

三是缺乏独立思考精神,习惯于唯上、唯书、不唯实的企业;

四是管理过于僵化,内部缺少民主宽松氛围的企业;

五是新思路被老办法所牵制,无论老少,囿于传统,缺乏创新精神的企业;

六是经营状况每况愈下,或已存在着有碍全局发展不良因素的企业。

聪明的投资者,要力争买第一流公司的股票,应该尽可能地到市场上去了解情况,了解该公司上级主管部门的意见、工商税务部门的反映以及消费者的呼声，总之要尽可能多地、尽可能广泛地收集相关资料，掌握第一手情况，来进行综合评估。

金融家点评：

投资者在选择公司的股票时，不妨充分利用上述六个特点，进行对比分析。

183. 怎样分析公司财务报告？

公司财务报告包括的内容很多，投资者要重点抓住以下几项关键数据：

(1)观察利润构成。上市公司的利润总额一般由主营业务利润和营业利润两大部分构成。其中主营业务利润来自于主营收入，而主营收入的强弱变化，恰恰是评判上市公司拳头产品竞争力的重要标志，如果主营业务利润占企业利润的比例较高，说明企业竞争力较强。

(2)关注应收账款。应收款的品质决定着价值的高低，品质越好，所列金额越有参考性，反之，则应打折扣。若上市公司应收款呈现出大幅度增加和账龄高龄化趋势，这是亟待引起投资者警觉的。从公司来讲，产品销售出去只是完成了经营过程的一半，接下来就是尽快回收货款。若企业不能及时回收货款，不仅将打破企业的产销平衡，而且会严重影响企业的资金利用率，最终可能导致企业的发展计划“搁浅”。从财务实践看，应收账款龄过长一方面意味着资金被人家占用，丧失了资金周转后的收益，另一方面往往隐含着一定的坏账风险。

(3)了解财务风险。公司发展过程中，除了市场带来的经营风险，宏观调控带来的政策风险之外，还有自身运作不慎产生的财务风险。

(4)考察募股资金投向。公司募股资金运用如何，所投入项目的资金到位情况如何，是考察公司发展后劲的一个指标。有的公司注重募股资金的运用，讲究时效性，效益就可在当年体现；相形之下，有的公司就显得不尽如人意，产生不了应有的效益。

金融家点评：

作为投资者，在考察公司财务报告时，首先应该看一看编制账目的会计师是谁，初步鉴定报表的可靠性，然后再分析其具体数据。

184. 怎样正确看待公司的赢利水平？

投资者选择股票的第一参照要素，就是公司的获利能力，然而一般人所看到公司的财务情况都是过去的，公司去年的赢利水平只表明去年的获利能力，不能说明今年，更不能说明明年。当然也不是说公司过去的财务情况毫无参考价值，作为着眼于未来的投资者，应该把目光放在前景良好的股票上。

目前，有许多投资者都太重视上市公司上年度的赢利，经常以当前的股价与过去的股利来计算本利比，并将之作为评估股票好坏的标准。实际上，这样做是有明显缺陷的。因为股票投资者所衡量的基准，应该是以目前的股价来与未来的股利相比，推算出本利比，这个本利比才具有较高的参考价值。

金融家点评：

一般人认为，绩优股都是高成长股，而高成长股都是主营业务突出，有稳定的利润生长点的股票，主要是一些经营有方、市场占有率不断提高的公司股票，这些数据都应该在公司赢利上有所体现。

185. 公司财务报表应包含哪些内容？

公司财务报表主要有两种：资产负债表和损益表，分别反映公司的资金来源、资金运用情况及实际经济效益水平。

资产负债表的资金栏包括流动资产、长期投资、固定资产及无形资产等，负债及股东权益栏由流动负债、长期负债和股东权益三部分构成。其中，股东权益反映上市企业的净资产值，是真正属于股东的财产，分为股本总额、股票溢价和累积利润三部分。企业资产中股权所占比重大，说明企业经营中的外部负债少，自有资金比例高，因而债务风险小。

损益表反映每年或每季的营业状况、成本变动及盈余结果等，近年来成为投资者看重的焦点，损益表的内容有营业收入、营业成本、营业毛利、营业外收支净额、本期利润总额、税后利润总额等项目。

通过观察公司财务报表的各项数字变化情况，可以清楚地了解公司经营状况及其变化情况，了解公司的利润及获利能力是否提高，还可与其他行业、其他公司做相应对比，从而掌握企业的整体情况。

金融家点评：

在任何一个成熟的股市，理性的投资者都必须对宏观经济状况和上市公司情况做深入扎实的研究，浮光掠影、蜻蜓点水似的一知半解不可能获得投资的成功。

186. 如何提防财务报表中的陷阱？

财务报表是投资者评估股票价值及对公司能力分析的重要依据。但是有些上市公司却在其中设置陷阱，欺骗广大投资者。财务报表的陷阱常表现在“隐恶扬善”或“隐藏利润”两个方面。

当一些公司由于各种原因经营业绩不好时，为了对其真实情况进行掩饰及支撑局面，往往美化账面，做出虚假的财务报告，使得投资者被蒙在鼓里而不知真相，做出错误的投资决策，结果损失惨重。

这样的例子有许多，以某上市公司为例，该公司实际负债比率偏高，流动比率偏低，财务结构极端恶化，但公司的财务报表却号称每季度的营业利润在10%以上。此时，同行业的公司都是知名度很高的大企业，但它们每季度的营业利润均不到10%。对于公司财务报表中隐藏的问题，投资者不能掉以轻心。

金融家点评：

对于广大的投资者来说，只要擦亮眼睛，开动脑筋，稍作比较分析，就不难发现财务报表中隐藏的问题。

187. 上市公司如何利用财务报表造假?

一般来说,如果公司的经营业绩极差,经营者可得的利润有限,或者公司可挖的潜力已被挖尽,那么经营者的眼光可能就会注目于股市,利用业绩的弹性,制造股价的弹性,然后上下易手进行炒作,等到问题的严重程度已经无法隐瞒时,就把心一横,大量制造利多消息,拉抬股价,抛售手中持有的股票,然后捞一把就走。另外,还有一些公司用粉饰、伪造过的财务报表申请上市,当批准上市且大量增资后,公司的头面人物便携款潜逃。

有些业绩优良的公司害怕利润过高会惹人眼红,或引起税务部门的注意,因此想尽办法将盈余隐藏在账面外,以保留实力,增加公司的应变能力,这从有些绩优公司有时的获利率居然低于业绩一般的同业公司可以看出一些端倪。如某水泥公司在公布中期业绩时,亏损将近7000万,小股东看到这个数字后,感到震惊,纷纷抛出手中的股票,公司管理层打着"票面保卫战"的旗号一律照单全收,因而还大获好评。其后,公司公布利润高达2个亿,结果是股价直冲而上,连创新高。这种"高超"的战术,令广大的散户投资者损失惨重。

财务报表中还有一个问题值得投资者重视,很多公司的主营业务收入只占很少的一部分,而绝大部分的收入来自证券投资。一些公司为了支持本公司股票的股价,不惜以公司的名义参与股票市场中的短期投机,赚取短期投机所带来的利益,然后把这些钱作为公司的营业收入,当公司的营业外收入增加时,其股票价格也必然上扬。但是这种营业外收入的增加是短期投机所获得的,它是一种风险投资,投资收益极不稳定,当股市向好时,可能获得较高的赢利,而当股市低迷时,则可能亏损累累。用这种短期投机获得的利益去粉饰账面,炒高股价,是有些公司的惯用手法。

金融家点评:

一些上市公司所公布的财务报表华而不实,避重就轻,甚至是鱼目混珠,以此掩盖其外实内虚的经营情况,投资者应该仔细研究公司的财务报表,避免被各种假象所迷惑。

188. 如何看懂上市公司利润预测?

上市公司的利润预测是广大投资者非常关注的重要信息,也是投资者做出投资决策的重要依据,不应有半点虚假。从我国的实际情况看,新上市公司的利润预测又是股票发行定价和上市交易开盘价的重要参考依据,预测的数据直接影响公司的股价,直至决定市场的波动方向。

为投资者提供科学恰当的利润预测数据,是上市公司应尽的义务。但是我国的股票市场上,仍然有为数不少的上市公司表现不尽如人意。他们有的是不负责任地进行猜测,有的是利润预测水分太多,将不真实的数据提供给投资者,利润预测与实际情况不相符合,对广大投资者构成了极大伤害。

有少数上市公司居心叵测,有意欺骗投资者,损害投资者的利益。他们为了多募集资金,在信息披露时真真假假,报喜不报忧,使投资者上当受骗。

金融家点评：

如果依据有问题的利润预测选择股票，就很有可能造成决策的失误，不但赚不了钱，反而要赔本。

189. 如何理性看待中期报告的业绩增长？

一般来说，沪深两地上市公司中期报告，都是报喜的公司“打头阵”，报喜的多，报忧的少；扭亏为盈的多，由盈转亏的少。

但是，如果仅仅依据上市公司公布的表面数据而沾沾自喜，并因之盲目投资，则会遭受损失。以2007年首份中报A公司为例，尽管其实现的净利润增幅超过三成，但无论是该公司的主打产品生产数量、销售数量，还是其实现的销售收入都出现不同程度的下降，相反，倒是其投资收益增幅较大。也正是由于投资收益的增长，才导致其净利润同比出现增长。可以说，是投资收益为该公司净利润的增长立下了“汗马功劳”。

事实上，类似的情形并非A公司一家。由于2007年证监会要求上市公司在编制定期报告时采用新的会计准则，对上市公司的业绩产生了较大的影响，某些上市公司的业绩增长正是由此而来。如果剔除这部分影响，则整体而言，上市公司业绩没有如此乐观的表现。

而且，某些上市公司的业绩增长还含有不小的“水分”。要么是因为股权投资，要么是因为账务处理，要么是因为资产重组，而其主营业务并没有什么大的起色。但是，上市公司业绩增长毕竟只能寄托在主营业务上，股权投资收益也好，账务处理产生的也好，严格地说，都是“一次性消费”，不可能长久。而只有主营业务上的增长，才是上市公司赢利增长的基础，也才是其做大做强的基本保证。

金融家点评：

投资者在分析公司中期报告时，要懂得“去伪存真”，将那些非经常性损益“剥离”出来，如此才能认识其业绩的全貌，也便于投资者进行理性决策。

190. 如何判断股票买进时机？

选择股票买进和卖出的时机，是股票交易最为复杂的问题，后面还要谈到各种各样的技术方法，这里着重谈一下如何根据经济性因素、公司经营状况、国家财政金融政策等因素，判断股票买进的时机。投资者可以试着回答下面的问题，如果对大多数的问题的回答为“是”，那么再结合其他因素，就可以考虑买进股票了。

(1)经济性因素方面：市场是否继续呈疲软状态？通货膨胀是否减缓？国民经济领域主要指标是否开始回升？

(2)发行公司经营状况方面：公司赢利是否减退？你能否预测到它们将会开始增加？公司产品存货是否降低？

(3)财政金融性因素方面：中央银行是否在开始采取信用扩张政策？短期利率是否正在下降？它们是否能够降到足以使经济扩张的地步？

(4)股票价值方面：股市的平均收益率是多少？是否已经达到上次股市最低点的收益？

(5)股票买卖者方面：发行公司的大股东是否很少卖出？新上市股票是否很少？短期抛空

者是否大增？

(6)投资者个人因素方面：现在自己投资组合的市场风险是否低于原先预计的水平？在最近股市的下降中是否赔了不少？

金融家点评：

抓住了时机，好事会做得更好，不利会转化为有利；失去了时机，好事也会变成坏事。所以，对买进时机的判断很重要。

191. 如何判断股票的卖出时机？

一是在股市异常活跃时，应该卖出股票。具体表现是：出现许多新的高价股，以前几个月的廉价股在此时的股价波动较大；股市经常创交易额新记录；信用交易的买卖关系恶化，信用交易额增加；低价股的增资和可转换公司债的增加，使股市更加繁荣。出现这些情况，说明股市已经达到或接近顶点，应该莫错良机，立即出手。

二是当股价达到你心目中的既定目标时，立即卖出。既定目标的原则当然是不能使自己的利益受损。对每位股民来说，定这样的一个目标非常有必要，世上的钱是赚不完的，能赚一点算一点；达到自己的目标就是胜利，不论股价是否还会继续上升，自己赢利是否会增大，都坚定这个目标。这样可以使你在股市纷繁复杂的时候，有一个简单的执行原则和方案，化复杂为简单。

三是当估价由高值下降到10%时，立即卖出。因为股票不可能都是单纯地上涨，有时还会呈锯齿状的变动，往往在下跌了7%、8%后，还会恢复到原来的水平。一旦下跌了10%时，一般表明此股价已经增长到了尽头，由上涨开始转为下跌了。此时不卖出，就有可能被套牢了。

四是当股市交易日益清淡，行情持续下滑时，立即卖出。

金融家点评：

选择最佳投资时机，是一个技术性很强、难度很大的分析、决策过程。以上讲的是总体原则，在具体的股票运作中，还有不少特定的机会需要注意掌握，有些时机有较强的规律可循。

192. 如何把握买进和卖出的关节点？

股市波动是永恒的真理，把握投资靠自己，投资就是抓住机遇。股市中有这样几个时机要抓住：

(1)股价狂涨后的第一次大幅度回跌，可大胆下手买进；股价下跌后的第一次反弹是卖出的最后时机。

(2)股价长期平稳之后，突然出现较大幅度的上涨，此时可以放心买进；若是较大幅度的下跌，就应立即出手手中的股票。

(3)股市暴跌之后成交量随股价的继续低落而增加，是买进时机；冷门股票暴涨为行情暴跌的前兆，是卖出时机。

(4)在通货膨胀期间，可将长期债券和优先股转换为普通股，更能抵消消费品价格上升所造成的损失，也可投资于多种实质资产，这样可以达到回避通货膨胀的作用。

(5)因利率上升而造成股市资金转向银行存款,引起股市见顶回落时,应抛出股票,转向银行储蓄。

金融家点评:

卖出时动作要快,买进时不妨多斟酌。

193. 怎样确定买点与卖点的具体数值?

根据一般的投资原理,投资者应关注的是选股是否正确,买进与卖出的时机恰当与否,而不应一味去计较股票单位的差额。如果选股得当,买进就涨,即使买高了一个价位也还是照涨不误。卖出时也一样,虽然卖到了次高档的价,但能获利足够了,卖完之后,即使再涨一两个价位,然后又大幅下跌,也不失为一个明智的操作选择。

投资者在买与卖之间,买点或卖点的确定十分重要,当自己拟订的出价为 50 元时,却发现目标总也不过 49.8 元关,就只好调整自己的卖点了。市场上有所谓“两次高价不过就涨不过,两次低价不破就跌不破”的说法。若以一般经验去看,此说法准确性极高,因为这实际是市场心理对价格变动的预期反映。

比如甲股在上午 9 点半涨至 49.8 元,然后退下,至 10 点 20 分又升至 49.8 元处挣扎后退落,通常经过这两个回合,当天要第三次冲过 49.8 元就基本成为不可能了。

有经验的投资者,在发现甲股第二次升至高点过不去时,也许会将 49.7 元、49.6 元或 49.5 元都选为卖出点,而绝不会去等第三次上冲,为多赚钱而丧失机会。

同理,下跌低点也一样,第二低点出现相同时,若再生抵抗时,就该是一个买进好点。尽管这种两波高低点现象变化是指当天股价轨迹次序,但也可以延扩作为中短期股价变动高低区的认定依据。股票的某一高价,上升两次还无法越过时,必定会引起失望性卖出,使股价回退再作整理。

金融家点评:

股票投资无非是追求个低价买进,高价卖出。看似简单,实则不然,确定买点与卖点的数值最为艰难。

194. 股市暴涨暴跌时怎样操作?

股市暴涨暴跌,起伏加大,在这种情况下,进行股票买卖应该注意把握以下原则:

一是当股价暴涨时,宜减少经营,只要现在能赚钱就行。切忌回挡加码,刻意地高档追价,拼尽全部财力去抢涨卖跌,一旦股市变化,连老本可能都要搭进去。

二是在高价卖出后,不妨不再继续理会该股票市场。不能一看股价仍然上升,就杀个回马枪,在更高的价位上抢进。

三是要及时注意卖出信号,及早准备断然措施(卖出股票以保住既得利益为底线),见好就收,反应必须迅速果断。

四是当利多的消息频频出现时,没有十分的把握,最好不要介入。对股市行情的研究判断,必须采取理性客观的态度。如果一个企业长期以来业绩平,近日出现了业绩大幅度好转的景象,要应该多个心眼。要分析该企业变化的原因,如果是内部有新的资金涌入,开发出新的产品,在经营方面有新的举措,那么就应该着力支持。如果企业还是昨天的企业,人还是昨天的人,就要考虑是否有人在操纵股市,做好了套。

五是对那些持续保持庞大成交量的股票,应该防止物极必反,出现反转和暴跌,越在高价位越要减少持股数量。

金融客点评:

当股市暴涨时,投资者总会像股市那样热血沸腾,既担心眼看着股价上升自己失去赚钱良机,又担心自己一旦买进就被位价价格所束缚,此乃高处不胜寒。

195. 怎样根据季节选股?

股市的季节性变化有其自身的规律,这种变化大多与节庆有关,如春节、中秋等,民间习惯把它们作为借贷活动清理、整顿的时候。尤其以春节为重,节前是还账的最后截止日期。企业在这一时候,要偿还贷款,给职工发放工资、奖金,有的还要大量进货准备节日市场供应,总之,方方面面都要用资金,有时候国家还会紧缩银根。因此,此时股市一般会因为买进资金不足,而陷入短暂的低潮期。另一方面,股市在重要的节日放长假时会有若干天的休市,不少投资者为安心度假,一般多会在假前数日先行卖出,这时的股价会因为卖出的人多而相对便宜。如果投资者能够预料到在休市期间不会有重大变化,手头又有现成的资金可用,不妨在假期前先行买进,免得假后开市时要起早排队、争先恐后地抢购高价股。

从企业生产的角度讲,季节不同,由于原料来源或是消费需求等原因,个别股价也有所不同。如水泥制造业在第二、四季度较佳;食品加工业都是在第一、二季度较佳;钢铁工业、塑胶工业、造纸业和电机电器业在第一季度较佳等等。在行业的旺季时,其股价长期坚挺有力;在淡季时则显得疲乏无力。

金融客点评:

留神研究各个行业在不同季节的特点,才能够保证你抓住机遇。

196. 如何替换股票?

目前在我国国内上市的股票已有数百只,任何一位投资者都不会从一而终,替换股票是必然之举。那么,时机如何掌握呢?

其一是在股价上升了一段时间后,卖出真正有名气且正在上涨的股票,买入完全不受人们欢迎的便宜股。这种作法对普通的投资者来说是十分重要的,因为股价总是涨跌相互交替,有名气的股票涨到一定程度也会下降的,卖出它们已使既得利益到手了。同理,那些比较冷清的便宜股,除非有先天性的缺陷,都是会有上涨那一天的。因此,一般投资者都认为介入便宜股较易成功。

其二是在股票的名气(受欢迎程度)发生变化时,迅速卖出原有的名气股票,换之以新的没有名气的。当一个新的企业诞生,一种新的名牌产品出世的时候,它们的股票也会随之由默默无闻,变得稍有名气,甚至会逐渐名声大振。

替换股票切忌卖掉一种有名气的股票,改换另一种有名气的股票,这样往往意义不大,还要白白花掉不少手续费。也不要在同业股票间相互替换,如将某钢铁公司的股票换为另一钢铁公司的股票。因为同业股票的股价受其行业经营情况的影响,走势基本差不多;能上市的公司,在我国一般都是效益、经营等方面比较好的,即使有差距也不会太大。

金融家点评:

投资者不要因为看中某点小利,去搞类似的比较愚蠢的替换,反而坐失其他可以赢利的机会。

197. 如何根据经济循环周期选股?

宏观经济的发展会呈现出不同的周期性。资本主义经济危机时,形成了复苏、繁荣、危机和萧条四个周期。随着一个经济循环周期的变化,股票价格也做波涛起伏状,而且股价往往是在经济周期变化前就超前发生了变动,即股价下降,长时间低迷。国外的经济学家认为:在从复苏到繁荣期间,股票市场一派乐观情调,股价会出现狂热的高潮,这就是投资证券的黄金时期。

中国的社会主义市场经济,有时也表现出某些周期性变化,如投资过热,消费资金增长过快,通货膨胀率较高;国家银根紧缩后,市场又显得疲软,经济发展不足,企业效益降低等。掌握国家经济发展的周期性,并将其与国家经常出台的方针政策相结合,就一定能够探索出股市运作的规律,找到投资股票的黄金时期。

金融家点评:

投资者要经常关注时事政策,未雨绸缪,了解经注意周期的特点和规律。

198. 如何根据突发事件选股?

所谓突发事件,主要是指超出人们预料的,在时间上非常紧急,对各方面影响较大的事件。如上市公司遭受台风、地震,主要经营者突然逝世,或是有重大的违法行为,已严重影响到公司的信誉和下一步的经营活动等等。这种情况一般会使该公司股票暴跌,投资者应该迅速行动及时抛出,将损失减少到最低限度。但是并不是任何发生意外事件的公司都会倒霉,如日本神户大地震,房倒屋塌,但其建筑业的诸多公司都可以大显身手。还有的公司虽然遭受较大损失,但一般都可以得到保险公司的合理赔偿,因此投资者要谨慎观察,不必过于紧张,以免弄巧成拙。

金融家点评:

突出事件难以预测,投资者应建议炒股的应急响应机制,有备而无患。

199. 如何根据重大政治事件选股?

什么时候持股者愿意卖出股票呢?就在他认为未来会行情下跌的时候。反之亦然,购买者认为未来的行情会上涨,才决定购入股票。股市的涨落,就取决于买卖双方对未来前景的判断。单只股票的价格变动除受大市影响和偶然因素外,决定于上市公司的经营状况,未来赢利多少。股市的整体波动决定于所有上市公司的赢利前景,取决于国民经济发展形势。经济形势总体看好,利于上市公司改善经营、增加赢利,支持投资者的信心。如果国民经济紧缩、衰退,就会影响上市公司的获利,股民心理必遭压抑,股市自然下跌了。

客观上,国家经济的任何调整,尤其财政、金融政策的出台,都会强烈地冲击股市敏感的神经,引导股民对未来的收益做相应的调整。特别是一些重大的政治事件,如国家领导人的更替,政策的重大变化与调整等,都对股市有很大影响。

一些重大的政治性事件对股市的影响是很大的。投资者对此要作出正确反应,有时甚至要站在国家大局的高度上思考问题,要对事件性质及影响有合乎情理的认识,恰如其分地在投资策略上作出反应。因此,不断提高投资者素质,包括政治的、经济的、文化的、心理等方面,确实是当务之急。

政治稳定和经济发展,这两个互相影响的因素推动着股市的活跃。水涨船高,大牛市正是股民踊跃、经济看好的时候,波浪所及,越来越多的人就会顺流而入。

金融家点评:

正如人们所看到的,政治和股市是携手相连的。如果政治敏锐性不强,判别力较差,最终吃亏的还是自己。

200. 如何判断哪些是成长股?

成长股是指迅速发展中的企业所发行的具有高报酬的股票。成长股具有几乎是永恒而又神秘的魅力。在过去的股市历史中,成长股的价位似乎永远偏高,买到它就可以将它束之高阁,基本不用为之操心,它可以确保成长着的利润,足以抵消你目前认为高昂的超额溢价。既然成长股具有如此的优势,无疑对于任何一个投资者来说都应该是首选的投资对象。一般来说,具有成长股性质的公司有以下特点:

一是劳动成本占适度比率。因为具有高劳动成本的公司更容易遇到劳动力方面的困难,如果这个公司依赖稀有资源,那么它在原料成本上涨时,就会被迫增加劳动成本,稀有原料成本上涨又几乎是必然的。因此,具有成长股性质的公司的劳动成本一定要适当。

二是价格是否具有弹性。受通货膨胀和其他因素的影响,每一家公司都想提高售价,以便抵消日渐上升的产品成本。另一方面,在高度竞争的市场里,公司提高售价又十分困难。因此,有发展前途的公司必须使自己的产品价格具有弹性。

三是政府法规的限制达到最低限度。任何经营活动都要受到政府法律法规的限制,如果公司的每一个重要决定都可能受到政策的某些限制,那么就可以想象它在前进中所遇到的困难,它的股票也就很难成为成长股。

金融家点评：

还有一些参考标准，如公司的管理是否是以其具有杰出的专业管理能力而闻名？公司管理是否能够控制公司本身的命运，能否受益于经济形势、银行、竞争者和政府管理部门？公司的产品单位销售成长率高否，能否在将来能够继续？适应这些标准的，也有可能成为成长股。

201. 如何判断哪些是绩优股？

绩优股就是业绩优良公司的股票，也叫“蓝筹股”。但对于绩优股的定义国内外却有所不同。

在我国，投资者衡量绩优股的主要指标是每股税后利润和净资产收益率。一般而言，每股税后利润在全体上市公司中处于中上地位，公司上市后净资产收益率连续三年显著超过10%的股票当属绩优股之列。

在国外，绩优股主要指的是业绩优良且比较稳定的大公司股票。这些大公司经过长期的努力，在行业内达到了较高的市场占有率，形成了经营规模优势，利润稳步增长，市场知名度很高。

绩优股具有较高的投资回报和投资价值。其公司拥有资金、市场、信誉等方面的优势，对市场变化具有较强的承受和适应能力，绩优股的股价一般相对稳定且呈长期上升趋势。因此，绩优股总是受到投资者、尤其是从事长期投资的稳健型投资者的青睐。

金融家点评：

一般认为，评判一只股票是否为绩优股，应以净资产收益率为准。其实，评价股票是不是绩优股，还有很多其他因素，有时也不能仅仅看收益。

202. 如何正确分析股市指标？

股市有多种多样的指标，每种指标都会反映不同的股市特征。在各种指标中，有表示股价的，有表示成交量的，有表示利率的等等。所有这些指标都对股价的变动发生这样那样影响。

指标代表了一种对股价产生影响的因素。在股价分析中只偏信一种指标，就等于只相信这一种因素对股价产生影响，这是一种错误的想法。在一定意义上，世界上发生的任何重大事件，都会对股票的价格产生影响。影响股价的因素的可能有成千上万个，如果只重视少数几个指标肯定是不能确切地反映股市真实状况的。

兼听则明，偏听则暗。投资者进入股市后，要多向别人请教，多方面搜集信息，多角度进行分析，而不可偏听偏信于三五种甚至一两种指标。

金融家点评：

股市上的信息真真假假，很难分辨。如果不放开视野，很难识别出庐山真面目，获得准确、科学、符合实际的判断。如果连一个自己都认为不那么科学的判断，又怎会勇敢地闯进股市呢？

203. 如何正确分析股价波动原因?

正确判断造成股价波动的原因,往往是一件很困难的事。许多人设计了各种指标分门别类地进行分析,面对这些指标,究竟选择哪些同样是一件涉及到经验、技术并且有一定难度的事。选用的越多,准确性越高,但是花费的时间和精力也就越多。对于投资者来说,要把握好以下几个方面:

(1)如果只想了解大概情况,只要看两三种、三四种指标就够了,而如果想更准确的话,就要再多看一两种指标。

(2)不同的时期选用不同指标,这一条对于炒股颇有价值。在股市平稳的时候,可以少看几种指标,当股市发生异常变化时,要多看几种指标。

(3)在各种指标中,选取影响较为直接的,放弃较为间接的,选取影响较大的,放弃影响较小的指标因素。

金融家点评:

在分析股价波动时,必须首先判明造成股价波动的真正原因,如果原因不明,就很难进行有效分析。

204. 刚入市就被套牢了怎么办?

没有经历过被套牢的投资者不是成熟的投资者,对于刚入市者来说。但是要成为一名成熟的投资者须经历新手到逐渐成熟的几个阶段。

新手被套牢大致是这样一种情况,由于初期连战连胜,忘乎所以,不知大市反转,结果全线被套住,不舍得割肉,只会等待,首次尝到赔钱、风险的滋味。还有的新手由于技巧差,虽然一些买卖交易流程熟悉了,股票知识也了解一些,但抗风险的技巧不熟练,表现在不会及早割肉止损,而一味傻等解套的来临,结果越套越深。心情慢慢沉重,产生了后悔心,想不通,很后悔,不愿意和周围人谈论股票。别人问及,往往支支吾吾,或强撑面子地说"还行"。由此生出不甘心,这时有钱就投进股市,以加大投资想尽快捞回来,特别爱打听消息,爱听股评,以获得精神上的安慰或从中汲取些技巧策略。对不符合自己心愿的股评甚为反感,怕由此造成市场波动加大其损失,只是一厢情愿地希望股票早日解套。

初入股市就被套牢这并不可怕,经过小赚、深套、解套后,投资者会逐渐成熟起来。在选择股票时会参考很多方面的因素,并对技术分析也有了很深的应用能力,在判断盘面大势以及个股的走势上,渐渐有了成熟的经验和方案。身经百战以后,就能挥洒自如了。

金融家点评:

不经历风雨怎能见彩虹。所以股谚有:没有经历过熊市的投资者不是成熟的投资者。

205. 怎样分析股市行情?

分析股市行情主要有两个目的,一是了解发行股票的上市公司的情况,对公司对外公布的数据是否与事实相符做出判断;二是分析整个大盘的走势,决定哪些股票可以买,哪些股票不可以买。

在实际生活中,并不是每一位投资者都具有分析股市行情的能力。即使在证券市场很发达的资本主义国家,也只有部分具有专门学识的专家能提出复杂而准确的分析判断意见,而投资者一般也都是根据专家的分析报告,参照自己的财力来选择适宜的投资对象。

股票分析者必须具备广泛的知识和信息,如投资原理、公司法、公司成本会计、公司财务结构、公司成功及失败的因素,货币供给情况、国家经济政策等等。这些并不是普通的投资者所能掌握的。但是在决定购买股票之前搜集一些相关资料,对股市行情有一个基本的大致了解,还是很有必要的。

涉及股市行情分析的资料很多,普通投资者也不可能面面俱到,一般来说,要从三个方面有重点地搜集。

一是上市公司的财务状况资料,这是涉及公司的经营状况及股票能否获利的关键。

二是证券管理机构的有关资料,涉及到有关的政策法规和各种交易规定。

三是专家的研究分析报告。这类报告在各种杂志和刊物上都经常发表和刊登,要做有心人,经常搜集积累,天长日久,也能成为股票分析方面的行家里手。

金融家点评:

虽然股票分析不是每个投资者都能胜任的,但搜集有关分析资料却是每个投资者都有能力办到的。所以投资者即使不能自己分析股票行情,但也能通过各种途径搜集有关资料,为自己的投资提供多一些的参考。

206. 如何避免股市"气氛效应"的影响?

一种本不起眼的股票,在某种强烈气氛的渲染下,也会身价百倍。不少投资者本来还在犹豫是否跟进,到了市场之后,受市场强烈气氛的感染,就会高价买进或低价抛出。即使投资者买入的是绩优股,但在股市狂热、价位很高的情况下,同样也会招致风险,付出高昂的代价,这就是所谓的"气氛效应"。

有的人本来可以获利却由于受"气氛效应"的影响而坐失其利;有的人明知道股价已经被炒的离谱,但因受"气氛效应"的影响,而糊里糊涂地跟着买进,结果被高价套牢,后悔不已。

即使是不到股票市场中去从事交易的投资者,因为受到广播、报纸等的一边倒的行情介绍,也会受到"气氛效应"的影响,不由自主地决定买进或卖出。所以"气氛效应"是一个无形的陷阱,它常使那些意志不坚定、缺乏主见的投资者坠入其中,大受其害。当然,也不乏受到"气氛效应"的影响跟着买进或卖出,而受益的幸运者,但这毕竟是少数。股市狂热以及它所带来的迅速致富的贪婪性,常会使操作行为短期化,使急功近利成为模式,最终损害了投资者的整体收益。

金融家点评：

要避开"气氛效应"的影响，最好的办法就是不去接触这种气氛，可采取不到交易现场去交易，而委托代办的办法。另外，还要有个人的独立判断，要在掌握坚实可靠的信息基础之上，对股市、企业的状况及发展前景和整个经济形势进行准确地分析和把握，避免盲目跟进、随波逐流。

207. 市场行情暴涨时怎样保持冷静?

盼望已久的牛市终于到来，许多存在着暴富、盲从心理的投资者，往往会失去应有的理智，盲目追涨杀跌，造成高买低卖。尽管行情似乎每天都很热闹，少数股票涨幅也相当惊人，但是大多数的投资者却收益不多。

股票市场处于牛市时，各种交易行为频繁，形成了更加浓烈的交易气氛。不少投资者被这种气氛所左右，以致不能作出正确的投资决策。当投资者情绪高涨时，其心情就像是坐在空中的缆车一样，一会儿是刺激、兴奋，一会儿又焦虑、沮丧，非常容易作出不理智的决策。

对于中小散户来说，当股市牛气冲天时，千万要摒弃只要买到股票就能赚钱的想法，在牛市中买股票也要看时间、看情势。比如，在股市开始大涨时，如果买进，或许你能够搭上大户炒作的车而获取利润；但当股价已上升到很高的价位，你再追涨，就很可能被高价套牢。因此一定要冷静认真地综合分析股市的行情，迅速地作出自己的判断，并谨慎行动。如果盲目地追涨杀跌，而误入市场陷阱，结果很可能是高买低卖，或高价套牢，损失惨重。

金融家点评：

最好的股票在整个股市下跌的时候也涨不起来，相反，当整个行情处于牛市时，差的股票也会涨，而且甚至比好的股票涨的更多，此时一定要保持清醒的头脑。

208. 股市出现暴涨时应该如何操作?

当股市出现暴涨时，投资者要认真分析一下，股市为什么会暴涨？这对于做出正确的投资决策是十分必要的。

比如1996年10月以后深沪股市出现的暴涨有其合理的经济根据，即全球股市普遍上扬和国内经济形势明显好转。但这种暴涨又是不正常的和非理性的。首先，深沪股市的市盈率比国际股市高1倍还多；其次上市公司平均每股的税后利润比1995年下降了许多，也就是说其经营业绩不可能长期支持过高的股价；第三，市场违规活动增加。所以从各种现象分析，股票交易的过度投机十分明显。

而所以会出现股价暴涨，其原因主要有这样几个方面：

第一，机构大户操纵市场。一些资金大户利用股市飚升和散户跟风，频频坐庄，轮番炒作，牟取暴利。

第二，银行违规资金入市。非银行金融机构炒买股票。大量银行资金流入股市，推动了股价上扬。

第三，证券机构违规透支。

第四，新闻媒介推波助澜。一部分报刊、电台、电视台、声讯台的股评节目和证券咨询机构极少进行风险提示，而是一味鼓噪，有的甚至传播谣言，误导投资者。一些报刊信口开河，发布“大牛市赚大钱”一类毫不负责的言论，以此招徕读者，牟取利益。

第五，投资者跟风操作。实际上股票市场上没有永远的牛市，总是有涨有落，暴涨必暴跌。由于相当多的投资者在股票上升时期入市，没有摔过跤，缺乏风险意识，轻信舆论误导，误认为股市必不会跌，结果吃了大亏。

金融家点评：

因许多不正常因素而暴涨起来的股市，是不可能长久的，其后必然会有暴跌。盲目追涨杀跌的投资者被高位“套牢”或被迫“割肉”，也就不为奇怪了。慎重抉择，可以避免不必要的损失。

209. 如何避免掉入“拉高出货”的陷阱？

拉高出货是一些主力大户普遍采用的出货办法，它主要是利用了一些投资者追高吃货的特点。股市中有这样一种不正常的操作方法，当投资者追高买进某种股票时，尽管价位很高，但总是想，在更高的价位上还会有人买，自己在更高的价位上卖出，就可以获利，而在更高价位上买到的人也是这么想，于是就总是有人追高吃货。这实际上是一种冒险性的投机策略，稍不留心，就有可能被高价套牢，以致落入陷阱，损失甚大。而拉高出货就正是利用了这一点。

主力大户在炒作股票时，首先是在低价时不断买进筹码，并根据各公司股票的本质和散户跟进的“票房纪录”，采取长期抗战或边打边跑的策略，一步步将股票的价格炒高或炒热，继而在高档行情出现时将自己买进的筹码“传递”给接棒者，而那些将“火棒”接到手中，再也传不出去的人，就成了受害者。

从形态上讲，拉高出货有许多种。包括跳空高开后陆续出售，在高档整理时换手，或者在尾盘拉高让看好后市的散户抬轿等。

主力大户在将股价炒高时，往往是以分批“零售”的方式出货，这样做使卖盘压力不大，其回档的幅度也不大，意欲坐轿的散户不明其中道理往往误认为是抢到“低货”。如果痕迹败露，卖盘转旺，大户则再次吸回筹码使股价回升，如此“多出少进”来回几次之后，便使钞票落袋为安，达到出货的目的。所以主力大户在“拉高出货”时，往往不动声色，化整为零地释出筹码，必要时，还会根据情况的变化而维持股价。

金融家点评：

投资者必须小心谨慎，学会研判市场行情，深入了解大户动向，做到知己知彼，方能获利。在作投资决策时，要注意技术分析和财务分析，要观察市场行情的变化，多研究市场行情，不要怀着暴富的想法而盲目追高，以免上轿之后下不来。

210. 如何识破压低出货？

主力大户在炒作某只股票的过程中，要完成其取得暴利的目的，经过了收集、拉高、洗盘，最后一步就是派发，也就是出货，而且这是最关键的一步。

压低出货是指主力大户将股价炒到相当高的价位后，使劲把所有的筹码往市场上“倒”，结果使股价象直线一样下跌，以无反弹、无盘档整理的姿态完成出货。“压低出货”可以说是主力手段中最凶狠、毒辣的招数，所以，那些刻意塑造形象的主力大户，为避免侵害到自身的利益，不到万不得已，都极力避免这种杀伤力过大的手段。

一般来说，在股价上涨的初期，主力大户有意拉升，线路呈现阶梯式的盘涨，并以不断创造新高点的假象引君入瓮，然后在跟进者误认为主力出货是自然回档调整的情况下，在“抢反弹”心理的诱使下，使跟进者“套牢”在高档行情，这就是“压低出货”的陷阱。

金融家点评：

压低出货主要是利用盘涨的走势，使新手防不胜防。即使是倚重技术分析的“线仙”，同样也有误认为主力出货回档是自然现象而落入圈套的。尤其是短线操作，更忌盲目追涨，当出现超买或严重超买的情况时，要果断出场离局。

211. 如何识破大户放风？

在股票市场里，以理论分析为基础的选股方式，应该是投资者的正确做法。但是，股票市场人为操纵的现象有时十分明显。以短线交易为主的投资者，常常是以打听股票大户的动向作为自己买进或卖出股票的依据，他们到处打听大户在做什么股票，并且将这些消息作为买卖及选股的依据。股市里的消息、情报、耳语漫天价响，但是身在股市，自然而然是“虚虚实实，实实虚虚”。所以投资大户的动向未必都是能够相信的。

其实，大户的操作也未必都是经过了深思熟虑。一位股票大户曾经坦言，他买进卖出股票的决断，往往因为一个信息的突变，一念之间会立即改变买卖的决策。所以或许三分钟前，一个朋友来电话询问，他会告诉他的朋友在买进某一种股票，但在三分钟之后，一旦有这种股票或整个大环境不利的消息，他马上改买进为卖出。那位朋友如果完全按照他三分钟前的意见行事，就会遭受很大的损失。所以除非你自己有分析能力，且消息来源与大户同样灵通，否则，想靠大户抢短线赚钱，是十分危险的。

更有一些大户为了炒作股票，吸引投资大众跟进，经常使出一些花招，故意放出一些欺骗性的信息，使跟进的散户受害。在股票市场里，即使是确实的数字，或者是亲眼所见的事实，也不一定是真的。如果投资者不能准确地加以分辨，就难免吃亏上当，所以中小散户投资者一定要提防大户用放风的花招进行炒作。

金融家点评：

直觉其实是下意识的逻辑加想像力。全靠想像力行事会太危险，灵活性也同样重要，因为当发现误入大户的圈套时，必须立即纠正，只有总吃同一堆草的牛才最容易上当。

212. 如何识破冲销转账的戏法？

大户们在炒作股票时，为了操纵股价，常会用到冲销转账的方式。具体情况是这样的：一个投机者或一个集团利用不同的个人身份开立两个以上的银行账户和股票账户，以互相冲销转账的方式，反复“做价”，只要付出少量的手续费，就可以把股价任意抬高或压低。

如某大户以甲、乙、丙三个不同的姓名分别在三个不同的证券商开立账户。他为了抬高某只股票的价格，就以该种股票当时的市场价格(假定每股 20 元)买进 10000 股存入甲的账户，然后叫价 30 元，把甲账户的 10000 股转入乙账中，再以 40 元或更高的价位转入丙账户。而实际上买者和卖者是一个人，但通过三转两转，造成一种虚假需求，无形中把一种股票的价格抬高，这时再乘机卖出，从中牟利。反之，如果想压低某种股票的价格，先用甲账户以每股 20 元卖出 10000 股，转入乙账户，又以每股 15 元的价格转给丙账户，这种互相冲销的办法，造成一种虚假的供给，从而压低股价，然后伺机购进。

金融家点评：

也有的大户在不同的证券营业部开户，以“拉锯”的方式做价，甚至与券商勾结，对做对敲，造成一种有利于自己的形势。这两种做法，原理都是一样的。

213. 怎样识破虚假的哄抬股价？

在股市中，一些人串通一气，互相作价，造成虚假的需求或供给。比如某甲、某乙、某丙三人合伙做股票生意。如果他们想抬高某种股票的价格，某甲就以高于当时的市价把手中的股票卖给某乙，某乙则以更高的价格卖给某丙，通过这样的做贼抓贼，无形中就把股票的价格抬高了；反之，如果他们想压低某种股票的价格，某甲就以低于当时的市价把手中的股票卖给某乙，某乙则以更低的价格卖给某丙，通过这种方式，无形中就将股票的价格压低了；这种做法，与市场上有些不法商人利用各种托儿欺骗顾客是一样的道理。在深圳和上海的股市中，经常从盘口中可以观察到某些大户和主力之间的对冲和换庄，以造成某种股票的虚假需求，成交量突然放大，使散户误以为是“价升量增”和新一轮行情的发动，于是大胆杀人，而结果是吃完货后，股价不升反跌。

金融家点评：

对股市不正常的“价升量增”，要作辩证分析，警惕大户们在其中做手脚。

214. 哪些是真正的绩优股？

人人都知道，要在股市赚钱，首当其冲要选择绩优股。高价绩优股几乎是天天拉阳线，只涨不跌，有的甚至连涨几个涨停板。什么是真正的绩优股？怎样辨别真正的绩优股呢？

例如，有人认为海虹股份是绩优股。理由是琼海虹 2005 年每股亏损 0.12 元，2006 年每股受益达 0.21 元，于是从数字上推断，海虹股份是“高成长股”，因而也就是绩优股，其股价从 2006 年底的 6.88 元炒到 2007 年 4 月上旬的 14 元多。然而，海虹股份的年报却显示：2006 年主营业务收入比 2005 年减少了 24.75%，2006 年净利润比 2005 年增长了 275%，主要是来自公司投资法人股股权转让所取得的收益，这能叫高成长吗？

海虹股份的股价上扬还有一个原因是高比例送转股，但没有良好业绩发展前景支撑的高送转股会长久吗？因此一时的绩优并不是真正的绩优。再比如皖南物贸，有些传媒对之大加吹捧，皖南物贸 2006 年的中期业绩只有 0.14 元，而 2006 年全年收益达到 1.15 元，但从年报分析，皖南物贸的收益 84%来源于期货、证券投资。而期货、证券投资是一种高风险的投资，不能成为利润的稳定增长点，这种高收益是不确定的。

金融家点评：

如果选择的股票不是真正的绩优股，操作中就一定会有风险存在。判断一只股票是不是绩优股，必须具体情况具体分析。

215. 如何根据公司经营状况选股？

(1)分析每股收益。年度中期报告出来后，计算出可比净利润年增长率。选择可比净利润年增长率超过25%~30%的公司股票，上市公司的每股收益应多于0.15~0.20元。

(2)分析公司的偿债能力。主要指标有：流速比率、流动比率、现金比率、股东权益比率、固定比率。一般来说，应符合流速比率≥200%，流动比率≥100%，现金比率≥20%，股东权益比率≥50%，固定比率>100%。

(3)分析公司的经营能力。主要指标有：应收账款周转率、存货周转率。一般来说，应收账款周转率应为30左右，存货周转率为7.5左右。

(4)分析公司赢利能力。主要指标有：营业利润率、成本利润率、资产收益率、收益成长率。同时还要分析上市公司股本有无扩张能力，即公司的送配股能力。股本扩张能力≥30%最适宜。

(5)分析上市公司的行业属性，即该上市公司是朝阳产业还是夕阳产业；分析该公司在行业中的地位，即该公司产品的市场占有率。

金融家点评：

上市公司的经营状况主要反映在每股收益、公司的偿债、经营和赢利能力等诸多方面。本着以上原则选择绩优股，你的投资就有了一定的把握。

216. 怎样根据公司综合实力选股？

上市公司的综合实力主要反映在公司利润增长的稳定性上，投资者可以结合上市公司数年的财务报表，考察其利润构成、利润的稳定性及可比净利润增长的稳定性。在利润总额中，主营业务利润应占70%以上，对于那些因投资收益而导致高利润的公司应敬而远之。应选择那些主营业务利润占利润总额的70%以上，利润呈稳定上升趋势，可比净利润增长率呈稳定上升趋势的公司投资。同时，还要考察有无新利润增长点，即有无前景良好的新上马项目。

分析公司的综合实力可以看出，竞争力强的公司生命力旺盛，赢利丰富，这类公司是投资者的首选目标。对公司竞争能力的分析应着重对产品质量、创新能力、市场开拓能力等作详尽周密的分析。

金融家点评：

市场竞争也是公司管理水平的竞争。一个员工素质高、管理有方的公司必然会兴旺发达，给投资者以丰厚的回报。

217. 如何正确看待专家股评?

所谓股评是指市场人士对现阶段股市现状及趋势所进行的评论。这种评论通过媒体的传播成为投资者投资之前的重要参考。从中国股市问世以来,股评便伴随其左右。股评一般由从事股市现状和趋势研究的专业人士围绕某个时段(当日或当周)的股票大盘或每些个股的技术图形展开,依据技术图形的历史走势来推测未来的变化趋势,并向投资者提供参考性信息。

但是中国的股评行业目前还处于发展初期,从业人员良莠不齐,所提供的报告和建议也往往有误导的成分,真正经得起市场考验的证券专家队伍尚待形成。所以,投资者试图依据专家意见而赚取巨大收益的片面想法和做法是不可取的。

金融家点评:

对正确信息的错误评判,是一种错误思考的结果。专家自身的能力、知识和经验也有局限性,专家们不可能行行都懂,事事都通。

218. 外国投资者怎样看待专家股评?

外国投资者与中国股民一样,随着股市规模的扩大和股票个数的增多,也面临一个同样的难题,没有哪一个投资者能够具备完备的投资知识、操盘技巧和个股信息。股票投资者在不太了解股市行情及信息不全的情况下,往往很难做出自己的独立判断。虽然西方发达国家资讯业比较发达,但作为一个普通投资者,在迅猛发展的股票市场中,还面临资料和信息不全或不完备带来的盲目性风险。为了应付这种新产生的风险,投资者主要是通过报刊、电视、广播、专业咨询公司等机构向有关专家请教,以增加自己的知识和信息量。

在国外成熟股市中,为了弥补来自各行各业的投资者对股票知识的不足,都设有专家组成的证券投资顾问,为投资大众提供比较有权威的服务。在各级各类新闻媒体也都开设有专家专栏。

金融家点评:

据调查,外国投资者入市操作,主要是受各种媒体的股评影响,这一部分人约占投资者总数的40%以上,其中尤其以报纸股评影响为大。

219. 专家股评有哪些片面性?

股市有句名言“股市无专家”,颇有些让人看不懂。三百六十行,行行有专家,为什么股市没有?而且大大小小的股评专家、炒股大师,不是正在证券传媒上高谈阔论,在股市沙龙上频频曝光吗?面对花招迭出,变幻莫测的股市,许多新投资者在茫然不知所措的时候,不正是股市专家的评论、预测为他们指点迷津吗?

人们一听到专家,都是非常的信任,专家向来是一言九鼎,如果是众多专家对某件事情都持同样的意见时,就更具有权威性。不过这应有个前提,这些专家的意见必须是独立思考,不经过讨论地,这样的结果会使我们坚定信心。然而股市专家的意见往往不是这么一回事,他们的想法也常常相互影响，所以他们对股市走向的预测就不是那么完全可信。甚至于有时候股市专家的预测，反而是与实际结果相反的警兆。

金融家点评：

相反的情况是，有一千个专家可能有一千种看法，由于专家们自认为自己的看法正确而不愿吸纳别人的意见，这也会降低其结果的可信度。

220. 怎样正确对待专家股评?

对于专家意见或报刊上的股评文章，投资者不能盲目迷信，也不要急于照着去做，要采取大胆听取、小心过滤的方针。可以参考专家的意见，但不能被其左右，让专家到市场上去真枪实弹地买卖股票，他们有时也会受到重创而归。

投资者应当对整个经济前景心中有谱，不能过分信任于专家的市场预测。对于专家提供的意见、建议、信息不妨广泛搜集，但在形成投资决策的时候，一定要弄清公司的业绩、股票的投资前景等基本情况，经过分析以后再作决断。这样一来，就可以把主动权掌握在自己手中，在茫茫股海中做到应对自如。另外，对于专家提供的建议，要不断在事后进行验证，估计出可信度和准确度，便于日后再次采纳时衡量其可靠性。股市行情复杂多变，投资者不可能在得到所有信息之后再作决定，要逐步学会在信息不充分的情况下作出投资决定。当你对一个企业的所有情况都调查得一清二楚时再投资，或许就太迟了。

金融家点评：

当然，有很多的资深专家毕竟磨砺多年，会对投资市场走势及如何进行投资提供参考意见，这也是投资者应该重视的。

221. 如何正确对待股市传闻?

投资者应该对各种股市传闻进行认真分析，吸取合理成分，去除其糟粕：

(1)不要迷信内幕消息。投资者买卖股票最好根据自己的判断来做决定，不要轻信别人的说法，更不要迷信所谓的内幕消息，千万别被包裹在内幕之外的炫人烟幕所迷惑，要放亮眼睛，多收集资料，仔细加以研判。

(2)不要被媒体误导。对于许多人来说，新闻媒体发布的消息是他们入市操作的重要依据，尤其是经济类报纸和证券类报刊。但是，报刊有时发布一些具有暗示性的消息，误导投资者进行某种操作，结果竟落入了圈套之中。甚至还有人有意借助传媒发布有利于自己的不真实消息，进行信息欺诈，引起股票价格的剧烈波动。

(3)不要听信马路消息。一般来说，股票市场的传闻或马路消息在多头市场出现的时候最为流行。因为在股票市场形成多头市场的时候，买气旺盛，一般人又习惯于听信消息而追进，这就间接地助长了涨势。于是，原本纯属子虚乌有的消息，就会因为投资者盲目听而导致决策失误。

对待股市各种消息要持分析态度，可依据以下步骤进行判断：

第一，了解被传闻的公司历史上有否经常热炒的经历，其热炒与业绩或消息的关联度如何。一般来说，经常靠发布消息来哄抬股价的公司是不值得投资的。

第二，查看该公司的业绩，是否能使价位具备上升空间。如果其市盈率已高得令人咋舌，那么就要慎重。反之，如果其投资价值尚未被充分挖掘，客观上具有股价上升的空间，那么不妨有限度地持有。

第三，分析这个消息流传的面积有多大，来源是哪里。如果多数人都知道某只股票要上涨了，那么这个消息已不具有时效性，此时介入，正好为他人抬轿；如果只有少数人知道它，那么介入持有是有可能获利的。

金融家点评：

股市的消息可谓五花八门，应有尽有，从实质上讲，不外就是利好和利空两种。消息的来源大致可分为新闻媒介、市场传闻、内部人士指点三种。在这当中，存在着种种的消息陷阱，投资者不得不防。

222. 怎样合理利用股市消息？

市场传闻或许有其出处，但绝对不能用来当作投资股票的唯一依据，因为传闻本身具有“以讹传讹”的不确定性，而且很难求证消息的来源。尤其可怕的是如果市场传闻是源自有心人士的蓄意制造，那么，无可置疑的是：听信这些市场传闻而抢进或抢出的投资者，必将成为市场传闻的受害者和牺牲品。如果只凭市场传闻就可以投资股票赚钱的话，那不是谁都是富翁了吗？至于马路消息则更加不可靠，除非你所听到的消息是来源于上市公司的决策层，否则是不能相信的。

各种消息在股市上都有一定的市场。事实上，不少消息往往先从小道传播，最后成为现实，这是由于市场运作尚不规范、信息不对称所造成的必然结果。那么对于各种消息，怎样取舍和合理利用呢？投资者应当视自己的资金情况，心理承受能力、脾气爱好等，对消息作出基本判断，来迅速作出是否投资的决策。

金融家点评：

有时市场传言确实可以让人赚钱，但也有许多谣言往往是为了配合庄家的行动而出，风险极大，投资者千万不可丧失警惕。信息就是金钱，涉足股市的投资者都有深刻体会。投资者要理智地分析股市上的各种消息，不仅要能分辨消息的真伪，还要跨越各种消息陷阱。

223. 被虚假消息误导怎么办？

股市上各种消息的来源大致可分为三大类：新闻媒介、市场传闻和内部人士透露的信息。由于它们发布消息的原则有所不同，处理方法亦应不同。

市场传闻是股市消息的一大来源。由于发布者没有责任的约束，可靠性就不是很大，甚至有些就是谣言，是有心人故意“制造”出来，以影响数户为其抬轿，达到其反向出货或进货的目的，对此不能不防。当然，并非市场上的所有传闻都是空穴来风，有的也具有一定的参考价值，这需要具体情况具体分析。对于市场的传闻，关键是要根据各种形势进行判断，确定其可信度有多大。

还有一类是所谓的“内部消息”。如果是真正的内部消息，当然可信度高，照此操作一般会有可观的赢利。但这类消息普通的散户是很难得到的，并且有“内幕交易”之嫌。身处信息爆炸时代的投资者，应当学会滤去不必要的信息干扰，把精力放在研究足以扭转大市方向的重大消息，从而识大势而赚大钱，且不可频繁炒作“小道”消息。

投资者要确信，只有与市场趋势一致的消息才会发挥较大的作用，但这种作用只对股价的短期波动有影响，很少能影响到股价的中长期趋势，不要因为一则消息就随便改变对大市的基本判断，更不应在大盘整理时一厢情愿地赌消息。

如果投资者已经听信了市场传闻而买进或卖出了某种股票的话，建议您立即采取以下措施：

(1)立刻向上市公司求证市场传闻是否确实，如果答案是否定的或不明确，那么最好立即停止买进或卖出。

(2)向证券管理机构、交易所等单位求证市场传播出来的消息的可靠性，如果答案仍然是否定的或不明确，就应该密切注意该股票的股价变化。

(3)如果该股票的价格走势开始呈现异常变化，迅速处理手中持有的股票，以免越陷越深，导致血本无归。

金融家点评：

市场上的消息来源繁杂，有的是真实信息被泄露，有的是庄家配合操盘有意释放的，投资者在短时间内无法证实其正确性，如果依靠它来进行操作，会增大风险。

224. 如何根据消息面选择买点和卖点？

所谓消息面，就是有关能决定公司盈利的一些利空或者利好消息。比如：石油价格变动，银行加息等。根据消息面选择买点或卖点要把握以下原则：

(1)强势市场出现利空消息时，伺机买进。大市处于强劲涨升阶段，人气旺盛，不利消息传来造成了股价下跌，但并不能被市场所接受，大家只知道指数还会升，股价还要涨。因此，这种情形之下，某个股的突然下跌正是最佳的买入时机。

(2)弱市出现利好消息时，伺机卖出。在股市上，如果出现大盘波幅较小，指数跌多升少，成交趋于萎缩，这是典型的弱势市场特征。若投资者手中还持有股票，此时市场又传来利好消息，操作上就应趁机出货，避免损失，保存实力。

(3)行情极度低迷有利好消息，追高入货。世上没有只升不跌的股票，也没有只跌不升的股票，股市自有其运行的规律。当股市连续下跌，从时间跨度和下跌的幅度都达到极限时，人人企盼股市反弹，但又没人敢轻易入货，怕被套牢，成交量极度萎缩，此时的股市欲跌不能，反弹是迟早的事。因此，一旦利好消息出现，股市反弹，就应果敢地追高入货。

(4)行情涨升中利好消息被证实，适时沽空。庄家利用朦胧题材吸纳股票，逐渐拉高股价，待消息证实后趁机出货，获利盘利用高开的时机平仓了结。当市场传闻初起时立即买入，待传闻证实后卖出。

(5)行情低迷时利空消息被证实，适时吸纳。这与上面的情况有异曲同工之处，当朦胧利空消息传来时，股价已开始急跌，经过消化后股价会在较低位回稳，窄幅波动，消息一旦明朗或被证实，大势即不会有下跌空间，却有反弹走高的可能性。

金融家点评：

天才并不常有，但有一点是肯定的：根据消息面的特点果断出击，同样可以把握住难得的机会。

225. 股市无消息时怎样操作？

股市有时也会出现消息“真空”期，无消息时又如何操作呢？此时的市场只有两种可能：如果大市在无消息时悄然上升，这种涨升比利好消息刺激的升势更加持久，更加凌厉；大市若在没有任何利空消息的情况下，无端下跌，一定会比在利空消息引起的跌市跌得更沉重，更加持续。

股市在没有消息影响的情况下，大市的升跌反映了人气的聚散，尤其反映了投资者对中长期市场趋势的看法。此是股价的变化，完全反映了投资人对未来一段时间政治经济形势的信心，正是由于短时间内无法证实，此种行情的趋势也就会走相当一段时间，直到消息出现为止。

在无明确消息的情况下，以下可作为买卖的准则：

(1)市场无消息，股市上升，人心对前景乐观，一旦买入，中线看好；

(2)市场无消息而股市下跌，未来形势就可能恶劣，应适当沽空离场；

(3)市场无消息而股市成拉锯局面，呈胶着状态，不要轻易冒风险，要以静制动。待大市有迹可寻，形成明朗的趋势时再作决策。

金融家点评：

此时无声胜有声，关键在于自己要拿捏得准。

226. 股票被套时怎样灵活止损？

所谓止损，就是遏止损失继续扩大。一旦股价接近这条“止损线”，投资者就要立即采取行动。在股市震荡起伏的时候，也正是投资者备受煎熬的时候。手里握着被套的股票是割肉止损还是忍痛捂股？让新老投资者伤透了脑筋。这些被套的投资者一般也分为两派：一派认为止损是为了减少账面损失继续扩大，避免深度套牢，是“壮士断腕”的英勇之举；另一派则认为止损实际就是割肉，是把自个儿的股票以低价让给庄家的“愚蠢行为”。

在震荡行情股票被套的时候，止损就成了投资者自我保护的一种有效的手段，大多数投资者都会认同这种观点，但在实际操作上有一定难度。有时非常舍不得，如果仓位过重而被套的，一定要适当止损一部分股票。这样不仅仅是为了回避风险，也有利于心态的稳定。

金融家点评：

股市上两件最难的事是：接受损失和不赢小利，而最难的是有自己的独立见解，做与多数人做得相反的事。

227. 套牢时有哪些止损的基本策略？

(1)分清造成套牢的买入行为，是投机性买入还是投资性买入。凡是根据上市公司的基本面情况，从投资价值角度出发选股的投资者，不必关心股价一时的涨跌起伏，只要看好了就坚定持有。

(2)分清该次买入操作,属于铲底型买入还是追涨型买入。如果是追涨型的买入,一旦发现判断失误,要果断地止损。如果没有这种决心,就不能参与追涨。

(3)分清这次炒作是属于短线操作还是中长线操作。做短线最大的失败不是一时赢亏多少,而是因为一点失误就把短线做成中线,甚至做成长线。不会止损的人是不适合短线操作的,也永远不会成为短线高手。

(4)认清自己是属于稳健型投资者,还是属于激进型投资者。要认清自己的操作风格和擅长的操作技巧,如有的投资者有足够的看盘时间和较好盘中感觉,可以通过短期做空来降低套牢成本。

(5)分清买入时大盘指数是处于较高位置,还是处于较低位置。大盘指数较高时,特别是市场中获利盘较多,投资者们得意洋洋,夸夸其谈时要考虑止损。

(6)分清大盘和个股的后市下跌空间大小。后市下跌空间大的要坚决止损,特别是对于一些前期较为热门、涨幅巨大的股票。

(7)分清主力是在洗盘还是在出货。如果是主力出货,要坚决彻底地止损。但要记住:主力出货未必在高位,主力洗盘未必在低位。

金融家点评:

股票被套时,市场所处的状况不同,应对的策略也就不同。止损的最终目的是保存实力,避免小错铸成大错甚至导致全军覆没,在股市先要生存下来才有机会再去赚钱。

228. 股市大跌时怎样进行抄底操作?

遇到股市暴跌,大部分投资者会恐慌狂抛,其实,在底部反向抄底,同样可以获利。而待大盘反弹,别人忍痛割爱赔钱的时候,你就可以着实大赚一笔。

炒股最根本的原则就是“低买高卖”,任何试图买在最低点或卖到最高点的行为,都是一种不理智的贪心表现,其结果也大多都会事与愿违。

因此,当大盘和个股的股价进入底部区域后,投资者应该抱着主动出击的态度,积极的选股,把握正确的时机买入。

在大盘和个股均经过了长时间下跌之后,已经出现了企稳迹象,或者出现横盘整理的走势,即可大胆买入。如果在大盘和个股均经过了长时间下跌之后,又出现了加速下跌,然后突然连续放量上涨、回调,也可大胆买入。经过长时间的下跌之后,在以大阳线做前导的情况下,出现的长下影线缩量,下影线的长度在3%~4%最佳,这时往往是标准的见底动作。

在一旦确定大盘已经进入牛市之后,应该果断地买入人气最旺的股票,不管这些股票的价格有多高,坚决果断地介入,一定能有最丰厚的回报。

金融家点评:

谁都知道要抄底,但不是谁都能抄对底。必须耐心等待,看准时机再进。一般情况下当残酷暴跌到达末期时,市场会进入温柔筑底阶段,行情走势往往震荡反复。这时投资者必须要耐心等待,顺势而为,不盲目斩仓,也不急于抄底。

229. 什么样的炒股软件最好?

股市一片火爆,各商家也纷纷推出炒股软件。很多优秀的软件已成为理性投资者炒股的必备工具,怎样选择优秀的炒股软件呢?

(1)评股功能是否强大。优秀的软件能够提供个股的最新投资评级,例如有的软件,当选择某只股票时,点开投资要点,就会有相应图像显示,告诉你多少家机构对这只股票的评价等级,对投资者选股有很大的帮助。同时,在投资要点中还有上市公司的最新公告以及财经要闻等。有的软件还会出现按投资价值排名的股票,中长线排名靠前的个股为机构大力推介的股票,具备持续走牛的潜力,而短线排名居前的个股是投资机构新近关注的品种,短线看涨。

(2)是否具有重要事项提醒功能。重要事项提醒就是对未来重大事情的提示。有的软件会及时提醒重要股票的权证最后交易日、权证到期。有些软件还会有股东大会、股改等重要信息的提醒。

(3)是否能链接专业网站。一般来说,炒股软件都具有调出每个个股详细资料的功能。而优秀的软件还会直接链接相关的专业网站,将该股的信息十分详细地分类显示。除了基本的公司概况、财务数据、发行与分配、股本股东、主力持仓,还有各家机构的评级情况以及对于该公司的业绩预测,在行业中的排名等等。更加全面、专业的信息都可以找到。这类软件最强大的功能是资料,因为其专业的背景以及多年的经验使得其有大量的资料,为投资者提供相对充分的信息。

随着计算机的普及,市场上推出的炒股软件层出不穷,有些优秀软件为投资者提供了很人性化的个人平台,其中的价格提示和止损提示,能有效地帮助投资者控制风险。而投资者不仅可以随时添加自己感兴趣的股票,还可以设置条件进行选股,将符合条件的股票加入,为选股提供了方便。

投资收益的幅度取决于牛市环境,也取决于投资者正确的投资选择和娴熟的驾驭技巧。而只有掌握一定的投资知识和技巧,才能避免"有投无回"。充分利用优秀的炒股软件,能够找出强势股,选择好的买卖时点,深入研究个股基本面,选择价值型和成长型股票,获取更多股市信息,筛选出赚钱牛股。投资者不妨选择一款优秀的炒股软件,体验一下投资者自己也能利用公开信息进行价值投资的感受。当然,不论是什么类型的炒股软件,价值投资始终是股票投资的主旋律,尤其是在震荡的牛市中,以价值投资为基础,再用好用活炒股软件工具,才能把风险降低到最小程度。

金融家点评:

炒股软件的功能当然是越多越好,但有时对炒股软件的功能也不能期望过高。有些软件的功能看似很全面,实际用途不大。

230. 什么是权证?

权证,是指标的证券发行人或其以外的第三人发行的,约定持有人在规定期间内或特定到期日,有权按约定价格向发行人购买或出售标的证券,或以现金结算方式收取结算差价的有价证券。

权证是发行人与持有人之间的一种契约关系，持有人有权利在某一约定时期或约定时间段内，以约定价格向权证发行人购买或出售一定数量的资产（如股票）或权利。购买股票的权证称为认购权证，出售股票的权证叫作认售权证（或认沽权证）。权证分为欧式权证和美式权证两种。所谓欧式权证：就是只有到了到期日才能行权的权证。所谓美式权证：就是在到期日之前随时都可以行权的权证。

权证价值由两部分组成，一是内在价值，即标的股票与行权价格的差价；二是时间价值，代表持有者对未来股价波动带来的期望与机会。在其他条件相同的情况下，权证的存续期越长，权证的价格越高；美式权证由于在存续期可以随时行权，比欧式权证的相对价格要高。

权证的创设是指权证上市交易后，由有资格的机构提出申请的、与原有权证条款完全一致的增加权证供应量的行为。权证的注销是指创设人（即创设权证的证券公司）向证券交易所申请注销其所指定的权证创设账户中的全部权证或部分权证。

上交所规定，申请在交易所上市的权证，其标的证券为股票的，标的股票应符合以下条件：最近20个交易日流通股份市值不低于10亿元；最近60个交易日股票交易累计换手率在25%以上；流通股股本不低于2亿股。

权证实质反映的是发行人与持有人之间的一种契约关系，持有人向权证发行人支付一定数量的价金之后，就从发行人那获取了一个权利。这种权利使得持有人可以在未来某一特定日期或特定期间内，以约定的价格向权证发行人购买／出售一定数量的资产。

持有人获取的是一个权利而不是责任，其有权决定是否履行契约，而发行者仅有被执行的义务，因此为获得这项权利，投资者需付出一定的代价（权利金）。权证（实际上所有期权）与远期或期货的分别在于前者持有人所获得的不是一种责任，而是一种权利，后者持有人需有责任执行双方签订的买卖合约，即必须以一个指定的价格，在指定的未来时间，交易指定的相关资产。

金融家点评：

从上面的定义就容易看出，根据权利的行使方向，权证可以分为认购权证和认售权证，投资者必须弄清楚两者之间的相同点与不同点。

231. 权证与股票有何不同?

权证是指标的证券发行人或其以外的第三人发行的，约定持有人在规定期间内或特定到期日，有权按约定价格向发行人购买或出售标的证券，或以现金结算方式收取结算差价的有价证券。权证是发行人与持有人之间的一种契约关系，持有人有权利在某一约定时期或约定时间段内，以约定价格向权证发行人购买或出售一定数量的资产（如股票）或权利。购买股票的权证称为认购权证，出售股票的权证叫作认售权证（或认沽权证）。

金融家点评：

权证不是股票，权证风险不断聚集，散户一定要小心，否则有可能血本无归。

232. 与股市挂钩的理财产品有何优势?

国内银行推出的与股市挂钩理财产品很多，如某家银行的“人民币理财双季计划”三款产品，募集资金达到50亿元人民币，“理财新年计划1号”年收益率达到10%，2号产品达到4%，从发售情况来看，基本上推出不久就会预订一空，预期年收益率达到4%~8%。这种理财产品的收益到底如何呢？对于普通百姓来说，值不值得购买呢？

这类股票挂钩理财产品，是比较典型的搭乘股市飙升快车并在一、二级市场全面开花的产品，在一级市场打新股对投资者而言是属于非常稳健、保本的理财方式，在股市前景不明朗的情况下，将资金交给银行“抱团”参与一级市场并获得稳定收益，是许多不愿意承担二级市场风险的投资者越来越倾向于考虑的途径。

随着银行涉足证券市场力度的加大，相关理财产品的收益率也日益攀升，过去4%~5%左右的年收益率是大多数理财产品的价值中枢，而现在没有6%~8%的预期收益率已经很难打动投资者了。反之，如果收益率能达到10%以上，那对于投资者的诱惑力将是很大的。

金融家点评：

在股市的大牛市中，银行等金融机构发行的许多理财产品被“冷落”了。但是，银行等机构并没有干坐“冷板凳”。许多银行设计挂钩股市的产品，并有不错的收益，而且银行理财产品走向股市的趋势越来越强。

233. 怎样选择与股市挂钩的理财产品？

股市高位大震荡时，单边牛市的风光难以持久，个人投资者在股市赚钱非常不容易。银行等金融机构推出的理财产品，特别是挂钩股市的理财产品开始受到关注，投资者面临着机遇。

除了推出内地的股票挂钩理财产品之外，越来越多的银行也开始将目光投向境外市场的机会。如民生银行新推出的理财产品与一篮子股票指数挂钩，包括香港上市的中国移动和中国联通、纽约纳斯达克上市的新浪网和携程网，预期年收益率达到6.5%。挂钩的一篮子股票均为电信及网络行业的精选优质股票，且两者为相关性一般的热门板块，产品同时参与到两个不同的股票市场——香港和纽约，可实现充分的风险分散，以避免系统风险带来的损失。

渣打银行也推出了一系列与境外股票市场挂钩的产品，包括新能源股票挂钩投资、亚洲基建股票挂钩投资、中国行业龙头股票挂钩投资、自然资源股票挂钩投资、中国新经济股票挂钩投资等多款产品，其中年收益率普遍在10%以上，最高的达到20%。

银行理财产品的目标客户是对股市有一定认识、但又不愿意承担风险的投资者。银行本来就是安全收益的标志，参与二级市场应该不是他们的特长，与券商、基金等相比也没有任何优势可言。况且股市波动比较大，前景也存在许多不确定的因素。所以投资者不能用储蓄的心态来购买银行的二级市场产品。

金融家点评：

银行推出的二级市场理财产品，基本上与基金的投资方式大同小异，要求投资者有更强的风险承受能力和行情判断能力，这方面银行并没有独特的优势，投资者需要对此类产品收益增长的情况进行仔细甄别遴选。

234. 怎样分析下跌股市的变化趋势？

如果股市长期处于下跌趋势，其未来的变化大致包括三个阶段：

第一阶段。由于上升股市已经结束,交易量虽未减少,反而略有增加,但已有减少的趋势。投资者的交易仍很活跃,但股价的涨幅日趋缩小,所得的差价利益大大减少,整个购买气氛已经冷却,敏感的投资者预感到企业收益已达到高峰,衰退将至。于是纷纷卖出在股票低价时购进的大量股票,以获得差价收益。于是股价开始回落,但仍时见反弹。

第二阶段。这是恐慌阶段。此时股价前景开始趋向不利,投资者们开始大量抛出股票,使买方数目减少卖方数目增多,股价急剧下降,交易量大幅度减少,投资者参与交易的活跃程度也大大下降。股价下降过快对销售者极为不利,因而股价会出现短期的回升,大致为股价跌幅的 1/3 左右,这被称为第二期的回升,但由于股票市场前景暗淡,股价回升后不久又会继续下降。经过较长时间的喘息或停滞便进入第三阶段。

第三阶段。恐慌阶段之后,先前买进的投资者纷纷卖出,股价再次急剧下跌;有关企业收益恶化的消息到处流传,加速了投资者的卖出。第一流的股票价格下跌较为平缓,而投资价值较低的股票下跌较为剧烈。当股价下降至足够低的水平时,某些投资者又开始重新积累股票。

金融家点评:

这三个阶段结束时,坏消息布满股市,只有这些坏消息消灭后,这一阶段才告结束,上述整个市场过程又重新开始。

235. 为什么把股市的涨跌称为牛市和熊市?

牛和熊是人们在谈论股票市场时经常要提到的两个动物。牛眼睛总是向上看,加上它强健的体魄。因此人们把牛作为股市行情看涨的象征,称为牛市。熊的笨重和它的利爪给人们带来了可怕的印象,于是熊就被喻作股市行情看跌,称为熊市。骑上牛背,它会带着你攀上股市上涨的高坡,使你收获丰厚;被熊爪抓住,它会把你拖进股市下跌的深谷,使你鲜血淋漓。

既然与牛为伍还是与熊作伴的问题如此重要, 而且每个投资者都想掌握牛和熊的踪迹,于是,谁先嗅出牛或熊的气息,这一点就更为紧要。当投资者在与牛先生翩翩起舞之际,要时刻提防着熊的利爪的到来,一旦闻到熊的气味,就要及时退出股票投资的舞池。当熊爪离去,投资者又将焦急地等待着牛的回来,一有信号,就立即返入舞池,抢先与牛先生起舞。

金融家点评:

作为股票市场的投资者,认准"牛"与"熊"的规律,掌握市场时机,并采取相应的调整措施,这一点相当重要。

236. 选股票和选时机哪个更重要?

有些人认为选择股票比选择市场时机更为重要,因为从长期来看,优质的股票即使碰到短期回落,也完全有能力恢复上升,给投资者带来优厚的利润。这一点并不错。但是最佳的股票也无法避免在整个股市下跌时出现的降势, 若投资者能够通过对市场时机的分析和选择,在持有优质股票的同时,又避免下跌带来的损失,岂不更好?很显然,在股市上涨时应长期持有优质的股票,在行情下跌时,应让别人去持有,自己则应持有银行存单或国库券,等股价跌到较低水平以后,再把优质的股票买回来。

金融家点评：

因此，选股票与选时机都很重要，选对股票，掌握时机，就能牵住股市的牛鼻子。股票市场上对牛熊气息的嗅觉能力并非天生造就的，而是要通过后天的刻苦研究获得的。

237. 买了股票后要重点关注哪些信息？

有经验的股民都懂得，买了股票后，要经常了解有关股市行情信息。

（1）随时掌握国家有关政策以及对股市整体和个股的影响。国家政策对股市和个股的影响是显而易见的，如近年来政府陆续出台关于减轻上市公司税赋、剥离社会负担、提供优惠贷款、进行资产重组置换等新措施，反映了政府对股市发展的支持、重视态度，这些都与股市的发展密切相关。

（2）要随时了解上市公司的营运业绩。上市公司的业绩应该是股民投资与否的主要衡量标准，国家政策也鼓励股民投资于那些效益好的上市公司，使资金产生更大增值作用。有些投资者完全持投机心理，并不在意上市公司效益情况，这种做法是不对的。

（3）及时掌握上市公司公告书和经常性的澄清公告。上市公告书是全面介绍上市公司基本状况及营运情况的材料，是股民选购该股票的必读资料，不熟悉企业性质、技术特点、资金情况、配股分红等内容，就盲目入户炒股，只能是短期投机行为，有时赚了钱可能还不一定知道是如何赚的，赔了本可能更是糊涂。为了通告情况或澄清某些传闻，上市公司经常要发布一些澄清公告，这些公告对于正确引导股民投资取舍将会有重要作用，投资者必须经常了解这些内容。

金融家点评：

练武的人每天都要练上几招，风雨无阻；唱戏的人每天早上调调嗓子，走走台场；否则功夫就会生疏、技艺就会荒废。投资于股票的股民，不能够股票一买便束之高阁，任其涨跌，应该及时关注其行情变化。

238. 怎样进行股市预测的模拟练习？

经常做一些股价走势预测练习，对股票投资者很有好处。常画画K线图，对于掌握K线图基本原理及含义，判断股价走势有较大作用。熟能生巧，经常画图或是经常观察分析图表，就会很快找出股市规律，发现关键点。围棋比赛讲究“形”，在一般情况下，好“形”都是好棋，坏“形”都是臭手、败着；围棋界还总结出许多栩栩如生的棋形术语，如“扭羊头”、“大雪崩”、“刀把五”等，熟练的棋手一看此形就知道该棋是死是活，如何发展。同理，股票交易研究的许多图表也形成了一些十分形象的“形”，如K线图出现“乌云盖顶”或“岛形反转”，一般都是卖出的标志。常看常想，股民就会形成一种良好的条件机能，一看什么图形，就会预感到股市的涨跌。

金融家点评：

炒股需要悟性，这种可以称之为第六感觉的能力，决不是凭空臆想的，而是平时积累和训练的必然结果。

239. 什么是股票市场的“势”?

涉足股市，一定要掌握“势”的概念。什么是势，这里指的当然就是股价波动走势。中国的围棋也特别讲究“势”，它所指的势，含有趋势的意思，也有实力的意思；几粒棋子摆在不同的位置，组成的形状不同，所具有的威慑力和攻击力就不同；如果一开局棋势不错，就为下一步的行棋打下了良好基础，尽管对手采取各种手段，但只要没有大的闪失，棋局是会按照最初的棋势发展下去的。

股票交易当中的“势”也有类似的特点。如果确定是一段涨势或跌势，股价波动必朝着此方向进行；在上升的行情里，可能有时也会出现下跌，却终不影响涨势，不时会出现新的高价，掩盖了股价偶尔下跌的现象。同理，在股市下跌的趋势里，尽管也会有暂时的回升，但只是短暂的，无法中断跌势。

所谓股价变动中的“势”，是力量性、时间性和趋向性的综合。一旦股价形成涨势或跌势，那么逆势而动的都会被视为愚蠢的行为。

金融家点评：

趋势就是事物发展的走向。研究事物发展的趋势，对于正确把握方向、修正行动偏差、调整行动方案，都是十分必要的。

240. 把握股价趋势的方法有哪些?

把握股票价格走势的方法有很多，根据事物的性质、特点不同而方法各异。简单概括起来，不外乎经验型、技术型两大类。经验型方法是根据对以往该事物发展状况的概括、归纳，研究出带有规律性的东西，以对未来该事物状况进行判定。比如，一般情况下，元旦、春节期间的市场销售量是每年的高峰时期，这个时候，企业、单位发奖金、分红利，人们手中的票子一下子多了许多，当然要想办法花出去。即使是在过去艰苦的日子里，再贫困的人家也要尽最大可能地置办点儿年货，以欢欢喜喜过个年。但在近年来又有新的规律，一些福利较好的单位把年货给员工们基本都置齐了，大家过年几乎什么都不需要买了。在这种情况下，商品批发可能会比商品零售还要“火”。类似这种商品销售趋势，只要凭经验一般就可能掌握，大不了“吃一堑长一智”。

判断趋势的另一类方法就是技术型。包括计算公式、计算机模拟、图形判断等等。技术型方法就含有相当多的知识含量，在科技日新月异、知识爆炸的今天，此类方法越来越多，而且准确程度越来越高。计算机模拟已经可以展示未来战争对抗情形、航天器在太空遨游以及各种设备性能、参数的变化趋势等。总之技术型方法的普及性越来越强，愈发令人信服，被社会百业包括股票投资普遍采用。

金融家点评：

凡事预则立，不预则废，多算胜，则少算败。能赚钱的方法就是好方法。

241. 如何判断市场是牛市还是熊市?

简单地讲，牛市就是股指持续上涨，并且投资者相信这种上涨势头会长期保持。就一个正常成熟的股票市场来说，牛市常常要有经济强劲增长、居民充分就业和收入大幅提升作为强大的后盾。相反，熊市中大多数股票都在下跌，并且投资者相信这种下跌还会长期持续，进而相继卖出股票，进一步加剧市场的下跌深度。通常熊市是由宏观经济紧缩、公司赢利和个人收入增长大幅下滑所导致的。

常常听到人们用牛市和熊市来形象地比喻股市发展状况，然而准确地定义和理解牛市与熊市，并不像人们说的那么容易。由于股市的发展方向是决定投资者投资热情大小的最主要原因，所以，了解牛市和熊市意味着什么、有什么特征，以及会带来哪些影响，对投资决策的形成非常重要。但在实际操作中，准确判断牛市开始和结束的时间是难上加难的。

判断股市是"牛"还是"熊"的关键是市场发展的长期趋势。市场的小幅波动只是在一种大的趋势下的局部调整，比如在一个长期走熊的市场格局下出现个别几周的市场转暖，并不能认为是熊市的结束。

金融家点评：

投资者都喜欢牛市而力图避开熊市。那么处在熊市怎么办呢？最稳健的投资策略就是把资金投到低风险的固定收益型产品或防守型股票上来，因为在熊市里风险远远大于收益。

242. 决定牛市、熊市的主要因素是什么？

决定市场是牛市还是熊市，主要有三个因素：

(1)宏观经济表现。人们通常把股票市场与经济发展的关系形象地比喻为"股市是国民经济的晴雨表"，表明股市的冷暖与宏观经济形势有极强的正相关性。虽然形成股市牛市或熊市的原因众多，但最根本的因素还是国家(或地区)的经济发展状况，虚拟经济可以在一段时期内与实体经济不匹配，但最终还是要靠实体经济作依托。因为上市公司的业绩表现、老百姓的钱袋子鼓不鼓，决定了投资者的投资意愿，也决定了股市是"牛"还是"熊"。

(2)投资者心理。由于市场的行为是由无数个人的行为集合而成的，投资者的心理和情绪自然会影响股市的涨跌。在牛市中，几乎人人都想参与到股市中来获取丰厚回报，乐观的情绪会不断推升股价。而在持续下跌的熊市中，投资者的信心受到打击，相继把资金从股市撤出；投资者的投资信心一旦失去，短时间内很难恢复，熊市就会持续很长时间。

(3)股市的现实表现。在牛市中，投资者对股票的需求高涨，而股票供给却相对紧张。也就是说，大多数人都想买进股票，而很少有人愿意卖出股票，求大于供，自然会形成股价持续上涨；在熊市中，大多数人都不愿意持有股票，纷纷抛出，股价自然会越走越低。

金融家点评：

通常情况下，只有当股市变动的幅度超过15%～20%时，才可基本确认股市发生了趋势性的根本转折。这个时候，投资者应该及时调整自己的投资思维和投资策略。无论是在牛市里还是在熊市里，顺势而为，不逆市场潮流而动，尤其是投资于真正的绩优股并长期持有，风险就会变得很小了。

第四章
股票操作技法

投资技巧是前人成功经验的总结，如果想在股票市场上历经风浪、长盛不衰，就应注意灵活运用，随机应变。观千剑而后识器，听千曲而后晓声。真正有智慧的投资者，会从众多股海谋略中吸取精华，形成自己独特的投资技巧，然后娴熟于心，运用自如。

243. 什么是赚10%投资法?

简单地说,投资者设定一个10%的涨幅为目标,只要所购进的股票涨幅超过10%,就立即出售,这就是赚10%投资法。

这种投资法对于规避投资风险十分有效。其具体操作过程是:投资者将自己买入的股票的价格按周加以平均,求出一周的平均数,到月末,再将各周的平均数加以平均,得出一月的平均数。如果本月的平均值比上月上升了10%,就将股票全部抛出,一直等到卖出股票的价格降到10%时再买进。

在众多的中小散户的操作中,常见的通病是追涨杀跌,买高卖低。更有一些人因为害怕损失而宁愿被套,结果使短线被套而被迫沦为长线,逐步演变为深度套牢,处境越加被动。所以在仔细选股的基础上,适当抛掉浅亏的个股或趋势转坏的个股,是免受更大损失的关键。主动权无论何时都要掌握在自己的手中,所以,常用的10%投资法十分重要。

设想在波动的股市上,在一两个月中,总会有几样股票涨幅超过10%的事发生,短期投资者也可因此不显寂寞,只要选择好股票,有效地把持住10%的上下限度,在恰当时候购进,在得利时就及时松手,很容易在短期内见到利润。

使用这种方法的缺点也很明显,主要是投资人在售出股票后,很可能该股还会继续上扬,就会痛失更大获利机会;如果股价总也不涨到10%的幅度,则往往令投资人有一种被捆绑的不灵活感觉。这时,投资者就需要有耐心。此外,采用赚取10%投资法时,还要比照税收与佣金,若是利润小于成本也不可采用。

金融家点评:

风险出现后,止损的原则是设在重要支撑位的下方某个位置,并根据支撑位的改变进行适当的调整。赚10%投资法十分简单,但很实用。

244. 什么是50%买卖法?

卖出股票时机的判断,一直是多数投资者在股票操作上最难把握的一门技术。卖早了,就可能少赚;卖晚了,又可能亏本。多数投资者都会处于究竟是卖出还是继续持有的矛盾之中,那么如何才能让自己始终充满信心,不受短期走势的影响呢?最主要的仍是自己对目标股价值的判断,如根据产业发展前途、成本利益比较、目标股的受制因素等进行客观判断。

所谓的50%买卖法,就是让自己的持股成本尽可能降低,也就是将成本与股票市价之间距离拉大,这样持股人就不会因为股价的一时波动而忧心忡忡了。

如投资者以每股33元的价格购进甲股票1000股,当出现股市震荡,股价升到35元时,先卖出所有股票的50%,也就是一半,这样持股成本就只有31元了,此时股价再回跌亏损就减少了。

金融家点评:

避免悲剧,先卖一半。这是避免损失扩大的一种技巧。

245. 什么是变动比例投资法?

变动比例投资法也叫可变比例计划法。它是在固定比例投资法基础上演变而来的方法,允许证券组合中的股票和债券的比例,随价格波动而适当变更的投资方法,基本上是10%投资法和50%投资法的综合运用。

变动比例投资法并不要求股票和债券的比例始终维持在固定比率上。投资者可以根据自己的情况设定股票和债券的持有比例,当股价上升超过某一水平时,就出售股票以减少股票的比例和增加债券的比例;当股价下降超过某一水平时,则增加股票的比例并减少债券的比例。

变动比例投资法的基础是确定一条股票的预期价格趋势线, 当价格在趋势线以上时,就卖出股票,当价格在趋线以下时,就买入股票,并在买卖股票时,相应地买卖债券。当趋势线拟定好后,还要以决策线为边线,反映股票买卖。当股价上涨冲过决策线上线时,就卖出50%股票,刚通过决策线下线时,就卖出10%的股票。同样当股价大降刚过决策线上线时,就买进10%的股票,如果继续降至决策线下线时就买进50%的股票。

需要说明的是,趋势线上下各有两条决策线与之平行,股价上升最高处为上线,次高处为下线。股价下降时最低为下线,次低为上线。

金融家点评:

采用变动比例投资法既灵活又合理。但缺点是较麻烦,既要根据各种情况确定正确的趋势线,又需要对价格的变化进行监视,随时调整投资比例。对大部分投资者来说,灵活调整投资比例是基于价格趋势的预测。

246. 什么是哈奇计划法?

哈奇计划法又称10%转换法。它是以发明人哈奇命名的一种股票投资方法。

哈奇计划法的优点是判断简便,并充分考虑到了股价的长期运动趋势,可供投资者进行长线投资选用。在采用此种方法中,投资者还可以根据股票类型的不同,改变转换幅度,使这种具有机械性投资方法变得灵活起来。

具体操作方法是:投资者将购进的股票逢周末计算一周的平均市值,逢月底计划出月平均市值。若本月的平均数比最近一次的最高价下降了10%, 则股价可能会出现下跌趋势,投资者便要卖出全部股票,而不再购进。等卖出股票的平均市值由最低点回升了10%,再行买进。这种方法也就是市场行情发生了10%的反向变动时,便改变一次投资方式。

哈奇在1882年到1936年的54年中,先后44次改变投资策略,所持股票的期限,最短为3个月,最长达6年。用这个计划,将其资产由10万美元提高到了1440万美元。这个神奇的投资计划在他逝世后,才被英国金融界和新闻界所披露。

金融家点评:

兵书上讲“以奇制虚,奇势险、奇节短。”在股票买卖时,不能犹豫,要手快心快,强势永远不会持久,强势转弱势的间隔称为“节”,“节”没法事先标定,全凭实践中去感悟。要依照当时的情势和个人的天分去决定,如果掌握到这个控制的“节”,成功便有望了。

247. 什么是投资三分法?

投资三分法是公认的最佳策略。将全部资产的 1/3 存入银行以备不测之时使用;1/3 用来购买债券、股票等有价证券做为长期投资:1/3 用来购置房产、土地等不动产。在上述资产分配中,存入银行的资产具有安全性和较高的变现能力,只是收益性不高。投入有价证券的金融资产虽风险较大,却收益性较高。投资于房地产一般也会增值,还可用作投资亏本时作保本翻本之用,但是变现力较差。全部资产作三种形态的投资分布,相互补充,进退自如,在投资界广为流行。这便成了公认的投资三分法策略。

金融家点评:

投资三分法兼顾了投资人的安全性、收益性、流动性三原则,是一种为投资者广泛采用的投资组合策略。

248. 什么是炒股三分法?

有人把股票投资也实行了三分法,将上面的方法如法炮制。一部分购买优先股,另一部分投资于普通股,第三部分作为预备资金供短线投资之用。如此三分法后,投资于普通股的部分获利是不够大,但安全可靠,一般情况下投资者都要用 1/3 的资金握有安全可靠的股票。投资于优先股虽风险相对大,然常常红利收入丰厚,再加上还有可观的差价收入,因此,投资者很喜欢这样投资。保留下来的 1/3 资金,则完全可以在股市上见好时追加投资,股市上失利时,用作失利后的补充或资金调剂。

金融家点评:

炒股三分法在实践操作中也被证明是最佳投资策略。

249. 什么是三成目标保本法?

通常情况下,一年中的股价,以三成(30%)以上幅度上下波动情况最多见。为避免失去良机,取三成利就成为了一种获利的有效方法。相反,当股市行情下跌时,便急速脱手有时也难换回败势。因此,当股价下跌到过去一两年平均股价的三成以下时才可买进股票,这已成为不少人获利的一种方式了。由于这种方法专取三成利润,故称之为三成目标投资法。

采取三成目标投资法要注意如下几点:一是不能太贪心,这是炒股大忌,在达到目标后就自觉抛出;二是在抛出旧股后,应选择一些发展前景好的股票,即一些成长型公司的股票。诸如一些新技术开发、新产品投放市场的公司股,用三成目标投资法去投资,获利就有了保障。

金融家点评:

股市行情变化多,当股价上涨时,如果一味想涨到最高处才抛,往往错过良机,还不如以股价涨到买价的三成利润时就出手而稳妥。

250. 什么是固定比例投资法?

固定比例投资法也叫不变比例计划法。它是调整股票投资风险的一种投资组合策略。投资者需将资金一分为二。一部分是保护性的债券投资,因为债券价格不会波动很大,收益较为稳定;另一部分是风险性投资的普通股。价格波动大,收益幅度相差也较大。这部分投资比例一经确定,便不轻易去改变,在股市价格波动时,根据市价不断维持这一比例。

例如,投资人手中有 10 万元资金,以对半比率分别购进股票和债券。当股价上涨,他购买的股票从 5 万升到 8 万元时,从投资组合上看,其风险部分的股票金额大于保持性部分的债券金额,打破了原先确定的各半比例,投资人为保持平衡,需拿出 1.5 万元购进债券,继续维持这个投资组合。反之亦然,当股票从 5 万降到 4 万时,就卖掉债券 5000 元购进股票,使股票和债券投资比率持平。

如果投资人较喜欢冒险,勇于进取,就可以在投资中使股票份额大些;若是投资者为追求稳健,则投资于债券份额可以适当加大些。

金融家点评:

固定比例投资法多为一些保守的投资者采用,也被一些趋于淡泊超然的老手所喜欢。

251. 固定比例与固定金额投资法有何区别?

固定比例投资法基本上是固定金额投资法的翻板。二者区别是:固定金额投资法是不断维持固定金额,并不关心股票总额和债券总额在总投资中的比例,而固定比例投资法却只考虑股票与债券两者在投资中占总额的比例。总之,两者都是一种有计划的、较为保险的投资方式。

固定比例投资法的优点和固定金额投资法一样,容易上手操作,安全系数大,即使是股票投资损失惨重,还会因债券收益稳定弥补损失,不致把老本全搭上。但由于固定比例、固定金额一旦固定后,不会轻易变动,遇到好机会也不会轻易抓住,容易丧失一些较好的机遇。

金融家点评:

那些心急火燎的青年冒险家,大概对这两种方法都不喜欢。

252. 什么是黄金分割法?

这是一种分散风险投资策略。操作方法需投资者将资金分为两个部分,一部分用于股票——风险较大但获利机会也大的投资;一部分用于债券——风险相对较小但获利也小的投资。这个比例讲究以 4:6 水平去分配资金。这个比值正好近似于数学中“黄金分割原理”的最佳点 0.618,即 62%左右,故称黄金分割法。

此方法投资者较为稳健,把大半以上的资金投入了债券以求旱涝保收,只将一小半的资金用于股票投资,即使失利也不致于伤筋动骨。心理上也有一种安全感,等于是一种保险的投资选择方案。同时,为求平稳安全,也就不去追求最大的获利机会了。

金融家点评:

黄金分割法可供趋向于保守的投资者选用。

253. 什么是趋势投资计划调整法?

如果投资者打算进行长期投资,就该研究一下趋势投资计划调整法。

趋势投资计划调整法的基本前提是要认定一种趋势,这个趋势会持续一个相当长的时期。因此,投资者顺应股价走势买进股票后,就应保持其在市场上的占有地位不因小的风浪而随意放弃,只有到股价走势出现真正反转向下的信号时,才能卖出股票,待股市行情转好再行入市购进。

趋势投资计划法关注的主要是市场主导趋势。一旦认准了大的趋势,不会被股市小的短期波动所影响,趋势预测准确,股票收益就丰厚无疑。如果错误地估计了股市的走势,则一味因循于趋势投资计划法去买去卖,投资者的损失就不会小;二是虽然趋势估计对头,但因短期波动使投资者心烦意乱,过早收兵,也不会实现最大利润。

由此可见,对大趋势的判断至关重要。《孙子兵法》就推崇"制胜者,势也"。对势的阐释为:"计利以德,乃为之势,以佑其外";"势者,因利而制权也。"这正好讲出了投资者的肺腑之意。

金融家点评:

股价的变动走势,就是投资者进行决策的依据,投资者要在这一系列虚实变化中找到自己的定盘星,就必须积累自己的经验,使知识转化为财富,灵活运用于市场操作中去。

254. 买股票之前要想清楚哪些问题?

股票市场受各种因素影响潮起潮落,在一些不可预测的突发消息的刺激下,股价异常波动,出乎投资者的预料之外。常有这种情况,投资者买入的股票不仅没有上涨,相反却大幅回落。在买入股票前,投资者一定要想清楚下列问题:

(1)买入这只股票的理由是什么?

(2)买入这只股票是短线、中线还是长线?

(3)买入这只股票预期它升多高就出手?

(4)买入这只股票如不升反跌,跌多少准备认赔出局?

金融家点评:

只有对这些问题想清楚了,弄明白了,经过全面估计后,才能够决定自己投入资金的数额,做好充分准备,这样投资股票就不会显得盲目,即使遇到复杂问题,也能坦然面对,冷静处理。

255. 怎样预防被套牢?

一般来说,股市暴涨常常成为多头陷阱,会引诱易冲动的投资者买入。套牢几乎是每个投资者都会遭遇的问题,事先预防高位套牢远比事后绞尽脑汁解套要高明得多。为了事先预防不被高位套牢,必须记住以下几点:

(1)不在大涨之后买入。

(2)不在上涨较长时间后成交量突然放出近期巨量时买入。

(3)不在长期上涨之后,公布市场早已预期的重大利好消息之后买入。

(4)不在上涨一段时间后,日 K 线出现十字星之后买入。

(5)不在上涨一段时间后,日 K 线出现了 3 个跳空缺口后买入。

虽然以上 5 种情况也不排除庄家在震仓或轧空,但至少能规避 80%的高位套牢陷阱。

金融家点评:

实战中,不少投资者容易受市场情绪影响变得冲动,股市加速上扬之时,经不起利润的诱惑,不经思索就盲目跟风追涨,这时十有八九成为高位套牢者。

256. 避免被套牢需要参考哪些因素?

投资股市,判断失误难以避免。入市买入股票后被套牢,首先不必恐慌,冷静分析自己买入的股价是属于历史的新高水平,还是中间水平,或者是在底部区域,当发觉自己买入的股价处于上升很长一段时间的高价位,应及时果断认赔卖出,减少损失。

在实战中,很多投资者都知道要在高位果断认赔出局,规避更大的下跌风险,但怎样制定认赔价位呢?也就是股民朋友常说的如何"割肉"呢?认赔的卖出价位的确定,有以下几点值得参考:

(1)股价跌破前一个交易日的中间价位(反映短期卖出人数增多);

(2)股价跌破前一个交易日的最低价位(反映短期卖方力量强大);

(3)股价跌破 5 日移动平均线的所处位置;

(4)股价跌破前期的股价整理平台的下限价位;

(5)股价跌破前期的震荡收敛形成的三角形底边。

设立认赔价位是高超的技术问题,一般可以机械地制定自己的认赔率,如订下 8%或 10%或 12%便果断出局,控制风险,及时认赔,化长痛为短痛,是应对高位套牢的有效方法之一。

高位卖出股票后,该股跌得越多,对抛出该股的投资者越有利,虽然被套的投资者亏损卖出,但当该股跌幅达到 20%以上时,投资者以先前认赔出局撤出的资金再度买入这只股票,由于价格便宜,可以买入更多数量,一旦该股稍有上扬,很快便能把原来认赔出局的亏损弥补过来,若该股继续大幅上扬,投资者自然就反败为胜了。

金融家点评:

不少投资者在高位认赔卖出股票后,反败为胜心切,马上又买入另一些股票,往往再套牢。既然在高位卖出,股价必然有下跌的空间与时间,这时要克制自己急于赚回本钱的急躁心理,耐心等待下次入市良机。

257. 解套基本技巧有哪些?

解套是指股票投资者在高价位套牢后,摆脱困难的办法。投资股市的人,都难免要被套牢一两次,即原本预期股价上涨,可一买进之后股价却一路下跌,使买进股票的成本远高出目前可以售出的价位。任何投资者都希望低买高卖,然而一旦出现了高买低不能卖的状况,那该多么令投资者尴尬。天无绝人之路,解套办法应运而生,积极的方法有以下几种。

方法之一:汰弱择强,换股另做。索性忍痛售出手中弱势股,换进刚启动的强势股,以期通过涨升强劲的新股获利补亏。如果换的得力,就可以弥补其套牢所受的损失。

方法之二:快刀斩乱麻式全盘卖出。被套牢者认清了手持弱势股时间越长损失越大,尤其是以短期投机为目的的投资者,与其遭受更大损失,还不如卖出停止损失合算。在处于跌势的空头市场中,来不及迟疑,只有迅速抛出才可以减轻损失。

方法之三:用拔挡子的方式进行操作。也就是投资者一经被套牢之后,先停损了结,然后在较低价位时重新补进,以减轻或摊平上档被套的损失。比如投资者曾以每股 80 元买进某种股票,当市价跌至每股 78 元时,他马上意识到市价还会下跌,就在 78 元价位上赔钱了结以求停损,而当股价跌至 74 元价位时又予以补进,并且等到股价上升时才卖出。这样有效地解除了套牢,挽回损失还有赢利。

方法之四:“不卖不赔”的方法。股票被套之后,只要尚未脱手,就认为还未亏血本。如果手中股票属于真正良好的绩优股,再加整体投资环境还未到恶化地步,股市还在多头行情中,投资者并不用惊慌,完全可以采取一种“索性套牢法”,等待持股价格回升之后,自然解除危机,既获利,又省下了时间、精力,少花了手续费。

方法之五:向下摊平操作法。随股价下降幅度的扩大,一路加码买进,从而摊平股价成本,以待股价回升之时获利。但采取此种方法,必须先看准股市的方向大势,如果环境尚未变坏,多头市场未转向空头市场,就可以采取向下摊平操作。否则,只会被套得更牢。

金融家点评:

股票被套牢现象形形色色,解套方法也要讲求对症下药,不可以得病乱求医,还要根据具体情况作具体分析之后,谨慎地选择方法,灵活地摆脱困境。

258. 遇到被套时怎样换股?

由于各上市公司的业绩、发展前景以及市场投资热点的转换等诸多因素的影响,有的股票价格节节攀升,有的股票价格反而越来越低。2006 年 6 月 21 日,有位投资者在 7 元价位买入 A 股 1 万股,该股在 6.5 元附近上下徘徊不前。经过痛定思痛后,决定换股,他以 6.5 元抛出,亏损近 8%,以 31 元买入 B 股票,仅过 10 个交易日,B 股票爆涨至 46 元,该投资者卖出,获利近 48%,而 A 股票不断下跌持续 14 个月之久。

换股是解套常用方法,关键在于找出强势股,具备什么条件的个股称为强势股呢?

(1)有主力介入的股票(俗称庄股),介入的主力具备雄厚的资金,往往不理会大盘的回落,不断推高股价,股价呈现强者恒强的上扬走势。

(2)市场正在炒作的热门板块股,同时要研判这个热点能持续多久,潜在的题材是否被充分挖掘,介入这样的热门股,常常也能收到较好的效果。

(3)在一波行情发动之初,投资者要十分关注什么样的股票领涨,成为龙头股,龙头股常常成为行情的风向标,以弱势股换龙头股,常常跑赢大盘。

金融家点评:

无论投资者多么善于规避风险,只要常在股市中买卖,许多不可预测因素突发,被套难免。被套后如何解套,如何反败为胜,便成为套牢者最关心的问题。炒股不怕犯错,只怕投资者明知犯错,不肯认错,拖延等待股价回升,结果导致股价越跌越多,亏损越来越大。

259. 什么是“拔挡子”解套法?

拔挡子操作是投资者降低投资成本的常用策略之一。投资者被套牢在高价位时常常使用这种方法解套,即在较高价位时卖出,等价位下降之后,再予以补回的投资方法。投资者采取拔挡子策略,并不都是对后面的行情看坏,也不是为了获利了结,多数投资者只是为了进行高卖低买,以赚回段落性差价,轧平投资成本。

拔挡子方式通常为两种:一种是等行情上涨一段后卖出,回降后补进的“提升行进间拔档子”;一种为行情跌落时,趁价位仍高时卖出,待跌低后再买回的“下滑拔挡子”。前者多为大户在推动行情上涨时,看见价位已升不少,或遇到上升阻力,干脆自行抛出,迫使股价冷却,有时需反复的拔挡子来遏止其勃发上扬,一旦股价小幅回落,再大批补回,以促使行情向上猛冲。后者是指投资者在高价位上被套牢或做多头而自知力亏,就在股价下跌未跌之时,先行出售股票,等价位落回后,重新补回,降低投资成本,达到反身后蹬腿的获胜效果。

一般来说,采取拔挡子卖出到买回之间,相隔时间只有一天,最长不过一两个月。如果相隔过于长久,就等于是上档了结,下档买进,一般认为这是重做,而不叫“拔挡子”了。

对于普通投资者而言,进行“拔挡子”时,必须找好一段行情,及时予以补回,以免夜长梦多,补不进货,从而达不到高卖低回的效果。对于大户来说,在股价上扬时,采取“拔挡子”做法,也应见好就收,在经过一段小回落之后,也该及时补进,以免使股价回挡幅度过大,从而使价格拉升难度加大。

金融家点评:

“拔挡子”是炒股中技术性较强的操作方法,必须事先有精密计划,策而后动,遇到复杂情况要临危不惧,冷静选择,进退有序,步伐严谨,这是此战法的要诀。

260. 怎样对“拔挡子”进行技术操作?

“拔挡子”属于技术性操作的一种,这种方法操作起来实非易事。尽管“拔挡子”只是高挡卖出,低挡补回,但怎样确认何时该卖出,又如何确认在什么价位补回,实际操作中并不轻松,这是一个最伤神费力的关键点。

这其间包括了技术性分析的研判与规划,以及何时冲杀出击,何时鸣锣收兵的胆略与气魄。如果研判欠精当,挡子拔的不是时候,经常会使投资者“挨两面耳光”。

对任何投资者来说,一经被套牢之时或股价趋跌之际,执行卖出操作,心理障碍也会成为大敌,经常就为了多一刻犹豫,机会就失去了,一步错,步步错,阵角一乱,手脚就乱了。乱到一定时候,就分不清是小回还是中回行情了。一般来说,如果是小回,套牢时可以不卖,但如果是中回,非拔挡子不可,否则难以扭转颓势。

但是投资者一乱了手脚,经常发生失误,该了结时却迟疑下不了手,总想等行情翻升回来,但当发觉不卖不行的时候,狠下心来卖时,卖出的价格可能已接近回挡底价了。卖完之后,虽然如释重负,正暗自欢喜庆幸之时,却又容易忽略了对补回价格的确认,或者是因为卖出之后,就把股价的低点看至更低,犯了"悲观时更悲观"的毛病。很多人此时错过了执行买回操作的时机,当发觉卖出股票的价格已回升至自己卖价时,甚至又超过自己卖出价格时,十之八九是恼羞成怒,便不肯以比自己卖价更高的买价去补回卖出的股票。这就是人说的"拔丢了",解套的赔损,已无法由买回操作上补回。

其实,所谓"换回资金,海阔天空",只要资金在手,再找机会入市,还可以再大展宏图,没有必要去颓丧。最可悲的是,羞愤之下,忍痛解套了结后,一看股价反弹上升,忍不住又去追,刚买进之后,股价又跌落下去了,这倒霉的事也常有发生。在市场上,如果见到铁青面皮不知所措的投资者,就是被两面耳光教训过了。

金融家点评:

"拔挡子"是一个技术性较强的炒股策略,用好了可以反败为胜,用不好就会两面挨耳光,这是各位投资者都应认真面对的一件事情。

261. 低价买进的技巧是什么?

股价有涨有跌实属常事,股市不景气时,股价会下跌,到处都呈现着暗淡的气息,所以一般投资者都无心购买。可是当所有人都胆怯而不敢买进时,恰恰正是最好的低价购买时机。

除了劣股外,此时什么股票都可买进,当然主要目标应集中在大幅下跌的绩优股上,虽然这类股票可能还会继续下跌,但你买进时的价格可以说是相当低廉了。由于涨价的时期不甚明确,所以当你看到别的股票都上涨了,唯有自己买进的股票迟迟没有动静而十分苦恼、焦急,这时冷静勿躁才是最明智的抉择。因为只要你耐心等待下去,一定能获得很大的报酬。

因为你买进的价格很低廉,等到你卖出时,股价会涨 2~3 倍,经验和统计资料都能证明这一点。所以投资者千万不可根据眼前的局势而盲目操作,要切记在景气不好时低价买进总是正确的选择。

金融家点评:

一定要有耐心,而且最好不要一次买进,分两三次购进较为稳妥。

262. 股票处于高价位时如何买进?

高价买进是指投资人期待已上涨的股票,能更进一步暴涨而买进股票的操作方式。这时可能有两种结果,一是股市行情果真如初料而暴涨,必能大获其利;二是股市行情事与愿违,与预期相反,不仅没有上涨反而下跌了,结果便招来重大损失。要想在这种大利大亏并存的场合取得成功,就必须掌握一定技巧,否则就不要冒这个险。除低价买进外,高价买进也有成功的先例。高价买进投资成功的秘诀在于：

(1)要选择具有良好前景的股票为对象。股票投资的主要魅力在于日后的丰硕成果，所以选择的对象必须是未来展望良好的股票，因为股价会因这一因素而变动。

(2)买进时必须是行情看涨时期。只要是在行情看涨期，即使目前不受投资者欢迎，但却可能提早恢复股票的知名度。因此，投资者最好把目标放在行情上涨时。

(3)要选择知名度周期较长的股票。股票知名度周期各不相同，有的会持续一、两年，有的只有两、三个月，也有的只维持一、两个星期，就销声匿迹了，但成长形象良好的企业，它的知名度便能持久，至于能维持多长时间，可参考各种分析方法来判断。

金融家点评：

无限风光在险峰。虽然高价买进相当危险，但也是短期投资的一种乐趣。

263. 如何计算股票的市盈率？

市盈率 = 普通股每股市场价格 / 普通股每年每股盈利。例如：某股票的股价是 24 元，每股年净收益为 0.60 元，则该股票的市盈率为 24/0.6=40。其计算公式为：S=P/E。其中，S 表示市盈率，P 表示股票价格，E 表示股票的每股净收益。

一般情况下，一只股票市盈率越低，市价相对于股票的盈利能力越低，表明投资回收期越短，投资风险就越小，股票的投资价值就越大；反之则结论相反。一般认为该比率保持在 20~30 之间是正常的，过小说明股价低，风险小，值得购买；过大则说明股价高，风险大，购买时应谨慎。

金融家点评：

只要记住计算公式即可。

264. 怎样准确预测大盘的变化？

大盘发生突变之前，会呈现出一些预兆性的市场特征。识别并抓住这些特征，就能预测和跟踪大盘的走势。在下列情况时，大盘有可能发生突变。

(1)指数在某一狭小区域内保持横盘震荡整理走势，市场处于上下两难境地，涨跌空间均有限的环境中；

(2)表现在 K 线形态上，就是 K 线实体较小，经常有多个或连续性的小阴小阳线，并且其间经常出现十字星走势；

(3)大部分个股的股价波澜不兴，缺乏大幅度赢利的股价波动空间；

(4)投资热点平淡，既没有强悍的领涨板块，也没有聚拢人气的龙头个股；

(5)增量资金入市犹豫，成交量明显趋于萎缩，并且不时出现地量；

(6)市场人气涣散，投资者观望气氛浓厚。

金融家点评：

大盘突破的结局是向上突破还是破位下行，则取决于多种市场因素。上涨行情发展到强弩之末出现多空平衡，下跌行情发展到做空动能衰竭而产生平衡，上涨中的平衡要观察市场能否聚集新的做多能量来判断向上突破的可能性，而下跌中的平衡比较容易形成向上的变化。

265. 怎样把握股市的整理契机?

股市行情不论是上涨还是下跌，在持续一定时期后，就要进行调整；这和人一样，在经历了长途跋涉后总会因劳累而要停下来休息。这在股市中称为“整理”。所谓股市的整理就是股价在上涨或下跌过程中有一段停顿时间，在这段时间内，股价会有所调整，也称“回档整理”。

股价在上涨时，股市是供不应求或买盘大于卖盘；相反，股价在下跌时，股市状况是供大于求，或买盘小于卖盘。股市供求关系的变化与股价变化相互作用，彼此影响。由于股市买盘大于卖盘，促使股价上涨，但当股价上涨到一定水平后，投资者因成本的增加或这种价格已超出股票的实际价值而停止买进，并在预感到这种价格已无法继续升高的情况下开始卖出获利，使买卖双方逐渐趋于平衡。股价的变动也暂时趋缓，甚至稳定下来。

那么如何认识和把握回档整理的变化进程呢?一般说来，出现股市整理行情时成交量总会萎缩，股价也因此下降并将持续一段时间。因此，股价、成交量、时间之间存在着密切的相关关系，也正是构成股市整理的三个基本要素。这三要素间的相互关系具体表现为股价与成交量的正相关，即随着价格的上升，成交量逐渐增加，价格下降，成交量也随之减少；而低档整理时间越长，将来股价的上涨潜力也就越大。这就是说整理时间的长短，取决于股价何时止跌，而股价的止跌，又取决于股市供求关系的变化，即当买盘增加，卖盘减少时，股价跌势便趋缓和，终于在买盘与卖盘大体相当时股价止跌，整理时间也就到此结束。

金融家点评：

投资者若能清楚地了解股市整理过程的变化，并配合技术分析与测算方法，就能较为容易地摸索到回档的最低点及转折的时机，如能把握得很准，则可稳操胜券。

266. 股市“量价背离”时如何操作?

股票价格与成交量是股市行情的两个重要因素，一般说来两者之间存在着正相关关系，即成交量随股价的上涨而增加，随股价的下跌而减少。但有时也会出现与之相反的情形。这就是所谓的“量价背离”，即当股价发生变动时，成交量并不因此而发生相应的变化。如果股价持续上升，而成交量并不增加，或增势趋缓，这时应当引起警惕，尤其当股价一回跌，成交量反而增加，这是卖出股票的信号。如果股价跌落，成交量下降缓慢，股价反弹而成交量却下降，甚至在第二、三天持续弹升时，成交量还是处于萎缩状态，说明跌势行情就要来临，股市的这种从涨势转变为跌势，由多头转变为空头的行情现象就是所谓的“反转”。

成交量是用以判别行情的一个重要指标。一般地说，“量比价先行”，股价在上涨或下跌之前，总能在成交量的变化记录上，发现一些征兆。在技术分析中，股价是否成“头”，成交量在变化趋势上会反映出来。“头”部的成交量一定是随着时间的变化而逐步趋减的。若能记住这个分析原则，也就绝对不会在“头”出现的时候当成“底”了。由于成交量是投资者实际交易记录，而投资者实际卖出或买进，也代表着投资人的心理偏向。在价格上升之际，若成交量增大，说明供不应求，卖方虽然卖出了相当的股票，但买方的实力更雄厚，态度更积极，行情自然看好。反之，当股价上涨，而成交量却不增反减时，则行情就可能要反转了。

金融家点评：

如果投资者对“反转”行情没有足够的思想准备，就必然会遭受损失。

267. 怎样使用“游击战术”?

战争中常为人们所运用的一种有效战术是“游击战”，即通过隐蔽埋伏神出鬼没地转移阵地，进行冷不防的攻击，以收出奇制胜之效。这种战术的特征是“打一枪换一个地方”、“打了就跑，跑了再打”。尤其在部队兵力不足时被广泛采用，而且一般都富有成效。

股市如战场，不少精明的投资者将战争中的成功战术加以适当改变用于股票投资，效果也很显著。

股市上的多头与空头对于股价涨跌之争，有时候甚为紧张激烈，他们不亚于战争中真枪真刀的交锋。一方为求影响股价的涨落，刻意制造出虚假情报，其激烈程度与战争毫不逊色。其中也有刻意制造利多或利空消息，以出奇兵的方式，突然大量买卖某种股票，待一般市场中散户大致看好时，再突然以迅雷之势，再做轧平进出，此种采取短线炒作，稍有获利即跑的操作方式，也称之为“游击战术”。

金融家点评：

采取这种战术进行操作，多以热门股或低价久盘的股票为对象，之所以取向于热门股，是着眼于进出方便，而操作久盘未涨的股票，是由于突然做高之后，一般都会认为突破而跟进，是拉高出货的策略。

268. 怎样使用“消耗战术”?

战争术语中的所谓“消耗战术”是指敌对双方实力大致旗鼓相当，或是双方不愿正面冲突，以免死伤太多，而采取的对峙策略。股票市场上的投资或投机人士经常可分为买卖的多头与空头两方，其操作的进出过程，恰似两军阵前的对峙，因此，经常在股票投资中把资金与股票当作子弹而对峙。当多头与空头双方实力相当，双方暂时不愿过于陷入冲突时，就产生了股市上的“消耗战”。

一般说来，股市消耗战在股价走势上，最明显的形态，即是一般所说的“盘挡行情”。另外，股价缓步微升成慢性盘软的局面，则可以消耗战末期的形态来分析。在消耗战初期，多头和空头双方皆不积极攻城掠地，但消耗战经过一段时日后，多头或空头一方，多少将呈不耐之势，一方若稍有退却的话，则必将给另一方以可乘之机。只有较占优势的一方并未乘胜追击时，缓步微升或慢性盘软的局面才能出现。至于盘软或盘坚一久，败方必显渐渐不耐，行情也将逐步转变，消耗战也就随之告结。

金融家点评：

狭路相逢勇者胜，对于占优一方来说，机不可失，时不再来，时间是耗不起的。

269. “消耗战术”有哪几种形式？

投资者只要稍加注意，就不难发现，一年之中常出现多次盘档的消耗战。这种消耗可进一步分为高档消耗战、中段整理消耗战及低档消耗战三种。

高档消耗战就是在行情已经上涨一段的时候，由于多头与空头双方意见分歧，形成对峙之势。这种消耗战能居高思危，但如果经济景气等基本因素很好的话，高档消耗战后再次突破原位而再升一段，也不无可能。

低档消耗战就是在行情已经下跌了一段，而在多头与空头之间形成的一种对峙之势，发生这种消耗战时，行情已离低价不远了，但如果经济景气等基本因素很差的话，低档消耗战后行情再次下跌也是有可能的。

至于中档整理消耗战，则是涨升回档之后，或下跌反弹之后的盘档整理，这种消耗战可用可不用，一般不易明显预测到。

金融家点评：

剑不如人，剑法要胜于人。投资者要注意识别“消耗战”，不能被“消耗战”所拖累。

270. 怎样使用“抢占先机”法？

经济景气情况对投资者进行投资具有深远的影响。当经济情况恶劣时，一般投资者大多都感到悲观、恐惧，因而纷纷抛售手中股票，惟恐手中的股票成为废纸一张，特别是在股市行情疯狂下跌时，抛售者更为争先恐后。但这对聪明的投资者来说，正是购买股票难得的好机会，待股市回温反弹后，必然获得可观的利润。因为股票市场上的大多数投资行为往往是盲目的，甚至是错误的，见别人抛售股票就不分青红皂白，不究其具体原因而匆匆跟风抛售。因此，在制定投资计划和投资决策时应考虑到这种情况。

1929年美国股市大暴跌时期，洛克菲勒公司公开声明购进石油公司的股票；另有一个美国亿万富翁盖蒂也在1929年趁机购进石油公司股票，而成为现在的盖蒂石油公司。但应注意，如果总是与市场的趋势背道而驰，显然就不能赚钱。因此，这个窍门在于要抢在别人之前行动，即在大家都决定买之前你先买，在大家都决定卖出之前你先卖。

金融家点评：

人弃我取，人取我予。这个诀窍的真谛是，通过控制买进和卖出活动去扭转市场上各种技术性下跌或上升，以达到自己的目标。

271. 什么是“忍痛割爱”法?

股票市场上每种股票价格的涨跌,都与整个证券市场行情密切相关。如果一般市场看涨,大部分股票的价格也会随之上涨;反之,如果整个市场看跌,大部分股票的价格也将随之下跌。研究表明,52%的股票价格会随整个证券行市而变化,13%的股票价格随工商企业因素而波动,12%的股票价格随本公司经营状况而涨跌。

投资者应当牢记的一句话是股票价值是随时间而变化的。在企业生命周期中,企业兴盛与衰落,都是极为正常的。如果对那些已经走向没落行业或企业的股票仍抱残守缺,则必遭损失。所以对投资者来说,就应该学会当机立断,忍痛割爱,不要紧握住面临破产企业的股票不放,而更重要的是要有预见性,对走下坡路的企业的股票及时抛出,不要舍不得眼前利益,不要把希望寄托在全无把握的企业重振上,因为这样的奇迹是很难出现的。

金融家点评:

该出手时就出手,该放弃时就放弃。这个诀窍的真谛是:当断则断。

272. 什么是“饭吃八分”法?

把许多人吸引到股票市场上来的是赚钱的欲望,它既可称为抱负,也可叫做贪婪,它是推动股票市场活力乃至整个经济发展的主要推动力。但贪婪总是危险的,它恰似一个没有调节器的火车头。你可能在一次交易中赚了一大笔钱,这固然是件好事,但如果你认为每天都可以赚大钱,那就是异想天开。

所有股票投资人都在梦想着在最高价时卖出,在最低价时买进。但事实上任何人都不能未卜先知,因为何时是最高价和最低价根本就无从肯定,再高明的技术分析家也只能提供所谓的“高价圈”、“低价圈”,“最小涨幅”、“最小跌幅”等预测值。所以实现“最高价卖出、最低价买进”的梦想的概率几乎等于零,即使有时果真实现,也仅仅是一时侥幸偶尔碰上而已。

具有这种强烈欲望的投资者,大多抱有这样的心理,即当行情实际上已从最高价开始跌时,总是希望这是暂时的回档,还会上涨,于是就抢股痴等,结果是股价越等越低,由赚等到赔。而在行情实际上已从最低层上升时,总是觉得还会再跌,于是还持币等待,白白失去赚大钱的好时机,眼睁睁地看着股价无情地上涨,此时要么放弃购股的打算,要么只能购买高价股。

由此看来,买卖股票与其他事一样难以十全十美,既然最低价不容易买到、最高价亦不易卖出的话,何不采取“饭吃八分、获利八成”的策略?

如果你拥有一种优质股票,即使你的投资能得到丰厚报酬的股票,并且前景似乎也如此,那你就应当紧紧地把牢它,不要轻易卖掉,千万不要看到别人比你赚钱多见异思迁,否则将对你大为不利。

金融家点评:

“吃饭在八分”为养生之道,“买卖在八成”则为股市哲理。两者之间行为虽不相同,但道理却相通。

273. 什么是“趁涨脱身”法?

有些投资者常碰到某些股票突然上涨的情况，即有心想买下看来似乎有看涨趋势的股票,但此时行情尚不明朗,把握不大。这时投资者应采取的对策是既不急于大量买进,也不按兵不动,而是先买一部分,以增强自己对该目标股的关心,日后若真有大涨的可能,再大批购进。为了避免过早投入,浪费资金的有效利用价值,最好的办法就是“先买一点,加强关心”。在众多股票中,冷门股一向是条大鱼,它只有在暴涨时期会比较热,所以一旦看中一档冷门股,必须要极其耐心地慢慢地吸进,但持股量决不能多,因为它既不易成交,也不易成交后脱手。

对于一些在短期内急剧上涨的股票,必须引起高度警惕。因为这种出乎意料的暴涨,很难预料它的变化趋势和变化幅度。在股价急速上升时,股票成交量会由于持股者不愿抛售而逐日下降,供需关系极度失调。当股价涨到某一无法预知的程度,卖盘突然大量涌现,供需关系便迅速转换,使得一些原来有意买进的客户,也就畏缩不前了,而那些本来喜气洋洋的持股者急欲抛出股票,却为时已晚。由于这类股价暴涨的情形很可能是某些投机商有意哄抬所致,对于一般投资者而言,自己根本无法确定抛售的最佳时机。因此,唯一的对付办法,只有逢涨就脱手,以确保小赚而不亏。

金融家点评:

小不忍则乱大谋。

274. 什么是“小步慢跑”法?

“小步慢跑”是说买股票时要慢慢来,不要着急。

“慢慢买”三字看起来十分简单,但却意味深长。买进股票需经过多方考虑,并选择适当的时机和价位后,才落手买进。这种买进操作方法,因事先经过深思熟虑,经常能够买到最低价,并且也较不易遭到买进套牢的苦闷,不过有时因犹豫再三,也会坐失“抢涨助升”的大好机会。但如果抱着“贸然买进不一定赚钱,没有买进必定不亏”的中庸心理而泰然处之,长期获利必然丰厚。

与“慢慢买”相对应的是“快快卖”。“快快卖”并非稍微赚了一点便乱卖一气,而是买进股票之后即随时注意行情变动,并逐日观察其涨跌变化的多种可能性和卖出点,一旦走势及价位与本身预先拟定的操作计划相同时,便即当机立断,迅速卖出。这种卖出操作方法,因事先经过深思,经常能够卖到最高价,但有时也会因卖得太早,而坐失继续获利的机会。进行股票投资的目的是为了赚钱,只要达到目标而赚了就跑,就无需惋惜,更何况暴涨的股票日后必有暴跌。

金融家点评:

提早获利下车,一般是不会吃亏的。

275. 什么是“中场休息”法?

中、短期投资者一定要养成一个习惯,有行情的时候做,没行情的时候退居观望,就像足球比赛要有中场休息一样。在股市有行情的时候无论怎样做,其结果只是赚多赚少的差别而已,但在“逆水”时候,却须要停舟,除非你的操舟技术一流,否则必定是进一退三,吃力不讨好。

一旦进了股市,成为股市一员后,不论赚赔,都很难再脱身,因为赚者胃口大开,赔者想要捞回来,以致永无止境地做下去了。有些短期投资者习惯于将手中的股票三天两天地进出,在有行情时做,在没有行情时也做,有些只看股票指数的升幅,但总体不能代表个别,指数大幅度上升并不等于某股票也大幅上涨。

投资者采取休息的策略,一般来说有两种情况:一是股市处于下跌趋势的时候,这时候的休息是保存资金实力最稳妥的方法;二是投资者看不清市场趋势的时候。

孙子兵法云:“用兵者,合于利而动,不合于利而止”。这一军事思想也应该成为股票投资者的行动准则和成功指南。在股票市场上不能奢望急功近利。因此在股价下跌时买进股票虽然获利的机会大,但究竟什么时候价格回升,什么时候能升到有利可图的程度,都不是主观意志所能决定的,所以投资者要有耐心,静观其变,合于利而动,不合于利而止,切不可盲动。忍耐和时间是股票投资者成功的重大因素。

金融家点评:

著名的投资大师索罗斯说:“休息其实是工作的一部分,只有远离市场,才能更加清晰地看透市场。”

276. 什么是分段买高法?

分段买高法又叫平均方法,是投资者为了减少风险而分段逐步买进某种上涨股票的投资策略。

股票价格往往波动很快,一般投资者很难看准其行情走势。如果投资者一次性把资金投入购买某种预计上涨股票,当该种股票如愿大幅上涨时,投资者抛出变现后肯定获利丰厚,而一旦预计有失误,股价不涨反而一路下跌,损失将是惨重的。这是一次性投资给人带来的苦恼。于是就采用分段买高法来减少上述风险。

投资者在股价上涨的过程中,将资金谨慎地分段逐次投入市场。这就可以遇到行情下跌时,立即停止投入,以减少损失。

对于中长线投资者来说,如何有效地降低风险或减少损失至关重要。如果市场行情一直是看涨,采取一次性买入最好。但如果行情不是很明显时,一次性买入却不明智。

金融家点评:

这时,分段买高法不失为一个好的投资策略。

277. 怎样正确运用分段买高法?

下面举例说明如何运用分段买高法进行操作:

投资者预计某股票从 30 元价位上涨,手中的 10 万元钱不想一次投资,就选用了分段买高策略。先用 3 万元买进 100 股该种股票,等到股票涨到 32 元时,又买进第二个 100 股,当上涨到 34 元时,买进第三个 100 股。在这一过程中,一旦遇到股价反转回落,投资立即停止。根据获利情况出售已购股票,完全可以补偿因股价下跌带来的损失。如果投资者买进第三个 100 股时,股票价格开始下跌,只要投资者不购进第四批就可免受损失。如果股价回跌至每股 32 元处,且仍有下跌时,投资者可考虑抛售全部购入股票,这样第三批损失完全由第一批赢利抵补,保证了 10 万元本金毫发未损。如果是股价没有回落,一路上涨,投资者可获丰厚回报。

分段买高法是讲究分批买进,一次售出,以减少损失,投资者避免了一次性投入资金的风险,不失为有效的策略。

金融家点评:

分段买高法在实践中还是较保守,不如下面的分批买卖法灵活。

278. 什么是分批买卖法?

分批买卖法指的是当股价跌到一定价位后,投资者开始进入股市,分批购进;而当股价上扬到一定高度的价位后,则开始将手中股票分批抛出。

分批买卖法只选择一个入市时点,然后就分批买进再逐次卖出。哪怕股价下跌到某一低点时,投资者也会坚决予以买进,即使买进后继续下跌,投资者也将继续买进。同样,当股价上涨时,投资者也不会因贪心而不舍得出售,哪怕股价继续上涨,投资者还继续卖出。因为投资者在分批买卖过程中通过不断的卖出获利,故不会因失去良机而后悔。

金融家点评:

采用分批买卖法,就可以有自己的主见,并在一路买进卖出的灵活操作中,摸透股价的一些习性,增强自己的感性能力,为以后看准行情打下基础。许多高手也就是以此练出一身本事来的。

279. 怎样正确运用分批买卖法?

股票投资者无不希望在最低处买进,在最高处卖出。然而市场的情形却总是喜欢捉弄人,常常在股价下跌到可以入市购进时,许多投资者还认为应该继续下跌,仍然持币待购,而等到股价大力反弹上扬时,还认为股价该继续上扬,不肯抛出手中股票。等到股价下跌时,不仅卖不出好价,有时还会被套牢。

至于分批买卖入市的时点,投资者应该认真把握,最好依据一些技术性手段帮助确认。通常方法是当一种股票的相对强弱指标低于20时，表示该种股票价格已经不能再低，其反弹可能性也到了最大，此时，入市分批买进不会差。而股票相对强弱指标达到80以上时，表明该股的上涨已到末势，下跌的可能性也最大，此时应该毫不犹豫地分批抛出或一次抛光。这样就会尝到有惊无险地喜悦，或者也会为到手的利润吓一跳的!

金融家点评：

分批买卖法是有效医治优柔寡断弱点的好办法。

280. 什么是交叉买卖法?

交叉买卖法又称股票巨额交易法，是机构大户所使用的一种股票的买入和卖出的交易方法，它主要是为适应股市上的巨额交易而产生的。

一般来说，当某种股票在市场上以成百万计数量买进或卖出时，就足以引起股市的大幅度波动了。有时会令股票交易价格脱离轨道，从而给股市发展带来一系列负面效应。如果是机构买进或卖出大宗股票时，总得事先找好适当的卖主或买主，然后买卖双方同时成交，这样既完成了巨额交易，又避免引起股价的大幅波动。

金融家点评：

交叉买卖法是一种相对狡猾的技术策略，散户投资者很少使用。

281. 何时宜用交叉买卖法?

当今股市中，个人持股的比重在逐渐降低，相反机构持股的比重在逐渐增大，机构投资者所持股票大都是通过交叉买卖来实现。所以交叉买卖的频率也逐步成为了解机构投资者动向的一个显示屏。

交叉买卖的另一长处是可成为某些公司实现特定目的手段。主要包括在当经济处于不景气时期，财务状况恶化的某些公司，在出现既不想失去手持股票又不能不出售股票弥补亏损周转资金时，就用交叉买卖法进行技术性处理，即用现货交易卖出股票而取得资金同时，又用信用交易予以补进。这样就可把售股收入与信用交易所耗资金的差额作为公司所需的资金。

除此之外，有些公司为提高新上市股票的知名度，增加流动性，也通过委托证券公司采取交叉买卖的方法有意买进和卖出，以营造该种股票在市场上的买卖氛围。

金融家点评：

如果您是个专门做大宗买卖的投资者，就可以尝试一下股票巨额交易法，小户投资者要慎重使用。

282. 什么是试盘买卖法?

试盘买卖法是投资者投入极少量的资金进行买卖，以测试行情走势，再以此作为依据进行大宗进出的投资方法。大户买卖股票时，为了减少盲目性，提高进出股市的成功率，都要先做少量的买卖以测验行情的走势趋向，为主力买卖的证券投资试盘，这种方法被称为试盘买卖法。

试盘操作的方法应在进行证券买卖的开始，先少量买或卖出，并以10分钟为限度，试验该档价格的股票是否容易买卖。这样就可以避免买卖中的盲目性。提高进出股市的成功率。为此，此法也为一些大户交易的投资者所欢迎。

金融家点评：

摸着石头过河。试盘之后，如果结果理想，就应果断入市。

283. 怎样使用重点进攻法?

重点进攻法，是投资者在深思熟虑后，针对某一热门股股进行短期集中投资的方法。

凡股票市场，无不产生股价波动大十分热门的成长股，投资者果断地把大量资金迅速集中投向这个重点进攻项目上，通常会由于股价大幅度的波动而赚取巨额暴利。股市历史上，不少人曾用此法一夜之间暴发。由于这种方法风险较大，需要投资者具有相应的胆略和勇气以及承受巨额亏损的能力，因此又被称为果断积极投资法。

此法是一种反传统的冒险策略。主要表现在以下几点。其一是一改传统分散投资方式，把资金集中在一处，集中投入，一次见效；其二是不考虑从事优良股的长期投资方式，只选热门的成长股进行短期投资；其三是不在意一般市场的景气指标或企业所作的市场调研，只把重点放在反应目前股价波动情形的股价走势图上；其四是决策一旦作出，就应当机立断，以免坐失良机；其五是作为破釜沉舟的险招，没有一定眼力和胆略，不可随意乱用。

金融家点评：

这种方法最大缺陷是集中资金一次投入，一旦行情出现逆转，投资者未脱离股市，就可能蒙受巨额损失。因此，投资者应具有受挫的心理准备。这种方法是一种短期见效的获利方法，不可以经常使用。

284. 怎样用好短期获利法?

这纯粹是一种短期的股票投资策略。它指的是当某种股票处于上涨趋势时，应大量买进，待其在短期内上涨到一定高度时，又予以抛出的大胆投资行为。

当股票价涨到一定价位时，产生较大起伏波动，投资者争相购入，必然推动股价持续攀升并创出历年来的最高行情。投资者只要预测准确，待其上扬之时买进，继续上扬到一定高价位时全抛出去，就可获取可观价差利润。

这种方法的关键是要抓准股价上涨的获利机会，看准买卖时机，赢利效果才会较明显。但其不足也是明显的。其一是在高价位购进后，如不涨怎么办？回落将更可怕。其二是在更高价位上卖出后，再涨怎么办?所以选择买点与卖点是这种短期获利的关键之处。

采取短期获利投资需做到两点：一是要加强股市行情的分析和预测；二是要选好买进卖出的时点。此方法也只适应那些积极进取的股票投资者。

金融家点评:

以逸待劳的投资策略,适合于那些城府较深的经验型股票投资者。

285. 什么叫守株待兔投资法?

也有人称之为等待投资策略。等待也是现代人生活中的一种生存能力,敢于等待,善于像蜘蛛一样等待的人也可以获取丰厚的利益。

守株待兔投资策略是指投资者专门买进一些其他人不愿买进的低价股,长期持有,等待其日后大幅上扬时再予以抛出,这是一种等待,等待就是胜利。

这类股票价位往往不会太高,大多是企业不太景气或者产品还未投放市场,不为凡人看好,不属介入妙作。一经公司业绩重振,环境改善,恢复了正常,则股价就会大幅度上涨。有心人事先介入,专拣这类股,往往可以大获其利。

专家曾告诫投资者说,有三点应该事先考虑。其一是要经常把握这些公司的经营业绩及债务状况。如果公司连年负债过多,则考虑适当卖出,以免变成烂股,公司破产后变得一文不值。其二是不要倾尽财力买,要给自己留下一手,以防其股价一落到底,遭受太大损失。其三是要有耐心去等待,稍安忽躁,如果一时不涨,也莫要着急上火,马上脱手后极有可能追悔不及,要相信自己开始选择时的眼力。

金融家点评:

这实在是一种大智若愚的投资策略。守株待兔也罢,以逸待劳也罢,关键是要不怕等待。

286. 怎样判断哪些是冷门股?

市场里有人对这种“冷门股”最感兴趣,有各种形容,也有人称之为“黑板利益股”,因其持有者天天挂出无法成交,又天天看着它跌停板,当其一步步逼近自己买进成本时,那真像一场恶梦,直到卖掉之后,才会消除惊吓。

不可否认,冷门股市场流通筹码少,一旦需求殷切,筹码会供不应求,价格会急剧变动,相对地,一旦需求萎缩,筹码大量供应时,反倒缺乏接手,股价又走向极端。

资深人士给冷门股的定义是:并未有一定标准,反正每日交易并不热络,一般总以限价委托挂进挂出,皆不太容易成交的股票。但是,“冷门股”有时是条大鱼,想稳稳地抓住这条鱼并不简单,只有等它顺游时才可以网住它。

金融家点评:

冷门股就像冷艳的美女一样,一旦露出笑脸将会阳光灿烂,一旦露出冷脸也会乌云密布。

287. 炒冷门股应注意什么?

作为冷门股,一般没人去做大笔投资。因为它实在是太冷了,也只有在其偶尔热时,热一阵子。所以,冷门股在激涨时,才会比较热。看中一档冷门股,要慢慢地买进,慢慢地吸入,因为其不易成交,成交后也不易出手,因此持股不必多。

股票市场永远是按“多数人决定的原理”而波动。预测股票有希望的人越多,股票的价格就会上涨,而并不在于预测的正确性。因此,应该顺应多数人的意见,购买大家都喜欢的股票。尤其对一个初进股票市场的人来说是非常重要的,必须培养自己了解股市投资大众的动态,留意别人喜好的习惯。

当然,冷门股并不是绝对不能炒作,虽然冷门股像一位冷艳的美女,其特征就是“冷”,但并不等于她就此失去了魅力。但因为冷门股的股性冷,一方面不易成交,另一方面成交后也不容易脱手,因此,炒作冷门股,绝对不能玩大的,持股绝对不能多。

通常持有冷门股的比例,绝不能超过投资资金的 10%,即使你对标的冷门股,已经作过长时间的透彻分析,认定它将是一只很有投资价值的股票,也绝不能轻举妄动,过多介入。

通常人们投资冷门股要掌握在 10%的投资资金以内,这是一个持股原则。如果 3 年不动怎么办?急需钱时又出不了手,又怎么办?如果挫低 10%或 20%才成交,真是得不偿失。假如手中持有冷股只是少量的,即使因需钱而必需卖出时,也还可以寻找成交机会。

若方法得当,冷门股获利很大。投资者合理安排投资组合,给冷门股以适度关心,会获得丰厚的回报。

金融家点评:

冷门股也不是任何人都可以炒热的,冷门股几乎是那种耐得住寂寞,不怕漫长等待者的专利。

288. 什么是消极投资法?

消极投资法也称被动投资策略,是指投资者需购买股市指数成份股的全部股票,使投资于某种股票的金额与股票的市值占股票市场总市值的比率成正比,这种方式被称为消极投资策略。操作要点是:首先把投资资金分散投资于股市指数成份股的各股票。其次是让各种股票的资金比率与该种股票的市价总额在整个股市的总市值的比率大体一致。

采用消极投资法还可以有效地降低投资风险。此方法对那些没有更多业余时间投资的人们也是一个鼓励,他们也无需去了解更多的深奥知识。

消极投资法在实施操作中,并不是完全地消极和不作为,还可以作些主动的调整,当然是小的调整,比如一些业绩太差的烂股就可以去掉,换之以绩优股。一旦调整的动作太大,就不是消极投资法了。下面以实例说明怎样运用消极投资法。

例如:投资者手中拟以 10 万元资金投资于某股市的指数成份股,若全部成份股为 5 个股票,各股票市价占整个股市总市值分别为 25%、30%、20%、15%和 10%;则投资者购股资金的分配也分别 2.5 万、3 万、2 万、1.5 万、1 万元。这样一来,投资者就可以根据指数变化率来判断手中持股的市值变动情况了。股价指数增加或减少多少点,投资者手中持有股票的市值也增减多少个百分点。投资者运用消极投资法后,就可以省去不少精力和时间,也不必整天研究上市各公司经营情况,更不用去分析个股每天的升跌。只需关心一下股市大势即可以了。使股票投资成为一种游哉悠哉的乐事。这是因为股价指数变化情况完全可以提供收益状况,股价指数正好代表了股市上各股票变化的平均数。

此外，若投资者财力有限无法尽买指数成份股，也可以挑选一些“指标股”，那些与指数相关系数够大的股票，收益状况同样可以大致追随指数变化，而把个股的K线图置之不理，从而节省大量时间。

金融家点评：

如果你不喜欢那种心急火燎的投资方式，而喜欢冷静的战略型投资，就可以试行消极投资法。当然，如果你自认为十分聪明可以选到最好的股票，而且总想在股海跃跃欲试以展示超人的才智，就不必用此法。

289. 什么是王子饭店损失法？

卖出必须脱手的劣质股票时，同时也售出了已有收益的股票，投资者算总账时，有盈无亏，有效避免了账面亏损带来的心理阴影，使投资者顺利地抽回不良股票占有资金，投向有利可图的优质股票，以获取更大的投资效益。

人们借用这种方式将在卖出已有收益的股票时，把持有的受损股一并卖掉，这种方式称作“王子饭店损失法”。

这个名称传说是由某外国一家“王子饭店”入账方式转来。这家采用连锁方式经营的“王子饭店”，习惯上把某一地区分店的收益赤字和另一家分店尚有盈余收支合并成盈余登记入账。从此，“王子饭店”损失法被借入股市，越传越响。

原来，做股票最难处就在于明知损失不得不卖出，然又缺乏壮士断臂勇气。比如说，将要卖出已有利的股票，另外手中又持有下跌的股票，这是明知受损非卖不可的。此时，索性两者一起卖掉，盈亏相抵，持平还有余额，“王子饭店损失法”正好可以消除这一疑难，令投资者轻装前行。

一般而言，明知受损而又无法断然抛售，理由可能是单方面造成损失，容易自认失败，而产生悲观情绪，重者背上精神重负，王子饭店损失法既摆脱了不良股票，又抽回资金转向新的投资。就像百货商店实行清仓大甩卖一样，完全不计获利，不问老小，将存货清出。结果是把卖不动的旧商品清出去，才可以换来卖得动的新商品。做股票的道理也全在于此。

金融家点评：

有时候，人们明知已经损失的股票，通常下跌一成的时候，就该出手，事实上明知受损还不愿放弃挣扎，结果延误之中损失又加一成。如果此时当机立断，将手中某一有利可图的股票一并卖掉，这也是一种高明的办法。

290. 什么是见好就收法？

见好就收法也称相对有利法。它是指投资者买进股票时，就给自己设定了一个获利(或亏损)目标。当股价一接近目标立即售出获利的投资方法。

见好就收法是以不受损失或少受损失为主要目标、获利放在第二位置上的一种保守型投资策略。其理论基础是把股票交易放在一个动态过程中去看，价格的高低变化也是相对的，无所谓最高最低，只要相对有利，达到了预期的目标，见好就收，脱手变现为乐。这就不会因过于贪心而亏空。预期获利目标的大小因投资者不同而异，根据股市具体情况和投资者习惯特点自行定夺。

比如，投资者用1万元现金购买每股10元的某种股票1000股，如果其确定的收益目标为10%，那么当股票市价涨至每股11元时就应脱手变现。如果其预定投资收益目标为30%，则需等每股价格上涨到13元出售。

采用这种策略，投资者不会奢望更大的获利机会，即使卖出股票后股价上涨也不后悔。另一方面，买进股票后，股价平稳，长久未达到预期目标，投资者资金等于闲置。这是该投资方式的两大缺点。尽管如此，见好就收法还是获得不少投资者的青睐。

金融家点评：

作为一种短线投资方法，见好就收法防止因股价下跌给投资者带来的损失，往往在锁定获利目标时也同时锁定好亏损预期目标，即使股价下跌，也可以限制亏损，这是一种较为稳健的投资策略，此法可防止损失进一步扩大。

291. 什么是“吃半饱”投资法?

行情低点或高点是投资决策的最困难处。常常是人们认为已经跌到了谷底，可是行情还继续下跌；有时人们认为少数股票已经涨到了天价，却还要向上攀升。所以股市上对谷底与高峰的判断是很难的。

股市冷落之际，也正是投资者寻找买点的良机。但如何掌握买进时机?行情的最低点既然不好研判，有人便索性主张寻找次低点入市。于是，就有了次低点投资哲学一说。高点与低点难以寻觅，所以投资者就退而求其次，专门去选择“次低点”作为买进点。这种投资方法，既不能在最低点买进，也不能在最高点卖出，既使获利也只能“吃半饱”，俗称“吃半饱”投资法。

股价走势从落势翻转为涨势，行情的“次低点”一定较“最低点”多一次。以“V形底”来讲，最低点只有一个，然而次低点却有两个。以“W形底”来说，最低点有两次，而次低点就有三次。

同样，股价走势从涨势转为落势，行情的“次高点”也一定较最高点多一次，以“M形高峰”来说，最高点有两次，次高点也应有三次。

以行情的次低点作为买进时机的投资者，其买到便宜的机会较之于最低点买进的投资者，多了“一倍又一次”的机会。同理，卖最高点的投资者也不如卖次高点投资者的机会多一次。因此，专门研究寻找次低点与次高点买卖的投资者往往心情坦然笃定，不会患得患失，买进也从容，卖出也镇定，潇潇洒洒就完成交易了。每当预期行情已“好”，而下挡有限时，就断然进场，在下跌上涨前半拍时间，买卖已经作罢了。采取了避其锋芒，专拣空挡下手的“次高”和“次底”处的策略，可以无往不胜。

金融家点评：

“吃半饱”是一种较好的投资策略，实践中“次低点”与“次高点”的成交率也较高，同时还可以免受人头攒动一窝蜂争抢之累。

292. 什么是抢帽子法?

抢帽子是以赚取股票的当天价差收益为目的。有些投资者每逢股市处于大幅震荡阶段，只要当日股价上下波幅较大时，就成了他们抢帽子的最好时机。投资者对股市行情研究之后，马上做出十分敏捷的反应,速度快得惊人。

采用该策略在同一天内,先低价购进预计上涨的股票,待股价上涨到一定获利幅度时,就急忙全部抛出,获取当日股票价差为目的。

也可以在同一天内,先高价卖出预计价格将要下跌的股票,若股价果然下跌到一定价位时,就急忙买进与其卖出的相同数量股票,同样可以赚取到该股票的价差。

股票市场价格波动震荡阶段,瞬息之间变化很大,所以,抢帽子的人思维敏捷,而出手迅速,手迟脚慢之人,根本抢不到,所以才叫抢帽子。

抢帽子与买空卖空都是以正确预测股价走势的本领为前提条件的,两种投资行为都讲究技巧和速度。两者区别仅在于前者是在一天之内,属于对当日股市走向的把握。而后者则是在两三天内,也有时是在三五月内,对今后一段股市行情预测后从事买空交易或卖空交易。总之,二者都属于一种技巧性的投资行为,非高手不能抢到帽子。

金融家点评:

抢帽子是进行股票短期买卖的技巧之一,属于一种高风险的股票操作行为,如果不是股场上的经验老手,一般不能轻易去抢。

293. 什么是偷梁换柱法?

偷梁换柱法是投资者卖掉手中持有的某种股票后,改购其他股票的技巧性策略。此法也往往是那些股市老手才适合选用的投资策略。偷梁换柱主要有两种常用方法。

其一,卖出较抢手的而且上涨幅度已很高的热股,转向购进一些还未被炒热确实有实力的廉价股。之所以这样换股,是出于这样的考虑,热门股涨势已到了顶点后,必然要跌下来,趁其还未跌之际,即时出手,可以避免受损,同时保住了已有利润,弃旧图新,新股潜在升值能力很大,用已到手的资金进行下一轮投资,这是股市上公认的稳健策略之一。

其二,卖出不受欢迎且变动较小的股票,选择涨势较好的新股,新股刚开始上涨,获利希望也就越大,顺利实现这样转换,为投资者的扭亏为赢提供了大幅增加收益的可能性。在股市上,敢于这样大刀阔斧、当机立断的投资者,实属佼佼者。这对一些优柔寡断的投资者来说,是一个极好的启发。

采用偷梁换柱的投资策略,也应注意出现下面的一些麻烦:其一,要避免在两种绩优股中转换。同样是知名度高的股票,如果没有特殊可靠的利多利空信息出现,二者之间在股价走势上不会发生较大差异,到头来,红七换蓝八,只是增加了手续费支出而已。其二,要尽量避免在同一行业股票间的转换。同一行业的股票,在股市价格走向上,在股市人气上也只是大同小异而已,如果甲做不好,乙也好不到哪里。这种换股不会给投资者带来好处,也只能增加手续费的支出而已。

金融家点评:

偷梁换柱的投资策略也是一种技术和经验指标较高的方式,搞好了可以赚取利润,搞不好,只是白忙活一场。

294. 什么是欲擒故纵法?

投资者往往为了出售某种股票,有意拉高同一行业同一性质的另一股票价格,以制造股价上升假象,等到大批散户蜂拥而至的时候,就迅速将待售的股票高价抛出。这一方法也是投资大户的惯用方法。

采用欲擒故纵的投资者,一看到股市上有齐头并进的两种股票涨跌之时,通常是先择其中流通股数少者或金额小者进行操纵。比如,同样是机器制造业的甲乙两个公司,一个是生产整机,一个是生产配件的。甲公司资金实力雄厚,且上市股票量多,面额较高;而乙公司却资本较小,上市股票发行量也少,面额也低。甲乙两公司的联系关系密切,所以,股票在市场上也基本上是齐涨齐跌关系。

投资者发现这一现状后,就认为有利可图。他先利用乙公司股票发行少,股票面额不高且易于操纵的特点,大量买进,当众多散户盲目跟进,乙公司的股票价格随之大幅上涨后,相关联的甲公司股票也会出现大幅上涨,这时,投资者就会乘机把准备好的甲公司待售股一举抛出,从而实现了声东击西、欲擒故纵的投机计划,往往获取巨额利润。

金融家点评:

这是投资者炒股时惯用的伎俩之一,这种炒股方法以其投机的隐蔽性而得名,故称为欲擒故纵法。

295. 什么叫滤嘴投资法?

滤嘴投资策略也叫滤嘴法则。它是指股票投资者在股市处于涨势末期或跌势末期时,以固定的比率,牺牲或放弃一小部分利润,以确保预期利润的投资方法。

股票市场上,投资者无不期望低进高出,但苦于底谷和高峰的难觅,就退而求其次低和次高,不追求最高点卖出也不追求最低点买进而是在涨势中只求次高点卖出,在跌势中只求次低点买进。

滤嘴投资法教会投资者以退为进,其"买点"的决定是在股价跌落后,回升到投资者的主观比率时作出。如果这个滤嘴比率定为8%,那么不论股价怎样变化,只要回升比率还不到8%,均不作为买进时点。一旦跌势遏止,反弹回升的比率达到8%时,则立刻决断买进。同样,若滤嘴比率定为10%,操作也依次类推。卖点的决定,就是在股市涨势结束,股价回落到投资者预定滤嘴比率时作出。比如投资者所确定的滤嘴比率为7%,那么当股势结束涨势而跌到7%的程度,就应立刻卖出。以便在跌势中保住已赚取的利润和避免更大的损伤。

多年的实践操作证明,在长期的涨势中或跌势中,要求在险中求胜,败中保本,滤嘴投资策略确是有效的办法。但若股市涨势和跌势不太长,而是很短,或者干脆是跌幅涨幅过小时,采用滤嘴投资法就会成为买卖过频,仅股票交易手续费就是负担,等于此法失效。

金融家点评:

以小的让步,寻求更大的生存空间的投资策略,在股市上逐渐为人们重视。滤嘴投资法亦属此类策略的运用。

296. 什么是渔翁撒网法?

这是一种组合投资方式。投资者买进股票时,就像渔翁撒网一样,在同一时期将资金投向多种股票,以便在股票价格的涨跌中大面积获利并降低损失。此方法的获利理由是认为各种股票在短期内的强弱变化难以捉摸,因此,不妨同时购进多种股票,哪种股票上涨到能够获利的水平便出售哪种股票。

渔翁撒网法的好处也是较为明显的,他不搞单线垂钓,而是撒网猛捞,既能获取股票投资的收益,又可以分散投资以降低风险。正好应了那句名言;不要把鸡蛋放进一个篮子里。在动荡的股市中,投资者就可以博采众长,左右逢源,尽收渔翁之利。

比如,当整个股市进入牛市冲天之际,各种股票总是轮番上涨,渔翁便可以抛出获利,即便有些表现不佳的股票,也可以涨跌相抵减少损失。在炒作过程中,也可以清除一些烂股,补进一些新股,持股待涨。

金融家点评:

这是一种粗放式的炒股方法,适合没有太多时间紧盯着股市行情的人使用。

297. 什么是反式渔翁撒网法?

在渔翁撒网法中,由于总执行"哪种股票上升便卖哪种股票"的原则,较容易把手中的优良股票低价卖出,而长期收留一些劣质的"懒汉股"在手中,时间一久,必然使投资获利能力减弱。这是渔翁撒网法唯一遗憾之事。为了解决渔翁这一烦恼,一种新的方法应运而生,叫反式渔翁撒网法。

反式渔翁撒网法就是认真有选择地进货,哪种股票上升快、表现好就适当多买,哪种股票不动甚至还下跌表现差就少买或出售它。由于股市往往是强势股持续走强的时间较长,弱势股持续走弱的时间较短,因此渔翁反式撒网操作结果大不一样,投资者保留了较多的强势股而保障了未来的获利能力,清除了一些劣质股之后减少了损失还增大了投资赢利,等于是执行了一些新的投资原则;哪种股票下跌就卖出哪种股票。反式渔翁撒网法一经实行,不足处也暴露了,就是极容易降低已成交股票的赢利水平。

金融家点评:

渔翁撒网法和反式渔翁撒网法各有利弊,投资者还需根据具体的情况灵活运用,扬长避短,在股海中正反两手交替使用,这样可增强获利的可能性。

298. 什么是金字塔买入法?

这是分批分段买卖法的变形。此法是针对股价价位的高低,以简单的正三角形作为买卖模式,适当调整投资数量的一种方法。

金字塔买入法的要点是:正金字塔型的下部较宽且分三个段落,愈往上愈小。宽度的部分显示股价价位低时，大量买进，当股价反弹上升时，买进量逐次减少，从而降低了买进平均价格，缩小投资风险。例如：投资者预计该股票价格看涨，他以每股30元价购进了1000股，当涨至33元时，他又买进100股，当股价涨至35元时，投资者认为还有涨势，就再买进100股。买进数量和买进次数依照自己资金实力和股市当时的人气情况决定。

采用这种愈买愈少的金字塔式买入法优点是什么呢?如果投资者第一次买成之后，股价仍处于上升之中，投资者就第二次、第三次追加投入以增加获利机会，这样虽然不如一次投入获利大，但却有效地预防了因股价下跌带来的风险。如果股价在第二次买成后下跌，或在第三次买成后下跌，会因为买的量已经很少，不会损失太大。

金融家点评：

不难发现：此法完全是为了减少风险以增加获利机会而设计的。

299. 什么是倒金字塔卖出法

与金字塔型买入法相反，倒金字塔是下方小，愈往上愈宽大。倒金字塔型卖出法的要点是：当股票价位不断升高时，卖出的数量应仿照倒正三角型的形状逐渐加大出售数量。以期摸到最高价位的好时点，赚取尽可能大的差价收益。此时，投资者手中购进1600股，假如股票上涨到每股40元时，投资者就出手100股，如股价又涨至45元时，又出售500股，等到股价一路涨至47元时，则售出手中的1000股，全部售完。

这种方法较明显的目的：就是由小到大的出乎人气旺盛的股票，直逼股价的顶峰。既可以减少风险，又可以向售价的顶尖冲击。股票又易脱手，又能体会到一种主动出击的愉悦快乐。典型的不留余地，猛打猛冲的风格。与前面所讨论过的寻找次低点或寻找次高点的投资策略正好形成对应关系，两者各具千秋，相得益彰，大有异曲同工之妙。倒金字塔型卖出法适于市场状况景气的情况下使用。

金融家点评：

从投资哲学角度而言，这种方式很有西方人那种走极端，直面艰险，不达目的不罢休的认真态度，这也是东方人欠缺的素质。他山之石，也可以攻玉。未来称雄股市的恐怕也就是新一代投资者，他们思维灵活，不保守，习惯于左右换手，用两片脑叶同时思维的人，才是现代人的标准。

300. 什么是保本投资法?

这里保本意思是指：投资总额中不容许被亏损殆尽的那部分数额，而非投资者用于购买股票的总金额的本钱，这个基本金额因人而异，不同投资者确定的保本数额差别会很大，有人把保本比率定的较大，也有人把保本比率定的较小。股市上，风险与收益成正比，所以保本要各自定夺。

采用保本投资法关键不在于买进时机的选择，其用意主要适宜于在选择卖出时机的选择。因此，停止损失点的制定才是保本投资法的关键。

当行情下跌时，采用保本投资法的股民以停止损失点来防范巨额亏损。停止损失点的制定也是一个主观概念，投资者心中的“本”拟定后，股市行情一到保本点，就卖出其用以保本的最起码的股票。

具体而言，就是投资者在行情下跌到一定比例时，为了免受过份亏损而全身以退的措施。比如说：投资者拟定的“本”是其最初投资为80%，那么行情下跌到20%时，就是投资者启动停止损失措施的时刻了。

金融家点评：

保本投资法是股票投资中避免血本耗光的一种技术型操作方法。然而，投身股海的人深有感受，往往是经济状况不很明朗情况为多，股价走势与经济状况出现明显脱钩，令股市行情变化莫测，极难捉摸，这时先求保本就显得颇为重要。

301. 什么是获利卖出法？

获利卖出法是在保本的基础上确定获利卖出点，即为投资者获得一定数额投资利润时断然卖出的某一点，这个点卖出的并非其全部持股，而仅是投资者心中想要保本的那一部分。

比如，投资者心中的保本数额为50%，那么其获利卖出点也仅为所持股市价总值超过最初投资时投资额为50%，在此点，该股票投资者可以卖出所持股票的1／3，先保其“本”。保本之后，投资者手中持股市值总额与最初投资总额仍相同，心中就有了一种安全感。

此后，该投资者可以再制定二次保本的获利卖出点。比方把其余股的“本”改订为20%，那么等到余股涨了20%，就再卖掉1／10，又将此一部分的“本”保下来。以后，逐次去拟定下步的保本获利时点，以次类推，随着股市行情不断上升，其持股量递减。不过，持股市值却一直保持不变，始终等于其入市时总金额。

金融家点评：

获利点的制定不能一厢情愿，必须针对行情上涨幅度才可好确定。

302. 什么是以静制动法？

这种投资方法不主张在股市处于横盘整理阶段追涨买进，主要是认为，如果在此时买进，股市行情往往东升西跳，刚买到上涨的股票后，其股价就回跌，而已卖出的股票，则可能由于在投机高手云集换手轮做之下，疯狂上涨。这样，入市者往往会往返追随，疲劳不堪且无利可图。

以静制动法则教会投资者对付这种场合。操作过程是：面对股市的换手或轮做，笑看行情走势出现的上窜下跳，此起彼落，投资者处乱不惊，毫不为之动容，任其上涨下跌。在人声噪杂的股市上，去冷静选择涨幅较小、或者尚处在价位调整的股票，买进持有，并且静候大户介入，耐心等待股票上涨，迅速脱手变现，这种以静制动法往往会像埋伏战一样漂亮取胜。

此法虽买进了涨幅较小、价位未调整好的股票，却具有获取大利的潜在威力。因为后发暴涨股票，往往有两大类型，一是平日交易少，股市大户尚未发现或虽发现还未握到筹码的股票；另一个是价位长期偏低，在低价位上徘徊不为凡人认识，一旦股市主力介入，其股势就出现了一鸣惊人的上冲势头。

以静制动法的获利是极为丰厚的，用此法的投资者必须有较为丰富的股市经验，在股市行情大势的把握方面有一定的阅历，而且对一些股票的潜力也有独特的眼光，发常人之未见，提前大户半步先下手，等到众大户介入之后，股价炒热上升之时，仙女散花一样兜头抛下，等到别人发现时，投资者已经悄然退下，隐身于幕后，静静埋伏，准备下一次的入市良机了。

金融家点评：

采取以静制动法投资策略，并非是任何人都能操作的，要求投资者在股市的换手轮做阶段，善于发现那些股价平静却真有实力的股票予以购入，同时还需要投资者具有较好的忍耐力。

303. 什么是顺势投资法?

这是投资者顺着股价的趋势进行买卖的操作策略，此策略适合于小额投资者采用，因为小额投资者本身无从操纵行情，大多得跟随股市走势，采用顺势做法，这几乎已被公认为小额投资者买卖股票的“铁律”。

顺势投资法要求投资者在整个股市大势向上时，以做“多”或买进股票持有为宜，股价呈下跌趋势时，就以卖出手中股票而拥有现金待机而发为好。采用顺势投资法须有一个前提条件，涨跌趋势应明确，而且还得有一定的预见能力。如果做不到这一点，跟进也是盲目的。选中的势该是一段长期趋势，而不仅是一段短的涨跌行情。对于小额投资者而言，只有在股价走入中长期趋势中，顺势而作才可获利。

当股价走向短期趋势中，此种方法一定要少用。因为短期涨势时，可能已到跌势边缘处，此时买进，极有可能抢到了高价，接力棒到手之后递不出去死在手中。另一方面，当股价被确认处于短期跌势时，可能已近反弹回升，若这时顺势卖出，极可能卖的是最低价，这也往往令人懊丧不已。

金融家点评：

顺势投资等于借力发作，不仅可收到事半功倍的效果，而且获利的几率也分外高。

304. 什么是利乘法?

利乘法是股票买卖的操作策略之一。其操作大致过程解释为：在股价上升过程中，分批购进某种股票，随着股价的涨升，所持股票经过不断的加码也愈来愈多。但一见大势转跌至某一点时(大致3%左右)，就一并抛出。

具体操作如下：投资者在每股为15元时，先买进1万股，其后股价涨至15.50元时，再加码买进2万股，尔后升16元时，再加倍购进3万股，直至用完本金。至于买点选择，也就以习惯上的3%为限。投资者以15元价位买涨，若一路上扬至每股20元时，股价回落开始，下跌3%，跌到19.40元时，投资者就将手中持股抛售变现。

这种利乘法的原理是采用了“买涨不买跌”的追涨策略，因而在多头市场中，一般是有利可图的。遇上暴涨行情，往往能获利更丰厚些。不足之处也有：此法几乎是越涨越买，若把持不好，有时可能是最高价大量买入，行情反跌，脱手不及时，终致亏损太大。

金融家点评：

利乘法一旦操作不力，就会形成高买低卖，弄巧成拙。所以，入市时先要看好股市的大行情，尤其要认准股价的高峰到来时才好上手。

305. 什么是加码买进摊平法？

加码买进摊平法是大户的专利。投资者采用此法，是股票投资中避免亏损的操作策略之一。当大户所购股票被高档套牢后随着跌势在下档一直加码疯买，使平均股价得到降低成本，达到了解套目的，使整个投资在股价反弹中获利反败为胜。采用加码买进摊平投资法的条件必须是整个经济发展前景展望乐观时，所投资股票的一些硬条件没发生变化。

运用加码买进摊平法，至关要紧的是先确定好加码摊平的价格。一般情况，其价位越接近谷底越有利于投资者。这是因为摊得越平，成本价就越低，损失就越小；另外减轻了加码的那部分的投资风险。

操作方法之一：平均加码摊平法，它是当原购入股票不幸被套牢后，待其股价跌到一定程度，再照原购入股数加码买进，以达到摊平成本的目的。采用此种摊平法，若股价一旦回升一半，就可以保住本，若回升过半，就会获利。比如：投资者每股 10 元价买某股种 1000 股后，股价急落，跌至每股市价 6 元处，投资者再加码买进 1000 股，这样当股价回升至 8 元一股时，即可以保住了本，一超 8 元就可以获利。

操作方法之二：倍数加码摊平法，是在股价跌落后，加倍有时加数倍买进原已持有股种，以达到彻底摊低平均成本价目的。比方说，投资者原来以每股 10 元购进 1000 股该股票，当其价格跌至 6 元时，投资者大怒，索性再买进 2000 股(原股数 2 倍)则其持股平均价摊低为每股 7.34 元，当股价回升超过 7.34 元后，就可以反败为胜获取利润。可见，采用加码买进摊平法，如果在下档位买进加码越多，可使解套能力愈强。

金融家点评：

使用加码买进摊平法时需要注意：分析股市大走向，如果遇到空头市场跌幅过深，则长期套牢可能性就大，因此，投资者须密切关注股市场动向，以防患于未然。

306. 什么是股票箱买卖法？

其理论基础源于股票箱理论而得其名。该理论主张：股价的运动，就如同皮球在一个箱子里上下弹动。球入箱底时遇支撑力反弹升高撞上顶部时，又遇盖子的阻压力挡回下去。在一定时间内，球会在箱中保持这种运动。股价也一样，当其价跌到一定程度时，会产生一种跌不下去的现象，就如同一种怪力支撑不让其继续下降，和箱中皮球遭遇一样。而行情上升时，会遇到一股沉重的压力阻挡其继续上涨，就像箱盖给皮球的阻挡一样。人们将股价形象地比之于箱中的皮球弹动，上下跳动，称这种状况为股票箱理论。

金融家点评：

投资者若真能悟到这一理论的真谛，就会明白，股价不可能无止境地上涨或下跌。根据这一理论去买卖股票就容易些了。

307. 怎样具体运用股票箱买卖法?

股票箱理论买卖法是一种形象的说法,主要来源于实践经验的判断。也就是在特定的情况下,股价总会突破压力线和支撑,意外也时有发生,如果股价上升或下降超出经验图式,就等于跌入另一个股票箱中去了。此时,投资者还得另设新箱,新箱未成之前停止操作为妙,否则,套牢是非常容易的事。

股票箱理论买卖法操作具体方法为:投资者将股价每次波动的高点连成直线,将其称为压力线,将股价每次波动的落点连成直线称为支撑线。压力线相当于箱子盖,支撑线相当于箱子底。当股价上升到箱子顶压力线时,投资者就卖出股票,而当股价下跌到箱子底支撑线时,投资者就进行相应的补进。

金融家点评:

此方法是一种技术手段加经验判断来决定买卖股票的奇异方法,投资者不妨进行一些尝试。

308. 什么是投石问路法?

投石问路法是投资者预测到股价将有转机时,先以少量资金投入作试探性购股,并由此决定是否大量买进的投资策略。

投资股票,常有找不准适当时机的时候,大多数人不愿贸然行动,犹豫又怕失去良机,为了避免损失又不失时机,于是就先进行一些试探性投资。

如果试探性小笔投资之后,股价趋向跌势,则可以在一定幅度的下档再行买入,这就可以有效降低股本,其损失也比一次性投入小许多。

投石问路法一般适用于两种情况:一是股价经长期下跌,市场人气焕散,但略有聚积并逐显繁荣迹象时;二是股价经长时间的盘整,却未出现大幅度涨跌,而利空因素快完之际。

金融家点评:

采用投石问路法是一种稳健型投资者首选策略。这样,在投资中一般会少受风险,减少损失。

309. 什么是定点了结法?

所谓定点了结,即指投资者在买进股票时,设一获利点,也设一停止损失点。当股价涨到获利标准点时,应立即抛出;当股价下跌至停止损失标准点时,立即抛出,防止投资产生更大损失。

采用定点了结法者,多属有经验极为丰富的资深老手,他们善于技术分析,能够明智地设好获利了结点,也能果断定好停止损失点。往往能够先声夺人,捷足先登。普通人由于尚处于不懂或虽懂又不大习惯这种技术分析手段水平,很难一下子设定标准点。

金融家点评：

使用定点了结法需要有一定的技巧和经验，新手要慎用。

310. 什么是进三退一取胜法？

为了弥补定点了结法的不足，一些股市行家将定点了结法简约为进三退一取胜法，依据的是技术分析基本原理。进三退一取胜法操作：投资者买进股票后，只要该股价上涨三成就获利了结，只要下跌一成就认亏卖出。口诀故为进三退一取胜策略。于是操作就简便极了。投资者获利了结，保取利润之后，再作投资，以便得陇望蜀，得寸进尺。行情反转下跌时，下跌一成也就认赔卖出，不会大伤元气。

进三退一取胜法不足也较明显：如果获利了结后，股价继续攀升，投资者与更大利润无缘；如果在停止损失点卖出后，行情转向上扬时，投资者也只好忍受出手受损的委屈。不过，作为短线投资，投资者获利之后，还可以再进行入市谋利。受损之后，也可以积极寻找新的机会，以求返本获利。

金融家点评：

进三退一取胜法是一种灵活的投资策略，为大部分投资者所欢迎。

311. 什么是最小风险法？

最小风险法又称小中取大法，是以最小风险投资获取最大利润的投资策略。最小风险投资法基本上是从各种投资方案中找出不同的自然状态下的最小收益值，从中选择一个最大的方案作为最优投资方案，然后付诸实施，故被称为小中取大法投资策略。现把三种购买方法下选出的好、中、差三种收益值列表如下：

自然状态

购买方案 收益值（元） 最小收益

好 中 差

大批购买 140 110 -20 -20

中批购买 100 70 30 30

小批购买 70 50 40 40

最小收益中的最大值 40

拟选方案 小批购买

上述三种方案中，各种方案的最小收益值分别为 -20、30、40，由此可以发现，最小收益值中的最大值为 40，也即在最小收益值为 40 元时，所对应的购买方案风险为最小，故应该选取小批购买的方案。

上述情况显示的决策方案前提只有一个，那就是投资者承担最小风险。以公司处于不利的自然状态为依据进行决策是这样，若比预料的状况好时，投资获利必然会十分可观。

金融家点评：

如何把风险降到最小，是此种投资法的主攻课题。最小风险法是为保守型的投资者提供的稳妥策略。

312. 什么是最大风险法？

此方法又称为大中取大法，是从多种自然状态的各方案的最大收益中，选出最大收益中的最大值所对应的方案为最优方案，然后加以实施。例如，当投资者准备购买某公司股票且该公司经营状况分为好、中、差时，相应地也有大批、中批、小批量的三种购买办法。这种三种购买办法可以列表如下：

自然状态				
购买方案	收益值(元)			最小收益
	好	中	差	
大批购买	140	110	–20	140
中批购买	100	70	30	100
小批购买	70	50	40	70
最小收益中的最大值				140
拟选方案	大批购买			

在上述三种方案中，各种方案的最大收益值分别为140、100、70。由此不难看出，最大收益值中最大值为140。故选取最大收益值为140时，所对应的大批购买方案。

此时的投资方案，是以公司在最好情况下获最大赢利状况为依据来进行购买决策的，如果状况与决策一致时，投资者就可获取最大收益140元。如果结果与决策估计脱节时，则可以导致投资者亏损30元的局面。因此，采用此投资方法，需要那种有足够勇气的冒险家，真正做到敢赢又不怕输。普通投资者也可以试一下自己的冒险精神。

金融家点评：

最大风险法的操作适合于那些有一定经济实力的进取型投资者。你如果甘冒最大风险以获大利为目的，应该首选最大风险法作为投资策略。

313. 什么是最小后悔法？

最小后悔法是股票投资者力图使后悔值降到最低限度的投资方法。

最小后悔法的操作程序是：首先，列出投资者在各种状态下的购买方案，并在每一购买方案中选出各种自然状态下的最大收益值；其次，求出各种自然状态下各种方案的后悔值，其公式为：

后悔值 = 某自然状态下的最大收益值 – 该方案的收益值

将此方案的后悔值填入该方案中。再次，找出各方案在不同自然状况下的最大后悔值。最后，从各方案最大后悔值中去找出最小的后悔值，最小后悔值所对应的方案为最优的方案。

根据此法操作，以最小风险法的表格中所列的各自然状态下购买方案为例，可求出如下表所示结果：

自然状态

购买方案 后悔值 最大后悔值

好 中 差

大批购买 140-140=0 110-110=0 40-(-40)=80 80

中批购买 140-100=40 110-70=40 40-30=10 40

小批购买 140-70=70 110-50=60 40-40=0 70

最大后悔值中的最小后悔值 40

拟选方案 中批购买

由上表的计算可知，最大后悔值中的最小后悔值为40，故选取后悔值40所对应的中批购买方案。这样一来，无论公司的经营状况怎样，只要选定中批购买，都可以把将来的后悔值降至最小。

金融家点评：

最小后悔法的目的就是消除后悔的一个方案，务求后悔最小，这在投资实践中很有实用价值。最小后悔法适合于经常后悔的投资者作投资前的技术分析用。

314. 什么是博傻主义法？

博傻主义投资法是一种短期股票投资策略。有人形象戏称其为傻瓜赢傻瓜的办法。具体做法是在较高价位买入股票后，等行情上涨到有利可图时快速脱手，以赚取价差获利。

这种方法的原理是，不怕自己是傻瓜而故意买了高价，只要别人比自己更傻，愿意用更高价购进，自己就可以将股票传给下一位傻子而赚钱。就象击鼓传花一样，只要传出去就可获利。

金融家点评：

博傻主义策略风险较大，如果高价位买进之后，一旦传不出去，就会被套中，蒙受损失，心理承受力差或经济实力不强的投资者要慎用此法。

GUPIAOJIJINTOUZIRUMEN

股票基金投资入门

第五章
选股秘籍

年年岁岁花相似，岁岁年年人不同。股海弄潮，就像在天堂与地狱间徘徊，多少次从欣喜的峰顶坠入无底的深渊，又多少次在万念俱灰中迎接黑夜中的那一丝光亮，尽管那光亮是那么微弱，但却像要抓住一根救命稻草一样，在别人的不解中执着地守望着自己心中那不灭的信念。掌握了选股秘籍才明白，原来地狱与天堂看似遥远，有时却只有一步之遥。"选股票同选美"，这是经济学大师凯恩斯影响深远的一句名言。选美的成功者并不一定是最美丽的人，但却是最讨大众喜欢的人。

315. 选股的基本原则是什么?

市场上关于选股原则的说法很多，投资者可以从不同的角度归纳出不同的选股原则，如著名的“巴菲特选股十大原则”将其归纳为业务分析、管理分析、盈利分析、价值分析四个方面，还有的归纳为五大原则、八大原则等等。但从基本方法来讲，不外乎两大原则。

(1)观察原则。首先，通过阅读上市公司的增资股票说明书，了解该公司每年的经营状况、资产负债情况以及发展前景；其次，仔细观察个股价值与价格的差异。若股票价格低于或等于其真实价值，则股价就具有较大的上涨空间；反之，上涨空间就小。股票投资最稳健的方法，当然是在股票价格低于价值时买入，在股票价格高于价值时卖出。

(2)比较原则。一是比较当年股票价格的收益率与过去几年来的价格平均收益率。股票价格收益率是股票价格与每股股票年收益的比率值。如果一家公司的经营状况不错，而它当年的股票价格收益率又远远低于它近几年来的价格平均收益率，那么，该个股在不远的将来价格上涨的可能性较大。因此，投资者可以考虑买入该个股；如果某一个股的价格收益率大大超出其近几年来的价格平均收益率，则说明其价格可能已接近顶峰，随时都可能下跌。二是比较股票价格与每股股票所代表的净资产(即资产负债表中的资产部分)。用净资产总额除以总股数，得出每股股票的解散价值。如果某公司资产雄厚，经营较好，股价与每股股票所代表的净资产的比率便会小于1，表明该上市公司发行的股票价格可望上涨，投资者此时买入股票定能获利丰厚。但是，由于净资产只是账面价值，因此投资者在采取这一比较方法时，还应兼顾公司资产的实际价值，如无形资产等资产的增值，就实际上增加了公司资产的总价值。投资者在选择个股时，不应忽视这个因素。

金融客点评：

无论什么样的选股原则，根本目的就是选择具备优良素质的个股，其所代表的上市公司一般经营状况较好、股息丰厚、每年能定期公开披露信息、市场成交量大而且价格呈上升趋势。

316. 选股重点关注哪些要素?

(1)关注个股成长性。个股的成长性是股市恒久的主题，是股价上涨最主要的推动力。但要注意，需剔除非经营所得，考察上市公司经营业绩增长可否具备可持续性，收益增长有无销售增长作为支撑，以及增长率是否有明显放缓，如果增长放缓，其股价可能会发生下挫。

(2)关注个股收益。年度每股收益持续增长，连续多年业绩稳定增长30%~50%以上的公司股票，最有可能成为“牛股”。当然其收益必须是基本面能支撑而不是非经营收益所得。要注意，市盈率低并不一定有投资价值，有时候钢铁类股票市盈率很低，但股价并没有大幅上涨的动力。业绩大幅增长的预期才是股价上涨的动力。

(3)关注个股消息。新产品上市，增加新的生产能力，公司机构发生新变化，管理层的更换，都可能带来好的投资机会。关注行业变化和个股公开消息，机会往往就在其中。

(4)关注流通盘的大小。同等条件下，盘小的股票涨幅可能会大一些。

(5)关注强势股。强者恒强，找出行情中表现最好的几只股票，在它们再度向上时买进，年报或者季报公布前卖出，或在其趋势发生改变时卖出。

(6)关注基金公司选股动向。基金的研究能力较强，捕捉市场机会的能力也很强，他们是否愿意买进一支股票，也可以作为你选股的参考。机构认同度高，机会可能会高一些。

要仔细地阅读每家公司的年报、中报、季报和其他公开信息，从中选出有良好预期的个股，坚持对他们进行跟踪，在适当的时机采取行动。你不可能跟踪所有的股票，如果你每天只关注 30 到 40 只股票，你的工作量就会相对较小，精力更加集中，操作成功的机会就会大大增加。

金融家点评：

人们在买进时需要有想象力，在卖出时需要明智。

317. 股市暴跌时关注哪些股票?

跌势中选股应重点关注以下两类股票：

(1)有明显的短期底部特征的个股。股价走势大都是波浪型的，浪谷过后就是浪峰。因此，跌势中抢反弹是比较常用的短线手法。抢反弹的关键是寻找走势的拐点，也即股价的短期底部。

从技术上讲，短期底部比较容易在以下点位附近形成：一是重要的历史点位和密集成交区；二是均线系统的支撑位；三是箱体的底部或前次浪谷的时间共振窗口；四是股价的整数关口；五是布林线、轨道线的下轨处。投资者可以据此判断短期底部。另外，个股的止跌企稳总是与大盘的企稳保持一致，因此在寻找个股底部时还必须密切关注大盘走势。

(2)具有明显抗跌特性的股票。股票抗跌有两种情况，一种情况是大盘深跌但个股拒绝下跌，或仅仅是小幅下跌。这样的股票后市看好的可能性大。原因很简单，大盘下跌时它都跌不下去，大盘不跌时它就更没有理由下跌了。另一种情况是顺势回调，卷土重来。这类股票一般都处在上升通道中，虽然也随着大盘下跌，但并没有放量，走势也没有破坏上升通道。对于这样的股，大盘的回调仅仅起了震仓的作用，大盘止跌后股价会迅速恢复到原来的位置，显示极好的弹性。因此，对于那些在大盘的跌势中仍然保持良好的上升势头的股票，投资者应该密切关注。介入时应尽量参考均线系统的支撑，上升通道的箱体下轨，以及布林线和轨道线等指标，最好选在这几个指标的共振点上。

毋庸置疑，跌势中仍然有市场机会。即使在大盘深幅下跌的时候，仍然可以在涨跌排行榜上看到不少个股逆势飘红，仍然可以从 K 线图上看出一些个股沿着上升通道缓慢攀升，或走出 10%以上的反弹行情。

金融家点评：

一般来说，在跌势中选股的难度很大，介入的风险很高。因此，对于一般投资者来说，跌势中应以保全资金为第一原则，宁可不动，也不妄动。

318. 如何看待过度暴跌的个股?

过度暴跌是指股价的单日跌幅超过 7%或三日累计跌幅超过 15%。

暴跌是空方能量的过度释放，导致股价远离平均成本。由于股价有向平均成本靠拢的趋势，远离均线的幅度越大，其回归的可能性和力度也相应越大。因此暴跌之后常常会有较好的反弹，是短线买入时机。个股的暴跌有时是以大盘的暴跌为背景，这时可选择有庄家关照的股票介入，因为有庄的股反弹力度强。

个股暴跌的原因主要有突发性因素和庄家出货两种。突发性事件造成的暴跌有可能伴随强力反弹，而庄家出货的暴跌则难有反弹。两者的区别主要是看暴跌放量之后的股价走势。一般来说，庄家出货造成的放量暴跌之后股价仍会不断创新低，而突发利空的暴跌虽然也可能放量，但之后股价会止跌企稳。因此，暴跌抢反弹的最佳介入时机并不是在暴跌当天，而应在股价真正企稳之后。

金融家点评：

如果个股的暴跌没有大盘暴跌的背景，则需要先了解清楚个股下跌的真正原因。

319. 人气景象对股市有哪些作用？

人气就是对大众投资心理的形象表述。人气的聚集表示市场信心的增加，而人气涣散则表示市场信心不足。有人说："行情是三分资料，七分人气"，"股价变动只占一成，二成是时局的变动，七成是人气的变动"，从某种角度而言不无道理。

散户是股市最大的购买群体。一般而言，他们都想在短时间内获取最高的回报，这是一个共同的目标，从而形成他们彼此间共同的话题，尤其是不断针对股市未来动态的研讨，也就塑造出了共同的思考方式及社交话题。

由于现代资讯传递快捷，这类股市消息迅速地在人群中传开。加上人类的期待、恐惧和贪欲等情绪也非常容易互相感染，而直接影响股市。于是在股市中，往往不是大涨就是大跌，这也就解释了股市为何总是单向的——要涨，全盘皆涨；跌时，全盘皆跌。这就是人气的作用，它本身并不和上市公司的业绩相关联。

这种群体特性使得投资者更加敏感和情绪化，从而影响着股市，造成莫名的不稳定走势。人气事实上是个非常重要的因素，它可主导着股价创新高点，或跌至谷底，这往往又是投资者投机心理的一致表现，所以人气有时比基本面分析来得更重要。

人气景象有着一种特殊的现象，就是群众心理已远远超过其他因素，成为左右股市的最大力量，这一点需特别注意。

金融家点评：

股市上的大众心理反应像是在剧院里：一个人打哈欠，马上每个人都打；一个人咳嗽，立刻整个大厅都咳嗽。

320. 如何从人气看走势？

股市上曾流传过这样一个故事，有一位女股民，对股票投资一窍不通。她既不懂什么股市技巧，也不会看上市公司的财务报表，更不会技术分析，但自她入市以后总赚不赔，且屡战屡胜。人们问她有什么窍门，她说也没什么，只是当她看到证券营业部外的自行车排满时就把股票抛出，当营业部外的自行车稀稀拉拉，甚至营业部内也难寻几个投资者时，她就买进股票，而正是她这种不看公司业绩、市场消息，不对市场进行技术分析，单看证券营业部外的自行车数的操作方法，恰恰符合“数人头理论”。

股票市场在牛市时，人山人海，喧哗扰攘，投资者你争我夺，不需要看公司业绩，市场消息，单是看营业部人头涌动已经代表了股市有买家支持，大家都你炒我炒，此时股市人气旺盛，股票行情会节节升高，相反，交易厅冷冷清清，场面冷落，则说明人气淡，股票仍有下跌的可能性。当股市里人气聚集，万头攒动时，就像刮大风一般，因而股价也必然有大幅度波动的可能性。

金融家点评：

人们常常用海浪来比喻股票价格，而以刮风来比喻股市的人气。股市低迷不振时，市场里人气涣散，因而股价也毫无上升的趋势可言，就像夏天平静无风的日子，给人的感觉是沉闷，透不过气。

321. 怎样看待股市上的“人气效应”？

股市上的“人气效应”是指如下情况：

(1)股市上投资者越来越多，股市看涨；

(2)当股市上的投资者已多到密不透风，无缝可插，股市已经过热，危机四伏，应该考虑出货；

(3)当股市上的投资者人数一日少于一日，说明股市前景暂时不乐观；

(4)当股市上的投资者已无心恋战，匆匆远离市场，没有人再有兴趣谈论股票时，却又是一个入市购股买票的最佳时机。

股市里的人气，需要一段时间去凝聚，一旦人气汇集起来，外力是很难阻挡的，随着牛市的形成，追涨情绪就成为股市的主流，此时的股市即使出现盘整，股价的波动也会遇到强有力的支撑。

股市人气聚集后，股票行情往往会有走出一波漂亮的行情，而且会由于“惯性”的作用，那波走势往往可以持续一些日子。一旦大的利空消息出现，行情走低，人气散失之后，再聚集就非易事，给投资者一种大势已去的感觉，股指的各重要关口均会无声而破，纵有反弹力度也不会大。

金融家点评：

投资者可以通过研究股市人气聚离的情形，推论出大势的走向，这种省时省力的方法有助于投资者在股市上获得成功，这也说明了人气对股票行情的重要性。

322. 如何把握人气对股市的影响？

既然人气对股市行情有如此巨大的影响，那么怎样去把握人气呢？它并不是看得见，摸得着的。例如，2007 年 3 月，股市借助证券主管部门推出的利好措施由低位发力向上，在一个月的时间里，股价连创新高，若选准了个股，最高赢利可达 500%以上。在当时许多人都认为深沪股市的飙升，主要是主管部门三大救市政策的作用，不敢贸然跟进，而错过了良机。而在确立牛市以后再购进股票，赢利就少得多了，且风险也随之而来。

由于种种原因，一个人在工作与生活中总难以保持言行的一致性，人们总是把自己的思想埋在心里，而不随便与人交流，但参与炒股的人，对股市的走向研判，自己准备或已经采取的决策通常都会毫无保留地表露出来，这就给我们一个了解和把握市场人气的途径。

对于2007年3月的那波急升行情，虽然需要综合判断大势走向，但时间都无法容忍人们等待局面的明朗化，那么人气指标就很重要了。许多会人说，我完全是顺着大势走，根据市场人气炒作的，那为什么还要赔呢？

事实上我们必须搞清楚这样一个问题，那就是在股市上亏损的比例远大于赢利。就是西方已有几百年历史的成熟股市，也是同样的结论，而且由于交易所和证券商要抽取一定比例的手续费或其他别的费用，在牛市和熊市的交替中，资金在不断被抽走，这也注定了股市中只有少数人能够赚钱。若想成为赢家，首要条件就是你的思维方式和对市场的研判要与众不同。如果人云亦云的从众心理，等待你的只能是赔钱。

作为一个散户，能够接触或了解的范围很有限，确实没有人能把握所有人的想法，但可以通过一些有组织的活动，如股市讲座等渠道得来的信息，综合判定市场人气的走向，从而确定股市的走向。

金融家点评：

股市就是人气聚集的场所，如果没有能力形成自己的见解并做出决定，那就不要去股市。

323. 如何根据板块题材选股？

板块的划分依据一般有三条：地域、行业、市场特性。按地域分，如浦东板块、广东板块、四川板块、北京板块等，差不多一个省份就是一个板块；按行业分，如电力板块、汽车板块、百货板块、房地产板块等。

事实上板块的分类并无定式，按市场的特性划分板块最需要的是想象力，如达标板块、逆势板块等，只要能想象出市场认同的题材，马上就会诞生新的板块。

根据板块的联动效应，如果操作得当，确能获得不小的赢利。但板块的投资关键在题材，不同的题材，会启动不同的板块，同时题材又具有时效性，上一次的题材未必在这一次就管用。比如，北京概念股往往被看作国家政策股，会因为国家的重大政治活动而启动，然而并不是每项重大政治活动都能使庄家投资北京概念股。

另外选板块也要注意板块本身的变化。股票越来越多，板块也自然而然地变得庞大，联动效应也就必然大打折扣。现在已出现了地域板块、行业板块联动效应变小、市场特征板块联动性最好的趋势。由于一个地域、一个行业的板块数量过大，投资整个板块也就需要更多的资金量，庄家往往力不从心，而且在同一地域、同一行业的上市公司又存在着不同的业绩，有的甚至差距非常大，使其互相联动总有些牵强附会，投资的风险也就相应增加。而以市场特性划分的板块本身是针对市场提出的，容易得到市场的认可和响应，而且这类板块变化最多，想象力就成为关键因素，越是大家不容易想到的，越具有投资的潜力。

金融家点评：

从资金量来看，板块越小越新就越好，板块的活力也就越强；因为使用相同的资金量，小板块的联动性必然比大板块好得多。

324. 经济不景气时如何选股？

一般来说，熊市投资是不可能赚钱的，而整个宏观经济的不景气，又使得各行各业都呈现低迷的状态，上市公司也不能例外，即使是绩优股、热门股或获利甚佳的公司，也都会呈现负增长，股价下跌就成为必然。对投资人而言，此时，无论是基本分析或是技术分析，都不可能满足投资需要。从表面上看不出哪家上市公司才是理想的投资对象，但并不等于说，经济的不景气就完全没有投资价值了，如果人人都远离股市，股市也就无法存在下去。投资者可以根据弱市的规律作适当的投资，以免当经济复苏时来个措手不及。

投资者都知道，股市是国家经济形势的晴雨表，但它并不完全随着国家经济形势的变化而变化，事实上总是给人一种相反的感觉。这是因为股市的超前预见性，当国家经济繁荣之时，股价往往进入熊市，比如20世纪90年代前期，中国经济发展至最高峰，经济增长达到20%多，而股市却进入了相当长的一段萧条期，显然是因为经济发展有过热的倾向，不久国家的宏观调控政策就会出台，经济也会冷下来。而到了90年代后期，随着宏观调控发挥作用，经济增长率逐年逐月地回落，股市却走出一段长达半年的上涨行情，沪市再次突破1000点大关，深市则创下了历史的最高位3651点。深市1996年的升幅，位列全球最大涨幅股市。正说明经济通过冷却后，不久将全面复苏。

总之，经济的不景气往往是全国性甚至是全球性的，投资者不必苛求在此时期内获利，反使自己吃苦受累又赔钱，倒是应该保持平静的心态，正确看待市场，在选择投资对象上多加考虑，以在将来经济复苏时连本带利地赚回来。

金融家点评：

由于股市总是超前于经济一步，则说明投资者在经济不景气时并不是没有投资的机会。如果此时选股正确，日后必然获利丰厚。

325. 怎样根据利率变化选股？

银行利率是影响股市价格的重要因素之一，也是政府进行经济宏观调控的重要杠杆，大多数投资者都非常关注利率的变化，更加关注利率的升降与股票价格之间的相互关系。一般来说，股票的短期价格涨跌，与利率的走向成反向变化，利率提高时，股价下跌；利率降低时，则股价上涨。

金融家点评：

与此相对应的买卖策略是：当预测短期内利率将升高时，应大量抛出股票，等待利率升高后，再予以补进；反之，当预测短期内利率将降低时大量买进，等到利率真的降低后，再卖出。

326. 银行加息时怎样选股?

中央银行上调存贷款利率,其中原因之一是股市过热。加息对于股市的走势有怎样影响?加息后的股市又该如何操作?

有人把央行提高利率看作是对股市投下的一枚“利空炸弹”,这有一定道理,但是,决定市场或者股价变化的最根本原因还是上市公司的赢利能力。从短期看,存款利率的提高会使很少一部分资金从股市分流到银行,这是存款利率提高带来的影响;对于企业来说,贷款时会更加谨慎,这则是贷款利率提高带来的不利因素。

央行的加息举措旨在为增长较快的信贷和固定资产投资适度降温,确保宏观经济持续平稳增长。而股市最终走势仍取决于宏观经济状况,取决于上市公司的赢利能力。

日本在上个世纪 90 年代遭遇股市暴跌,但是当时的日本央行却几度减息。所以,利率的变化并不是影响市场变化的根本原因。

虽然加息对资金面来说不是有利因素,仍然有理由对股市保持审慎乐观,但在投资时还需谨慎操作。投资者首先要明确投资目标,不妨先投入 30%的资金,假如面临市场调整,再将资金逐步投入会比较稳妥。

金融家点评:

最好选择抗周期性波动较好的股票,在波动的市场中能够获取稳定的收益

327. 通货膨胀时期如何选股?

通货膨胀多是由于经济过热造成的,由于经济过热,工商企业生产加速,固定资产投资增加,银根会出现较为松弛的现象,有些企业将部分资金投入股票市场,造成所谓的“虚假行情”。在物价上涨加剧的通货膨胀后期,囤积居奇的商品投机资金,也会流入股市,造成上涨行情。

在通货膨胀时期,物价剧烈上涨,投资者为了保值起见,多购买具有较多土地资产的公司股,这种股票的购买有时也会造成一段行情上涨,这就是所谓的“通货膨胀行情”。但如果该种股票价位已高,那又另当别论了。

因此。在通货膨胀行情的初期,一般应将持有的股票卖出,暂时采取观望的态度较好。

金融家点评:

通货膨胀是一场舒适的温水浴,但是如果人们一直加热,浴盆最后就会爆炸。在下一次爆炸中,首先受到伤害的当然是坐在浴盆里的人。

328. 大众竞购期如何选股?

在大众竞购期,广大投资者都认为投资股票比储蓄更为有利可图,所以股市出现竞相购买的态状况。这时经济形势较好,厂商赚钱,外汇增加,普通百姓手头也较宽裕。由于大众投资者的偏好,买卖证券的目标大多集中在经营状况好、成长性高的股票上,无股利及亏损公司的

股票很少有人问津。此时有息成长股的涨幅会比较大，无息投机股可能也随大势上涨，但涨幅不如有息股涨幅高，这是多头市场行情的表现。

金融家点评：

应该持股延长投资，并尽量参与除息及除权交易。

329. 行家活跃期如何选股？

这一时期，投资大众对高价位的股票产生戒心，或因暴跌吃亏不再参与买卖并逐渐暂时退出股票市场，精于股票投资的证券公司或行家里手等投机大户，为了使市场不致因人心涣散而立即衰退，以便多赚取买卖佣金或便于出卖手头的存货，就会开始推拉较易上涨的小型股票，制造股市较为活跃的行情，以诱惑不明真相的散户投资者。

金融家点评：

千万谨慎从事，切忌盲目跟进。

330. 金融机构购买期如何选股？

金融机构主要指银行、保险公司等机构，这些机构信息灵通，财力雄厚，影响力强，散户投资者遇到不同的大户购买期，就要采取不同对策。大的金融机构进场买进时，股价不一定是其最低点，所以有时会成为助涨的一个因素。金融机构买进之后一般也都只做中期投资，很少参与拉高或压低的股票买卖。所以他们卖出时，也只以本益比已经偏高为依据，很少卖到最高价格。

金融家点评：

抓住机会，跟随行动，必有利可图。

331. 信托及投资公司进场时如何选股？

信托公司及部分证券公司与银行及保险公司有所不同，它们在证券市场上除了做部分零股买卖之外，大多还承担有调节市场供需的任务。既然信托公司也要以获利分红为目标，当有较充裕的资金可投资时，为达到盈余的目的，他们也会在适当的时候买进本益比较高的利优股票，或偶尔参与热门投机股票的买卖活动，不过这些热门投机股必须是具有股息的盈余公司发行的。至于一些一般的非官方投资公司大多是财团或一些中大户的出资组合，他们买卖的股票并不一定以有息投资股为限。这种投资公司的买卖行为，大多依据其具有较雄厚的资金。他们对少数具有内幕消息的中小型股票，做有计划的操纵，当其吸进的筹码较多时，便极力设法推其上涨，以便达到高价出货的目的。

金融家点评：

当知道信托及投资公司大量买进时，马上跟随参与买进，但如果投资公司买进的消息在市场盛传已久，或所传买进的股票已大幅度涨升的时候，则不宜再跟随买进了。此外，若有大型投资公司的股票在年底急速涨价，不论它是否为信托公司的买进，都应保持观望的态度，最好不要介入其交易活动。

332. 中小投资者如何分配仓位?

资金的有效管理，也就是俗称的仓位配置问题，这对于中小投资者是至关重要的。很多时候投资的成败往往就在能否很好地调配仓位。

一是很多投资者在选定股票后，往往一口气满仓杀入。这种做法其实带有很大的赌博性，如果出现始料不及的状况其损失是不言而喻的。

二是部分投资者也知道留有一部分现金很灵活，但是在操作过程中补仓，越补越套，最后变成了满仓。其原因在于，没有一个良好的资金管理计划。在不同市场行情中，如果事先已经确定好了现金与股票的比例，就应当严格按照计划执行。如牛市现金与股票的比例可以控制在20%比80%，平衡市现金与股票的比例可以控制在50%比50%，熊市现金与股票的比例可以控制在80%比20%。在加仓或补仓过程中，也有很多技巧。一般刚开始建仓时，其投入的资金量应当占到预计总投入资金量的20%左右。而且原则上如果第一次介入发生亏损，应当仔细观察，是否属于判断失误，若是就应当坚决止损。

三是部分投资者能够做到现金与股票的合理配置，但往往在品种搭配上出现一些问题。例如在选股时过于集中在某一个板块。这要看实际情况，有时这么做对，但随着市场的不断发展，多元化的投资者策略以及各路市场主力运作的思路和阶段不同，适当分散投资品种也要考虑。

金融家点评：

在选股时要考虑总体仓位的布局，市场上重要的主流板块都要合理分配资金，在某一阶段可以适当做仓位的调整，同时，还要考虑中长线仓位与短线仓位的搭配。

333. 境外投资大举参与时如何选股?

我国是外汇管制的国家，境外资金进入内地股票市场受到政策限制，所以按理说并无外资参与的行情可言。但是，我国股价一直偏低，投资报酬率相对很高，这往往会吸引外国投资者的注意力。例如与我们比邻的香港股市，由于实行证券开放政策，股价暴涨暴跌是其一大特色，当其股价暴涨偏高之后，参与买卖的一部分资金有时可能会化为暗流进入我国股市。外资参与时，其涨幅较高，持续时间也长。另外，随着我国证券市场日益对外开放，特别是一些境外投资机构的资金已允许进入我国投资市场，境外资金通过各种渠道、各种途径进入内地股市越来越多，这会给普通投资者的选股会带来一定的影响。

金融家点评：

延长投资，提高警惕。如果投资者在获悉有外资参与时，股价大多上涨已久，此时跟进虽然能获利，但因涨幅已高，随时都有行情反转的情况发生，此时就应该提高警觉，随时注意外资是否有卖出撤退的行动。

334. 消费高涨期如何选股？

在经济繁荣的鼎盛时期，一般人由于外汇较多，手头资金也较充裕，因而对生活必需品以外的消费品很舍得花钱。此时除了食品以外，高档衣料及较奢侈的耐用消费品等也很受欢迎，相应的生产该类产品的上市公司获利必然不错，其股价也一定容易上涨。

金融家点评：

持股或买新股，应以上述受欢迎的消费品生产公司的股票为宜。

335. 证券公司盈余期如何选股？

各证券发行公司在年终结算前后，除了公布上年度盈余及股利数字以处，还会公布本年度营业总额及盈余等预估数字。公司公布的这些数字如果比投资大众们所预想的高时，就会产生所谓的"盈余行情"。另外，在经济复苏初期至经济繁荣结束这段时期，由于多数公司的盈余都不错，也常会有盈余行情出现。

金融家点评：

选择业绩显著好转（最好是扭亏为盈）的股票，作为长期持有的对象。

336. 经济不好时怎样选股？

宏观经济的发展不总是处于快速平稳的发展过程中，难免有起伏，有挫折，甚至有反复，选择股票时，要选择那些能经得起经济动荡考验的公司股票。

(1)营运顺畅的公司。有时，经济的不景气虽然会使公司获利能力降低，但能保持正常的营运，表明该公司内部机制健全，只要景气改观，一定会很快复苏，这些公司股票可以作为优先考虑的对象。

(2)财务结构良好的公司。财务结构良好的公司，负债比率较低，利息负担也就较轻，营运成本则较低，亏损就可相应降至最低，比较容易渡过不景气的时期，可以列为投资对象。

(3)管理水平较高的公司。公司的管理水平较高，工作效率高且成本较低，其竞争力也就相对提高，对经济的外部环境适应能力也较强，此类公司的股票可列为投资的选择对象。

(4)劳资关系良好。劳资和谐对公司的发展显得很重要，公司上下团结一心，拥有共渡难关的决心和信心，就能使公司更快地走出低谷，而这对于投资者来说也不无益处，此类公司也值得投资。

金融家点评：

路遥知马力。越是经济困难，越能看出公司的实力，上述几类公司的股票可以作为优先投资的对象。

337. 产品竞争力强的公司股票也强吗？

回答是肯定的。由于公司有突破性的产品或高科技产品，在市场上具有较强的竞争能力，社会对产品的需求并不会受景气的影响，即使在经济普遍不景气时，该公司仍能获得较好的利润，我们可以从公司业绩报表上发现在不景气时还能保持相当高的成长率，并能很好地完成年度计划的公司大都属于这一类型。

固定资产较多的公司，其股票的保险性较好，在不景气时，有较雄厚的财力作后盾，对长期的衰退有较强的应变能力。

金融家点评：

此类股票深度下跌的可能性不大，是较值得投资的公司。

338. 怎样选大盘股？

在投资者的心目中，一般认为可流通股份在 1 亿股以上的为大盘股，有少数股票则是超级大盘股，大盘股多数由大型国有企业改组转制而来，由于营运时间较长，又得到国家政策和资金的扶持，因而实力较强，其盈余收入大多呈稳步而缓慢的增长趋势，由于炒作这类股票需要较为雄厚的资金，一般炒家都无法炒动，从而不会轻易介入。因此，这类股票价格较低，波幅不大，股性不活，但由于这类股票在综合指数中的权数大，往往成为主力大户拉抬或掼压指数的对象。这类股票的长期价格走向则与公司的盈余密切相关。1996 年沪市推出 30 股指，其中的 30 只股票大多为大中盘股票，曾因此带动整个大盘股价格上涨，形成一个新的概念股。

对于大盘股，可以在不景气的低价圈里买进股票，而在业绩明显好转、股价大幅升高时予以卖出。同时，由于投资该种股票所需的资金庞大，往往大盘股的启动是在整个大势上扬后再补涨。因此，可选择在经济景气时期入市投资。

金融家点评：

大盘股在过去的最高价位和最低价位上，具有较强的支撑和阻力作用，因而其过去的高价价位是投资者现实投资的重要参考依据。

339. 怎样选中盘股？

一般认为流通股份在 5000 万股左右的为中盘股。中盘股由于投入资金较之大盘股要少，较容易吸引主力大户，而且股价涨跌幅度较大，搏差价比较理想。尤其中盘股受消息面影响较大，对利多或利空消息更加敏感，所以往往成为多头或空头主力大户之间互相互打消息战的争夺目标。

显然，同样的业绩宁可投资炒中盘股，不投资大盘股，同样的风险宁持中盘股，不持大盘股。按中国的中庸之道来说，选择中盘股更适合于大多数的普通投资者。因为，中盘股的股性活跃，炒短线有利可图，而对于中盘绩优股，中长线更可获利。

金融家点评：

一般来讲，中盘股票在一至两年内，大多有几次涨跌循环出现，如果把握了市场行情，投资此类股票，获利大多比较可观。

340. 如何选小盘股？

通常情况下，流通股份在2000万股以下的属于小盘股。在股市上涨时期，几乎所有股票都在上涨，但大盘股终究不是主力大户炒作的理想对象，而小盘股的盘子小，筹码少，只要庄家稍加介入，价格就会上扬，而且非常容易飙升，总有几倍甚至十几倍的涨幅。

沪市炒作小盘股是闻名于世的，而1995年"5.18"行情中深市涨幅最大的也是小盘股。现阶段中国的股市仍喜欢炒作小盘股，尤其是那些投机的小盘股，经常能够成为整个大势的明星。

金融家点评：

大有大的作为，中有中的特色，但小有小的优势。

341. 如何选含权股？

一个会计年度结束后，股份公司进入盈余分配时期，这个时期的股票就是含权股，此外公司增资配股也形成含权股。

我国股市对分红配股的实施日期无统一规定，实际上往往一年到头都有上市公司在搞分红配股，分布较密集的月份则是 5、6、7、8、9 几个月。

一般来说，绩优、盘小、送配股比例大、配股价比正股价有较大落差的含权股，多会形成一波上升行情；而送配股比例小，配股价接近正股价的含权股则多会走出一波下跌行情。

其次，多头市场购进股票参与除权，获利机会多；空头市场参与除权，亏损情况多；振荡盘整市场参与除权，则优选的含权股仍有较多的获利机会。

再次，在无庄家操纵的情况下，抢权行情与填权行情彼此间具有消长关系，二者总升幅的上限，即填权价的上限应符合市场比价体系。

金融家点评：

选含权股，目的是要获取抢权行情和填权行情的差价。只要选得准，就有赢利的机会。

342. 如何选新股？

随着股市的上涨，人气聚集，往往会引起主管部门的关注，为了抑制过度投机而上市一些新股，而此时的新股并不会成为打压的筹码，反而会起到推波助澜的作用。新股上档没有压力，市场也时兴炒新股，逢新必炒。许多投资者是以专门投资新股而闻名的，而且总是获利丰厚。比如在1996年持续近半年的上涨行情看，新股上市都有一段相当强的走势。在沪市10月底上市的北京中燕，一上市就高开，当天就从开盘价9.5元升至12.7元，而且在随后的大市盘整下跌的行情中，稳定在了10元以上，给北京板块也树立了新的形象。

金融家点评：

对于上市不久的次新股，经过充分换手后，抛压也较轻，同样可以列为新股选择的范围。

343. 如何看待行情走势与个股质量的关系？

股市行情和个股质量是选股时必须考虑的两个重要因素。

当市场处于全面上涨，人气高昂，各项指标向好时，股市的行情大势看好，选股的目标应放在近期具有较大上涨趋势的股票上，如庄家股、小盘股、弹性大的股、已显示启动迹向或正在热涨中的股。以势取股，可能有片面性，但是不利用大众的热情，同样也是愚蠢的。

在强势行情的调整阶段和第二次上升阶段，应特别注意一些涨幅小或反跌的弱势股是不宜选入的。在弱势股中可发现一些盘子不大，业绩中等而价位偏低的股票，对这种股票应分析其在最近几次多头行情中的表现，如果指数上升而该股最高价却不上升或愈来愈低，其收盘价在指数上台阶后仍保持在原水平或上升比例较小，则表明投资大众对该股不看好，投资者无法赢利并急于抛出，从而进入压价恶性循环。这是一种典型的弱势股，在多头市场中，这些股票形成拖人后腿的股票陷阱。

在空头市场及多头市场启动前期，选股要注重股票本身的质量。在弱市后期，股票价格都已偏低，可选股票的范围已很大，低迷的市场也为选股提供了充足的时间。这时，可依次按业绩、行业前景、流通盘大小、以往的市场表现和价位等股票特征来衡量比较各只股票，价位标准应当从潜在的上涨幅度来考虑，而不应在价位普遍偏低的情况下，去计较绝对幅度并不大的多一点或少一点。立足于未来的上涨能力是弱市投资的原理所在。

金融家点评：

在行情发展的不同时期，选股的重点也会有所不同，一些老投资人都认同的一条基本原则是：强市重势、弱市重质。

344. 怎样选蓝筹股？

蓝筹是指赌场上资金实力雄厚者所持有的一种赌博筹码。蓝筹股主要是指实力强、营运稳定、业绩优良且规模庞大的公司所发行的股票。其特点是：投资回报率相当优厚稳定，股价波幅变动不大，当多头市场来临时，它不会首当其冲而上涨。经常的情况是其他股票第一轮行情过后，蓝筹股才会缓慢攀升，而当空头市场到来，投机股率先崩溃，其他股票大幅滑落时，蓝筹股往往仍能坚守阵地，不会出现过分滑落的现象。

对蓝筹股的投资策略是：一旦在较合适的价位购进了该种股票，就不要轻易频繁地换手。而应将其作为中长期投资的较好对象。以这类股票作为投资目标，不论市况如何，都无需为股市涨落提心吊胆。而且一旦机遇来临，却也能收益甚丰。长期投资这类股票，即使不考虑股价变化，单就分红配股，往往也能有所收益。

不过，有些蓝筹股变化多端，有时会一改往日形象，启动大盘走势，成为领头雁，这也说明此类股票也具有相当的活性。

金融家点评：

这类股票一般可以作为中庸型且愿作长线投资的投资者的理想选择。

345. 选择成长股一定有高回报吗？

成长股通常代表时代的经济发展趋势，可以从现在一直预见到未来，成长股都能获得很高的利润。比如说，上世纪八十年代，股票市场是电子工业，尤其是以半导体为主的电子工业的天下，可是到了九十年代就不同了，当时的成长股是属于以互联网为主体的信息产业，也就是与高科技有关的股票。成长股一般是规模小、活力强、利润增长率高的股票，比较适合积极的投资者。

持有成长股当然会有可观的回报。但是，这类股票也有很大的风险，因其易受国家产业政策、金融财政政策及经济周期的影响，尤其是一些发展速度过猛、资金无法跟上的上市公司，抵御风险的能力和竞争力较低，一旦经济紧缩或世界经济不景气，就会一落千丈，令人失望。比如房地产股就受到经济紧缩的影响而很长一段时间都难以抬头。

金融家点评：

选择成长股，高回报的后面往往有高风险。

346. 怎样选成长股？

成长股的选择，一是要注意选择属于成长型的行业。目前，生物工程、电子仪器以及与提高生活水准相关的工业均属于成长型的行业。二是要选择资本额较少的股票。资本额较小的公司，其成长的期望也就较大。因为较大的公司要维持一个迅速扩张的速度将是越来越困难。很显然，一个资本额由 5000 万变为 1 亿元的企业就要比一个由 5 亿元变为 10 亿元的企业容易得多。三是必须注意选择那些在过去一、两年成长率较高的股票。

对于成长股的投资策略是，由于成长股的涨跌幅度较之其他股票更大，因此，可采取在经济衰退，股价跌幅较大时购进成长股，而在经济繁荣、股价预示达到顶点时卖出。而在牛市时，首先投资热门股票，在中期阶段则购买较小的成长股，而当股市狂势蔓延时，则应不失时机地卖掉持有的股票。

金融家点评：

成长股的赢利增长速度要远远快于其他种类的股票，一般为其他股票的 1.5 倍以上，这是成长股的一大亮点。

347. 怎样选投机股?

这类股票是指并无业绩支撑,但易受消息影响和人为控制,股价上天入地的股票。投机股可能有好股,也有可能是烂股,全凭投机者的操纵而使股价暴涨暴跌的股票。

由于投机股有内行的投资家进行干预,所以短期间股价会有很大的变动,通常是内行人进行买卖的主要对象。虽然投机股可能会在短期内获得可观赢利,但操作不当就会产生亏损。

投机股的投资策略是,选择上市公司资本额较小的股票作为投资的目标。因为资本额较少的股票,一旦投下巨资容易造成价格的大幅变动,投资者可通过股价的这种大幅波动获取买卖差价。

可以选择新上市或新技术公司发行的股票。这类股票常令人寄以厚望,容易导致买卖双方加以操纵而使股价出现大的波动。另外选择那些改组和重建的公司的股票。因为业绩差的公司进行重建时,容易使投机者介入股市来操纵该公司,从而使股价出现大的变动。

金融家点评:

选投机股时切莫盲目跟进,否则极可能成为“大鳄”的盘中餐,散户应小心谨慎。

348. 怎样选循环股?

循环股是指股价涨跌幅度很明显,且一直在某一范围内徘徊的股票。

由于循环股的价格是常常固定在一定范围内涨跌,其投资策略很简单,就是在下跌时买进,上涨时卖出,而关键就是如何发现循环股。

投资者可以从上市公司的营业报表中,或者根据公司有关的资信情况了解最近三、四年来股价涨跌的幅度,从而编排出循环股的一览表,再依此确定股票及股票的买卖点。

金融家点评:

选循环股应注意避免投资以下三种股票:股价变动幅度较小的股票,股价循环间隔时间过长的股票和成交量小的股票。

349. 如何选缓慢发展股?

缓慢发展股因资金或建设周期长等原因,一时无法带给投资人很大的收益,比如电站、港口等公用事业,投入大、建设周期长、产出慢,敢冒风险的投资人当然不会喜欢它,但却受到基金或机构的青睐,由于它风险小、收益稳定,反而会被长期持有。

缓慢发展股的增长速度一般在10%以下,由于公司想不出新的投资项目扩大生产,此类公司往往定期慷慨地付股息。因而可以通过股息来证明公司的收益能力。

对于敢冒风险的短期投资者来说,一旦发现自己所持有的股票是缓慢发展股,应立即抛出,从而进行风险较大的高速成长股的投资。而对保守型的长期投资者来说,就不一定急于抛售了。

金融家点评：

买股票就是买未来，买上市公司的发展前景，这类股票应是中长线投资的首选目标。

350. 如何选业绩激变股？

业绩激变股是受景气或其他因素的影响，公司经营业绩呈不规则性急剧变动的股票。这类股票大多同公司经营业绩的好坏呈正方向变动趋势，业绩看好，股价上升，业绩转劣，股价跌落。一般来讲，这类股票的价格涨跌幅度较大，而其上涨期间，也比其他在股票为长。

业绩激变股的投资策略是，在其涨势明显后赶紧买进，在跌势明朗时，将股票尽快抛出，有时也可抓住时机抢短线。这里就要求投资者必须密切注意公司经营业绩的变化，如果能抢在公司业绩变动之前进行操作，则投资效果更为理想。

金融家点评：

有时业绩变化无常，抢点的关键是以动制动。

351. 如何选业绩复苏股？

这类股票是指经历过惨败、萧条，并且很难支撑的公司。它们不属于缓慢发展股，因为这种公司毫无增长可言。但是，一旦复苏，这类公司的股票将会有较大的收益。

复苏股虽然极其萧条冷落，但有其内在的价值，如在低潮时加强管理，有改进大局的新举措，往往会吸引实力雄厚的主力大户的注意，这时不妨耐心收集，一旦形势好转，收获必丰。不过，该公司顺利度过复苏期，东山再起重振雄风之时，便是考虑出货的日子了。

对于投资者来说，投资复苏股，就要首先考虑公司是否有改变经营状况的计划，改进的计划是否切实可行，另外再注意观察财务收支情况有没有显著改变。

投资者在选择复苏股时，最有利的一点是在所有种类的股票中，可能复苏股票的涨跌和一般股市行情关联最小。这是因为这种股票和公司一样，被人们认为无力东山再起而淡漠了。但在选择复苏股时更要注意一点，那就是必须看到复苏的迹象，在情况不明时，不要对这类公司进行股票投资。

金融家点评：

选择复苏股的投资者通常应为有耐心且积极的投资者。

352. 如何选潜力股？

有一些股票由于具有某种将来的、隐蔽的或为大众所忽视的利多因素而存在着推动股价上升的潜在力量。发现这些利多因素并耐心等待，是投资潜力股的重要方法。

（1）反潮流法。在低迷市场中，个股的重大利多消息常常与一些次要的利多消息不加区别地被市场忽视，要反其道而行之。

（2）运用周期法。许多股票的业绩表现常常要受行业周期及公司个股周期的影响，在一些年份偏高，在另一些年份就会进入低潮。深市中的地产股已显现强烈的行业周期性质；而公司的增资配股则可能使个股周期表现明显，通常配股当年无法取得投资收益，而配股本身反倒摊低了每股收益，但在随后的年份则可能会有优良业绩出现。

（3）超前行动法。一些个股可能有潜在题材，但要到未来的某一不确定时刻才表现出来。这种超前认识常常需要有缜密分析的支持。超前的关键就是善于从真实信息中挖掘出其内在的价值。

金融家点评：

股票的潜在价值也许要经过相当一段时间才会显现出来。投资潜力股常常需要有一段较长的持股期，而一旦潜力爆发，就应及时出手了结。

353. 如何选价格明显偏高的股？

此类股票是指那些由于人为炒作而使股价明显偏高的股票。其涨升的状况有时不符合常理，因此股价习性也较难以捉摸。有时在公司处于亏损状态时，因某项未来的利多消息在背后支撑，或是多空之间，已演成轧空的做多战，也导致股价明显偏高。甚至在股价已明显偏高的情况下，仍有庄家在不断做多买进，使股价继续一路上扬。一旦做多者停止了操作，股价很快就会下跌。

对于价格偏高的股票，其投资策略是，除了熟悉内幕的经验行家之外，最好不要受股价暴涨的诱惑而轻易介入买卖，但在其股价盘整之后的涨升之初，仍可以小额资金短线抢进，但若遇主力撤离股市使该股转为跌势之时，则要迅速忍痛卖出所持股票。

金融家点评：

在选这类股票时，万万不可在跌势中期望其反弹再卖，以免被高价套牢，蒙受更大损失。

354. 如何选 RSI 值偏高的股？

RSI 就是相对强弱指数，它是通过比较一段时期内平均收市涨数和平均收市价跌数来分析市场买卖盘的意向和实力，从而分析未来市场的走势。一般来说，RSI 所用的天数为 6 日、9 日、14 日。6 日 RSI 由于周期较短，较为敏感，要求反应快，动作迅速果断，通常作为短线操作的重要参考指标；14 日 RSI 则从中线的角度把握建仓和出货的时机，是较理想的参考指标。

股市的投资心理是买涨不买跌，所以有些升了又再升的股票反而成为“黑马”。如果选择 RSI 值偏低的个股守株待兔，往往令人失望，而领先涨、RSI 值偏高的个股反而会令人目瞪口呆。

不过，对于整个大市来说，6 日 RSI 在 85 以上，14 日 RSI 在 75 以上时应考虑出货。因为股市经过连续上升后，期间任何一个点位买进的投资者都有赢利，随着股价的不断上升，市场对资金量的需求亦趋增大，急需更多的资金进场才能将股价继续推高。与此同时，高额利润的回报又使获平仓的压力增大。

金融家点评：

RSI值的不断升高，实际反映了股市的供求矛盾正逐步转化，即获利平仓和解套的压力渐渐大于市场的需求，若这种矛盾发生明显转化，股市下跌就是必然的结果。

355. 如何选周期性起伏的股票？

此种股票的增长速度没有稳定的比率，它的销售和利润情况无法完全预料。但总有一定的规律可循，即呈波浪起伏的规律，扩展——收缩——再扩展——再收缩的格局。

对于周期起伏股一般规模大，知名度高，非常容易和蓝筹股混在一起，因而这类股票也最能迷惑人心，许多投资人在这类股票上赔钱折本，还自以为买进了保险的股票。

要做好周期起伏股的投资，关键在于及时发现上市公司萧条或发展的早期迹象。比如汽车、电器行业股，就具有相当大的周期起伏性，相关的行业就占有优势。对于这类股票的一个明显抛售标志就是公司的产品积压，而且很难再销售出去，社会需求降低，这意味着价格和赢利都将愈降愈低。事实上，在此时再抛售可能已经晚了。商品价格降低是抛售的另一个征兆，商品价格的被迫下降，也说明此行业的萧条开始。

金融家点评：

此类股票受外部环境和政府政策的影响很大。

356. 怎样选资产隐蔽股？

资产隐蔽股指的是资产存在的实际价值没有引起绝大多数人注意的公司股票。公司的这种隐蔽资产，可能不只是一笔现金，有时可能是房地产或是将来待发展的行业。比如房产的增值往往几倍或几十倍，无形中就算企业没发展，其资产却增加了许多。

如果要投资这类股票，就要首先考虑哪些资产是隐蔽的，其价值是多少?该公司是否有政府或其他力量的帮助？如果对这类股票的情况了如指掌，从中获得收益当不算难事。

投资这类股票要注意以下情况：政府的政策中出现不利公司隐蔽资产发展的规定；公司销售的房产或其他隐蔽资产，没有达到预计的销售计划；公司的股权份额大部分被大金融机构所购买。当以上信号出现时，就应即时抛出股票。

金融家点评：

要注意识破伪装，辨明真相。

357. 牛市中如何选题材股？

当股价从谷底爬升时，正是投资人买进股票最适当时机，此时市场的特点是换手积极，人气旺盛，股价大涨而小回，天天都有“黑马”出现，顺势炒作题材可大获全胜。

在牛市行情中，市场对利好消息非常敏感，哪怕是不确切的消息也会刺激投资者的追捧。

而此时，如果仍然认为只有老牌绩优股才是唯一选择的对象，那就会错过好多机会。比如1994年8月，深市新一轮牛市开始形成时，深市的世纪星源股票以往一直是问题股，但市场传闻其中期业绩出人意料，很快有庄家介入，庄家将其股价从不足2元推高到6元以上，升幅达2倍。当深市强势调整时，该公司公布中期业绩，每股税后利润达0.34元，一举完成计划的62%，世纪星源一下子从无人理睬的垃圾股变成人人争购的明星股，在以后的两个月里，股价再次拉高到13元，总共上升了6倍。而传统绩优股深发展的升幅仅勉强跟上大市，从7.8元升至18元，上升2倍多，致使许多惯用"投资价值"观念选股的老牌投资者后悔不已。

金融家点评：

在牛市中选股必须要选题材股，在消息朦胧时进货，待正式公布时出货，这是炒作题材的常用手法。

358. 怎样处理深度套牢股？

由于股票被庄家炒作，受突发性的利空消息影响，使得大市急转直下，庄家大量吸纳了筹码，正赶上恐慌性抛盘，而接盘稀少，使庄家无法出货而被深度套牢，此时庄家集中了相当数额的筹码无法抽身而退，不忍心不惜血本地杀跌出货，那样损失更大，造成庄家只好持股不动。

此类股票是要特别关注的，当大市止跌并出现回升的迹象时，庄家便会借机大炒手中被套的个股，而在低位买进的筹码又可推平被套股票的成本，更可借大势来推高股价，最终解套或获利了结。

例如某只股票在大市下跌时庄家被套，开始时庄家只能通过尾市拉抬引入跟进，但始终未能完全解套，后来，当大市出现转机时，庄家拼命拉抬，三天内大盘升幅约为40%，而这只股票升幅却高达90%。

金融家点评：

对于这种庄家深度套牢的个股，在大市反弹时往往表现出众，如果投资者能够在低位时跟进，赢利会相当可观。但由于庄家也在拉高出货，从而解套，因此，投资人应注意不可持股时间太长，以至自己被套在里面。

359. 如何选择市盈率低的个股？

一般来说，原始股的发行价以从市盈率为6～7倍作为参考标准的，我国新股的发行，市盈率一般定在11～12倍，加上发行费用和其他费用，实际市盈率约为15倍。这本身就是以较低的市盈率来保证新股的顺利发行，说明市盈率在6～7倍时的股价已在新股的发行价之下了。随着大市股价的下跌，如果市盈率跌到了6～7倍，新股就难以上市发行，谁都知道如果股市上的股票更便宜，二级市场的风险就比一级市场还要小。充分说明此时的股票已经超跌，其下跌空间十分有限，此股正是投资的最佳选择对象。而且中国股市本身市盈率较高，一旦大市回转，股票市盈率重上10～15倍就轻而易举了。

金融家点评：

考察市盈率时，要考虑到中国股市的特殊情况。

360. 如何选特殊的个股?

有些个股从技术面分析比较特殊，主要有以下几类：

(1)突破压力线的个股。投资者可以通过技术分析研究一些个股，从中留意他们的走势形态，一旦股价突破压力线并在两三天内站稳，应果断买进，因为此时上升阻力大减，股价定会有相当漂亮的涨幅。

(2)未跌破支撑线的个股。当股价反转向下时，成交量逐渐萎缩，此刻不妨留意跌幅不大的个股，这些个股受到下方支撑线的支持，如果支撑线没有被突破，股价稳站在该线之上，亦应大胆介入，经过充分调整后，这些股票就会首先掉头向上。

(3)冲破天价的个股。天价就是该股历史创下的最高价位，上涨行情中这类股票能挑战天价，并屡破天价，股价的上升空间必然大，因为上档没有卖压，持股者人人获利，此股为理想的黑马。如果此时它能领先于大市和其他股票，更说明它还会飙升。

(4)出现利空不跌的个股。利空消息往往会引起股价下跌甚至急泻，而当消息出现时，股价却跌不下去甚至逆市上升，说明消息对该股并不是实质性的利空或者股价已先行做出了反映，对于这类股应可介入持有。

(5)换手率高的个股。股票换手率高说明投资者对该股的追捧，深受大众的欢迎。由于换手率高，获利筹码得到充分消化，卖压愈来愈轻，所以会在未来的走势中有出众的表现，后市飙升的可能性也非常大。不过，如果进入了急升阶段，换手率虽高，但形势趋缓，就必须提高警惕，有可能庄家开始出货，此时介入，易被套牢。

(6)有大手成交的个股。在众多的股票中选股，寻找其中的“黑马”看盘就显得非常重要，要时刻注意成交量的变化。如果某股成交量放大，而且抛出的筹码被大手承接，显然有主力大户介入，股价稍有回调便有人追进，这类个股很可能就是明天的“黑马”。

根据这几类个股的情况，选择特殊的个股要掌握以下几项原则：

——在股市萧条时，跌幅最深的个股反弹也较为快速；

——具有良好业绩的绩优股，往往是先被照顾的对象；

——股价低于实质的股票，可以优先考虑；

——有大户照顾的股票，反弹较轻松有力；

——股市中谈论较多的股票，表示关心的人较多，往往上升的机会也较大；

——在沉寂的股市，率先复苏的前锋股票，这类股票表示价值仍然看好，选择为投资对象是不会错的。

金融家点评：

个股的特点在于各有特色，必须区分不同情况，一把钥匙开一把锁。

361. 股市长期低迷时如何选股?

当股市长期低迷时,在小幅振荡中能够准确把握机会的投资者是凤毛麟角,往往中小投资者因此而赔得血本无归。

然而,就是在连短线投资者都无投资机会的低迷股市,恰恰是中长线投资的最好机会。此时股价一跌再跌,便宜股较多,如果投资人吸纳建仓,作一中长期的打算,获利反高于短线投资者。中长线投资者要善于从中选择"物超价值"的个股,重点关注以下两类股票。

(1)收益率达5%以上的个股。投资者投资股市主要是赚取股价波动产生的差价,而对于上市公司的分红派息则可谓微不足道。尤其在中国股市投机性更大,因为银行利率比西方发达国家高出许多,相对而言分红派息则难与银行利率相比较,但如果上市公司的年回报率达到5%以上,则这个股票就完全可作为中长线投资的目标了。

(2)行业前景光明、高速发展的个股。此类股票在以前并没有被重视,但由于国家调整产业政策,从政策上向部分产业倾斜,业绩就有可能因此而突飞猛进,进入快速增长期。

金融家点评:

对于大多数的散户投资者来说,是没有时间和精力投资短线的,如果不求实际,不根据自身的具体情况投资短线,频繁买卖,只会徒增交易手续费,最终还是只赔不赚,股市长期低迷时,中长线投资是个不错的选择。

362 选股时为何要"留有余地"?

"留有余地"是一种哲学思考,在西方的艺术哲学中,也有"留有余地"的说法。比如为了增加绘画中人物的动感,都要在画布上留出大片空白,以给人想象的空间,正因为留下了这么个"空余",才让人越想越有味道。在摄影中,尤其体育摄影,跳高运动员过杆也总要定格在要过未过之际,作品才会吸引人的注意。在这一点上,可说是一种东西文化相通之处。

选股要"留有余地",这种思路与东方哲学中的刚柔相济同理。俗话讲:"金无足赤,人无完人,"选股总要留有余地,而不要走极端,其实这个"余地"就是要把握好买进和卖出的度,因为有这点"余地",后退半步天宽地阔,中庸精神就体现出来了。中国人尤其讲究和气生财,让人一步,天地自然宽阔。所谓反对锋芒毕露,提倡韬晦养晦,所指是也就是"留有余地"。东方人表面上不像西方人凡事走极端,咄咄逼人,其实质是在追求真理的度与量过程中,包容了真理的同时也兼有了攻防策略。

金融家点评:

炒股不但需要技巧、策略,也需要文化。

363. 如何辩证地看待股指?

有些投资者经常会问,目前的点位是否是选股介入的时机呢?其实,投资者辩证地看等市场指数点位，在某种程度上，解析市场的结构远比看市场的点位更为重要。

比如，2007 年初的某一天，上证综指的点位是 3100 点左右，但如果考虑新股上市首日计入指数的影响，再考虑股权分置改革的含权效应，则实际平均股价水平要低于此。

从近几年选股经验看，及时发现市场的结构性机会和局部性机会非常重要。即使股指下跌，只要选对了个股，仍有获利的机会。即使股指一路上扬，如果选错了个股，也同样潜伏着风险。

金融家点评：

股指只是股市中的一个指标，必须综合各种因素考虑。

364. 怎样依据市场大势选股？

市场上的势便是资金的流动，以买方为主流时，多头得其势；以卖方为主时则是空头得势。当然也包括一些拳来脚去的相持阶段，资金流动方向的强弱就代表了势的强弱。势的动因是由于期待赚钱的渴望，这种期待愈大则资金流动性愈大，资金流动性愈大，势便愈强劲，人们就会不自觉地跟随这个势，增加了这个势的威力，产生所向披靡令人惊骇的坚挺。

兵法上讲，得势者胜。然势这个东西也会发生可怕的逆转，随软随硬的势有时会反目为仇，敌方一有动静，我方便要随势而定，一不留神，就会陷于失势的无力状态。选股时也一样，因为大家都想乘势去买某一股票时，股票价格也就会暴涨。但这时候只要某些人开始套利，原有的期望转移了方向，买方转成观望态度，势也就慢慢疲软。攻守易势，空头就又得势了。这期间，卖方压力一增加，那就意味着对于涨价的期望接近破灭，股价就会一路下跌。所以，市场的动态完全由势来支配，选股总要随势而作，选择势强的来跟随，以期假虎威，居高临下势如破竹。但也要见好就收，不然就会像足球比赛那样得势而不得利。

这是因为势的转化、流动难以捉摸，利害变化无常。所以投资者一方面要追寻大势，一方面也要随时观测其势头逆转的信号。头脑保持冷静，纵观全局，明辨虚实，这种心理准备是很必要的。

金融家点评：

市场的来势或去势的完成过程，就像月亮的圆缺，视觉上虽然发生了变化，而实质上是虚实之中保持了一种自然界的恒数。

投资股票
基金

第六章 股票技术分析

股价走势千变万化，影响股市走势的因素非常之多，有的不可抗拒，有的不可琢磨，但终究是要反映在股价上的，股价的走势包含了所有已知与未知的信息，你只要读懂了股价的走势，机会就会向你招手。如何才能看准机会呢？技术分析是重要一环。

365. 怎样正确看待技术分析法？

技术分析的手段，如K线图，移动平均线，阻力线与支撑线，CBV线，圈叉图等等，都是近百年来股市专家大量总结、假设验证后才成熟起来的，是分析市场交易人心理、进行理性判断的利器。股市技术分析的价值，一直为人怀疑，却又总是挥之不去。

崇尚技术的人们认为股票的价格其实是"空中楼阁"，没有什么真正的根基。只要投资者追捧，心理因素的作用会把任何一只股票的价格"送上天"，反之，所谓内在价值高的股票也经常不被人看好，处境不好。

然而，极端的"技术大师"往往会产生对图表的过度崇拜。据说在美国有些图表分析家为了不受外界任何因素的干扰，索性用木板将门窗钉死，只从广播里听取有关信息，绘制图表进行分析。这种死吊在一棵树上的做法岂不令人笑掉大牙？

金融家点评：

技术分析并不是从图到图的"线仙"，也不是玄而又玄的纯粹"心理游戏"，而是有一系列科学依据的股市分析方法。

366. 怎样对别人的技术分析做出判断？

技术分析是许多专家们研究出来的评析股市涨跌的方法，有各种图表、公式、曲线等等，用以分析短期、中期的股价变化，准确性较高。技术分析看似复杂异常，实际不然，只要肯下功夫学习，很短时间就可以学会一些基本方法。因此，对于大多数投资者来说，多多少少都懂一些技术分析的理论，也掌握一些基本的分析方法。

但是，不管别人怎么分析，归根到底必须由自己拿定主意。买卖股票赚钱与否，在很大程度上视个性而定。

不少新股民在决定买入或抛出股票的时候迟疑不决、优柔寡断，喜欢听听别人的技术分析结果，然后再采取行动。其实，在人堆里，人们的看法自觉不自觉地受自身利益的影响。刚买进某股的常会说某股好得不得了，否则他也不会买进；刚卖出某股的就会把它贬得一文不值。电脑行情瞬息万变，小道消息层出不穷，听完东家听西家，往往不知所措，进退失据。

有些个性不够坚定的股友，哪怕做出了决定，到交易现场还会受到所谓"技术专家"分析结果的影响，要卖的舍不得，甚至转而买进，要买时又对价格迟疑不决。有人把股市中时常以技术分析自居的人称为"提灯笼者"，可能是指"为别人照路"之意。占股市人口绝大多数的散户不乏随波逐流者，这些人买入或卖出的行为，往往受到一些似是而非的分析结论的影响。

金融家点评：

对于那些总认为炒股有什么灵活丹妙药的人们来说，这是一个很好的警示。不要对任何分析抱不切实际地幻想，别人的分析总没有自己的判断更靠谱。

367. 图表分析真的准确吗?

图表分析是利用技术方法分析股市涨跌规律的一种手段,它假设市场行为能够反映一切信息。不论是政府政策变动、公司赢利增加还是世界经济危机、公司人事调整,一切有关因素甚至在没有成为事实以前就已经影响到股市的波动,只需研究这些因素的综合效果,把它们画在图表上就行了,而不必逐条了解其来龙去脉。这条假设表明,股市投资者的行为越理性化,信息反映就越准确,技术分析就越有效。

股市价格呈趋势性变动,影响股市的诸多因素会持续起作用,分析过去的股价轨迹,可以寻找到未来的价格走势。尽管股市上下波动,但终究朝着一定的方向前进,或上升或下降或盘整,存在趋势性。图表分析正是借助各种图形,确认目前价格变动的趋势,及时发现反转的信号,从而指导交易行为。

人们常说,历史会惊人的相似。从绝对意义上讲,今天的股市影响因素不会等同于以前任何一天,但作为追求利润的交易行为的双方,买方和卖方力量角逐的心理过程和外在变化有可能趋于一定模式并不断重复。统计学家们大量整理历史资料,提炼出若干典型范例,辅以一套图表分析方法来确认当前情形是否符合已有范例,从而鉴往知来。

金融家点评:

图表分析在某些方面类似天气预报。统计资料表明,当温度、湿度、气压等指标到达某些值时,80 %的天气变化是下雨,一旦再观测到类似情况出现,就判定下雨的概率是 80%。

368. 技术分析有哪些优势?

技术分析的优势是显而易见的。

第一,它简单、方便。比如 K 线图,任何人三分钟就可学会,拿把尺子、拿支铅笔就可制作,进而试行分析。要是通过电脑,不仅随时可以知道某种股票和股市的月 K 线图、周 K 线图、日 K 线图,还可看到 3 小时 K 线图、1 小时 K 线图甚至 30 分钟、15 分钟 K 线图。过去大户因为信息进步而独占的优势已大大削弱,技术分析人人都可从事。

第二,它摒弃主观的臆断。基本面分析常因为定性分析过多、定量分析不足而导致判断失灵,受小道消息影响而莫衷一是,而技术分析尽管有时也不免存在在多种看法,但相对而言已经客观多了。正确的运用可以保障已有的利润、减少可能的损失,这是技术分析的一大功能。

金融家点评:

股市即人生,只是更大喜大悲,更剑拔弩张。要顺势而为,及时收手,有必要掌握一些基本的技术分析方法。

369. 技术分析有哪些“盲点”？

俗话说，有利就有弊，技术分析也有自身的“盲点”。

最可能的就是所谓“骗线”、“走势陷阱”之类。少数“做手”或参与市场炒作的上市公司，熟悉各种技术分析套路，就投其所好，哄抬市价，或抛售压价，制造出将大涨、大跌的迹象挑动“技术派”紧跟，然后突然猛抛、猛吃，将小投资者套牢、轧空，使人们“一遭被蛇咬，十年怕井绳”，对曲线、趋势等技术方法避之远远。

由于技术分析意在推演股市运动趋势，发现反转迹象，因此必然提前做出结论，却不能明确指出最高价、最低价将在何时出现。如果投资者不习惯于在趋势反转前及时行动，追求最高或最低，技术分析也无能为力。

技术分析在实际运用中非常难于把握。同是一条曲线，不同的人对趋势的判断可能大相径庭，甚至理论自身也无明确的结论，所以图表分析被戏称为“艺术”工作。

金融家点评：

上述“盲点”如欺骗、作伪等，不仅在技术分析中有，基本分析也会碰到。不可否认的是，被投资者广泛采用的K线、移动平均线和成交量分析等方法，大大减少了投资中的失误。

370. 怎样避免技术分析“盲点”的误导？

到目前为止，世界上还没有发明出一套百分之百准确无误的股市预测系统。尽管技术分析有无法避免的缺憾，如无法判定最高点与最低点，但其他方法也不能，因此应当抛弃过于依赖最高点与最低点的奢望，把重点放在分析、判断趋势上。在多头市场，坚持持股直到技术指标发生抛售信号，反之在空头市场及时吃进，耐心等待时机，顺势而为，就能使投资轻松自如。

既然进行技术分析，就要相信它的结果。当然首先理解它，肯定它，在实际运用中不断总结经验，灵活与坚定适时而为，力求达到进退自如、“随心所欲不逾矩”的境界。

超越技术，不死守一点、两点教条，站在宏观分析的大局去观照它，利用日积月累的感性体验去融汇它，当你进入技术分析的世界，又能放眼技术之外，用之而不为之所困，技术分析才真正发挥奇效。

金融家点评：

世上没有免费午餐。股市也不是人到就领钱的慈善机构，不劳而获永远是痴人说梦，亲自耕耘才有收获。在变化多端的股市中搏击，不可能靠机械的三两条公式、秘诀就应付自如。熟练掌握技术分析，同时注重基本分析，纵观大局，才可能立于不败之地。

371. 怎样运用技术分析选股票？

所有的建仓最好都要由技术面来进行确认，技术分析应着重考虑以下因素：

(1)日均线系统是否处于多头状态或正在形成多头状态,在30日均线上方或有效突破30日均线时建仓,成功机会可能会大一些。

(2)量能是否有所放大,近日量能最好比平时超出一倍以上。

(3)周线系统是否开始转强。

(4)股价能否突破颈线。

(5)MACD、KDJ、RSI是否都发出买进信号。

金融家点评:

发现与确认趋势是实战进出的技术基础,涨跌幅度的研判是实战获利的前提条件。

372. 根据成交量分析行情应注意什么?

利用成交量分析行情时,需要注意以下问题:

(1)对倒放量找升,出货阶段常用。利用人们的"量增价升"贯性思维,吸引场外资金进场,制造买盘强劲现象,目的是出货。

(2)借利空逼杀,建仓后常用。当建仓后,如出现大盘或个股已经持续下跌,这时出现利空消息,主力喜欢放大利空效应,用大手笔对敲,杀跌诱骗心态不稳的散户抛出股票,达到快速吸筹的目的,振仓时也用这种手法。

(3)借利好放量大涨。如中报,年报,消息,题材出现之前,人们看好市场,主力减仓出货。

(4)逆市放量,出货时常用。一天股市翻绿,但多数是吸引投资者眼球,有大胆跟进时,也往往有一两天的行情,随后加速下跌,套牢跟进的人。

(5)缩量小跌,常用于出货。当个股拉升到一定高度,庄家要出货时,用缩量小跌(价量配合是合情合理的)麻痹人们,放松警惕,错失出局机会,一步步掉入深套的陷阱。人们说的"温水煮青蛙"就是这个道理。

(6)高送配除权后的陷阱。当高配送个股,价位很高时人们存在畏高心理,不会在高位买进,一旦除权,价位下移,主力就用此行情大幅炒作,当大量散户买进时,出货的机会就来了。

金融家点评:

成交量是技术分析的基本要素之一,是投资人看盘的焦点。它是股票市场的原动力,没有成交量的配合,股票市场就成了无本之木。有经验的高手把整个市场或个股的成交量作为衡量和观察市场趋向变动的前提,寻找主力、庄家动向,选择入场和退出的时机。

373. 如何进行短线操作?

从K线图上分析,短线操作需要满足下列条件:

(1)要有大盘向上趋势的配合。如没有完美的图形和九成的把握,不能逆势操作,否则必遭重创。

(2)量能充足,必须持续放量。

(3)庄家持筹较多,曾放量或正在放量,庄家有一定的控盘度。在K线图上有持续控盘的特征，如规律性走势及受控迹象等，最好有强力承接、温和有度的控盘动作。

（4）所属板块共同走强，最好是市场热点。这是安全和赢利的重要条件。

（5）底部坚实，且技术指标系统如均线、KDJ 均呈现多头共振状态。

（6）该个股所属的板块不能处于热炒后的整体退潮甚至领跌大盘的状况。

金融家点评：

地上本没有路，走的人多了，也便成了路。不要一有风吹草动就缩手缩脚，看准图形态势，短线操作也能成功。

374. 短线安全买入的要点是什么？

操作短线时，要达到安全买入，有以下几种情况值得关注：

（1）大盘短线走势向上，有空间和力度的配合，这是重要的保证，对于选股能力一般的投资者尤为关键。能力较强的投资者如无八成以上把握，不能逆势操作。

（2）量能充足，必须持续放量。

（3）所属板块整体走强，最好是市场热点，这对于短线安全和赢利来说至关重要。

（4）有良好的中线基础或极端的快速连续暴跌（暴跌行情的抄底只是少数人的“拿手菜”，如果没有较高的技术不要轻易尝试）。

（5）短线升幅不大，乖离率较小。

（6）该个股所属板块不能处于热炒后的整体退潮甚至领跌大盘的状况。

金融家点评：

从心理角度来说，人人都有“恐高症”。而想要以暴跌抄底，又绝非一般人所能。

375. 短线安全卖出的要点是什么？

寻找短线的卖点，一是观察 30 日平均线，因为 30 日均线反应较迟钝，走平或击穿再卖出必须是买进后获利丰厚才能行得通，等到这个信号发生，有时亏损已很大。除此之外，还有两类可靠的出货依据，重点放在趋势的逆转上：

（1）股价以同样的特征长时间运行或有很大的涨幅，确有大量资金在其中运作，一旦打破这种格局，极可能是多空力量对比发生重大的变化，应视为趋势逆转，立即卖出。形态破位、股价沿某一均线运行了很久或出现很大涨幅之后向下破位均在此列。

（2）大势见顶，个股若无很强的基本面支持，也应视为见顶。但有时 30 日均线缓缓走平向上，K 线图看来量能充足，底部坚实，涨幅却很有限，此为游击短庄或对倒拉高出货的陷阱，此时要格外小心。

金融家点评：

炒短线时，按照一般的心理反应只要有 20%的涨幅，即可落袋为安。

376. 什么是K线图?

股市是买卖双方争斗的战场。股价变动是政治、经济、心理等因素影响下的战斗结果,其背后的双方力量消长决定着未来的股价走势。预测买卖方的力量对比状况,选择合适的阵营,是投资者的必需。

反映股市变动的图表制作方法有很多种,每一种都有自己的独到之处与不足,其中,K线是世界上最古老、最权威而且流行最广的方法。K线是对股市价格波动每日、每周、每月的状况进行图示的方法。经过近百年的发展,已经深为投资人信赖,几乎成为技术分析的代名词。

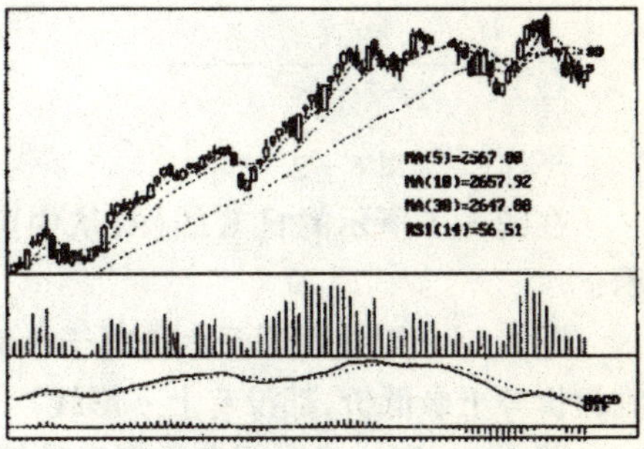

图6－1

K线图最早应用于古代日本的米市,表示价格每天的涨跌行情与走势。后来引入股市,发现准确性相当高,因此畅行不衰,追随者越来越多,成为股票技术分析最基本的工具。

为什么称之为K线,而不是A线或B线呢?众说不一,比较合乎情理的说法是,日本的技术分析图被称为"罚线",而"K"是由"罚线"的读音发展而来。

如图6-1,是一个完整的深市日K线图。从图中可知,K线图立体感强,直观、生动,可以有效地反映股市短期、中期到长期的趋势,全面显示其涨跌特点和多空力量的强弱变化,是股市投资者的必修课目。

金融家点评:

K线有路勤为径,股海无涯苦作舟。

377. K线是如何反映股市指标的?

股市每天都在波动,它的动态可以用许多指标来衡量,如成交量、成交额、转手率、市盈率、支撑位、阻力位等等,但最重要的是这几个指标:开盘价、收盘价、最高交易价、最低交易价。

K线非常简单明了,能圆满地反映出上述指标。

K线位于座标系内。X轴表示时间,单位可以是日、周、月,分别用来表示日K线、周K线和月K线。Y轴代表指数或股价,分别用来表示交易所指数变动和个股价格变动。坐标系中的图形,即所谓K线,是带有上线、下线的空心或空心长方体。

如图6-2,表示2006年10月15日的某股K线。

K线对股价的表示方法如图6-3和图6-4所示。开盘价与收盘价之间的价位用长方形表示,称为实体部分。收盘价高于开盘价,实体为空白或涂以红色,称为阳线。收盘价低于开盘价,实体为黑色或蓝色,称为阴线。阳线最高价与收盘价不同时,则用红细线将两者连接,称为上影线。最低价与开盘价不同时,将两者连接,称为下影线。阴线恰好相反,开盘价与最高价间为上影线，收盘价与最低价间为下影线。

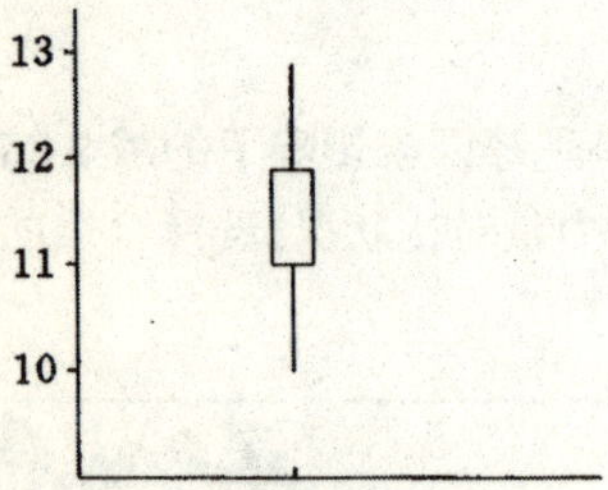

图 6－2

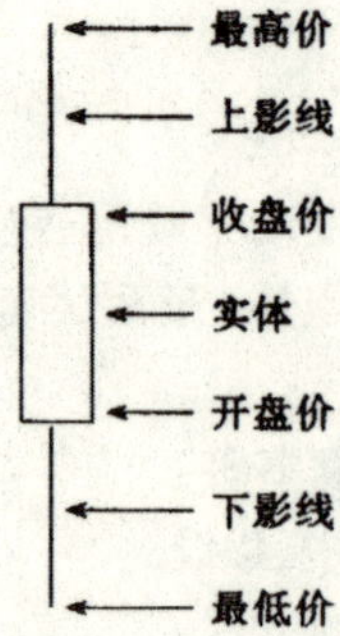

图 6－3

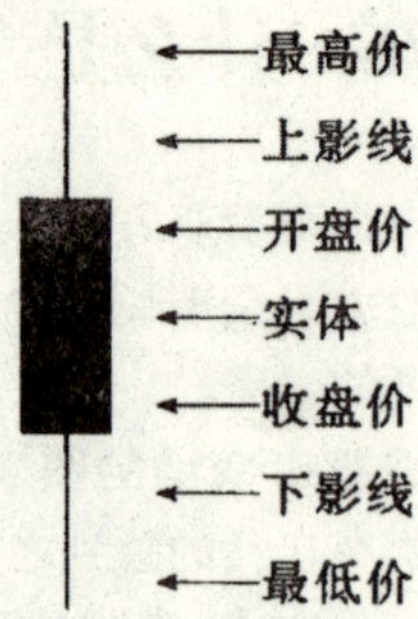

图 6－4

在图 6-1 所示的日 K 线图，从中可以发现不少不同于图 6-2、图 6-3 的 K 线，如以下所示：

图 6-5(a)阳线表明开盘价等于最低价，收盘价等于最高价，阴线表明开盘价等于最高价，收盘价等于最低价，都没有上下影线。

图 6-5(b)阳线表明开盘价高于最低价，收盘为最高价。阴线表明开盘为最高价，收盘高于最低价。都没有上影线。

图 6-5(c)阳线表明开盘为最低价，收盘低于最高价。阴线表明开盘价低于最高价，收盘价为最低价。都没有下影线。

图 6-5(d)表明开盘价与收盘价相等，但最低价、最高价不等于开、收盘价。实体部分缩为一线。

K 线代表着股市的变动情况。如图 6-2 所示，表明 2006 年 10 月 15 日，开盘价位是 11 元，卖方大量抛售股票，买方承接薄弱，股价跌至开盘价以下，到 10 元左右，卖方就不急于再抛，股价回升到开盘价附近。买方此时继续吸入股票，卖方见行情日稳，就不再大量抛售，股价持续上升到 13，获利日吐现象产生，股价回落到 12 元收盘。

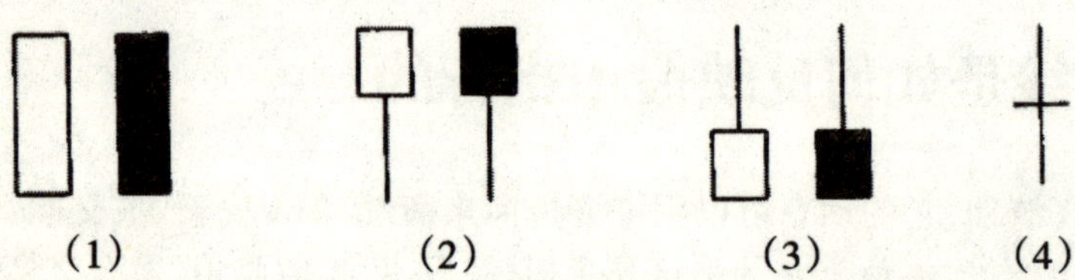

图 6－5

金融家点评：

不同的 K 线代表不同的意义。要深入了解其中含义，确非易事。

378. 什么是头肩顶图形?

头肩顶(如图 6-6)图形呈现三个明显高峰，一般讲左右肩高点相近，头部最高。从左肩和头部之间的底部到头部和右肩之间的底部连出一条延长线，即为颈线。从右肩顶下跌突破颈线的幅度必须在市价的 3%以上，而且回升不得再超出颈线，否则头肩顶不成立。

这是一种杀伤力极大的走势，其多空双方斗争状况大致如下：

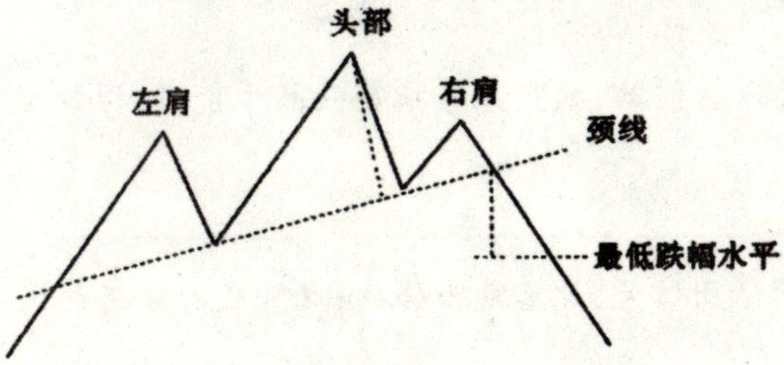

图 6－6

利多消息鼓动股市猛升，成交量大增，然后短暂回落，形成左肩。没能在第一次升势中获利的投资者在调整期间买进，股价再度窜升直至突破左肩高度，创造新高点，然后持股者心理产生恐慌，相继抛售，使股价又回落到左肩高点以下，形成头部。第三次上升，成交量已大不如前，涨势疲弱，未至头顶即反转直下，突破颈线就一路跌下，形成右肩并最终完成头肩顶。

金融家点评：

确定的头肩顶形态存在一个下跌的最小幅度。从头部向颈线画出一条垂线，然后从右肩突破颈线处向下量出同样的长度，到达的水平即为下跌至少要到达的地方。

379. 什么是头肩底图形？

头肩底图形(图 6–7)的形态与头肩顶恰好相反。

从左肩到头部到右肩，每次升势的成交量是依次上升的。右肩突破颈线处是准确的买进信号，尽管股价已经上升，错过了最低点，但仍然有相当高的上升幅度，及时买入可以稳健获利。

复合头肩型分为多肩(图 6–8)和多头(图 6–9)两种，都是头肩顶的变种。如果翻转过来，就是头肩底的变形。

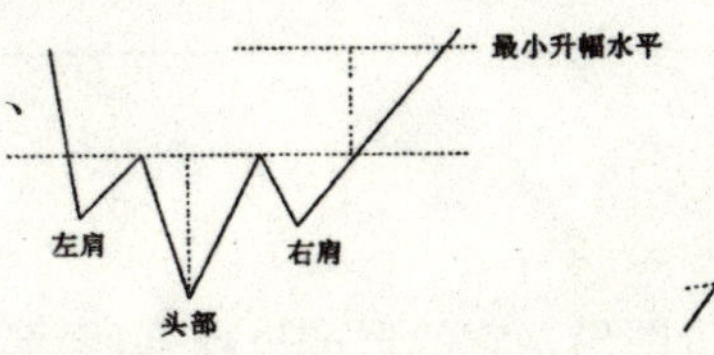

图 6－7

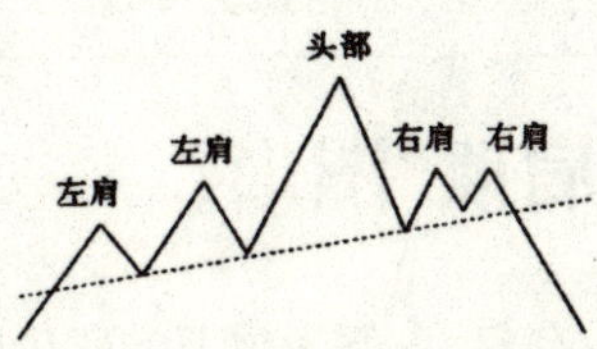

图 6－8

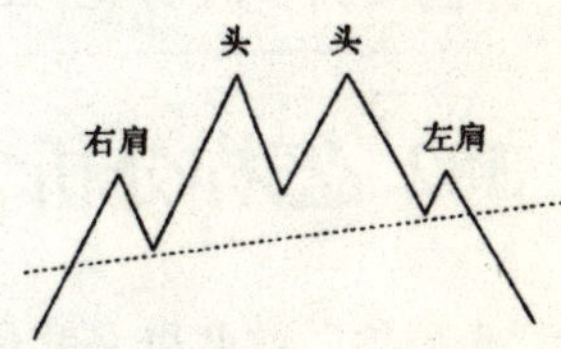

图 6－9

金融家点评：

复合头肩型的含义与头肩型相近，只是程度要稍弱，它的下跌或上升通常到达最低或最高水平即告停止。

380. 什么是双重顶与双重底图形？

双重顶与双重底(图 6–10)图形很相似。双重顶的运行轨迹恰似英文字母 M，而双重底则类似 W。

股市的上升使投资者获利,他们的回吐使升势转跌,第一个顶形成。再度上升时股价到达前一峰顶附近,但成交量却无法达到上次水平,在阻力作用下再次下跌,突破颈线后形成双重顶。

双重顶的两个最高点相差在 3%以内是可以认同的,通常第二顶要略高于前者,但成交量却不可企及。

金融家点评:

对双重顶来说,突破颈线处是可靠的沽出信号,此后跌市将临;双重底的分析则正好相反。

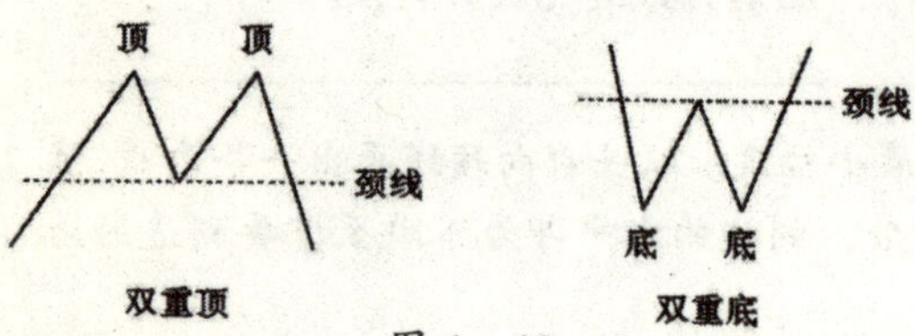

图 6－10

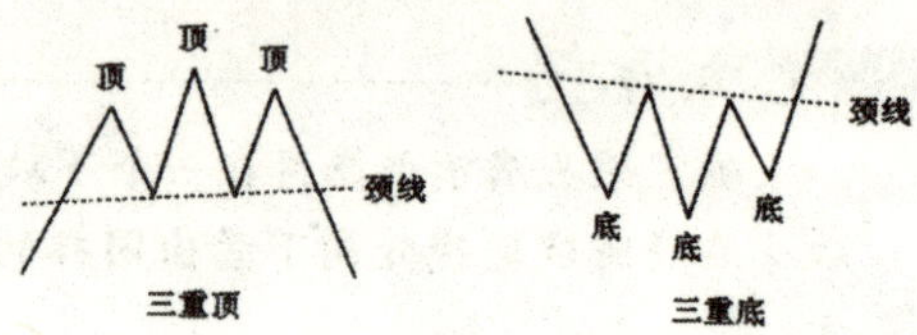

图 6－11

381. 什么是三重顶和三重底?

三重顶与三重底(图 6–11)也是图形类似的关联图形。头肩型的头部和肩部相差不多,就构成三重顶的三重底,它们的分析意义类似于双重顶与双重底,只是三重顶的第三次上升成交量很小,升势极弱,即露跌相,而三重底的第三次上升成交量大,气势强盛。

金融家点评:

灵活运用线势图,认真、客观地分析,才是股海进退的护身符。线势形态变化多样,实战中千变万化,必须善于总结,才能融会贯通。

382. 怎样分析“头肩顶”图形?

“头肩顶”,顾名思义就是有头有肩,头部为顶部的股价图形。它的形成过程是:股票价格强劲上升,成交量较大,随之出现一个次级下跌(低于上升幅度的下跌),形成左肩;终因上升势头猛烈,形成了又一次超过次级下跌幅度的上升,在高价位支撑力不够,无奈下跌,形成头部;又经过类似“左肩”的反复,形成右肩;至此,“头肩顶”完全形成。如图 6—6 所示。

头肩顶是图形技术分析方法中最具反转意义的图形,因为在形成右肩的过程中,原有的趋势和移动平均线系统以及原来支持上升趋势向一个方面发展的其他技术指标肯定大部遭到破坏,股价走势经过几个回合的振荡,使人心士气均生怯意。因此,有的投资者一见头肩顶图形,便立即着手抛货清仓。有时也会落得杞人忧天的下场,因为股价并没有一路跌下去,反而是沿着右肩侧部向上升去,形成新的头肩形。

头肩顶形态到底灵不灵? 运用理论一定要活学活用,联系实际,怕的就是生搬硬套。在实际操作中,头肩顶也有其化解的方式:一是右肩运行的时间超过了左肩构造的时间,使形态的对称性遭到破坏,同时其他技术指标势必得到修复;比如,人们对股价反复振荡习以为常,渐渐淡忘了过去刚见头肩顶型时的恐惧；此时，判断形状应以右肩单独形成的形状为主。二是股价穿过右肩，形成向上的有效突破，并没有像标准图形那样，在右肩头处下折构造完整的右肩。右肩被突破，是一个买入的信号；如果上涨趋势不减，一直突破了头部的高点值，则可以认定，这个头肩顶形状完全被化解了。

金融家点评：

头肩顶一旦形成，如果出现了股价自右肩处跌破“颈线”的迹象，就意味着股价将会较大幅度地下跌，投资者应该赶快抛出股票，“逃命”要紧，否则套牢的厄运就在眼前。

383.“头肩底”图形是怎样形成的？

每日股价走势形成的有头有肩，而以头为底(大头朝下)的股价图。它的形成是这样的：在股价下跌行情中，买方做了第一次抵抗，使得股价有一定的上升(形成左肩)；终因力量不够，又出现了新的下跌，其底部比左肩更低(形成头部)，此时买方不甘如此，积蓄了更大的力量进行反击，使股价得到较大幅度的上升，直到与左肩基本平行的位置，经少许回落(形成右肩)；这时卖方在持续占领市场后，也显得力不从心，买方坚定地冲破下跌趋势线，从右肩处突破成功，股价开始步入上升轨道。如图 6-7 所示。

金融家点评：

形成“头肩底”，从技术角度来讲，一般是行情开始上涨的先兆，需要投资者做的就是筹集资金，抓紧买进。

384.怎样分析“双重底”图形？

双重底也称“W 底”，其形成过程是这样的：在下跌行情里，市场里的股票出售量在减少，股价跌到一定的程度后，开始不再继续下跌；有些投资者见股价不高，逐步进入市场吃进，导致了股价慢慢上升；然而因受股价下跌风的影响，投资者的买进是小心翼翼的，而卖者也觉得在这时的股价抛出划不来，因此多是袖手旁观、只看不卖。股价涨涨停停，到达一定程度后，由于股票的供应量在增加，导致股价再一次回落；到了与第一次的低价位基本相当的位置时，股价又开始反弹。股价在连续 2 次下跌后完成了双重底的形状，形状极像 W 字母形。两个最低点的连线叫支撑线。参见图 6-10。

要注意的是，在双重底形成的过程中，如果股价从第二个支撑点反弹后，出现了第三次回跌，在跌幅没有超过第二次跌幅 1/3 时开始反弹，创造新的高点，这时才能确定 W 底的形成；否则股价仍处在调整阶段，形状相当于几个 W 连接起来。

金融家点评：

W 底一旦形成，就标志着股价很快就会打破下跌及整理，冲出谷底；投资者在此时可以择机买进，等待将来的大丰收。

385. 什么是线势的整理形态?

所谓整理形态指股价经过一段时间不明显的升降波动,然后沿以往走势继续前进。

(1)上升三角形和下降三角形(图 6-12)。股价在上升的途中遇卖方压力回落,但不久又上升,到达前次高点附近再度回落,但日落点高于上次。将几个高点连起来,构成一条明显的阻力线,将几个低点连起来,形成向上倾斜的延长线,与阻力线构成上升三角形,预示购买力量很强,大市将继续盘升。

下降三角形的形状与上升三角形正好相反。低点联线构成支撑线,高点是向下倾斜。突破支撑线后,股价将直泻而下。

(2)矩形(图 6-13)。一系列水平近似的升、跌,其界线构成矩形。矩形反映买卖双方心中都有明确的阻力价位与支撑价位,因此战斗总是发生在两者之间的范围内。均衡的波动一旦被打破,股市将沿着原有的方向前进。

矩形可以出现在上升或下跌的行情中。波动范围越大,其预示有效性越高。

(3)旗形(图 6-14)。在急速升高或下降的股市中,一连串的短期波动,形成与大市原来方向相反的倾斜长方形,形态象一面挂在旗杆上的旗帜,称之为"旗形"。

上升旗型通常出现在牛市第三期,意味着升势已经不大。下降旗型通常出现在熊市第一期,暗示将有猛烈的下跌出现。这类旗形的波动部分可能十分有限,在三四个交易日内完成后即朝预定方向突破。如果股价长期整理,超出三周还未能冲出,情况就比较复杂,必须静观其变。

(4)对称三角形(图 6-15)。一系列的股价变动,高点渐低而低点渐高,上下界线同时倾斜,构成对称三角形。

对称三角形表明买卖双方在一定区域内势均力敌,暂时达到平衡,持续观望使股价波动幅度收窄。它可以出现在上升或下跌行情中。需要注意的是,对称三角形在少数情况下可以成为反转形态。

(5)整理头肩型(图 6-16)。头肩型作为反转形态的时候多,但有时也成为整理形态。那么,如何区分呢?

头肩顶出现在跌市中,常为反转形态;出现在升市中,常为整理形态。头肩底若出现在跌市中,常为整理形态;出现在升市中,常为反转形态。整理头肩,不存最小跌、升幅的计算公式,其颈线的画法也不同于头肩型。

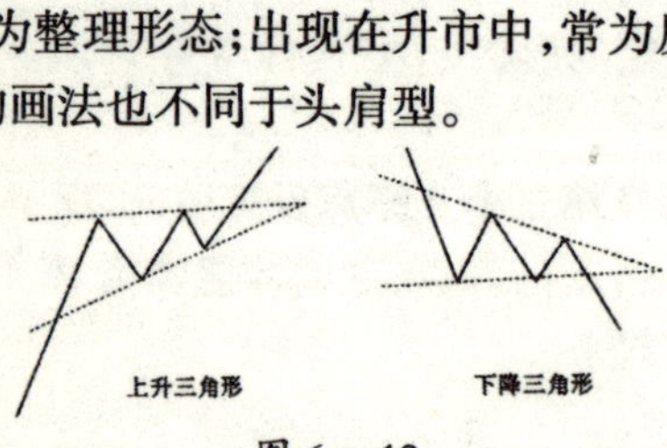

图 6－12

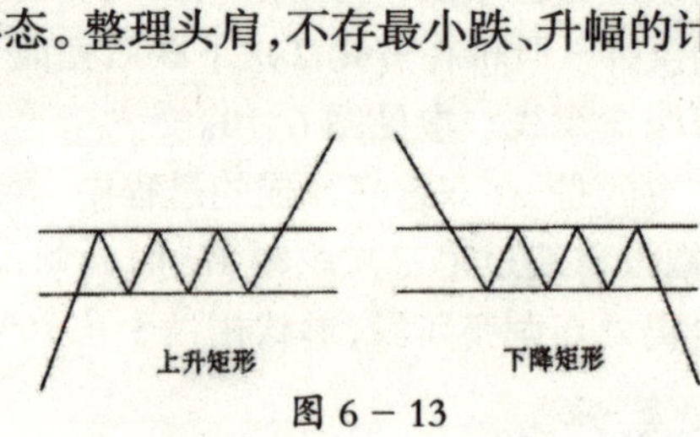

图 6－13

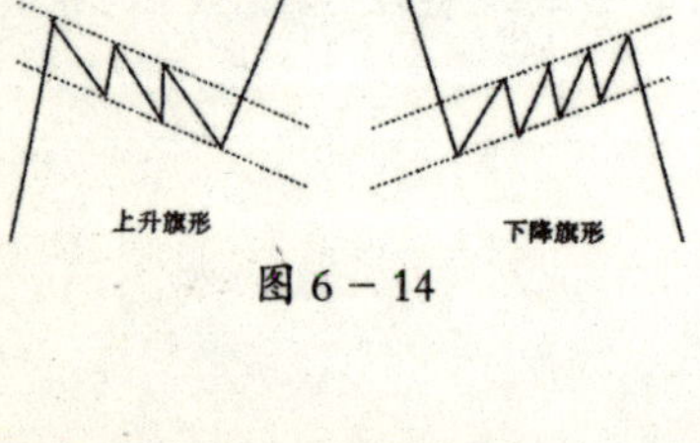

图 6－14

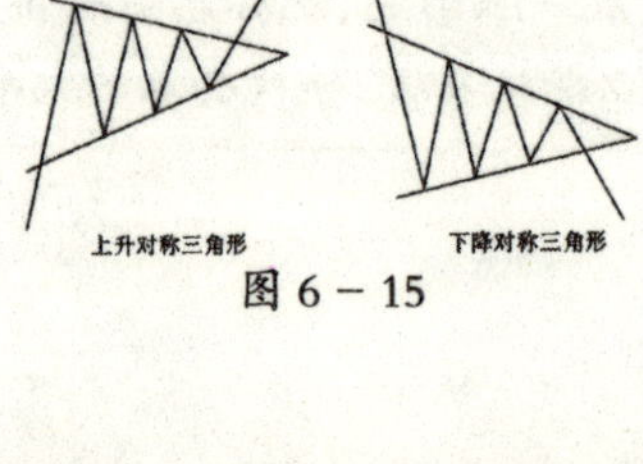

图 6－15

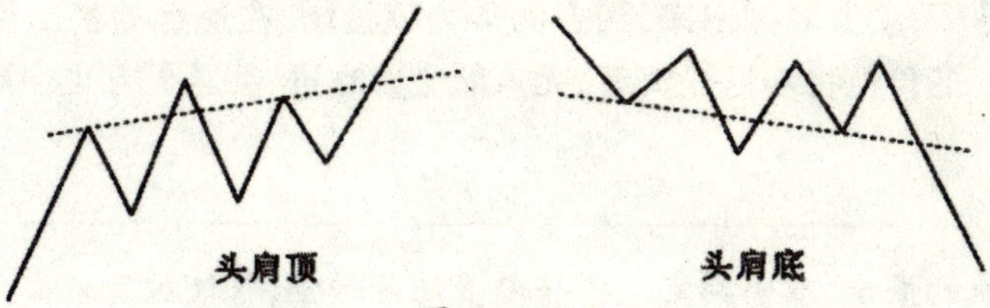

图 6－16

金融家点评：

战争中，武器的作用至关重要，然而，最重要的，还是掌握武器的人。整理形态与反转形态只是两种不同的表现形式，其分析方法大同小异。

386. 多头与空头在K线图上是如何表现的？

有人说，做股票再简单不过，低买高卖就是了。或者讲，看好就买，看坏就卖即可。然而何为低、何为高、何为好、何为坏？低的时候还望低，高的时候不觉高，想买的时候已买不到，想卖的时候已卖不出，这样的事每天都发生几百、几千起！

多头市场的重心在买方，其所拥有的砝码(钞票)一个接一个地加在天平上，卖方的股票越来越少，处于劣势地位，股价不断升高，最后，买方钞票用尽，而卖方的股票逐渐增多，失衡的天平渐渐调整过来，重心移至中央。

空头市场正好相反。重心在卖方，其拥有的砝码(股票)的增加使股价不断下跌，创出一个个新低价，直至股票用尽，而股市天平才逐渐回到平衡点。

K线图上，阴阳线出现的次数和自身大小，反映多空双方的战果。几根长而有力的大阳线夹着小而弱的阴线，说明买方势力强，阳线常有上影，表明受到空方骚扰。如果阴线不能吞没阳线开盘价，表明多方仍然占据优势。阴阳线出现次数差不多且大小相当，表明争斗趋于均衡，形成盘档。反之，强有力的阴线夹击弱小的阳线，表明卖方优势。含下影的阴线是多方骚扰的结果，阳线实体不能突入阴线的开盘价，就说明尚未对空方构成真正的威胁。

金融家点评：

做多与做空撕杀的结果，在K线图上反映出阳线与阴线的交叉变化。

387. 如何用K线图判断多头还是空头？

根据K线图的实际情况，可以从以下三方面进行分析判断：

(1)双方组织力量。在多头市场上，买方是实力派大户为主，进行强而有力地买进卖出，而卖方多为无组织的散户，力量薄弱，所以股价上升。空头市场恰恰相反，卖方为看淡后市的强力大户，买方则为零散小户，强弱力量定判，供多而求少，股价自然下跌。

(2)双方争斗力量。从已经结束的每日争斗结果和成交量大小可以判断出双方的强弱。不过，单日的结果局限性较大，多空双方不会天天作殊死斗，因此有遭遇战、侦察战、主力战之分，从成交量的增减情况可以看出双方对战斗投入的兵力规模。

(3)价位吸引力量。如果大多数投资人认为当前价位偏低的时候，买方的潜力就比较大。

一旦在大户的引导下，潜力发挥出来，买方的势力就猛增，在遥远的售出价位到达之前，多头将占据优势。反之，高价位将吓退投资者，无人愿全力吃进，甚至买方也会翻空，极大地扩展卖方阵营。

金融家点评：

根据K线的显示，准确判定大市将趋多还是趋空，将使投资者立于不败之地。

388. 如何利用K线判断多空争斗规律?

股市战斗如同拳击，必须攻守兼备，一只拳防守，另一只拳进攻。如果贸然出击而未能迅速取得战果，很可能暴露弱点被对方偷袭成功。在研判局势时须注意不同价位的盘局对双方的不同含义。盘整时间越长，对攻击方越不利。

争斗中，多空方都想一招制敌，痛快淋漓地结束战斗，然而也必须做好受挫的准备。

空方大举进攻之下，股价下跌，到达低谷受支撑而上升，如果升回至下跌开始价位或以上，称为"回升"，如果只能升到原价位一半以下，称作"反弹"。多方进攻时，股价的先升后落分别称为"回跌"、"回挡"。如果升势极少回跌、回挡，说明买方绝对强盛，优势极大。如果回挡至一半甚至回跌，说明卖方卷土重来，新的决战在酝育之中。跌市中的反弹、回升的显示意义类似。

在股市涨跌的过程中，买卖双方的斗争和表现形成了不变的规律：

多方市场：上升、回挡、上升。

空方市场：下跌、反弹、下跌。

多方市场转空方市场：上升、回挡、上升、回挡、盘局、下跌、反弹、下跌。

空方市场转多方市场：下跌、反弹、下跌、反弹、盘局、上升、回挡、上升。

金融家点评：

多空对攻的结果取决于双方的力量水平，而投资者在确定加入何方阵营之前，需要慎之又慎地详作比较，然后提前一步，"弃弱就强"。

389. 如何利用K线确定何时买进卖出?

长期投资者重在选股，而中、短期股民则看重操作的时机。换言之，短线股民只要时机得当，"劣股"也能成为招财进宝的机器。而买卖时机的选定则有赖于技术分析，K线是判断方法之一。

在空头力量受到牵制，多头力量即将发挥的时候，买进最佳。多头力量盛到极致，空头力量集结欲出，是卖出的急点。

具体讲来，股票操作可在以下时机做出选择：

(1)股价从低位上涨，接近前次大盘档附近价位，卖方压力增大，升势受挫，即将进入盘旋整理的时候卖出。

(2)股价突破盘档，接连出现阳线并配合大成交量，买进。

(3)阳线出现的次数越来越少，阴线出现次数增加并时有大阴线出现，表明多方力量不足而空方渐盛，宜卖出。

(4)股价上涨但成交量不配合扩大,表明升势较疲,可能下跌,宜卖出。

(5)股价虽未上涨但成交量迅速扩大,说明此股活跃,前景可观,一旦上涨将成热门,宜买进。

(6)冷门股一旦暴涨,应在第一个涨停板附近购进,否则可能连续涨停板,失去进手好机会。

金融家点评:

除了K线图判断法,从K线线势形态中的颈线突破点也可决定买进卖出时机。

390. 如何辩证看待K线图的作用?

K线在指导投资行为中的威力大小,只要从使用它的投资者之中就可以看出了。

在美国、台湾、伦敦以及在上海,在出租车内、台灯前以及在办公室里,在证券公司门口,无数投资者在天天画K线,读K线,绞尽脑汁分析它的含义,大胆假设它的走向,对之如醉如痴,佩服得五体投地。

它当然不是股市投资的万应灵丹,不是有求必应的观音加财神,但K线对于股市奥妙的揭示,确实太引人入胜了。

投资股市如同打麻将,上桌的四个人不可能全都赢得志得意满,胜者总有高出负者的方面,或才智,或运气,或资本,或心理,不管双方是否意识到,必具其一。投资的胜利者通常也是K线的大师,他们把理性的思考和感性的体验写出来,就是今天读到的K线知识。

股市是形势变化最迅速、最剧烈的场所,也是"玄妙论"、"不可知论"盛行的场所。它存在规律,但是它的规律像泥鳅,使尽全力也许只能碰到、抓到一点点。

金融家点评:

当今世界,还没有一套让所有人都发财的秘诀。K线作为股市规律的最权威的反映,其中奥妙只有在实战中才能最后体味。

391. 如何不被K线图所迷惑?

利用K线图选股时,有一种思路和方法值得投资者借鉴。那就是先不去分析其向上空间,也就是先不分析其向上的估值,而是先分析其向下的可能空间,假如分析出向下空间极为有限,而向上空间较大的时候,这就是可以安全介入获利的机会。

例如,2007年初不管是老牌绩优股,还是新上市的次新股都涨势喜人,哪怕是ST和*ST股都连续涨停,然而,人们却发现网盛科技始终在50元附近进行波动,构造了一个长达半年的平台,构筑了较为完整的多重底和头肩底雏形。

尽管有人认定网盛科技价格偏高而不敢买入,然而人们却忽视了这样一个事实:即网盛科技上市后已经非常充分地换手,凡是介入的投资者大多被套,不管是机构主力还是中小散户的成本绝大多数在50元以上,加之网盛科技流通盘只有1500万股,是个典型的小盘股,此外还是沪深两市唯一的正宗网络题材股,可以看到其向下的空间不大,假如在50元附近建仓,其历史最低价也不过就是48元,但是其向上空间则是巨大的。在没有其他因素的影响下,如果股价有效跌破48元，则证明是主力弃筹码而逃，此时跟随同时止损出局，损失也至多每股2元；然而其一旦突破60元的头肩底颈线位，最小的升幅将起码达到70元以上。而根据横有多长，竖有多高的理论，网盛科技横盘了半年以上，因此向上的空间不会小，所以在50元区间，是一个安全系数极高的买入区间，因为其向下的空间有限，而向上的机会却很大。

由此可以看出，只要不被其技术走势或者K线图所迷惑，大胆介入持股，便可稳定获利。根据上述原理，在选股的时候，可以特别留意相关个股的最大向下空间，对照可能的最大向上空间，以此来判断个股的介入风险。向下空间越小的个股，再配合其基本面，估算出其向上的空间，这样就能够做到风险较小地介入，从而取得较大而稳定的收益。

金融家点评：

学会计算整个市场和个股的投资者平均成本，定好合适的介入区间，这样就能够获取安全和最大的收益。

392. 剧烈震荡怎样用K线图把握卖点？

当股市出现剧烈震荡的不正常变化，或者盘中上行能量不足时，在60分钟图表上，具体表现为两种情况，其判断方法如下：

(1)根据核心K线体系的原则，常态的上涨阳线(实体阳线或实体大于上下影的阳线)和常态的下跌阴线(缩量阴线，确切的说是量能小于均量的阴线)，此为常态行情，价格在没有外力作用下，仍旧会向原方向前进，投资者可以安心持股。

一旦某日出现剧烈的震荡或者是带量下跌，在60分钟K线上表现为长上影，长下影，长上下影，一小时内跌幅较大的阴线，同时量能大于均量，此类K线称为“异动K线”。

(2)在经过一段时间的放量涨升后，上行能量开始减退不足，显示上攻开始乏力或者准备进入较长时间的调整，在60分钟K线上表现为短期均量线下破长期均量线，显示短期量能释放的平均程度开始萎缩。

金融家点评：

此两种情况出现任何一种甚至两种同时出现，必须准备卖出股票，密切跟踪，随时准备根据后面的演化而出局。

393. 如何利用K线确定最终卖点？

在K线图上，如果某日出现下面三种情况中的一种，甚至是三种情况中的任意两种复合情况(下跌概率几乎就成为百分百)，必须毫不犹豫，果断出局！

(1)上涨阳量大于下跌阴量，称为良性量能，当某小时上涨阳量小于下跌阴量，同时随后出现的下跌阴量仍然在放大时，显示多空力量开始转化，空方占优，同时价格跌破5单位均线，指标在技术高位死叉，为卖点。

(2)某小时下破5单位均线后，两个小时都被均线压制，无法站回均线，5单位均线向下拐头，结合指标的技术位置，为卖点。

(3)突然没有任何征兆的下跌，技术指标快速下滑至20以下超卖区，耐心等待其技术反抽，在指标重新反抽到技术高位时，为卖点。

金融家点评：

买进卖出，是投资者之间智慧、心理、经济实力、综合素质的较量。K 线图作为必不可少的利器，总是掌握在多、空双方的手中，谁能取胜，就看谁能更好地利用它。

394. K 线图上的“底量”是什么指标？

打开股市分析软件的 K 线图，就会发现骗线、骗量、骗指标的事情无处不在，以至于投资者对此甚至到了恐惧的地步，整天云里雾中不知所以然。那么，在众多的技术指标中，底量是一种没有欺骗性的、最忠诚、最简单、最有价值的指标。

不同的人对底量可能有不同的定义。其实，底量是成交量的一种表现形式，它意味着成交量的极度萎缩；它是一个相对值，也是一个浮动值；底量随流通盘的变化而变化，每日仅几万股的成交量肯定是底量；流通盘过 1.5 亿股的股票，每日几十万股的成交量肯定也是底量；流通盘超过 5 个亿的股票，每日一二百万股的成交量一般也是底量。

底量在行情清淡的时候出现的最多。在行情清淡的时候，人气涣散，交投不活，股价波动幅度较窄，场内套利机会不多，几乎没有任何赚钱效应。

金融家点评：

持股的不想卖股，持币的不愿买股，于是底量这个指标就出现了。这一时期往往是长线买家进场的时机。

395. 怎样使用底量这个有价值的技术指标？

一般来说，在下面三种情况下可能出现底量指标。

（1）底量在股价即将见底的时候出现的很多。一只股票在经过一番炒作之后，总有价格向价值回归的时候。在其漫漫下跌途中，虽然偶有底量出现，但很快就会被更多的抛压淹没，可见此时的底量持续性极差。而在股价即将见底的时候，该卖的都已经卖了，没有卖的也不想再卖了，于是，底量不断出现，而且持续性较强。如果结合该公司基本面的分析后，在这一时期内介入，只要经受得住时间的考验，一般均会有所收获。

（2）底量在庄家震仓洗盘的末期也必然要出现。任何庄家在坐庄的时候，都显然不愿意为别的投资者抬轿子，以免加大自己拉升途中的套利压力，于是，拉升前反复震仓、清洗获利盘就显得非常必要了。那么，庄家如何判断自己震仓是否有效，是否该告一段落呢？这其中方法与手段很多，底量的出现便是技术上的一个重要信号。此时，持股的不愿意再低价抛售，或者说已经没有股票可卖了，而持币的由于对该股后市走向迷茫，也不敢轻易进场抢反弹，于是成交清淡，底量便油然而生，而且一般还具有一定的持续性。这一时期往往是中线进场的时机，如果再结合其他基本面、技术面的分析，一般来说均会有上佳的收益。

（3）底量在拉升前整理的时候也会间断性地出现。一只股票在拉升前，总要不断地确认盘子是否已经很轻，以免拉升时压力过大而坐庄失败。换句话说，就是拉升前要让大部分筹码保持良好的锁定性，即“锁仓”。而要判断一只股票的锁仓程度，从技术上来说，底量的间断性地出现是一个较好的信号，由于庄家需要不断地对倒制造成交量以达到震仓目的，所以，这一阶段中，底量的出现是间断性的。如果能在这一时期的末期跟上庄，则获得非浅。

金融家点评：

底量作为成交量指标的一种表现形式，由于其几乎不可能存在欺骗性，而且对投资者的操作具备相当的实战指导价值，因而授之以“最有价值的技术指标”的桂冠，实为众望所归。

396.什么是道·琼斯分析法？

一个人如果能够毫无偏差地预测某种股票在几个月内或几个星期甚至只是在未来几天的价格趋势，他很快就能成为百万富翁。因此，投资家和市场分析家每时每刻都在观察和研究并依靠他们的知识和经验对股票市场的价格做出各种预测，从中总结和建立了一些理论。道·琼斯股票价格波动理论，就是股票市场在预测股价变动方面较为著名的一种理论。

道·琼斯理论又被称为道氏法，它是指利用纽约证券交易所30种工业股的平均股价指数与20种铁路股的平均股价指数及15种公用事业股的平均股价指数为工具来观察股价变动的一种方法。其中工业股的平均股价可反映制造业的经营情况，铁路股的平均股份可反映运输业的经营情况，公用事业股的平均股价可反映公用事业的经营情况，所以利用上述三种指标就可以掌握经济循环及股价变动的全貌。

查尔斯·道创办道·琼斯公司并出版《华尔街日报》后，于1900～1902年担任该报总编辑。在此期间，他撰写了大量文章与评论分析股价变动情况，早期的道氏理论散见于这些文章与评论中。1902年道氏去世后，担任《华尔街日报》总编辑的汉密尔顿进一步补充和发展了这个理论。道氏分析法是对一般股市的三种趋势及涨跌的三个阶段的分析。

金融家点评：

无论是最精明的证券市场分析家，还是最有实践经验的证券投资家，都无法准确地预知明天的股票价格会上升或下跌多少。然而，道氏理论成为预测证券市场价格的常识，是股票市场技术性分析的理论基础。

397. 道氏理论如何分析股价波动趋势？

道氏理论认为，股价包括三种趋势变动，即长期趋势、中期趋势、短期趋势。

(1)长期趋势。这种趋势就像海潮一样，上涨或下跌的幅度较大，时间通常要持续1年或1年以上，股价总升(降)的幅度超过20%。市场若呈现长期涨势时为多头市场，股价平均数的新高峰比上一个高峰高，即看涨的牛市；市场若呈现长期下跌趋势时为空头市场，股价平均数的新谷底要低于前一个谷底，即看跌的熊市。多头市场一般比空头市场持续的时间长。

(2)中期趋势。这种趋势如海浪一样，持续时间较短，涨跌次数较多。在多头市场上，长期趋势中所发生的回跌，或空头市场长期趋势中产生的反弹，属于中期趋势。中期趋势所持续的时间一般在3周以上、1年以下。其变动幅度为长期趋势的1/3至2/3。当中期趋势下跌时，若其谷底比上期谷底高，就表明长期趋势上升；当中期趋势上升时，若其波峰比上期波峰低，则表明长期趋势下降。对于股票投资者来说，关键是找到长期趋势从上升转为下降或从下降转为上升的转折点。

道氏理论认为，工业平均股价及铁路平均股价都朝同一方向延伸时便可确定上述转换点。如图 6–17 所示，工业股平均股价的中期趋势的谷底从 1、2 点开始比前次谷底高，但铁路平均股价中期趋势的谷底从 2'、3'点为长期趋势上升的转折点；同理，可以确定 4、5 或 4'、5'点下降的转折点。

(3)短期趋势。这种趋势就像微波。短期趋势是 6 天以内的股价变动趋势，有时一天来回波动几次，有时为单向的由高到低或由低到高变化。一般由 3 个或 3 个以上的短期趋势构成一个中期趋势，因此，短期趋势对中期趋势有一定影响。它由人为操纵的可能性较大，与客观反映经济活动的中期、长期趋势有所不同，因此，人们一般不把短期趋势作为趋势分析的对象。

道氏理论认为，股价三种趋势变动相辅相成，互相影响，互相作用。股价变动三种趋势的相互关系可用图 6–18 表示。

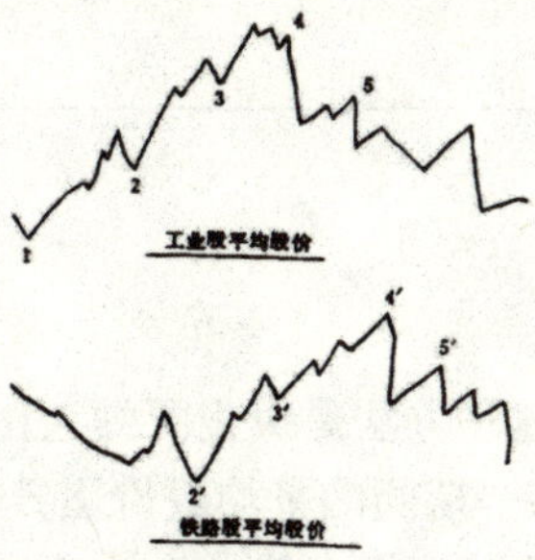

图 6 − 17

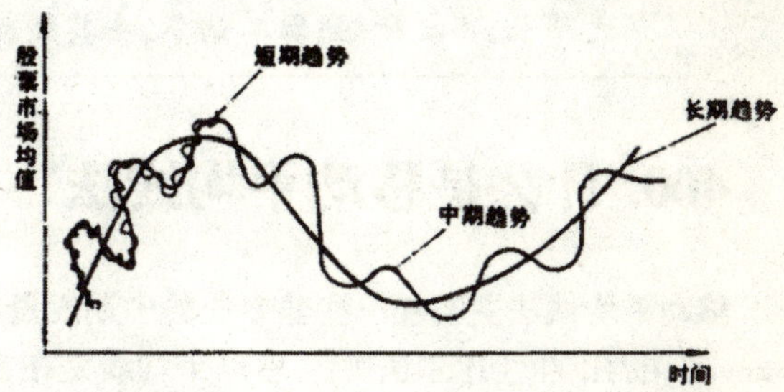

图 6 − 18

金融家点评：

三种趋势的关系可以形象地比喻为：长期趋势如海潮，中期趋势如海浪，短期趋势如微波。海潮有潮涨和潮落，海浪寄于海潮中，微波又寄于海浪中。

398. 如何运用 25 日线判断买卖时机？

25 日线是将以往 25 日的道·琼斯收盘价合计，除以 25，逐日连接而成的曲线。

依据观察而得的经验，道·琼斯平均指数有围绕 25 日线波动的规律，即道·琼斯平均指数经常在 25 日线上上升、回跌，而且无论是什么因素促使道·琼斯股价指数波动，每经过一段时间，它都会回到 25 日线附近。根据这一规律人们可通过计算股价偏离 25 日线的幅度，依靠经验，判断股价的反转点。如同前面所说的利用乖离率进行判断。

25 日线多半用来表现短期间的股价变动，用以把握短期内的买卖时机。若要把握中长期股票买卖时机，就须采用时限较长的移动平均线进行分析。

金融家点评：

移动平均线有短、中、长期移动平均线，25 日线是其中的一种，是帮助投资者判断买卖时的一种有效方法。

399. 道·琼斯分析法有哪些局限性？

道氏理论为证券市场的图示分析及其他的技术分析提供了理论基础，对经济和金融行情的预测具有一定指导意义。它通过预测股票市场变化的转折点，使投资者在一种趋势告一段落前采取措施，以获得合理的利润。但道氏理论本身尚存在一些不足之处，主要表现在：

作为一种行情理论，道氏理论过于强调长期趋势的分析，使投资的机会和次数较少，对短线投资的投资者来说，其回转过慢，故无太大参考价值。

在新的长期波动的初期，利用道氏理论预测股价易发生偏差。比如，若股价变动达数周或数月，利用道氏理论常找不到什么启示，所以对短期投资者帮助不大。

道氏理论对中期趋势的变动分析不够，所以对利用中期趋势进行投资的人指导不利。

有时，道氏理论的预测也欠准确。有人对应用道氏理论所作出全市场预测记录进行研究，结果表明，在 90 次的预测中只有 50 次是成功的，准确率为 55.56%。

金融家点评：

用之所长，弃之所短；取其精华，去其糟粕。

400. 什么是移动平均线法?

移动平均线法主要被一些非专业的中期投资者所采用。这种方法是由美国的兰比尔 (J·Granville)提出的(兰比尔法则)。移动平均线是在方格纸上将某一期间的平均股价逐日连接而形成的股价移动趋势图。一般以 6 日、10 日移动平均线观察股价短期走势，以 10 日、30 日移动平均线观察中短期走势，以 30 日、73 日移动平均线观察中期走势，以 13 周(100 日)、26 周(200 日)移动平均线分析长期趋势。

这种借助移动平均线分析股价的方法，把每日股价的不规则变化平均化，再把每日股价的移动线和移动平均线加以比较，将移动平均线的位置和方向加以分析，用以预测股价的行情，从而决定买卖时机。

金融家点评：

投资者能否准确迅速地把握买进卖出的时机，决定着投资的成败。移动平均线法的敏感度，取决于移动平均线期间的长短。

401. 如何读懂移动平均线?

有关股市的数据参见图 6–19 的表格。表示股市变化特征的移动平均线见图 6–20。

如果以横轴表示日期，以纵横表示股价指数或个别股价，然后将各日的移动平均连成的线就形成了移动平均线。

日期	股价	三天股价　合计	三天移动平均
1月1日	28.87		
2日	28.84		
3日	27.58	28.87+28.48+27.58=85.29	28.43
4日	27.44	28.84+27.58+27.44=83.86	27.95
5日	29.19	27.58+27.44+29.19=84.21	28.27
6日	28.72	27.44+29.19+28.72=84.35	28.45
7日	27.33	29.19+28.72+27.33=84.24	28.08
8日	27.34	28.72+27.33+27.34=82.39	27.46

图 6－19

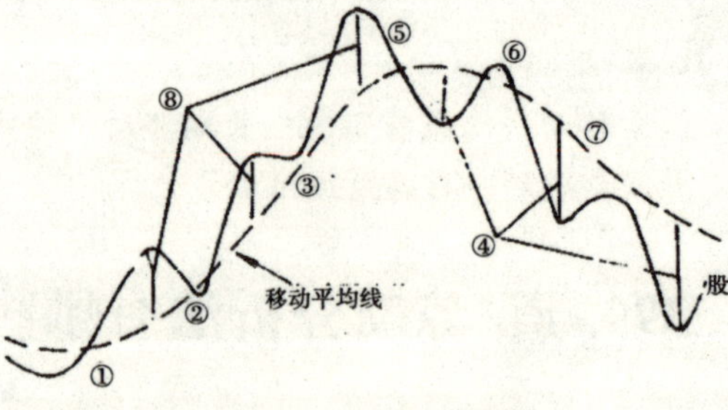

移动平均线投资规律

图 6－20

平均股价的计算方法是：

先计算时间数列最初 N 项的平均数，然后前面删去一项，后面加上一项，仍为 N 项，再计算出第二个 N 项的平均数；用同样的方法依次计算出第三、第四个……N 项的平均数。N 的数目，取决于研究目的和原数列的波动情况。

如图 6-20 所示，实线表示每日股价变动线，虚线表示移动平均线。

金融家点评：

移动平均线并不难，投资者完全可以读懂它，并掌握其基本的计算方法。

402. 移动平均线如何显示买进卖出信息？

在图 6-20 中的①②③④处为买进信号，⑤⑥⑦⑧处为卖出信号。其具体含义是：

①当移动平均线持续下降后转为平稳上升，而股价从移动平均线下突破向上延伸时，是买进信号。这时因为移动平均线已转平并上升，表示股价将转为上升趋势，而此时若股价再从移动平均线下突破向上延伸，就表示当天股价已经脱离了卖方压力，而买方处于相对优势地位，即买入方要大于售出方。

②移动平均线呈上升状态，但股价却降至移动平均线下方时，是买进信号。这是因为移动平均线变动较为缓慢，股价会因急速下降而跌入移动平均以下。一般地，这种股价下跌只是暂时现象，过几天后股价一般会回升到移动平均线之上，所以也是买进时机。

③股价在移动平均线上方，并朝着移动平均线下跌，但在与其交叉前又再度上升时，是买进信号。这是因为股价下跌但未下跌突破移动平均线，表示投资者获利回吐；在整个股市上升趋势强劲上升，所以也是买进时机。

④移动平均线呈下降状态，而股价与移动平均线大幅度偏离，以更加倾斜的角度下跌时，也是买进信号。这是因为当股价急剧下跌且跌幅很大时，很可能出现卖出者重新买进自己卖出的股票的现象(俗称为“卖出者回补”)，所以也是买进时机。

⑤移动平均线由上升转为平移成下降状态，而股价跌破移动平均线时，是卖出信号。

⑥移动平均线处于下降过程，而股价却由移动平均线下方升至其上方时，是卖出信号。

⑦股价在移动平均线下方，并且朝着接近移动平均线的方向上升，但在与其交叉前又转而开始下降时，是卖出信号。

⑧移动平均线呈上升状态，而股价却远离移动平均线以更加陡峭的角度向上延伸时，将出现股价下跌现象，所以也是卖出时机。

金融家点评：

兰·比尔创立的移动平均线为投资者买进卖出提供了判断方法。机不可失，时不再来。

403. 如何用移动平均线研判买卖时机？

移动平均线导源于道·琼斯理论，着重观察市场的整体动态，并不着眼于股价的偶然变动。其缺点是变动缓慢，难以把握股价趋势的高峰与低谷。为了更有效地掌握买卖时机，充分发挥移动平均线的功能，常将不同期间的平均线予以组合运用。常用的平均线组合有“6、12、24、72、288 日线”组合，“6、10、30、78、157、312 日线”组合，“1、30、90 日线组合”、“13、26 周线”组合等。组合内移动平均线的交点与同时上升排列或下跌排列都是趋势确实的信号。

短、中、长期组合移动平均线的模型如图 6-21。从图中可以看出：

当短期线急剧地超越中、长期线向上方移动时，意味着买进时机的到来，如点①；

每日移动线位于最上方并同短期线、中期线和长期线并列，且各条线都呈上升状态，这种情况表现目前行市坚挺，为买进时机，如点②；

坚挺线持续了相当一段时期后，短期线从停滞状态的高点出现下降趋向时，表明股价高涨区动摇，这是开始抛卖股票的好时机，如点③；

当短、中、长三条线开始微妙地交叉时，应及时将买进的部分卖出或将卖出的部分补进，如点④；

长、中、短期线及每日移动线按顺序自上向下地并列，且各条线都呈下降趋势时，为典型的疲软行情，此时切不可轻易买进，可卖出或静观，如点⑤；

疲软行情持续了相当一段时间后，短期线从谷底转为上升倾向时，即意味着在涨市中的低价时期，是买入的好时机，如点⑥。

金融家点评：

移动平均线法之所以要采用平均股价以形成股价移动趋势图，目的是要略去原股价变动数列中一些偶然性的或周期性的波动，用一系列平均数(平均股价)形成一个变动起伏较小的新数列，以显示出研究对象的长期发展趋势。

404. 怎样根据交叉点位置确定买进卖出？

在短、中、长期组合移动平均线（如图 6-21）的图中，有两个交叉点。

A 点为黄金交叉点。股价持续降至谷底后转为上升移动时，对此反应最早的是短期线，其次为中期线和长期线，三条线都先后转而上升。这时，各条移动平均线相互交叉，排列顺序也依次变换变更，首先是短期线移动至中期线上方，接着又越过长期线位于三条线最上方此后中期线也移至长期线之上。中期线超过长期线的这个时点就是黄金交叉点，这一点可确认行情已进入上涨时期。黄金交叉点出现后，短期线、中期线、长期线由上至下依次排列着，这就是所谓的“顺向图形”，是典型的上涨行情。在黄金交叉点以后的一段时期内，是买进的好时机，做多者往往获利。

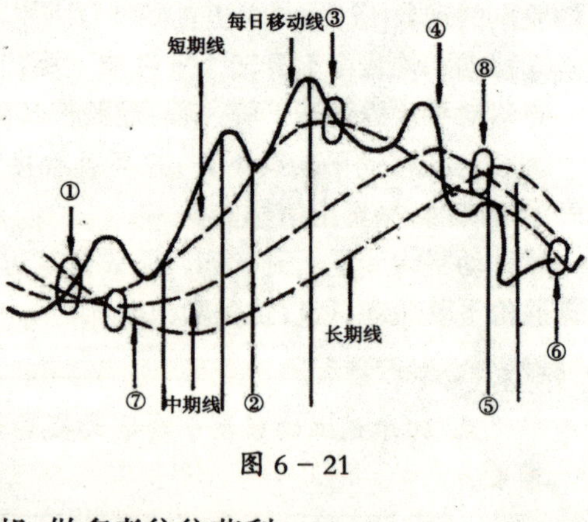

图 6－21

B 点为终结交叉点，股价上升到顶点后在高价区上下徘徊，接着便转而下跌，这时短期线的上升也逐渐迟钝，不久便转为下降，接着中期线和长期线也先后出现下降状态，短期线逐渐下落到中期线和长期线下方，中期线也同样下移至长期线之下，中期线下移与长期线相交这一点便是终结交叉点，它意味着上涨行情的结束。终结交叉点出现后，短期线、中期线、长期线按自下而上的次序排列，这就是所谓的“逆向图形”，是典型的下跌行情。在终结交叉点以后的一段时期内，是做空的时机，切勿买进。

金融家点评：

确定买进或卖出的时机，要充分重视建立移动平均线，积极运用两个交叉点进行仔细研判。

405. 如何利用乖离率分析移动平均线？

移动平均线分析法中实际股价与移动平均线有一定的偏离，这种偏离程度被称为乖离率。乖离率 =(股价 ÷ 移动平均值 -1) × 100%

例如：当股价为 1000 元，移动平均值为 800 元时，乖离率为(1000／800-1) × 100% =25%。

再如：当股价为 800 元，移动平均值为 1000 元，乖离率则为 (800／1000-1) × 100% =-25%。

除了利用移动平均线的兰比尔法则进行投资分析，还可以参考乖离率的计算。所谓乖离，可以解释为市场买气。正的乖离表示股价高于移动平均线，买气旺盛。不过这种乖离只限于分析个别股票使用。一般来说，大型股若乖离率超 30%，已可判断进入买气旺盛期，而小型股乖离率超过 50%时，才可判断已进入买气旺盛期。

例如投资者持有资本额 1 亿元的大型股股票，由于市场成交量已大量增加，股价已上升，这时就可以计算一下该股的乖离率。只要乖离率超过 30%，便可考虑逐步放出手中持股，以免因乖离太大而产生回档整理，而丧失卖出良机。

负乖离率则表示股价低于移动平均线。当小型股达 20%，大型股大于 20%时，便可考虑买进，这就是所谓的反弹回补买进。

金融家点评：

利用乖离率分析移动平均线，既可分析股价趋势，又能帮助投资者把握买卖时机。这种方法比较客观地指明投资时机，被认为是比较可靠的分析法。

406. 如何判断股市的“底价”？

当股票价格跌至谷底时的价格，称为“底价”，底价是买进股票的最好时机。判断底价的方法很多，投资者应熟悉下面两个常用的方法。

(1)买进率与卖出率比例，买进率 =(买进股数 ÷ 总成交量) × 100%，卖出率 =(卖出股数 ÷ 总成交量) × 100%。如果买进率与卖出率相差很小，表示行情波动不大。如果买进率大，表示行情看涨。如果卖出率大，表示行情看跌。两个比率相差越大，表示行情大涨或大落。当行情连续下跌相当长的一段时间后，表示行情已进入低价圈，随时可能处于谷底而反弹回升。

(2)利用成交量判断底价。股票市场成交量的变化直接反映了行情的涨跌，当行情向上攀升时，投资者对股市的信心再度增加，投入资金也与日俱增，使每日成交量增加。而行情向下跌落时，投资者心灰意冷，投入资金减少，成交量也日渐趋少。投资者可以注意每天成交量，当成交量一天比一天减少，到了某一天又开始增加时，就可以找到成交总量最少的一天，一般而言股市底价也就在这几天里出现。

金融家点评：

当股票价格跌至谷底，再也没有下跌余地时，就会开始反弹回升，此时买进股票必然获利。因此，股价波动的转折点是买卖股票的最佳时机。

407. 如何判断股市的“天价”？

当股票价格升至顶峰时的价格，称为“天价”，天价是卖出股票的最好时机；

在2007年3月的股票热中，股票投资者盲目地在股市上奔忙，到处抢进股票，形成一票难求的奇观。股市价格是否还要上升？是否要卖出股票以实现利润？答案依赖于人们对股票“天价”的判断。

投资者为了买到股票，不顾一切地高价吃进，使买进率大为膨胀，与卖出率差距拉大，这说明股票已经到了过热阶段，行情已进入高价圈，“天价”随时会出现。但当一般投资大众争先买进股票时，有的投资老手却冷眼旁观，悄悄卖出手中股票。

如1991年1月9日，正当上海电真空股票走红时，某证券公司却一下抛出数千股，迎合市场上的过度需求。当卖压超过买压时，行情就会像黄河之水，一泻千里，想卖而卖不掉，悔之已晚。故而涨极回跌的时点判断十分重要。成交量的不寻常增加，往往是高价出现的信号，因为在股票市场买进卖出的投资资金，大致上有一定额度，当这笔资金大部分涌进股市后，唯一的出路就是使资金从股市流出，卖出股票。所以要警惕总成交量的狂增，行情随时会受卖出高压而逆转回跌。

金融家点评：

当股价升至顶峰，已无再升之望时，股价将受阻回跌，此时卖出股票可以获利。时机选择的核心问题是正确判断股价运动的回升点和回跌点，从这一意义来说，股票投资可以说是买卖时机的竞赛。

408. 什么是抵抗线？

抵抗线，就是股市价格或涨或跌，总是有一条起着阻拦或支撑作用的防御线，股价走势到达那里时，就不再继续上升或下跌，仿佛在此有着一股“阻力”或“支撑力”在起作用。如图6-22所示的某股为例，在股价上升过程中，在28元和25元之间，多空争斗激烈，买方在3次跌落到25元附近时，调动浑身解数，支撑着股价再一次反调至28元附近。在这一过程中，25元即为该股下值抵抗线(支撑线)，28元即为该股本阶段的上值抵抗线(阻力线)。

在3次振荡后，股价经过小幅的调整，终于支撑不住卖方压力，较大幅度地下跌到19元附近。买方不堪忍受如此悲惨的结果，再一次积蓄力量，从未完的图形发展看，19元有可能将为该股新的支撑点。

从中可以看出，上升抵抗线(阻力线)就是股价涨到那个水平时(如图6-22中的28元)，买方明显减少，而卖方有大量的筹码供应，叫卖的比叫买的多，卖方感到压力，买方持币观望或撤出争斗，这时股价就会在此受阻。下跌抵抗线(支撑线)就是股价跌到那个水平时(如图6-22的25元和19元)，买方逐渐增多，预期将有大量的卖方减少，叫买的比叫卖的多，买进的力量增强，使股价下跌势头受到遏制。

抵抗线是画线形状分析的一种重要的方法。将一个阶段的股价升跌情况标在图上，有时会一目了然地看出该股的抵抗线。如图 6–23 所示为某股的日线分析图。

金融家点评：

图中股价变化犹如一片绵延起伏的山地，其间有高山峻岭，有深川峡谷，有些山谷的高深又是如此地近似，形成几乎同一的水平高度，这就是抵抗线。

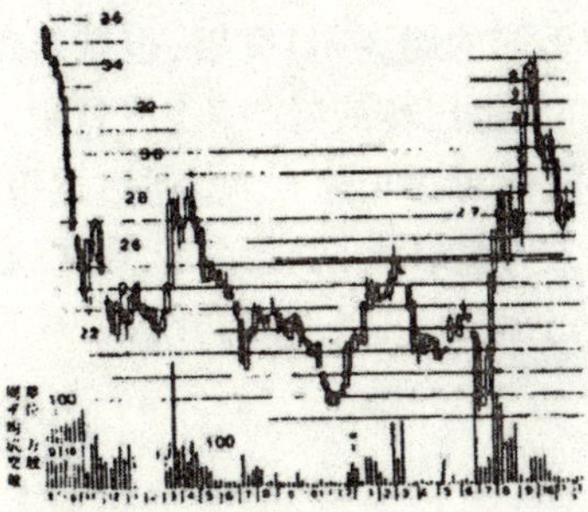

图 6－22

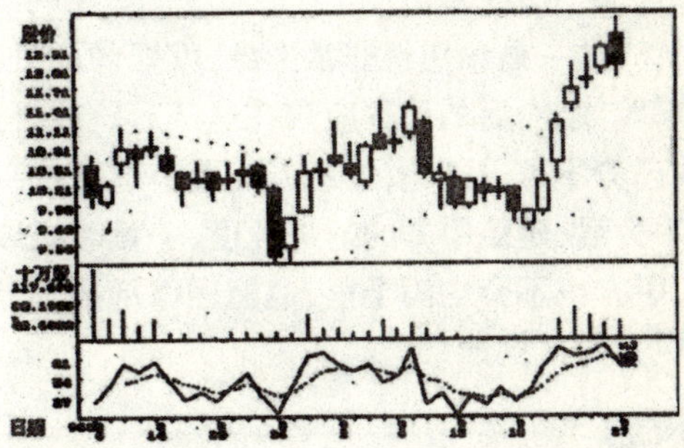

图 6－23

409. 怎样用抵抗线研判大势？

在股市上，交易频繁基本上就意味着买卖的人多量大，因为股价急剧上升，许多人想进货，但是，一是价高难进，二是持股者不一定就想卖，以期股价再涨，赢得更多些。反之当股票急剧下跌时，卖方增多，想尽早出手赚上一笔，而买方对股价掌握不准，往往持币待购，并不敢染指。这两种情形下，交易量不会太大。

因此，交易频繁一般经常会形成股价趋势的反转点。如图 6–24，上升抵抗线 38.5 元附近被突破后，买方占优势，股价由盘档转为上升线行情，在 38.5 至 41 之间，买卖双方又有小的厮杀，股价曾一度下跌，回到 38.5 处，这时此线又成为股价的下跌抵抗线。第二回合在 41 到 44.5 之间，明显地又形成了新的一轮抵抗。当股价突破 44.5 而近乎直线地上升后，终于又一次验证了"没有不散的宴席"这句格言，再一次下跌，在 44.5 处徘徊起来。

再如图 6–25。该股一旦跌破 68 元的支撑线，但多头力量不服，就形成一波一波的下跌走势，每一波又相似地以上波的支撑线为下一回合股价上升的阻挡线。

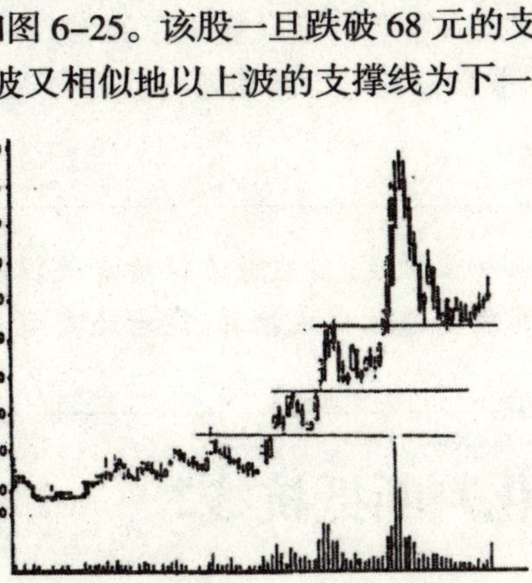

图 6－24

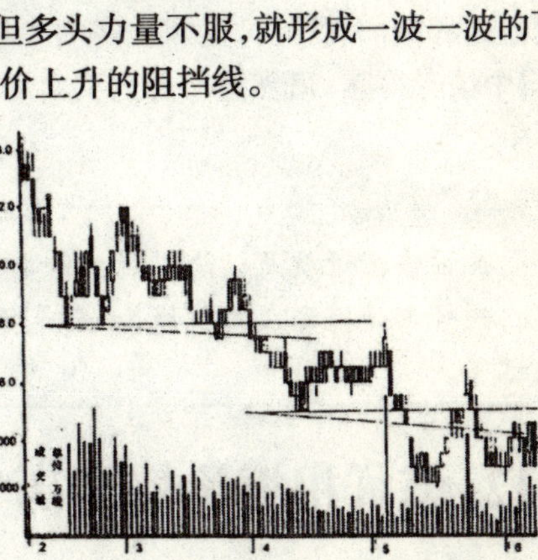

图 6－25

金融家点评：

抵抗动力显然是来自买卖双方的多次争夺、几易其手。一般而言，交易周转率较大，即股票转手的次数较多，就形成了成交的密集地带。越是交易频繁，越是容易形成抵抗线。

410. 股价突破抵抗线意味着什么？

抵抗线这一概念用得非常形象，就好像此处有一种无形的墙，一旦突破，也就是得到了一条新的起跑线，今后的比赛应该在这条起跑线开始。这好比是比赛或是战争。尽管甲方力量强大，进攻态势不可以避免，但乙方也要节节抵抗，不甘心放任对手长驱直入。通过逐级拦截，以消耗对手力量，延缓甲方的行进速度，一旦时机成熟，乙方力量壮大，就会发起反攻。在乙方的攻击中，甲方也不会一泻千里，也能逐级抵抗，而原来经过激战，攻破乙方防线的地方，一般也会形成甲方的抵抗地带。

金融家点评：

运动员的成绩达到某一水平，他自然会把此作为自己新的起点或是防止成绩下跌的临界线。股票交易是一种极通人性、特别讲究人气因素的活动，这可能就是抵抗线形成的内在动力之一。

411. 怎样根据50%原则判断抵抗线？

抵抗线是股票买卖的参考价位，预测准了抵抗线，则可获得不小。炒股的人，可能不会更多地在意以往的股市演变情况，但必须关注下一步的变化，判断抵抗线的位置。

投资者大都知道，50%的原则是许多短线投机者判断未来抵抗线位置的一条原则。选择这一条原则究竟有多少科学性，尚不好得出最终结论。投资者时刻在寻找自己的进货、出货点，寻找着何处有抵抗线。当股价上升时，手疾眼快的投机者就会将手中的股票抛出，赚取差价；股价下跌时，他们就会逢低抢进。如何预测未来股价一个阶段内将到达的最高点与最低点，50%就是许多人掌握的原则。即当股价回复到前面的大涨大跌的一半左右时，最容易出现抵抗线位置的倾向，就好像足球比赛的中场是双方投入重要力量反复争夺的地方，得中场者得势，得中场者得胜。既然股市分为买卖两方，那么股价涨跌的中间地带一般就会成为买卖双方的必争之地。

金融家点评：

抵抗线附近就是该阶段股票价格的最高点和最低点，自然成为投资者关注的焦点。判断何处将形成抵抗线，主要是凭经验，其次要通过公式推算，最后还要有一点点运气。

412. 怎样根据价格的历史变化判断抵抗线？

过去曾出现过最高价格或最低价格附近，是容易产生抵抗线的地带。在经济稳定、上市公司内在情况没有太大变化的时候,某些股票在过去曾经出现过抵抗线的地方,也容易形成新的抵抗线。

如果我们对某一股价进行中长期的考察,就会清楚地发现,在过去出现过抵抗线的价格水平上,经常会重复出现形成新的抵抗线。当股票从长期的多头市场转入空头市场的时候,投资者会预测股价下跌的幅度,一般都会回顾股价以往的趋势演变过程,寻找有可能出现抵抗的地方。

体育比赛一般也有这个特点。双方在赛前一般都会对比赛结果有一个指标性的要求,这时往往都要拿上一场或几场、曾经有过的比赛结果做参照点,如实力强的一方会想:一定要赢得比上次多,起码不能低于上次的比赛成绩;实力差的一方也会想:要争取好于上次的比赛结果,起码不能比上次还差。抱有这般心理,比赛双方肯定会在出现这一比赛成绩时,进行激烈的争斗的。

当股票从长期的空头市场转入多头市场的时候, 同样会出现类似的心理和相似的情况。认真研究、观察原有的股价发展情况,寻找其规律性和相似处,是每一位股民必须做的事。

金融家点评:

"历史会惊人地相似"是一句经过实践检验的正确格言,它不仅适用于人类社会历史发展的规律,在某种程度上,也适用股市变化的内在情理。

413. 如何弄懂抵抗线的内在含义?

抵抗线分为下档抵抗线和上档抵抗线。下档抵抗线也叫支撑,是指在一段时期中某价位区域内实际或预期出现买方力量大于卖方而阻止下跌的趋势,股价自此开始向上反弹,局部图形一般为V字形。上档抵抗线也叫阻力,与支撑正好相反,呈倒V字型,表示在一段时期中某价位区域内实际或预期出现卖方力量大于买方而阻止股价攀升的趋势, 股价至此开始下跌。

如前图6–25所示,当某股票从上升至35元时,出现了大量卖出行为,股价开始下跌;当回到28元时又发生反弹,到33元间出现一小段的整理过程;此后需求大增,迅速升至41元,形成大幅度上升;此后自然会有中级回档和必要的整理过程;股价降至前面的顶点时,极易发生支撑,形成新的股价支撑线。

通过对某日沪市交易进行点评, 从中可以看出阻力和支撑在股市中的作用以及内在含义。当日沪证指数跳高9.75点以1032.61点开盘,摸高1038.81后受阻力压迫,无奈回落,收盘为1017.51点,全日A股成交93.81亿元,较前日增加一成。当日大盘受阻回落的主要原因,一是不少股民可能感到"高处不胜寒",追高意愿日淡,增长了逢高减磅、获利了结的心情,在获利后开始卖出;二是一些长久被套牢的盘股抓住时机,及时解套,跳出重围;三是在连续数日都有新的资金进入股市后,当日并无更多的资金进市。在这三重压力下,沪证指数可能要在1000点附近形成上档抵抗线(阻力线),大盘在此开始一个阶段的整理阶段。

金融家点评:

常言道:明月清风无价,高山流水有情。阻力和支撑也有其内在的含义,阻力点的形成过程如同高山的隆起,支撑点的形成如同深谷的凹下。

414. 抵抗线的形成有哪些基本规律?

支撑和阻力的形成有其内在规律，即所有股票的成交值集中于数个价格水准，过去在这里曾经出现过多空争斗、买卖互不相让的价位区，累积的成交量庞大；大量成交的价位区常会变成股票趋势的反转点，因此，那些过去曾经出现过的价格水准会反复出现；过去曾起到阻止股价上升的价位区，一旦被突破超出一段距离，就会反转，则会成为阻挡股价下跌的支撑线；同一价位区会在不同时候承担起支撑和阻力两个角色的作用。

金融家点评：

阻力和支撑都是有着极为复杂的内在、外在原因，故而形成了自身的规律。

415. 如何根据板块走势预测抵抗线?

从股票的种类看，上市公司的股票可分为若干“板块”，如工业板块、商业板块、房产板块和基金板块等；按照上市公司的地域分，又可分为如海南板块、深圳板块、东北板块等。

股市“板块”无论是按上市公司经营业务还是区域划分，既称为“板块”，就具有某种连带性和整体性。选择股票种类，必然要关注股票的“板块”，分析股票要将其与整个“板块”一并考虑。在股市大盘走势的基础上，以板块为单位进行重点分析，综合评价个股在板块中的地位和作用以致在大盘中的地位和作用，就可以预测该板块股票的抵抗线，以决定投资意向和取舍。

金融家点评：

股市板块走势是预测抵抗线的重要因素，也是确立投资方向的重要依据。

416. 如何根据成交量判断抵抗线?

假使股票在支撑或阻力水平附近盘旋数日或数周，成交量逐渐萎缩，如某一日突然以一个大成交量配合很明显的长阴线跌破支撑价位时，必须立即卖出；同理，当股价向上冲出盘档区，成交量大增，并于某日以一个长阳线收盘，这时就是买进的大好时机。总之，在较长时间的盘档过程中，一定要注意成交量的变化，并与日 K 线一并观察；一般来讲，长阴线和长阳线都是十分重要的记号，它标志着股价在这个时间的重要变化。

当然，如果股价突破阻力线，但是成交量并没有多少增加，此时不要急于购进，以免误入某些做手的“套”。防人之心不可无。确实有的大户，为了引诱中小投资者入套，采取互相买进等方法，造成某种虚假的成交量大增、股市繁荣的景象，待中小投资者入套再突然抛出，割零散的投资者一刀。

金融家点评：

成交量的多少是判断抵抗线的重要尺度。

417. 如何根据图形判断支撑线与阻力线?

股价图表上的密集地带,往往可能是形成抵抗线的地带。K 线图所表示的股价变动情况在每一时间点上都带有立体直观性,它不像一般的几何曲线标法,在某一时间点上只有点的概念。因此,股价 K 线图表上的密集表示在这一带多空争斗的十分频繁、激烈,买卖的次数和数量都比较大,在一个时间段内,股价会多次达到股价的上档抵抗线(阻力线)和下档抵抗线处(支撑线)。

在股价的整理与反转形态中,多重底是支撑水平线,多重顶是阻力水平线;头肩形态的颈线是支撑,依当时的股价趋势与位置来定,亦可能形成阻力;对称三角形的顶点是强有力的支撑或阻力点;如果某一价位形成的任何密集地带,当股价再次接近时,这时也极可能形成支撑或阻力区域。

金融家点评:

图形的变化多种多样,股票市场没有一成不变的法则。如果问"哪个行业的专家最不靠谱",回答应该是"股市专家",因为同一种图形可以给出不同的解释。

418. 如何根据走势强弱判断股价高低?

撇开其他诸如政策方面、上市公司业绩、人气等有关因素,单从股价走势图上进行技术分析,通过走势的强弱,可判断出 8 种情形:

(1)在上升趋势的回挡过程中,尤其是到达了原先出现过的支撑价位附近,K 线之阴线比以前所出现的阳线相对弱些,成交量萎缩,而后阳线迅速吃掉阴线,股价又一次上升,这里就是有效的支撑线。如图 6-26 所示。

(2)在上升趋势的回挡过程中,K 线频频出现阴线,空头势力增强,即使是在支撑线附近略作反弹,但力量太弱,接手乏力,这时,股价终将跌破支撑线。如图 6-27 所示。

(3)在压力线附近,股市形成盘档,经过一段时间的整理后,出现长阳线,在这里形成的支撑一般都有效。如图 6-28 所示。

(4)在支撑线附近形成盘挡,经过一段时间的整理仍出现了一根长阴线,这时的支撑带实际已成为大批筹码的套牢圈,投资者为了减少损失,不惜割肉,竞相出货,因此,股价自然会立即跌破支撑线。如图 6-29 所示。

(5)股价在下跌过程中出现反弹,K 线的阳线比以前的阴线更弱些,尤其是在接近阻力价位时,成交量无法增大,而后阴线迅速吃掉阳线,股价再度下跌,如图 6-30 所示,28 元处出现了强烈的阻力带。

(6)如果下趋势中出现强力反弹,阳线频频,多头实力坚强,即使在阻力带附近略作回挡,但换手积极,股价必然很快突破阻力线,结束下跌趋势。

(7)股价在阻力线附近盘旋数日,突然出现一根特长阴线,迅速并较大幅度地突破原支撑带,由此转换形成的阻力线自然成立。如图 6-31 中的 29 元处。

(8)股价在阻力线附近进行整理,一段时间后出现一根长阳线向上突破,成交量增加,股价将上升一段,并可能在原阻力线附近形成新的支撑带。如图 6-32 中的 51 元处。

判断股市行情将会在哪里出现有效的阻力或支撑，一是要对该股变动的历史情况有所了解，要清楚地掌握本股曾经在何处出现过支撑线或阻力线。二是要对近期(数日)的股市空多争斗情况进行分析，尤其是出现特长阳线(买方力量强大)或是特长阴线(卖方力量强大)时，要特别注意分析本日前后股价走势，以确定阻力或支撑价位。三是要注意观察有关股票交易量的情况，交易量的多少直接决定着股市的人气因素如何，是判断股市走势强弱的必不可少的参考值。

金融家点评：

如何判断何处将会出现形似高山与深谷的阻力带和支撑带？何处的支撑或阻力更为有效？从股价走势图上可见一斑。

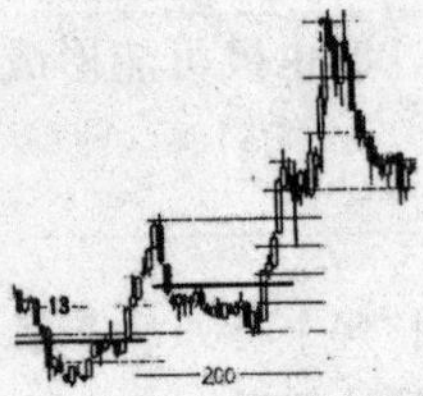
图 6－26

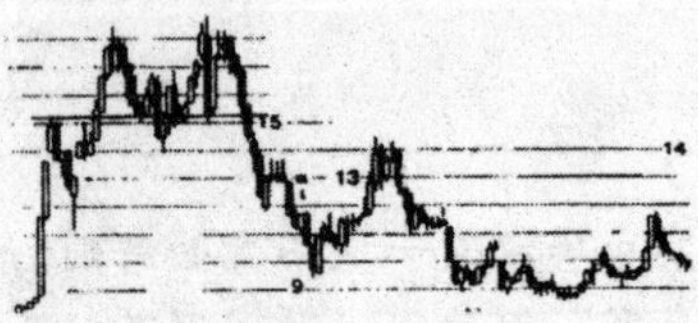
图 6－27

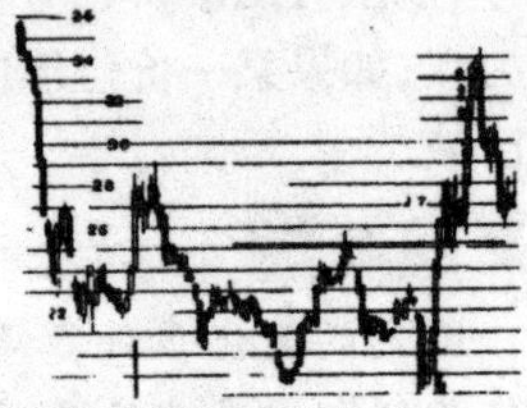
图 6－28

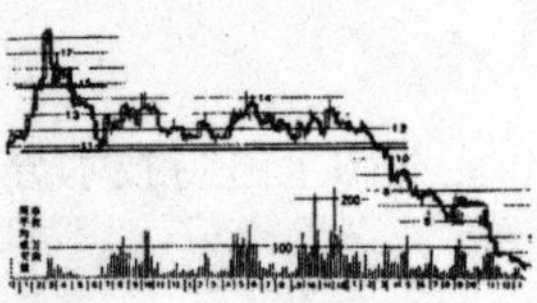
图 6－29

图 6－30

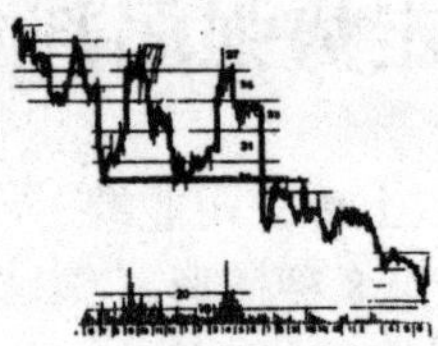
图 6－31

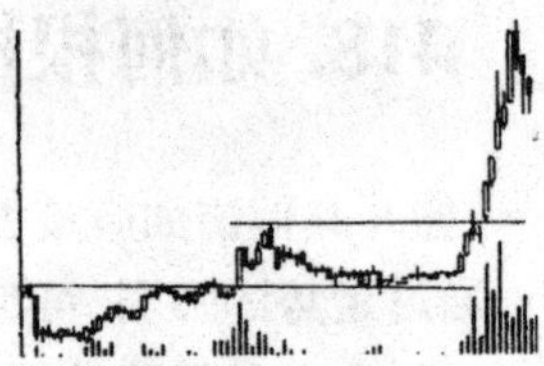
图 6－32

419. 如何寻找股市的“领头羊”？

股市行情变化有着很强的连带作用和传染性，同一行业的股票，一种股票上涨了，一般很快就会带动与之类似的另一种股票上涨。

任何证券交易所一般都有自己的主力股，政府、交易所和投资者三方就像对待自己的孩子、自己的明星一样对待它们，给它们以特殊的呵护和支持。通过扶持主力股，可以保持本股市(或本行业、本地区股票)的人气兴旺，寻求本股市的强力支撑点。这些主力股在其中发挥了“领头羊”的作用，成为大盘强弱的重要指标。

善于发现股价走势中的抵抗线，是把握良机的关键。能否把握良机，就一定要慧眼识才，及时跟上股市的“领头羊”。“领头羊”是在多空争斗中产生，“领头羊”的地位也处在不断变化、轮流坐庄之中。选准“领头羊”必须考虑政府、交易所和投资者三个方面的因素。政府(地方政府)的职能决定了它根本不会直接干预股市交易，而主要是通过产业政策、利率杠杆等宏观调控手段间接实施。股票交易所为了保持本所的兴旺发达，也会在法律允许的范围内，发挥舆论、信息导向的作用，间接地影响投资者的投资方向。股票交易所操纵股市是法律所不允许的，但是它们通过提供信息服务来合法地达到目的。有关部门办的证券类报刊杂志一般都注明“所载文章均为个人观点，投资赢亏概与本刊无涉”，但谁又能保证它没有对投资者产生重要影响呢?

金融家点评:

投资者要善于发现股价变化中的抵抗线;在股价下跌时,要及时找到它的下档抵抗线(支撑点);当股价上涨时,也要注意预测它的上档抵抗线(阻力线),这样才能把握良机,适时出击。

420. 如何利用抵抗线掌握股市大盘走势?

一般情况下,多数股票价格上涨,整个股市大盘肯定上涨;多数股票价格下跌,整个股市大盘肯定下跌;股市大盘走势决定着多数股票的兴衰命运。对于初入股市的人,许多专家或是投资老手一般都会劝告:当股市大盘下跌时切莫轻易介入。抵抗线何在,对于判断股市大盘走势十分重要。因为抵抗线分为上档抵抗线(阻力线)和下档抵抗线(支撑线),这两条线是股价走势的重要转折点,它决定着股价升到何处将会回档下跌,跌到何处将会反弹上涨。

金融家点评:

根据大盘走势,可以判断买卖时机。掌握了大盘走势,就等于掌握了多数股票的变化趋势。

421. 怎样根据抵抗线研判个股走势?

抵抗线对个股股价走势的预测判断起着更为重要的作用。一般情况下,大盘走势决定了个股的股价走势;但在相当多的时候,个股走势与大盘并不一致,有时甚至是背道而驰的。在这种情况下,通过预测个股的抵抗线,对于正确决策有着积极作用。抵抗线(上挡和下挡)是一个阶段内该股票价格的最高点和最低点,从理论上讲,如果在最高点卖出、在最低点买入则是效益最大的。尽管在实际操作股票交易中,往往在最大值处不易成交,但是如果能够正确预测何处有抵抗线,就可以在接近抵抗线处实施操作,尽可能大地实现赢利。

金融家点评:

不论涉入股市的初衷是什么,抵抗线都是每一位投资者必须认真研究并熟练掌握的。研判个股并没有一成不变的法则,使用抵抗线进行研判也绝对不能简单化,不能简单地归纳为"是与非"的判断。

422. 如何学会寻找抵抗线?

抵抗线方法是投资者必须掌握的一种工具。有时,按照有关理论预测了一种股票或整个大盘的抵抗线,但是事与愿违,天逆人意,偏偏与预测的相反,该回挡的上涨了,该反弹的反而继续在下跌。结果,赔了钱不说,还对抵抗线这种方法产生了怀疑。其实,要避免这种情况的出现,关键是学会如何寻找抵抗线。

要认清任何理论都不是万能的。不要因为一两次失误,而怀疑理论的错误,甚至放弃理论方法,去完全追寻运气之类的不可琢磨的东西。

要掌握理论就一定要与实践紧密结合，将技术分析的方法与实际情况分析联系起来，一并研究。以上我们对有关上市公司在经营业绩方面、国家政策方面的情况介绍了不少，这是掌握抵抗线的重要参考依据。同时，还要考虑到股市中人为的因素，尤其是大户的操作。大户的作用就在于它能够操纵股市，在一定程度上影响股市原本很具规律性的发展状态，使股市变得愈发纷繁不着边际，而出现难以预测的异常情况。

金融家点评：

投资者必须依据日积月累研究股市的经验和观察，来判断抵抗线的位置。

423. 股价在抵抗线间震荡如何操作?

通过对众多股票K线图分析，就会发现在股价上升或下跌趋势里，如果是上升，则上升之后的第一次下跌都不会低于先前盘局形成的顶点价位；如果是下跌，当股价跌到某一价位开始反弹，它的最高点低于先前盘局的低点。掌握这一机会使投资者可以有机会在股价上升或下跌到抵抗线(上档阻力线和下档支撑线附近)卖出或买进股票，得到最好的投资收益。

如投资者以8元的价格购进甲股后，甲股价格开始上涨，投资者掌握不准，不敢操作。当甲股上张到15元后，开始回档直到8.5~9.2元的价位处盘整。经过一个阶段后，甲股重又上涨，投资者即抓住机会，在股价升至14.90元时，以14.80元的稍低价，迅速出手。因为根据各种综合因素，加上甲股K线图的分析，甲股的整理价位较低，上升期间成交量不太大，估计甲股上涨到原来的最高点15元附近时，还会有新的回档，故投资者当机立断，了却此股。

金融家点评：

股价在抵抗线之间振荡，是一种常见现象，关键在于判明趋势，把握时机。

424. 股价接近抵抗线时如何操作?

股票的供需不是一成不变的，但也不都是变化无常的，它基本上是一个渐进的过程。股价的升跌就是多空双方间的争斗，经过一定时期的战斗，一方溃败导致另一方长驱直入。兵法讲，穷寇莫追。即指逃者总是会在一定的时间、地点积蓄力量，伺机反扑；而胜利的追击者也会因劳师远征，鞍马劳顿，也总要有喘歇的时候。股市多空争斗也是这样。当追击的一方无法保住胜利成果，需要暂时撤退，一般都会在原来多空争斗的战场构筑堡垒，作为反攻的据点，因此，投资者经常可以在股市中看到，冲破原有的阻力线后，一般又会在此形成新的支撑带。

市场性强的股票不可能长期盘挡，若股价没有反转迹象，在上升趋势线接近股价时，具有支撑作用，在股价突破整理形态顶点的5%，回挡时便是买进时机；有时上升气势旺盛，没有出现回挡，这时更应买进。同样，下跌趋势线逼近股价，具有阻力作用，在突破整理形态低点的5%，开始反弹或不反弹，此时卖点已经形成，应将股票抛出。比如讲，某股股票在5~7元处整理盘挡多日，当突破了整理形态顶点5%处(7.35元)时，一般来讲，无论回挡与否，都应该买进，因为这种时候该股票可能会形成一个中长级的上升波。当股价跌过4.75元时，即整理形态低点的5%，就应该将该股抛出，因为，此时候一般将出现一个中长级的下跌波，再不抛，可能就会在低价位被套牢了。

金融家点评：

记住一个法则，在股价距离抵抗线5%的地方实施操作。

425. 投资者心理变化怎样影响趋势线?

判断股市趋势，一定要掌握一段时间内的股价波动情况。如果时间很短，仅仅知道前天跌了，昨天涨了，今天又跌了，如此短的时间如此少的信息资料，可能无法推算出今后的股价走势。判断趋势线，一定要做到温故知新，要对该股票一段时间的股价走势情况比较了解。观察各种股票图形，在涨势过程中，显然各次级波动的低点一次比一次高，如果将各低点相连，大多可连成一条直线。在跌势里，各次级波动的低点一次比一次低，同样连接起来，也会形成一条直线。为什么会形成这样一种现象呢?

股票交易是一种完全由人来参与、操纵的活动，单从投资者的心理分析，就可以发现其中形成股价趋势的规律性。如在一段上涨趋势中，投资者一片欢呼，当股价已经从5元开始上升，这时大家一般都不会买进，在股票价格上涨时再买进是股市中的大忌；投资者们一般都期望着等股价回挡时再买进。但当股价回挡至5元之前，浓厚的买气已阻止了股价的继续下跌，到5.8元处就开始回升；待股价上升到一定限度受阻又一次回挡接近5.8元处时，同样由于浓厚的买气使之一般到不了原低点就开始反弹，如在6.1元处即上升。正是这种看涨心理造成了上升趋势，使得股价的每一次回跌所到达的底部，都会比原低点要高出一点。将这些回挡的底部用直线连接起来，显然就会得到一条具有一定仰角的斜线——上升趋势线。如图6-33所示。

又如在一段下跌趋势中，投资者之中弥漫着低沉甚至恐怖的气氛。自然这时候一般不会卖出；此时卖出显然就会割肉或者赚得太少，如投资者以10元购下若干股后，股市开始下跌，至9元时，如果抛出，则每股赔1元，如同割自己身上的肉一般。或是以10元购此股后，该股票先行上涨到12元后，后回挡跌至11元，投资者因弄不清下一步的趋势，不敢出货，因为11元出手，每股只赚1元，实在不甘心。谁知股价下跌到10元以下，投资者则更不想就此赔本。因此，大家都想等股价出现反弹，至高于自己的买入价时再卖出，如到11元以上。正是这种强烈的看涨准备脱手的心理，使得反弹目标值接近原高点(如11元)之前，已有大量的筹码等着出手，促使股价只有再次趋向下跌；如此再有一个回合，反弹目标值接近原高点(只有10元)时，再一次重演了大量货急待出手迫使股价再一次趋低。如果把几次回合的高点的顶部用直线连接起来，就会得到该股票明显的下跌趋势线。如图6-34所示。

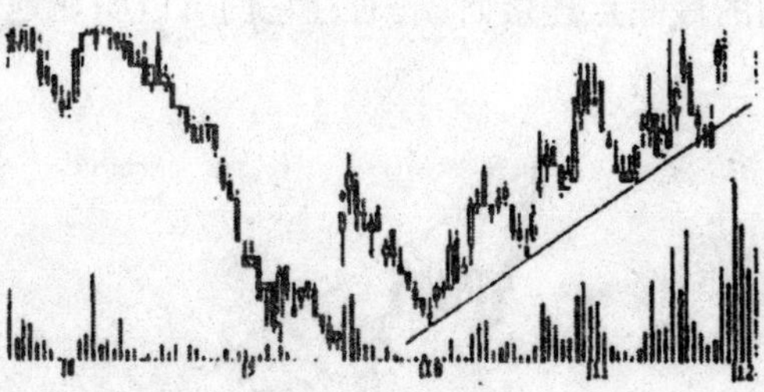

图6－33

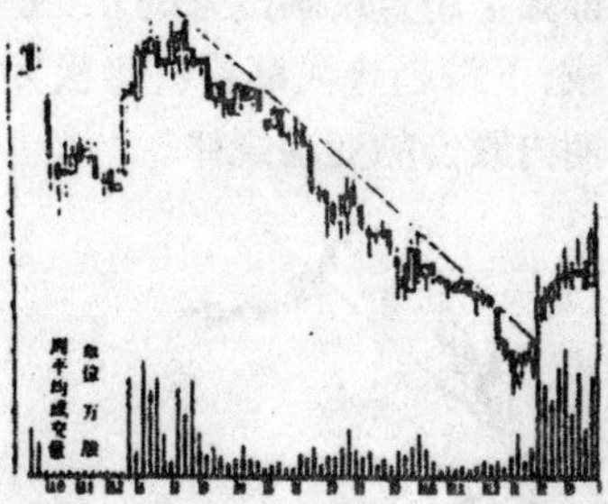

图6－34

金融家点评：

投资者一般的买卖心理可以概括为：在上升趋势里，都等着回档时低价买进；下跌趋势时，都等着反弹后再卖出。正是这种心理的作用，才使得股价在上升或下跌中，形成明显的趋势线。

426. 上市公司业绩如何影响趋势线？

决定股价形成趋势并不只是投资者的操作行为而形成，它的形成与该上市公司有着直接的关系。比如说，某公司在经济不景气的大环境下，利润降低，营业状况不佳，赢利大幅减少，或是出现什么大的天灾人祸，公司一时无法恢复生产，那么该企业的股票价格肯定下跌。在经营状况尚未转变之前，投资人怕被套牢，也就放弃了追高价赚大钱的思想，只要稍有差价利润，便争先脱手。这种心理在该企业的经营情况没有根本转变、股价持续下跌之前，持该股票的投资者的期望值肯定是越来越低，自然形成股价一波比一波低的趋势；最开始可能是“能赚1元钱我就抛”；后来是“能赚几角钱也行”；再后来干脆就是“只要能少赔点儿就行”。

与之刚好相反的是，如果某公司营业状况日新月异，频传捷报，每月营业额增加，利润率提高，获利可大幅度提高，还有消息预测明年的前景令人乐观等等，使众多投资者愿意在高价卖出后再于相对的低价补回，为下一轮攀升做准备。这种强行买进行为自然使股价节节上升——上升趋势已经形成。

金融家点评：

公司业绩是股市的基本面，没有业绩，哪来的股市？

427. 怎样研究趋势线变化规律？

事实上，股市变化方式很多，趋势线的种类也多种多样。除了单纯的上升趋势线和下跌趋势线外，趋势线还可以细分为其他类型。一是由上升趋势调头为下跌趋势，二是由下跌趋势转变成上升趋势，三是只是改变方向，但没有形成反转，成为平缓的近乎横向的移动(水平移动)。详见图6–35和图6–36。

研究趋势线的作用就在于它的规律性极强。学画趋势线的投资者在观察股价趋势线时，第一个感觉都是：所有股价的次级(短期)、中级(中期)趋势都是直线。一是连续几年的原始趋势线也都像是用直尺画出来的。二是上升趋势线实际上基本都是由各个次级下跌中的最低点连接而成；下跌趋势线都是由每次回挡所达到的最高点连接而成，通过它们可以明显地看出一段时期内股价的变动规律。

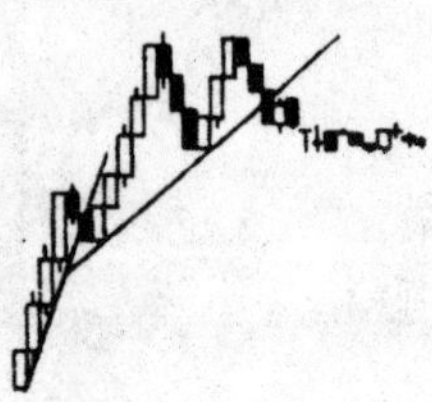

图6－35

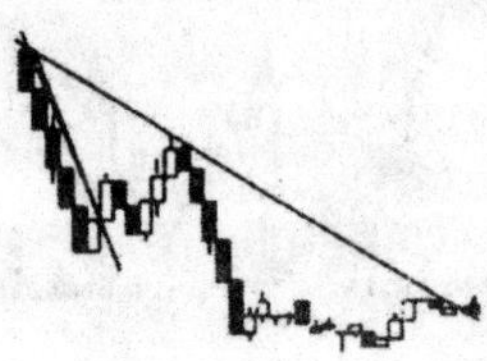

图6－36

金融家点评：

发现这个规律，对于利用趋势线制定操作方案，决定何时买卖十分有益。因为在上升趋势里，股价跌至该趋势线附近，便是买进时机；在下跌趋势里，股价回升至该趋势线附近，便是卖出的大好时机。

428. 如何画出长期趋势线？

根据“两点成一线”这一最简单的数学定理，画趋势线必需选择两个决定性的点。画上升趋势线时，需要两个反转底点，即当股价下跌至某一底点 A，开始回升，随后下跌，还没有跌到 A 时，在 B 点就开始再度迅速上升，连接 A、B 两点的连线，就是上升趋势线。画下跌趋势线时，也需要两个反转顶点，即当股价上升至顶点 C 后开始下跌，随后反弹回升未到 C 点时，在 D 点又再度下跌；连接 C、D 点的连线，就是下跌趋势线。参见图 6-37、图 6-38。

画长期趋势线时，应该首先确定两个关键点；画上升趋势线需要确定两个最低点。最初底点是由下跌行情转为上升行情出现的第一个底部形成点，短期内(至少一年)此价位没有再出现过；请参照下面的方法，学习上涨的长期趋势线的画法。

如图 6-39 为股市在 1985 年至 1990 年的股价指数图。1985 年 3 月份，股市空头市场结束，股价指数自 A 点(190 点)上升，因此判断其长期趋势的第一个低点便是 A 点；以后的近 10 月里，出现了两段中级上升行情和两段中级下跌行情；之后，在 1988 年 11 份出现了 B 点(指数 275 点)，此后股价便一路上升，没有再出现接近 275 点的低价位。因为 B 点在此前 1 年多的时间里和后近 2 年的时间里，均未出现过与 B 点类似的低点，故 B 点为第二个具有意义的低点。因此，连接 A、B 两点的连线即为该股市的长期趋势线。

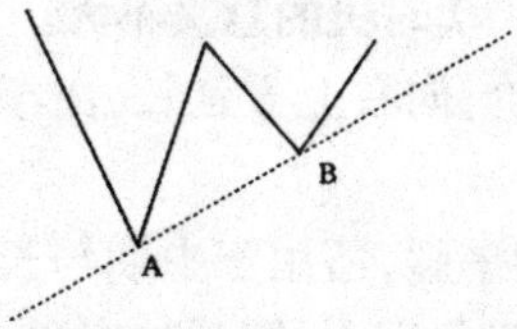

图 6 - 37

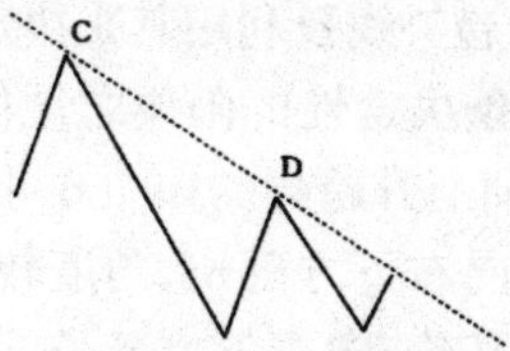

图 6 - 38

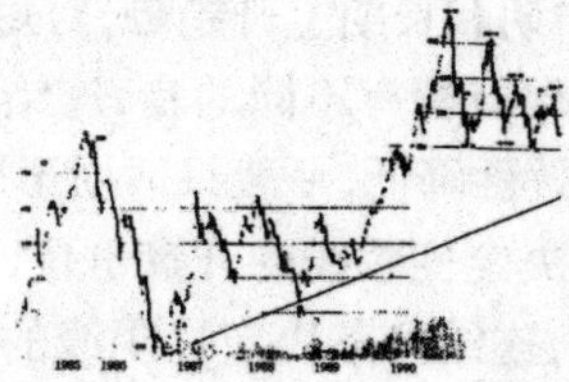
图 6 - 39

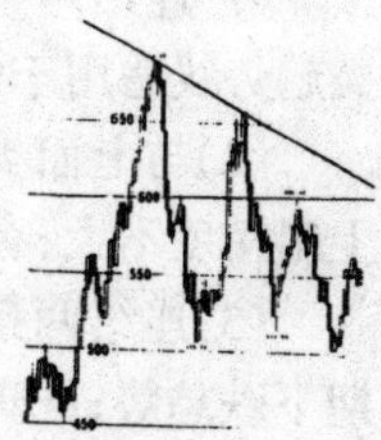
图 6 - 40

画下跌的长期趋势线需要确定两最高点。确定长期趋势的最高点是由上升行情转为下跌行情所出现的第一个头部形成点，短期内(至少 10 个月)没有出现过比此价位更高的股价。请参照图 6-40，学习下跌的长期趋势线的画法。1988 年 10月上旬，某股市价格大幅度下跌，指数从 690 点(C 点)开始下跌，半年后反弹至 660 点(D 点)，然后再度迅速下跌，D 点在一年内不再出现。因此，C、D 两点的连接线即为该股市的下跌趋势线。

金融家点评：

股价依照趋势而移动，这种趋势从延续时间的角度，可分短期趋势、中期趋势和长期趋势；短期趋势即是进行时间很短的移动，一种股价从上升到回档，再到反弹形成另一个次高点；几次同方向移动的短期趋势形成中期趋势，再由几个同方向移动的中期趋势，组成长期趋势。如果长期趋势走不下去了，股价也就无法再向同方向移动，发生了反转。

429. 如何利用 K 线图画趋势线?

股价指数 K 线图,就是具有决定上升或下跌趋势的最简单的一种趋势线。如果股价指数 K 线图上首次出现了类似阳线的形状,便可以用笔将两条阳线连成直线,并向右上方延长;若几天后股价下跌至延长线的下方,则表示股价上升趋势未形成,该股票今后发展不乐观,可能会出现下跌或依旧处在盘整阶段。如果这条趋势线在今后的股市波动中,短期内未跌破此延长线,甚至始终与此延长线保持一段距离,则表明这条延长线就是上升趋势线。

同样,当股价图形上首次出现类似阴线的形状,可用笔连接两条阴线的上方,并向右下延长。若几天内股价回升到延长线上方,表示股价下跌趋势尚未形成,该股票下步走势依旧是盘档或是继续上升。如果在趋势线确定后,股价变动短期内没有向延长线上方突破,甚至未靠近延长线,则表示这条下跌趋势线是成立的。股价一旦突破该线,则意味着该段下跌行情接近尾声,下一步可能马上就有反弹。

金融家点评:

K 线图有其自身的特点,且不可将两种线混为一谈。

430. 画趋势线需要注意什么问题?

所谓趋势就是事物发展的方向,有的趋势线尽管在一定范围内也不能讲是错的,但是它的适用性不强,不具有规律性,因此也就近乎是无用的。在画趋势线时,要注意以下几个问题:

(1)连结两条决定性的阳线的开盘价位,并向右上方延长,角度较为平缓,如图 6-41,此类趋势线适用于中期和长期上升趋势,对短期趋势线及利用其来决定买卖时机的意义不大。

(2)与上面类似但稍有不同的是,连结两条决定性的阳线之最低价,向右上方延长,由于上斜角度不大,有效性降低,一般只适用于短期上升趋势。如图 6-42。

(3)连结两条决定性阴线的开盘价位,并向右下方延长,角度较为平缓,适用于中期与长期下跌趋势;同理,连结两条决定性阴线的最高价,向右下方延长,下斜角度大,容易被突破,适用于短期趋势。参见图 6-43 和图 6-44。

金融家点评:

画好趋势线绝不是凭一把尺子、一支铅笔就可以轻易完成的,必须经过日积月累,积累资料,积累判定有效的最高点或最低点的方法和经验。

图 6 - 41

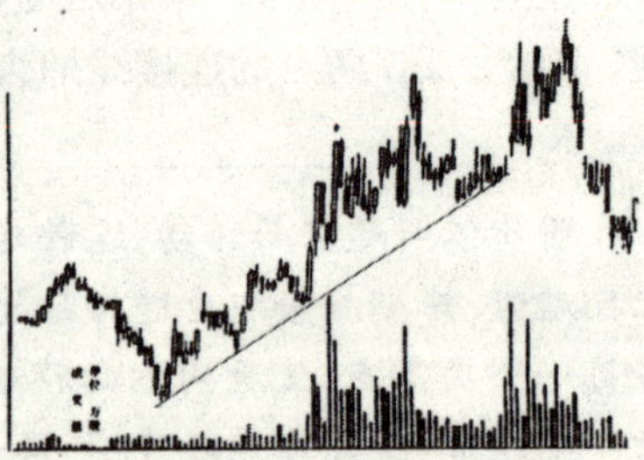

图 6 - 42

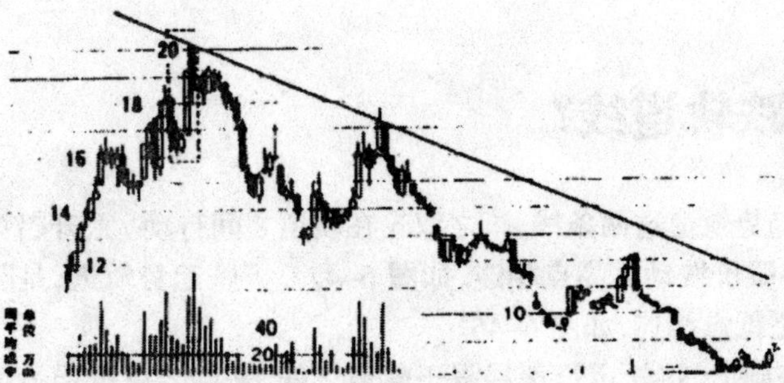

图 6 − 43

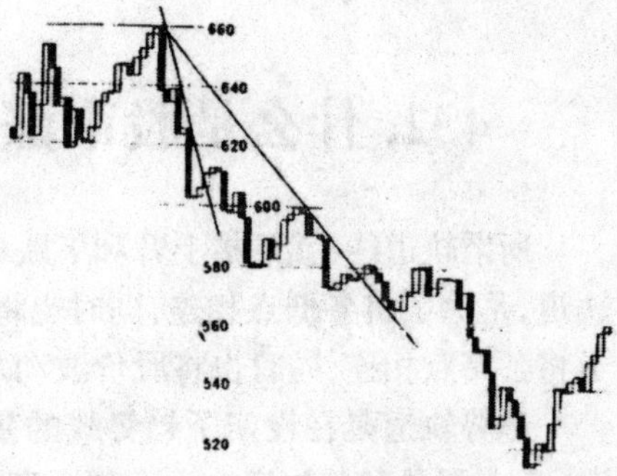

图 6 − 44

431. 哪种趋势线最有效?

趋势线所经过的次级上升底部愈多,可靠性越高。即股价回到趋势线上,又再度反弹上升,类似的次数越多,说明该趋势线的有效性越强。如图 6–45 上直线 L,将 18 元和 20 元时的两低点连成趋势线,后来股价在波动过程中,多次抵达或接近趋势线,获得支撑而反弹,因此这条趋势线 L 才是名符其实。

趋势线的延长中,同时两个靠近的次级底部连线不能太平缓或太陡峭,否则失去意义。如图 6–45 中的直线 M 和直线 N。

趋势线和它两个底部连线形成的角度是估量中期趋势线的标准。从实践经验得出,一条角度非常陡的趋势线容易被一个横向的整理形态突破,如果这样看来,如此趋势线的测量价值就要大打折扣。在适当角度(大约 30 度)的趋势线具有技术意义。当这种趋势线被突破时,投资者一定要提高警惕,采取对策。

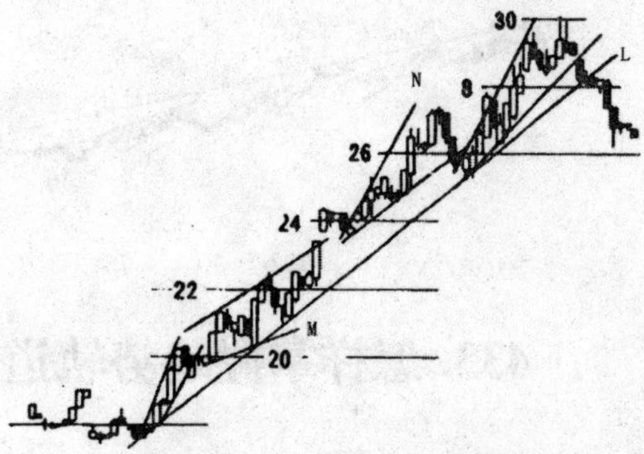

图 6 − 45

股价的走势非常复杂,有时股价接近或稍微越过趋势线,并没有带来较大的突破行情。判定趋势线怎样的突破才算最有效,主要要掌握以下三条原则:

(1)股价穿越趋势线时,当日收盘价须高于或低于趋势线价位(有时在三两天完成也可);

(2)突破上升趋势线时,成交量一定要大增;下跌时突破趋势线时,成交量的情况比较复杂。通常股价跌破趋势线的第一天成交量并不显著增加,但在下跌过程中必会出现大成交量,随后开始萎缩。

(3)如果股价跌破趋势线后,距离趋势线不远,成交量并没有迅速增加,成交量萎缩至相当程度,股价回升至趋势线下方,此时成交量如果扩大,股价再度下跌,才能确定上升趋势线被突破了。

金融家点评:

研究趋势线就是为了掌握股价变动的规律,利用趋势线这个工具,更好更准更快地掌握股票买卖的时机。这就和帆船比赛一样,必须要善于利用“风”这个工具,来达到行船的目的。

432. 什么是股市涨跌轨道线?

所谓轨道线,就是指上升和下跌趋势轨道这两条线,车之双轮在轨道之间行动。上升趋势轨道,是除了将各低点相连,同时也将股价波动之高点相连,如图6–47。下跌趋势轨道,是除了将各高点相连,同时也将股价波动之低点相连,如图6–46。

趋势轨道是在设定了趋势线的基础上,将轨道行情局限于轨道之间,来判定股价走势情况。但是股价趋势轨道决不会像火车轨道那样平行延长,没有偏差;不规则的股价走势经常会有剧涨与剧跌等情形,很轻易地就会冲出轨道。

金融家点评:

趋势线表明股市或某一股价的发展方向,但只是对该股市或该股价波动上限或是下限的界定,没有对股价回档的深度进行判断,趋势轨道线就很好地解决了这个问题。

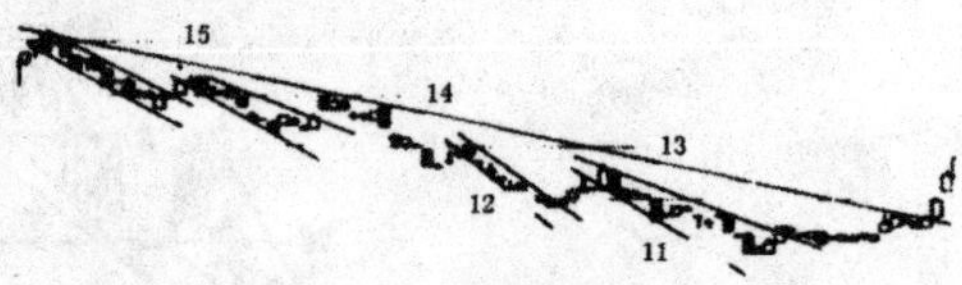

图 6 – 46

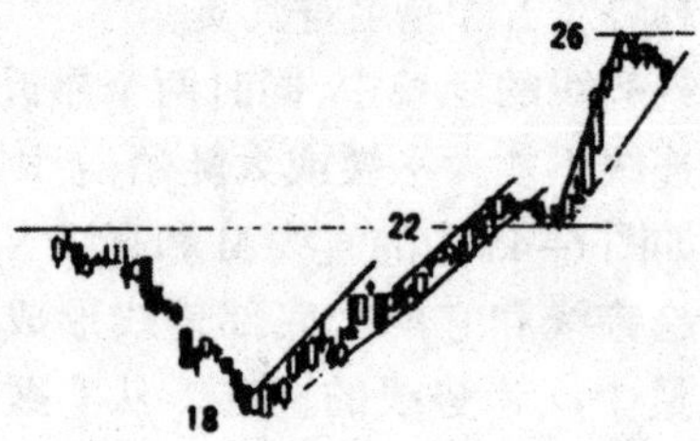

图 6 – 47

433. 怎样掌握趋势轨道线的作用?

可以通过研究股价轨道的性质,来掌握股价轨道的作用:

(1)在正常行情下,股价轨道成为上升时的阻力线或下跌时的支撑点。很多股票投资者都喜欢在轨道附近实施买卖操作,当股价上升时,在轨道上限附近抛出股票;当股价回跌时,在轨道的下限附近购回股票。

(2)如果短期的上升轨道或下跌轨道变得非常陡峭,则它不能维持长久,很快就会回到原大趋势内。因为只有在股价狂涨暴跌时,才会出现上升轨道或下跌轨道非常陡峭;而股价涨跌到一定时候,都会遇到相应的阻力和支撑带,庄家和普通投资者不会坐视它一泻千里的——一种股票的暴涨暴跌对整个股市都没有好处。出于稳定股市的需要,各个方面都会对陡峭的走势予以干涉,使之回到盘中。

(3)轨道线上的临界点均是该段最佳的卖出或买进点。这里可以设计一个标准轨道图,以分析卖出与买进的最佳点。如图6–48所示,该标准轨道图共有2个上升趋势轨

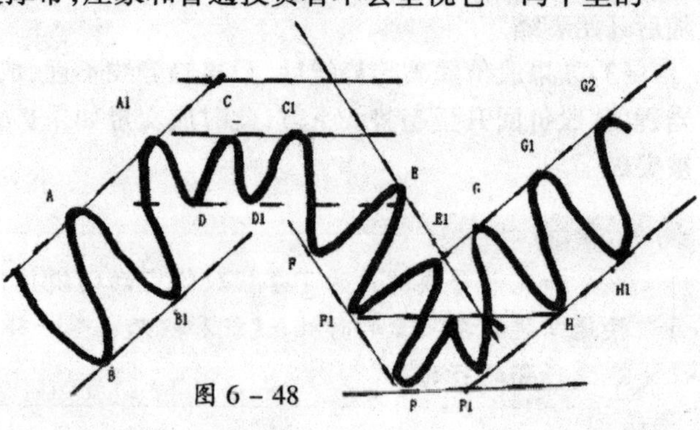

图 6 – 48

道、1个下跌趋势轨道和2个平行移动轨道。在做短线操作时,上升趋势中的A点附近便是卖出点,包括A1、A2点和第2上升轨道中的G、G1、G2诸点;反之则为上升趋势中的B点、B1及第2上升轨道中的H和H1点。同理,下跌趋势轨道中的E、E1、E2点为卖出的好点,F、F1、F2诸点为买进的好点。在平行移动趋势轨道中,C、C1也可做为卖出点,D、D1点为买进点。

金融家点评:

股市升跌有轨道,轨道个中有缘由。

434. 怎样根据轨道线确定买进和卖出?

以简单的图形为例,确定买进或卖出的信号。如图6-49中所示为卖出信号:

A1:股价原向上变动,随后则跌破上升趋势线的下界线,表示该股价已改变上升趋势,或平行移动,或反转下跌。

A2:所示的股价成盘局变动,随后跌破趋势线下界。

A3:股价随下跌趋势线的下界线向下变动,其后穿越下跌趋势线的上界线,股价加速下跌,这是暴跌行情的前兆。

A4:股价进入矩形整理阶段,跌破平行轨道的下界线,这是脱离盘局拟开始下跌行情的开端。

A5:股价变动呈对称三角形式盘局,一底比一底高,其后向下界线突破。

A6:股价变动进入整理阶段,轨道的下界线呈水平移动,上界线向右下方倾斜,随后跌破轨道的下界线——有效的突破。

A7:股价变动走入收敛趋势形态末端,并向轨道的下界线突破,加速下跌。

A8:在下跌行情,反弹至轨道的上界线边缘,这是卖出的时机。

A9:股价变动轨道呈发散趋势形态,反弹至轨道的上界线时,是卖出的好时机。

如图6-50所示,为股价买入的信号:

B1:股价原向下变动,随后则穿越下跌趋势线的上界线,表示改变下跌轨道或反转上升。

B2:股价变动呈盘局,随后则穿越盘局的上界线。

B3:股价随上升趋势线的上界线向上变动,其后穿越上升趋势线的上界线,轨道更向上倾斜,股价加速上涨,这是大的上升行情的开始前兆。

B4:股价进入矩形整理,随后穿越平行轨道的上界线,是脱离盘局展开上升行情的开端。

B5:股价变动呈对称三角形的盘局,随后向上界线突破。

B6:股价变动进入整理,轨道的上界线呈水平移动,下界线向右上方倾斜,随后穿越轨道的上界线,这是有效的突破。

B7:股价变动走入收敛趋势形态的末端,并向轨道的上界线突破,加速上升。

B8:在上升行情的轨道里,回档至轨道的下界线边缘时,这是买进抢短线的好时机。

B9:股价变动轨道呈发散趋势形态,回跌到轨道下界线附近,是买进的好点。

金融家点评:

确定买进与卖出,轨道预测只是技术手段之一,必须结合其他因素,综合研判。

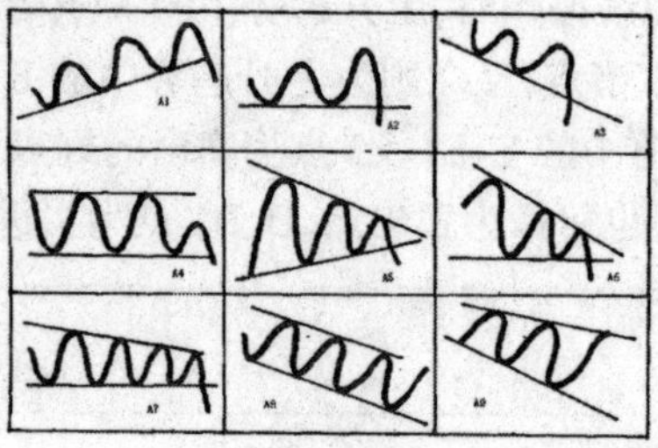

图 6 - 49

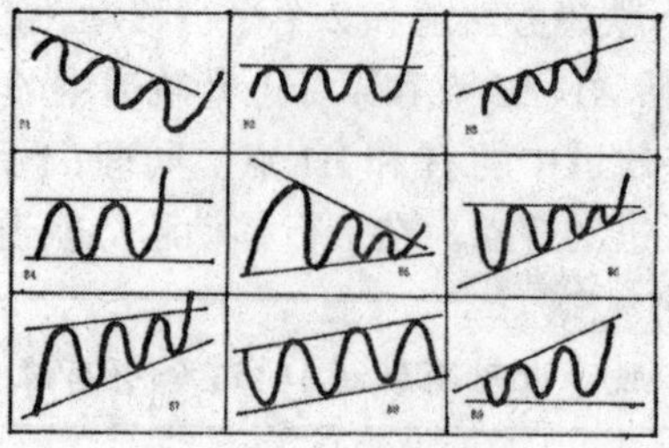

图 6 - 50

435. 怎样看懂分时走势图?

分时走势图也叫即时走势图,它是把股票市场的交易信息实时地用曲线在坐标图上加以显示的技术图形。坐标的横轴是开市的时间,纵轴的上半部分是股价或指数,下半部分显示的是成交量。分时走势图分为指数分时走势图和个股分时走势图。

(1)指数分时走势图。白色曲线表示上证交易所对外公布的通常意义下的大盘指数,也就是加权数。黄色曲线是不考虑上市股票发行数量的多少,将所有股票对上证指数的影响等同对待的不含加权数的大盘指数。

参考白色曲线和黄色曲线的相对位置关系,可以得到以下信息:

当指数上涨,黄色曲线在白色曲线走势之上时,表示发行数量少(盘小)的股票涨幅较大;而当黄色曲线在白色曲线走势之下,则表示发行数量多(盘大)的股票涨幅较大。

当指数下跌时,如果黄色曲线仍然在白色曲线之上,这表示小盘股的跌幅小于大盘股的跌幅;如果白色曲线反居黄色曲线之上,则说明小盘股的跌幅大于大盘股的跌幅。

红色、绿色的柱线反映当前大盘所有股票的买盘与卖盘的数量对比情况。红柱增长,表示买盘大于卖盘,指数将逐渐上涨;红柱缩短,表示卖盘大于买盘,指数将逐渐下跌。绿柱增长,指数下跌量增加;绿柱缩短,指数下跌量减小。

黄色柱线表示每分钟的成交量,单位为手(100 股 / 手)。

(2)个股分时走势图。白色曲线表示该种股票的分时成交价格。黄色曲线表示该种股票的平均价格。黄色柱线表示每分钟的成交量,单位为手(100 股 / 手)。

金融家点评:

分时走势图是股市现场交易的即时资料,也是对股市行情做出判断的重要依据。

436. 什么是 RSI 分析法?

RSI 是“Relative Strength Index”的简称,即相对强弱指数,简单地讲是从一定期间内的股票价位变动关系去推测未来价位变动的方向。在国外,RSI 早就被进行商品投机的期货市场投资者所运用;以后,股票技术分析专家发现其适用于股票市场,便引进和推广。RSI 的准确性和可信度都很好,若与其他技术分析方法,如移动平均线等搭配运用,则更能提高对股市大势研判和个别股价变动方向的准确度,已成为许多短期投资者所熟悉的分析方法。

计算 RSI 首先要掌握下面的两个公式：

强弱指数(RSI)=100–[100／(1+RS)]

相对强度(RS)=14 日内收盘涨数和的平均值／14 日内收盘跌数和的平均值

第一步：需要收集前 14 天的收盘价位或指数。致于采用多少天的收盘数为样本，各国股市标准不一。采样规模不能过小，否则计算出的 RSI 过于敏感，降低了参考价值。目前流行的是 6 天、9 天和 14 天等三种采样模式。目前我国深圳和上海证券交易所每天都公布这三种模式计算的 RSI，分别用 RSI(6)、RSI(9)和 RSI(14)表示。

第二步：计算出 14 日收盘涨数总和的平均值与跌数和的平均值之比。

第三步：计算出强弱指数 RSI。

计算新的一日的强弱指数，只需将前一日的平均收盘涨(跌)数乘以 13，再加上今天收盘涨(跌)数，再除以 14，即可按照"[100／(1+RS)]"的公式，计算出新的一日的强弱指数。

例如：如果最近 14 天的股价指数涨跌情况依次是：第一天涨 4 点，第二天跌 3 点，第三、四天各涨 3 点，第五、六天各跌 2 点，第七天涨 4 点，第八天跌 4 点，第九天跌 6 点，第十至十二天各涨 2 点，第十三、十四天各跌 4 点，那么：

"14 日内收盘涨数和的平均值"=(4+3+3+4+2+2+2)／14=20／14=1.429

"14 日内收盘跌数和的平均值"=(3+2+2+4+6+4+4)／14=25／14=1.786

相对强度(RS)=1.429／1.786=0.80

因此，相对强弱指数(RSI)=100–[100／(1+0.80)]=100–55.556=44.444。这就是上述 14 天的强弱指标数(RSI)。

金融家点评：

将连续数日计算出的相对强弱指数，标记在以日期为横坐标、以强弱指标值。到 100 为纵坐标的坐标图中，数日的股价强弱走势便一目了然了。

437. 如何利用 RSI 分析股价走势？

通过分析强弱指数，可以判断股价走向趋势。RSI 是局限于 0 与 100 之间的，即 0<RSI<100。正常情况下，RSI 应该在 30~70 之间来回波动。当 RSI 升至 70 以上或 30 以下时，则表示股价在短期内出现较大幅度的上涨或下跌，这时的股价已接近"顶"和"底"；70 以上和 30 以下是失败的摇摆，即 RSI 超过了 70 以上或跌至 30 以下时，是超出平常波动的轨迹，这是不正常的，自然暗示着股票价位将会有所改动，股市行情将会出现反转。通过实践表明，RSI 往往在股票日 K 线图上的支撑和阻力尚未明朗时，就已经露出端倪，昭示着股市将到市场反转点。

例如，某股票持续上涨，股价由 30 元上升到 40 元，强弱指标已达到 85，这已说明该股票已出现了超买现象；如果股价再涨，很快就会因为买方势头减弱，而使股价回跌。反之，如果某股票持续下跌，股价由 20 元跌至 10 元，强弱指数已降到 15，则表示已出现超卖的现象；如果股价再跌，也有可能因为卖方减弱、买方增强，使股价再度回升。

金融家点评：

作为投资者，应该通过相对强弱指数，尽早分析出股价趋势，把握机遇，及时买进或卖出。

438. 如何利用 RSI 分析趋势线?

通过强弱指数(RSI)也可分析出股价的趋势线和抵抗线。

用强弱指标值连接起来的趋势线与K线图上所画出的趋势线类似。在强弱指标图形中,将每日股价变动所产生的振荡点连起来,形成不规则的跳动图形,如果按照K线图中描绘趋势线的办法,同样可以得到强弱指标的上升趋势线与下跌趋势线。许多采用该方法的股票投资者都感觉到,比日K线图,强弱指标图形有极其敏锐的先见之明;当支撑与抵抗的区域在日K线图中逐渐明朗化之前,强弱指标图形上常常已经很清晰地显示出来的,从中可以更早地发现股价的支撑点在哪里,阻力点在哪里。

金融家点评:

春江水暖鸭先知,强弱指标早报道。RSI 图形之所以有这样大的神力,就是因为其指标值在 0 与 100 之间变动,上下幅度限定,在某些股票价位上涨或下跌时,它向上或向下移动的速度是该价位移动速度的 2 倍。

439. 如何利用 RSI 判断抵抗线?

仔细分析强弱指标(RSI)图形,同样会找到抵抗线。与K线图上的抵抗线有所不同,强弱指标图形的抵抗线有以下三种情形:一是当股价进入整理期,此时的强弱指标值上下波动的幅度也较小,局限在某范围内做横向变动,此时的强弱指标最大值和最小值就是抵抗线的上界线与下界线。二是根据 RSI 的常态图形,强弱指标图形最明显的抵抗线上界线是 70,下界线是 30。三是像体育运动的纪录似的,在个别股的 RSI 图形上,过去所出现过的最高值与最低值就是该股价的抵抗线。

金融家点评:

在强弱指标图形中找出抵抗线,对判断股价的变化方向具有积极意义。

440. 如何画出股市心理线?

人气景象是考察股市兴旺与否的一项重要因素,我国沪深两市每天都要公布本证券所的心理线(PSY)和人气指标(AR),以供投资者参考。

心理线,即 Psychological Line,以研究一段时期内投资人趋向于买方或卖方的心理与事实,作为进出股票的指标,这是一种极简单的技术分析方法。在国外,一般投资者都画心理线,均以 12 天为样本(作分母),分子是近 12 天中指数或股价上涨的日数,然后求出百分比;即永远以最近 12 天的上涨为依据,再除以 12。

例如,近 12 天有 7 天上涨、5 天下跌,则心理线值 =7/12=58.3%。将这一数值标示在以日期为横坐标、以百分比为纵坐标的图上,每天延续下去,将所得的百分比连接起来,这就是人气指标(心理线)。我国沪深两市的心理线均以 12 天为样本值,人气指标值则以 26 天为样本值,分别标为 PSY(12)和 AR(26)。

金融家点评：

股票交易活动是在市场经济中与人的心理联系最为紧密的经营活动，由此，股票交易也就成为最具变化、最难把握，同时也可能具有最为简单性质的交易活动。

441. 如何运用心理线判断股价走势？

画心理线和人气指标，应该与K线相互对照，这样才能更好地从股价变动中了解超买或超卖的情形。

心理线适用于加权股价指数与个别股，反映超买或超卖；计算时只以上涨天数为主，如果当天股价持平或下跌，则不予考虑。心理线同样适用于每周股价变动，但是所采样可以调整为8至10周。

要特别留心"两次规律"，抓住买进、卖出时机。观察心理线就会发现，当一段上升行情展开前，通常超卖现象的最低点会出现两次，因此，一定要特别注意观察心理线；当某一天的超卖过重，短期内低于此点的概率极少，当心理线向上变动将再度回落到此点时，这就是买进的信号。同理，一段下跌行情展开前，超买现象也会出现两次，当认为某一天的超买现象严重时，短期内高于此点的机会极少；因此，当心理线向下再次回落到该点时，这就是卖出的信号。

金融家点评：

运用"两次规律"，关键是一定要把握住第一次超买、超卖点，为下一步的卖出、买进做好准备。

442. 如何在短时间内看清当天大盘走势？

每天开盘之后，分析判断出当天大盘的走势，这非常关键。

一般来说，开盘后做多的一方常会迫不及待地抢进，恨不得一口吃个胖子，而做空的一方则想尽快地出货，也会故意拉高，于是造成开盘后的急速升高，这是强势市场上经常能够看到的情况。此外，多头为了买到便宜货，也会在开盘时即往下砸，而空头或者散户则会不顾一切地抛售，造成开盘后的急速下跌。因此，通过开盘后30分钟的市场表现进行观察，有助于对当天的大势作出判断。

无论是做多或者是做空，双方都很在意最初10分钟的争夺，因为这个时候盘中的买卖量不是很大，因此，用不多的资金就可以达到预期的目的，也就是"花钱少，收益大"。第一个10分钟结束后，双方开始休整，一般会对原有的趋势进行修正。如果空方逼得太急，多方会组织反击，抄底盘会大举介入；如果多方攻得太猛，空方会予以反击，获利盘会积极回吐，因此，这段时间是买入或卖出转折点。

开盘20分钟之后，参与交易的投资者越来越多，买卖盘变得比较实在，可信度就比较大，这段时间的走势，基本上可以成为全天走势的基础。投资者怎样进行研判呢？可以以开盘为原始的起点，以开盘后的第10分钟、20分钟、30分钟指数移动点连成三条线段，开盘30分钟的走向实际预示了这一天的走势。

如果三个指数都比开盘点高，表明当天的行情将趋好，日K线一般会收出阳线。但如果前30分钟的成交量成天量的上升，则表明庄家或机构有意拉高，可能有拉高出货之嫌。如果有这种情况，则应以出货为主。

如果三个指数都比开盘点低，则表明空方力量过于强大，是典型的空头特征，日 K 线一般会收出阴线。

金融家点评：

有人经常说某某高手很神，一开盘就能看出当日大盘的走势和个股的状态。其实要学会这种方法和技巧并不难，只要按照上述方法去做，就能看出开盘之后的大盘走势。

443. 如何根据成交量判断股价趋势?

(1)股价随着成交量的递增而上涨是股市行情的正常特性，此种量增价涨关系表明股价将继续上升。

(2)在一个上涨波段中，股价随着递增的成交量而上涨，突破前一波的高峰，创下新高后继续上涨，然而此波段股价上涨的成交量水准却低于前一波段上涨的成交量水准，股价突破创新高，成交量却没创出新高，则此波段股价涨势令人怀疑，可能是潜在的反转信号。

(3)股价随着成交量的递减而回升，股价上涨时成交量在逐渐萎缩。成交量是股价上涨的原动力，原动力不足是潜在的反转信号。

(4)有时股价随着缓慢递增的成交量而逐渐上涨，走势突然形成垂直上升的喷发行情，成交量急剧增加，股价暴涨。紧随着此波走势，继之而来的是成交量大幅萎缩，同时股价急速下跌。这种现象表明涨势已到末期，上升乏力，走势衰竭，显示出反转的现象。反转所具有的意义将视前一波股价上涨幅度的大小及成交量扩大的程度而定。

(5)长期下跌形成谷底后，股价回升，成交量并没有因股价上涨而递增，股价上涨欲振乏力，然后再度跌落至先前谷底附近或高于谷底。当第二谷底的成交量低于第一谷底时，是股价上涨的信号。

(6)股价向下跌破股价形态趋势线或移动平均线，同时出现较大成交量。此是股价下跌的信号，表明趋势反转，形成空头市场。

(7)股价下跌一段相当长的时间后出现恐慌性卖盘，随着日益扩大的成交量，股价大幅下跌，继恐慌性卖出之后，预期股价可能上涨，恐慌性卖盘所创的低价不太可能在极短的时间内跌破。恐慌性抛盘大量出现往往意味着空头行情的结束。

(8)持续上涨很久后出现急剧增加的成交量，而股价却上涨乏力，在高位盘旋，无法再大幅上涨，股价在高位大幅震荡，卖压沉重。股价连续下跌之后在低位出现较大成交量，股价却没有进一步下跌，价格仅小幅变动，此是买进的信号。

(9)成交量作为价格形态的确认，如果没有“量”的确认，“价”就是虚的，其可靠性也要差一些。

(10)成交量是股价的先行指标。一般说来，量是价的先行者，当成交量增加时，股价迟早会跟上来；当股价上涨而成交量不增加时，股价迟早会掉下来。从这个意义上可以说“价是虚的，只有量才是真实的”。

金融家点评：

时间在进行行情判断时具有很重要的作用，一个已形成的趋势在短时间内不会发生根本性的改变，中途出现反方向波动对原来的趋势不会产生太大的影响。一个形成了的趋势不可能永远不变，经过了一定时间后会有新的趋势出现。

444. 如何根据机构调仓判断股价变化趋势？

证券投资基金等机构投资者已成为中国股市最大的一股中坚力量。因此，基金的投资理念和取向往往能引导市场的理念和方向。

(1)关注新发基金的动向。从资金面分析，如果资金大量注入，新发基金在此位置附近介入建仓的可能性非常大，主流热点股票回调后，就成为新增资金的主要介入对象，从而带动大盘迅速止跌。基金的资金动向、调整投资方向对市场个股价格的影响极为明显。

(2)关注金融行业的动向。长期以来，在各类行业中比较引人注意的是金融保险业，金融保险业是市场的中流砥柱，基金对金融行业短期内的大幅度调仓将会对市场后续走势造成极大影响。

(3)关注新增仓个股的动向。透过机构的调仓动向，能够观察到机构的投资倾向。具有实质资产注入预期的个股，其业绩可能大幅增长，超出预期的数值。

金融家点评：

机构投资者都是有经验、有实力的“大腕”，他们的动作是股市的风向标。

445. 如何对趋势、成交量和均线进行综合研判？

在通常情况下，投资者在看盘时需要注意以下三个要点，称之为盘面“三看”。

一看趋势，即密切关注大盘趋势的变化。根据通道理论，股指一般会沿着某一趋势运行，直到政策面、宏观经济面发生重大变化，这一趋势才会逐步改变。特别要指出的是，趋势的改变不可能在一夜之间完成，这就是所谓的“惯性”作用。

二看成交量。股谚云“量在价先”、“天量天价，地量地价”，说的就是“成交量比成交价更重要”这个道理，因为成交量可以决定成交价及其后的股价走势。一般来说，在股指上升的过程中，成交量应该有所放大，因为只有这样才能维持其原有的走势。如果把股指的上涨看作是列车行进速度的话，成交量就是列车的动力，股指的上涨就好像是列车在走上坡路，没有动力是万万不能的。而下跌就好像是列车在走下坡路，不需太大的动力或根本不需动力，因为此时惯性起到了巨大的作用。如2001年6月，沪市见顶2245点后，成交量不再放大，增量资金不再入市，成交量也开始萎缩，这表明资金开始逐渐出逃，股指焉有不跌之理？可这一跌一直跌到了1349点，几乎把多年牛市的成果消耗殆尽。而也正是在1350点左右两市成交量开始明显放大，表明场外增量资金开始介入，股指才得以扭头向上。

三看均线，即密切关注均线的走向。一般说来，股指在长时间上涨后，如果5日均线下穿10日均线就应该引起警惕。若10日均线下穿30日均线，就应该考虑卖出股票。而当30日均线调头下行时，则应果断离场，不管你此时是亏损还是赢利。这里提醒投资者注意的是，如果在第一次均线死叉时没能出逃，股价很可能还有一次反抽的机会，这时大盘K线形态会形成一个双头或双顶,此时则是投资者最后的机会。反之,若股指在长时间下跌后,如出现5日均线上穿10日均线,则应视作是一个较佳的短线买点,而若10日均线上穿30日均线,则可视之为中长线买点。

金融家点评:

上面所讲的"三看"是相辅相成的,"二看"和"一看"都是绝对不行的,更为重要的是,除了盘面"三看"之外,尤其应关注宏观经济面和政策面的变化,万万不可逆政策面而动,以卵击石。

446. 开盘价对当日行情有何影响?

开盘时要看是高开还是低开,它表示市场的意愿,是当天股价上涨还是下跌的一种表现。其次,在开市半小时内可以看股价变动的方向,一般说来,如果股价开得太高,半小时内就可能会回落,如果股价开得太低,半小时内就可能会回升。第三要看成交量的大小,如果高开又不回落,而且成交量有所放大,这只股票很可能要上涨。第四看股价,不仅要看现价,还要看昨天收盘价和今天开盘价、今天最高价和最低价、涨跌幅度等,这样才能看出现在的股价是处在什么位置,看它是在上升还是在下降之中,是否有买入的价值。

分析开盘价时,还要看开盘以后的现手数与现手累计数。现手数表明刚刚自动成交的那次成交量的大小,如果连续出现大量成交,则说明有很多人在买卖该股,值得注意。而如果半天也没人买,则不大可能成为好股票。现手累计数就是总手数,总手数也叫做成交量,有时它是比股价更为重要的指标。总手数与流通股数的比称为换手率,它说明持股人中有多少人是当天买入的,换手率高表明买卖该股的人多,股价容易上涨。如果不是刚上市的新股,却出现特大换手率(超过百分之五十),其股价则常常会在第二天就下跌,所以最好不要买入。

金融家点评:

俗话说"万事开头难"。是高开还是低开,成交情况如何,对当日后市的发展变化会带来直接影响。

447. 看盘时应重点看些什么?

首先在开盘时要看集中合竞价的股价和成交额,看是高开还是低开,就是说,和昨天的收盘价相比价格是高了还是低了。它表示出市场的意愿,期待今天的股价是上涨还是下跌。成交量的大小则表示参与买卖的人的多少,它往往对一天之内成交的活跃程度有很大的影响。然后在半小时内看股价变动的方向。一般来说,如果股价开得太高,在半小时内就可能会回落,如果股价开得太低,在半小时内就可能会回升。这时要看成交量的大小,如果高开又不回落,而且成交量放大,那么这个股票就很可能要上涨。

看股价时,不仅看现在的价格,而且要看昨天的收盘价、当日开盘价、当前最高价和最低价、涨跌的幅度等,这样才能看出现在的股价是处在一个什么位置,是否有买入的价值。看它是在上升还是在下降之中。一般来说下降之中的股票不要急于买,而要等它止跌以后再买。上升之中的股票可以买,但在要小心不要被它套住。一天之内股票往往要有几次升降的波动。

金融家点评：

看大盘时，你重点要看想买的股票是否和大盘的走向一致，如果是的话，那么最好的办法就是盯住大盘，在股价上升到顶点时卖出，在股价下降到底时买入。这样做虽然不能保证你买卖完全正确，但至少可以卖到一个相对的高价和买到一个相对的低价。而不会买一个最高价和卖一个最低价。

448. 盘尾挫低透露出什么信息?

盘尾是交易过程延续至收盘前的股价状况，与临收是一个意思。也就是临近收盘的一小会儿功夫股价的态势。比如：某股在整个股市中，持续在39元至39.5元间盘旋，在收盘前10分钟盘面上还是39.1元买进、39.5元卖出，但收盘后行情表上却是以38.9元收盘，而且最后很可能是38.9元卖出，却没有买进价。

这种临收盘的低挫形态，如果以正常的交易成分分析，就可能是有人急需资金，在等了大半场的价格变化，想等高价出手，却等不到，在收盘前不得不低价出手，很可能会让行情杀跌。但是，投资者只要仔细一想，就会发现临收价挫低，一方面使当日大部分买进者套牢，挫其锐气，另一方面则使想买进者畏难却步，意愿减弱。

这是由于凡走势较好股票，很少会在盘尾价格挫落好几挡的。甚至也会因此使一些投资者心灰意冷，而形成隔日买盘退缩，卖意增强的现象。这种盘尾挫低的人为操作，所引起的心理变化，会直接影响到盘面变动，以致部分想进货的主力，为避免因不断买进筹码暴露太大，造成盘面中坚迹象，让人发现其介入的行踪。出于隐蔽的战术考虑，才不得不让标的的股票价格以盘尾低挫形式，倾向于弱势。

金融家点评：

这种大户惯用伎俩也只能是一时一事的奏效，或只能蒙蔽一小部分缺乏实际操作经验的散户。

449. 收盘时价格突变如何操作?

股价盘尾行情变化，经常会透出一些信息，临收时的窜高与临收时的挫低，分别蕴藏着不同的意义，这些意义历来为股市资深投资者特别留意。

通常，标的股再三出现盘尾挫低走势，分价表上就会发现，低挡位成交量并不大，甚至比中档位成交差距还明显，这纯属于一个注意“讯号”，如果投资者懂技术分析，再由股价线型上找寻有无转机轨迹，可能会让自己初步断定究竟是否具有投资价值了。

有经验的投资者不仅不上这个套儿，还会一眼看穿该股已有主力介入的可疑了。或者是做多正压低吃货。有时很可能也是很自然的，则刚好急需钱用的中户，急于抛售较多的筹码而造成了收盘时价格急剧走低的态势。

投资者如果发现某一标的股价格走低，就要注意它，如果一再发现这种现象，就基本上可以断定是主力踪迹在操纵了。然后，配合分析表或热门股进出表，摸清一下盘尾变化的交易状况，结论自然就有了。

金融家点评：

在盘尾之前，部分股票的行情经常会出现急剧变化，这种变化一经发生就意味着“人为干预”的部分浮出了水面。目的也会在于制造幻想，以干扰或误导投资者的心理，有经验的投资者不会轻易上当。

第七章 股市风险防范

风险总是和机遇联系在一起的，股票市场充满无数的机会，同时也随时会遇到风险，如何防范风险、趋利避实，这就要看你的学习能力了。

450. 炒股可能有哪些风险?

所谓风险,是指遭受损失或损害的可能性。就证券投资而言,风险就是投资者的收益和本金遭受损失的可能性。

从风险的定义来看,股票投资风险主要有两种:一种是投资者的收益和本金的可能性损失;另一种是投资者的收益和本金的购买力的可能性损失。

从风险产生的根源来看,股票投资风险可以区分为企业风险、货币市场风险、市场价格风险和购买力风险。

从风险与收益的关系来看,证券投资风险可分为市场风险(又称系统风险)和非市场风险(又称非系统风险)两种。

市场风险是指与整个市场波动相联系的风险,它是由影响所有同类证券价格的因素所导致的证券收益的变化。经济、政治、利率、通货膨胀等都是导致市场风险的原因。市场风险包括购买力风险、市场价格风险和货币市场风险等。

非市场风险是指与整个市场波动无关的风险,它是某一企业或某一个行业特有的那部分风险。例如,管理能力、劳工问题、消费者偏好变化等对于证券收益的影响。非市场风险包括企业风险等。

金融家点评:

由于市场风险与整个市场的波动相联系,因此,无论投资者如何分散投资资金都无法消除和避免这一部分风险;非市场风险与整个市场的波动无关,投资者可以通过投资分散化来消除这部分风险。

451. 什么是炒股的收益性风险?

在多种情况下,投资者的收益和本金都有可能遭受损失,这就是炒股的收益性风险。

对于股票持有者来说,上市公司因经营管理不善而出现亏损时,或者没有取得预期的投资效果时,持有该公司股票的投资者,其分派收益就会减少,有时甚至无利润可分,投资者根本就得不到任何股息;投资者在购买了某一公司的股票以后,由于某种政治的或经济的因素影响,大多数投资者对该公司的未来前景持悲观态度,此时,因大批量的抛售,该公司的股票价格直线下跌,投资者也不得不在低价位上脱手,这样,投资者高价买进、低价卖出,本金因此遭受损失。

投资者的收益和本金的购买力损失,主要来自于通货膨胀。在物价大幅度上涨、出现通货膨胀时,尽管投资者的名义收益和本金不变,或者有所上升,但是只要收益的增长幅度小于物价的上涨幅度,投资者的收益和本金的购买力就会下降,通货膨胀侵蚀了投资者的实际收益。

金融家点评:

市场风险与投资收益呈正相关关系。投资者承担较高的市场风险,可以获得与之相适应的收益补偿。这就是常说的“收益有多大,风险就有多大”。

452. 什么是炒股的主观因素风险?

从投资者的角度来看,炒股的风险归纳起来不外两大类:一类是外部客观因素所带来的风险,另一类是由投资者本人的主观因素所造成的风险。

投资者主观因素风险多来源于贪得无厌与赌博心理。这类投资者在股市中获利后,多半会被胜利冲昏头脑,像赌棍一样频频加注,直到输个精光为止。反过来,假如在股市中失利,他们常不惜背水一战,把资金全部投在股票上,孤注一掷。毫无疑问,这种人多半落得个倾家荡产的下场。

个人和家庭财富保值增值的途径有很多种，而股市作为一个风险与收益并存的场所,具有其独特的魅力。对于没有股市经验的人来说,总多少带有一些对股市的畏惧。但是,如果风险随能力差,就应慎重介入股市。

金融家点评:

如果说客观因素难以控制,那么主观因素风险是完全可以避免的,这需要投资者不断修炼主观意志,克服贪赌心理。

453. 什么是炒股的客观因素风险?

外部客观因素所带来的风险主要有以下几种:

(1)利率风险。这是指利率变动,出现货币供给量变化,从而导致证券需求变化而导致证券价格变动的一种风险。利率下调,人们觉得存银行不合算,就会把钱拿出来买证券,从而造成买证券者增多、证券价格便会随之上升;相反,利率上调,人们觉得存银行合算,买证券的人随之减少,价格也随之下跌。

(2)物价风险。也称通货膨胀风险,指的是物价变动影响证券价格变动得一种风险。这里有两种情况:一种是一些重要物品价格的变动,从而影响大部分产品的成本和收益;另一种是物价指数的变动。物价上涨使企业成本增加,这时投资股票不免会有风险。不过总的来说,物价上涨,债券价格下跌,股市则会兴旺。

(3)市场风险。这是指股票市场本身因各种因素的影响而引起股票价格变动的风险。证券市场瞬息万变,直接影响供求关系,包括政治局势动荡、货币供应紧缩、政府干预金融市场,投资大众心理波动以及大户投机者兴风作浪等,都可以使证券市场掀起轩然大波。

(4)企业风险。指上市公司因为行业竞争、市场需求、原材料供给、成本费用的变化,以及管理等因素影响公司业绩所造成的风险。企业风险主要包括营业风险、财务风险等。

金融家点评:

外部因素带来的风险虽然不可控制,但投资者可以认识风险变化的客观规律,并可以及时化解和规避。

454. 如何控制投资股票的风险？

股票投资其实是一项风险决策，一般来说，正的期望值越高就越是好的炒股机会。但是一笔钱炒亏了，并不一定就是买卖股票决策错了，良好的风险控制很重要。

炒股都是有风险的，必须做好风险控制，要考虑风险承受能力，不能让一次失败就让自己再也没有机会。良好的风险控制是长期取胜的关键。股票投资做得好的人关键是心态要好、性格要稳，急躁、心理脆弱、情绪波动大的人是不适合从事股票投资的。

从事股票投资的人要专注，必须擅长总结、勤于思考，从以往的经历中不断摸索，吸取经验与教训。不必计较短期得失。对炒股者来说，注重过程的正确，比计较单笔交易的得失更重要，因为炒股是一场持久战。

影响股价变化的因素太多了，谁也不可能事先都预见到，所以不能以一两笔交易来衡量成败，投资成败确实有运气的因素，但是无论环境如何变化，能够持续获利，才是成功的投资者。股票市场充满了变数，短期的东西是很难把握和预测的，所以根本不用费心地预测短期的行情波动，甚至精确到具体个位点数，这是不可能也毫无意义的。

只要能够把握股市最粗线条的大趋势，就能获利无数了，股市投资方面，大家最缺的是一些大智慧。股票投资是高风险的行为，俗话说，高风险伴随高收益，但这是就理论和总体层面而言的。对不同的人，风险并不相同。有的人对某一只股票有充分的了解，因而相对所承受的风险比不了解的人要小，获利的概率则相应会更高一些，所以市场经常会出现收益远大于风险的时候，这就是股票投资的机会。

金融家点评：

股票投资不需要极高的智商，更不需要太高深的理论，在股市中往往简单的道理最管用。一位炒股大师曾说过，哲学、历史学得好的人比学统计学的人更适合做炒股。炒股就是把握风险与收益，“先为不败，然后方可求胜”，孙子兵法中的这一条很适合股票投资者。

455 .如何通过时机选择分散风险？

分散炒股风险，选择股票的时机很重要。依靠领取股息的投资，必须了解各公司的发息日期，在不同国家，不同地区、不同公司派息日期是有所不同的。在不同时间分别购买，有利于分散风险和取得较好的利润。依靠股票的买卖以取得差价收入的投资者，则更应注意股市的淡季和旺季，在投资时间上进行分散，以尽可能减少损失。

选择不同的时机，实际上就是选择不同的对象。选择股票时，要按照时间要素将投资分散于不同的公司股票。有些投资者因对某类公司比较熟悉，就将资金全部购买某类公司的股票，一旦该类公司遇到商业循环过程中的不景气阶段，投资者就会遭到重大的损失。投资者不可将全部资金集中于购买一家公司的股票，否则，很可能“一损俱损”。

金融家点评：

投资者应将资金分开来，选择不同的时段分别投资于不同的公司股票，这样可以收到东方不亮西方亮的效果，相对比较安全。

456. 如何通过类别选择分散风险？

根据本书第一章所述，按照不同的分类方法，股票分为多种类型，这为分散炒股风险提供了条件。证券市场上的股票种类多种多样，仅仅投资于一、两种股票或一类股票是很危险的。如果某一组合虽然包括多种股票，但该投资组合中的大部分资金只集中于一、两种股票上，其他股票只是象征性点缀其间，同样也具有风险性，因为这种投资只能算是低度分散投资，因而注定要比一般分散投资承担更高的风险。此一额外风险或许在过去曾经有助于投资者获利，但它也可能同样急剧受损，使投资者冒更大的风险。因为不同行为、不同类别的股票可以提供适当的风险分散，所以，一般情况下，没有必要把资金过多集中于一、两种股票上。

一种所谓的投资价值高的股票，对于一个投入很少的大户投资者来说，相当于风险投资；相反，当一个小投资者为买一种绝对保险的股票，而借大笔贷款时，这是要命的投资。

金融家点评：

认真判别和合理分散股票投资的风险，还是那句老话："不要把鸡蛋放在一个篮子里"。

457. 怎样防范不可抗拒股市风险？

这是进入股市首先必须解决的问题。股市风险因来源不同大小不一，不可抗拒的风险是指因为宏观经济的周期变化、国家某项经济、金融政策的调整、有关法规的制定与变动、重要岗位官员的更换、国际上股市行情变化，以至市场谣言等因素给股票价格造成波动，从而形成不可抗拒的风险。这种风险的特点是，只要跟着大势走，不想赢利也会赢利，不想亏损也得亏损，属于爱你没商量风险，投资者所能做的就是多赢还是少赢，多亏还是少亏。

股票市场具有投机性，因此在股票交易中，要坚持理性至上的原则。对市场上发生 的每一个巨大的变化，都要理性分析其变化的深层原因，然后根据分析，提出自己的交易战略。

金融家点评：

在股市闯荡的人常常鼓吹跟着感觉走。每个人对感觉有不同的理解，有人把它称为"理性的感觉"。股市交易坚持理性至上的原则，这是减少风险的最佳途径。

458. 如何防范经济周期带来的风险？

一般情况下，当经济处于繁荣时期，股票价格呈上升趋势，涨多降少；当经济不景气时，经济发展缓慢，失业率上升，通货膨胀，国民生产总值下降，股票价格呈下降势头，跌多涨少。

由于一轮经济运行的周期通常经历若干年，在经济持续发展的时期。股市总的趋势是向上的，但其间因为供求关系的变化或有关政策法规的影响，股市也会出现幅度不小的回调。也就是说，即使是在经济景气时，买入股票进行长期投资，在股市达到阶段性上涨的顶峰时，也应该辅之以中期调节的操作手法，先获利抛出，回避阶段性下跌的风险，待回调时再买进。

在经济的萧条时期即将结束，而股市又有见底回升迹象时，应该进入股市，分批购买股票作长线投资。当经济繁荣已近顶点时，而股市也已经长时间大幅上涨，股市人声鼎沸时，应该逐步抛出股票，退出股市。这种投资方法能够有效地回避风险，并获取较大的利润。

金融家点评：

周期就是循环。只要在股市上交易，那么赢来的钱就只是借来的钱。股市是一个残忍的高利盘剥者，投资者会经常把借来的钱加上高利息还回，这就是风险。

459. 宏观经济调整会带来风险吗？

从理论上说，有两种力量控制着经济的运转：一是市场经济制度内在的自发的力量；一是政府的经济政策。政府的经济政策对股价有重要的影响。如 1994 年上半年，由于股市持续低迷已经影响到新股上市发行，8 月 1 日，证监会公布了暂停新股发行等政策消息，引发了股市大幅度上涨行情，沪市从 325 点在不到两个月得时间内涨到 1052 点。

对于成熟的股市，股票价格的变化是大致平稳的，如果发生了震荡，在短时间内股价暴涨或暴跌，这有可能是由于长时间受到抑制得推动股价上升或逼迫股价下跌下降的力量等因素造成的，还有一种可能性就是发生了重要的政治或经济事件。如 1992 年 1 月，邓小平同志视察广东，发表重要讲话，不仅举国为之振奋，也在很大程度上影响了股市行情，致使股市价格连连上升。相反，一些重大事件的发生和一些重要政策的出台，也可能造成股市的狂跌，给投资者带来巨大的风险。

金融家点评：

股市是宏观经济发展的晴雨表，这句话既包含着机遇，也预示着风险。

460. 怎样规避利率变化带来的风险？

中央银行要依据经济形势的变化逐步进行宏观调控，其中很重要的一个措施就是调整利率。利率的变化使股票投资具有遭受风险的可能性。当利率降低时，人们不愿将钱存入银行，更愿选择新的投资途径去投资股票。当资金从银行流入股市时，股票价格就会上涨。另一方面，当利率降低时，企业可从银行获得成本较低的贷款，可使企业利润相应增加，刺激股价上涨。而当利率上涨时，银行存款利息增加，引导人们去储蓄，许多投资人会卖出股票收回资金，转入储蓄。因股市资金减少，股价就会下跌。另一方面，当利率上涨时，企业贷款成本上升，相应利润下降，也会影响到企业扩大再生产的积极性。

金融家点评：

利率变化既与宏观经济有关，又有其自身规律。投资者在遇到利率调整时，要先区分利率变化的不同原因，不要盲目地买进卖出。

461. 如何防范公司经营状况带来的风险?

关于股票的价格是如何决定的问题,有两种相反的看法。一种是基础理论,认为发行股票的股份公司的经营状况好坏决定了股票的价格;一种是空中楼阁理论,认为股票的价格与股份公司经营状况的好坏关系不大,股票的变动主要取决于供求因素。认真分析一下,股票价格是与经营状况有直接关系的。在短期内,尤其是在突发事件中,公司的经营状况确实对公司股票价格变化影响不大,但在长期,公司的经营状况就会对公司股票价格产生巨大的影响。

经济活动有确定性又有不确定性。经营活动也是一样,也有诸多的不确定性,谁也无法保证任何一个上市企业都能赢利,谁也不能打保票说某上市公司永远处于良好的发展状况。另外,市场的经营活动还与国家经济政策有关,管理层会根据股市的发展情况,适时用政策对股市加以调控,为有效回避政策风险,还需深入研究国家的有关政策,才能把握公司的发展趋向。

金融家点评:

当投资者买到股票时,应该铭记的是,任何一种股票都有经营性风险。更为糟糕的是,如果有一天公司倒闭,那么其股票便会一文不值。

462. 如何防范上市公司诚信风险?

按照有关规定,上市公司要坚持诚实守信,自觉规范信息披露行为,维护市场秩序,保护投资者合法权益,特别是切实履行好上市公司信息披露义务,树立诚信尽责的良好形象,提高规范运作水平,改善上市公司整体质量。

然而在中国股市,上市公司信息披露失真等有失诚信的行为却屡屡发生,给投资者带来很大风险。由于市场中的卖家永远比买家拥有更多的信息,买者往往不会相信卖者,他们唯一的办法就是压低价格以避免信息不对称带来的风险损失。买者过低的价格会使卖者不愿提供高质量的产品,由此会导致劣质股票充斥市场。上市公司如果披露虚假信息,制造与投资者之间的信息不对称,会严重误导投资者,给投资者带来损失,以前的银广夏、蓝田股份等事件,都是前鉴。

金融家点评:

对待这种风险,投资者惟一的办法是擦亮眼睛,详细了解上市公司的诚信状况。

463. 大户操纵股市有哪些形式?

(1)恶意抛售。股市大户通过买进或抛出某种总量不大的股票,股价因此而攀高或下滑,小户不知其中有诈,盲目跟进购入或售出,在达到一定时间后,大户在暗中将吸入的股票抛出,或将抛出的股票购入。这样,股市支撑乏力,股价回归正常,大批小户则被套牢,即上了大户的圈套。

(2)暗中转账。大户利用亲友姓名或本人化名,在不同证券公司开设多个账户,利用这些账户进行高价或低价转账,即利用两个以上户头同时买进与卖出,造成股市价格的人为波动,给其他投资者提供虚假信息,诱使他们盲目跟进,以达到高价出、低价进的获利目的。这种做法有较大的欺骗性,对股市的影响很大。

(3)串谋联手。是指大户与一些内幕人士联手,共同操纵股市,使股价暴涨、暴跌,制造紧张气氛,诱使不明真相的小户盲目跟进被套牢。

(4)轮番炒作。这是大户联手操作股市的一种行为。几个大户相互预定的计划以拉锯的方式来回卖来买去,哄抬或压低股价,制造对自己有利的行市,从中获利。这种形式与上述几种形式相比,更加具有隐蔽性与欺骗性,小户稍有不慎便会落入陷阱。

金融家点评:

巧斗大户,需要勇气和胆量,更需要智慧和谋略。

464. 怎样对待股市上的恶意谣言?

无中生有,造谣生事,拨弄是非,在股市上把水搅混,是一些不怀好意的投资者的惯用伎俩。尤其是一些实力雄厚的大户,为了使股市行情向有利于自己的方向转变,故意制造、散布谣言。这类谣言常是捏造或夸张某种风险,使投资者担心自己会受到损失而抛售股票,使别有用心者获利。

一般来说,谣言的流传常与群体的相互渲染有关,由于人们的从众心理在股市也自然随风而动。小股持有者面对不实之谣言,最好不要被他们的传言所动,而要按照自己确定的价格参与交易,高于此即购进,低于此即抛出。

金融家点评:

在股市中,新入市的投资者特别是散户,常常会受到大户的影响,所以,新投资者对大户的放风和“内部消息”要谨慎从事。

465. 如何防范心理风险?

在股票市场中投资者的心理因素是非常重要的,它事关投资者的成败。投资者的心理有个人心理和群体心理两种。个人心理是指投资者自己对外界信息的理解而产生的心理,这与个人对外界信息的认识程度及个人心理素质有关。

投资者的心理直接影响着股票价格。在股市上,如果每个投资者却相信某一种股票值100元,那么它的价格就有可能是100元。如果每一个投资者又都相信该股票值200元,那么,该股票的价格就有可能是200元。但由于股市上的投资者由于地域、年龄、知识结构等方面的差异,因此对股票的认识也不尽相同。这样,股票的价格也会变得千变万化。

金融家点评:

在风风雨雨的股市上,既相信专家又不相信专家。专家在多数时候是正确的,但也有“看走了眼”的时候。做合格的投资者,必须告别专家并依靠专家,最根本的,是唤醒自己的理性精神,与非理性的自我告别。

466. 哪些心理因素的风险最大?

在股市中常见的几种心理会影响股价,从而加大股票投资的风险。

(1)跟风从众。跟风也叫随大流心理,从众心理或群众心理,指人们的心理很容易受外界信息影响,使大家的心理趋向一致。股市是投资者聚集的场所,投资者之间由于利益的一致性,很容易相互影响,造成情绪"传染",在突发事件出现或情况不明的时候风险的传播更是如此。

(2)贪得无厌。所谓贪婪,在股市上的表现为,当股价已经上升很高的时候,还不肯将股票抛出,还要等待股价再上升一些。当股价已经降得很低时,又迟迟不肯购进股票,等待股价再跌落一些。

(3)犹豫不决。有的投资者事前根据自己所了解的信息,凭借投资者必须知道的K线技术图以及自己丰富的经验,事先制定好了自己的战略战术,可谓成竹在胸。可是到了股市上,临场受群体心理的影响,加之显示屏显示的股价与自己事先预定好的略有出入,于是对自己的预计的方案犹豫不决,该买入时没有买入,该抛出时没有抛出,贻误战机,丧失机遇,造成遗憾。

金融家点评:

想赢就要不怕输。股市是变化无穷的,它的一面是阳光灿烂、鲜花芬芳;而另一面,则是漫漫黑夜,危机起伏。因此,投资股市就必须具有不怕输的精神。

467. 如何利用模拟战法防风险?

投资者进入股市后,不要急于下单购进。无论你事前看了多少股票方面的书,请教了多少投资者的经验之谈。而应该冷眼观察,熟悉股市行情和交易所交易的程序,这对了解什么是股市,什么是股票大有好处。如果实在控制不住自己的交易冲动,那么也可以试一试,但是买进是假的,运用"纸上模拟法",即在纸上记下你对市场行情的分析和判断,记下决定购买的股票的名称、价格、数量、佣金、交易费用以及其他组合材料。之后,再根据股票市场价格信息,对比一下自己的决策是否妥当,是赢利还是亏损。通过这样的练习,对日后交易有很大的帮助,也有利于消除自己对股市的恐惧,从而大胆入市。

金融家点评:

实践出真知,模拟长才干。当股价经过长期下跌,股价已经处于历史低位,许多股票都具备了投资价值时,可以入场分批买进股票,而不宜抛出股票。当股价经过大幅上涨,股价接近历史高位,并远离投资价值时,应逐步抛出股票。

468. 如何根据资金实力防风险?

股票投资有一种特性,那就是风险难测。由于股市风险事先难以预测,因此,投资者应该遵循量力而为的投资原则。所谓量力而为就是在做投资决策前,先考虑自己的投资条件以及承担风险的能力，有几分承担风险的能力，就做几分投资，不做超越自身承担风险能力的冒险，这是初涉股市的投资者应遵循的原则。

一般而言，做任何生意，如果用现钱买现货是较稳定的；如果过分扩张信用，以一分钱做二分买卖，在顺境时当然获得倍增，万一情况不对，就苦不堪言了。投资股票也不例外。自己手头有多少资金用于购买股票就购买多少，不可把自己维持生存的资金全部投上，这样心理压力太大，赢利的可能性也小。因此，初进股市，投资者应该以稳健保守为宜，以自有资金投资股票，自然平安无事；如果不自量力，则很有可能遭受重创。

金融家点评：

股市避险很重要的一条就是战胜自己。人往往会按照自己的经验和书本上的知识办事。事实证明这样不行。书本和经验都代表过去，而股市代表全新的未来世界，它需要全新的判断、全新的思维。

469. 怎样进行风险管理？

投资很重要的一个内容就是风险管理。如果不讲风险管理，是很难获得预期利益的。比如投资已经亏了，以后涨的时候，就把止损线往上移，可以保证投资成果。如果判断股价上涨，股价却跌了，和预想的相反，那么就要考虑出货。在买进时首先考虑的不是涨，而是如果跌了，在哪个位置止损。确立一个止损线，是保证投资者立于股市不败的生死线。在多头市场上，出货的时候，同样要考虑，如果抛错了的话，何时止损，何时还要进货。

错了以后马上改进，在股票市场上才能学到东西。不少新投资者自己长期亏损，但不在自己身上找原因，却责怪股市出了问题。股市上有这样 的箴言：行情永远是正确的，错误的只能是自己。另外，投资者在本能上都有一种跌了以后，不赚回来不肯罢休的想法。这样，很可能会因此遭受更大的损失。

股市短期波动随机性较强，短线投资只能用少量资金参与，并应参考技术分析、市场消息面和市场主力的动态来决定进出股市的时机，同时应设立止损点，防止亏损进一步扩大。

金融家点评：

避开风险的弹性运作就是投资者要有风险管理意识，股市中的风险有几种，要针对不同的风险，采取不同的风险策略。

470. 怎样利用投资组合分散风险？

防范风险主要应该做到股票的多样化和正确的投资组合。

确定不同类型股票组合时，要认真分析有关公司的财务状况，研究当前的生产经营情况，企业的竞争状况和未来的发展计划和前景，并作出透彻的分析和准确的判断。还应考虑公司以往赢利情况，赢利的增长情况和赢利的稳定性趋势。通过公司的资产负债表，分析判断财务风险大小，选择债务负担轻，偿还能力强，股息红利高的公司股票，以回避财务风险的损失。

在做投资组合时，要使组合中的股票不是那么依赖于同样的经济变量，如消费支出、企业投资、房屋建造等，不应只根据名称或行业，而是应根据影响各种证券波动幅度的决定因素使证券组合多样化。理论上讲持有股票的种类越多，就越能消除非系统风险，但在实际投资中，由于一方面财力有限，另一方面股票种类太多，不利于操作管理，不可能把资金分摊到每一种股票上。

金融家点评：

一般来讲，当股票的组合数达到30种左右时，就可基本上消除非系统风险，达到分散和消除风险的目的。

471. 怎样不被牛市冲昏头脑？

一般来说，经济繁荣时期，股价会由谷底逐步上涨，股市就步入牛市轨道。这时大部分企业会因市场需求增加而增加就业，从而使企业产品产量和销量都有大幅上升，经营业绩得到明显提高。反过来，企业利润增长带动股息提高，使投资者争相购股，又推动股价扶摇直上，股指也会急剧上扬，维持在高价位。如果此时投资者选择一些成长性比较好的股票，在价格适当时买入，就可获得可观的回报。

这就是所谓的牛市，是股市维持长期上升趋势的时期。不少投资者认为，在牛市中只要买到股票就能赚钱，这是不准确的。

2007年的头三个月，股市出现了有史以来最辉煌的纪录，但众多的散户投资者却在阵阵锣鼓声中迷失了买进的方向，不但没有在这次难得的股市暴涨风潮中获利，相反受此盛市之累的人却比比皆是，深沪指数暴涨，众多的散户投资者却败北而回。这就告诉投资者，哪怕是涨市仍投资失败。

股市高涨时，部分股民彻夜排队，结果买回的却是“套牢”。沪深股市打破了“牛市必赚钱”的神话，多少追涨杀跌的短线投资者在牛市中被套牢，想想有点不可思议，但这的确是事实。

金融家点评：

这些事实充分说明，即使是在大牛市中，股市风险也同样存在，股市陷阱更是如影随形。

472. 股票指数高就没有风险吗？

随着我国股市规模的不断扩大，上市公司的业绩好坏，发展潜力等各不相同，这增添了股民选择“好股票”的难度。在股市的运作中，许多投资者习惯于以股价指数作为分析了解股市行情的依据，特别是对股票有一定深入了解的人，更是以股价指数的涨跌来判断股价的涨落。但是，常让众多投资者心焦的是，当股指攀升的时候，手中的股票却步履沉重，无利可图；当股指走跌的时候，手中的股票价格更是飞流直下，跌的人情急意躁。之所以会如此，是因为投资者没有看到指数的盲点，陷入了指数陷阱。

有时，许多投资者明显感觉到“赚了指数不赚钱”。这就是因为，在我国的股市中，以股价指数为依据选股存在着很多盲点。在股市交易中，指数本来是靠得住的数据，特别是加权股价指数，是很牢靠的。在西方国家的股市，大多数投资者已经养成了利用指数作为分析工具的习惯。这本来是不应该构成什么陷阱的，但我国的股市由于创立时间不是很长，各方面还不是特别规范，所以有时存在着股票不分好坏，要涨一起涨，要跌一起跌的情况，常常是股价全面上扬，全线“飘红”。或者股票的涨跌与否，与其业绩无关的现象，有时少数亏损企业的“垃圾股”

也被炒到很高的价位。因而指数的作用被淹没了。同时，由于股票除权、除息的关系，有时会使得股价指数一直往上攀高，造成股价指数的虚增假象。结果是帮助投资者校正方向的指数反而构成了陷阱，所以笃信指数者就会吃亏。应该说这实际上是一种畸形现象，随着市场走向成熟，指数会重新起到指导作用，绩优股票价格会上扬，绩劣股票价格会下跌，这是必然趋势。

金融家点评：

股市走强时，虽然股指不断上扬，但是，这并不意味着所有行业都看好，更不是所有的股票价格都会持续上扬。

473. 怎样避免陷入指数陷阱？

股价指数的上升，并不一定表明所有股票的价格都是上涨的，可能只是少数股票大涨，其他股票原地踏步，甚至有些股票价格反而会下降。简单地说，就是个别股票价格的涨落，并不一定与股价指数的涨跌相一致。这是因为，即使是在牛市中，也有部分公司可能因经营不善而使效益继续滑坡，股价下跌，如果购买了这种公司的股票，就有可能招致损失。另外，即使买入一个公司业绩较好的股票也有一个时机选择问题。在什么价位上购买一个公司的股票不可避免地带有主观成分，包括投资者对明天能以多少价格出售股票的心理预期，这种成分包含着强烈的自我循环机制，会使得股市可能在一段时间内背离企业的内在价值，产生"泡沫"。所以，并非在牛市中只要买到股票就能赚钱。

股市中有一种主力机构专门将整个股市作为炒作对象，把综合指数作为"个股"那样去炒作，运用各种方法去影响、控制其涨跌。例如，1994 年 8 月，市场上称为 333 的主力机构，横扫大盘股，在分时图上画出一个个 M 头和 W 底，设下一个个多空陷阱，把整个上证指数玩弄于股掌之中。

由此可见，仅凭股价指数来决定投资策略是不科学的，往往会使投资者蒙受不明不白的损失。投资者不能仅仅看大势是"牛市"还是"熊市"，而应该花费更多的时间和精力去研究个股，要对个别股票的价位多作分析。

金融家点评：

要透过股价指数这个一般的现象，去分析各个公司股票的个性特征，千万不要被指数盲点遮住了视线。

474. 什么是"多头陷阱"？

"多头陷阱"，就是大市的上升行情已经走到尽头，即将转升为跌时，突然迅速地上升一段，令投资者认为升势未完而纷纷追高，从而被套牢的行情。一般来说，"多头陷阱"发生在一种股票新高价成交区内，股价突破原有区域达到新的高峰，然后又迅速地跌破以前交易区域的低点（支撑水准）。更恰当地说，多头陷阱捕捉到了那些在股价最后上涨时买进的人，或者在突破后买进的人，它使落入陷阱里的投资者被套牢而遭受损失。

多头陷阱一开始与多头行情差不多，都是股指、股价跳空开盘，高开高走，甚至击穿股指、股价的上档阻力位，创新高，成交量也随之放大，可谓是"形势大好"。此时投资者很难判断这是多头陷阱还是多头行情，因而也就难以做出正确的抉择，是做多还是做空。一般来说，许多投资者都将这种情况认为是多头行情而追高吃进。其结果是随着成交量的不断放大，股指、股价掉头向下，追高吃进的做多者被高价套牢。

金融家点评：

只要掌握了多头陷阱的典型特征，就不会轻易上当了。

475. 什么是“空头陷阱”？

“空头陷阱”，就是出现在股价从密集区以高成交量跌落至一个新的低点区域，然后迅速回升至原先的密集成交区，并且突破了原来的阻力线。一般来说，在一个空头陷阱后的股价，几天内有一个中级波动（上升 10%~25%），而有时是一个主要波动（上升 25%~50%），在此点抛货或犹豫不决没有进货的人，就成了陷阱的受害者。

股市大户经常借利好行情诱惑散户入货，从而达到高价出货的目的之后，反过来，用空头陷阱诱使那些意志不坚定的中小散户出货，以便自己低价入货。大户们不断打压股指、股价，击穿下档一个个支撑位，大有“空头行情”来临之势，引起散户恐慌性抛售，高价“套牢”者纷纷在低价“割肉”，结果是损失惨重。

金融家点评：

在此情况下，待大户们吃够便宜货之后，又一轮“多头行情”又开始了，令中小散户悔之不及。

476. 如何识别“多头”与“空头”陷阱？

炒作“多头”和“空头”是股市大户常用的炒作手法。1993 年沪市炒作的热门股是延中股份。10 月初，有几千万股的延中股份被投资者在 35 元到 42 元之间高价买入，他们都认为延中股份还会继续上涨，结果延中股票运行的轨迹刚好与投资者们的预测相反，不是上升，而是狂泻，中小散户们掉进了“多头陷阱”。以至沪市在 1000 点以上有几百个亿的“套牢盘”。在延中股份下跌的过程中，很多投资者又认为“延中”股票会继续下跌，于是纷纷忍痛低价“割肉”，其中的抛盘不少于 1000 万股，并且大多是在 25 元以下卖出的，谁知 10 月中旬，延中股份又炒到了 28 元以上。结果投资者们又掉进了“空头陷阱”。不仅是沪市，当时的深市也有几十亿的套牢筹码。

要识别“多头陷阱”和“空头陷阱”可以从支撑位和阻力位是否被有效突破为依据。“多头行情”一般出现在“空头行情”的末期，从股指的下档强支撑位的附近启动；而“多头陷阱”一般出现在“多头行情”的末期，在股指的上档强阻力位的附近启动。

支撑位和阻力位的有效突破包括收盘指数和成交量的有效突破。支撑位和阻力位是多空双方的“生命线”，谁也不会轻易放弃。而一日之争的胜负判定，就在收盘指数上。只有收盘指数以连续两天大于 3%的幅度突破支撑位和阻力位时，才是有效突破。

要辨别“多头陷阱”和“空头陷阱”的另一个标准就是成交量的突破。一般沪市和深市阻力位和支撑位的有效突破都要有较大的成交量的配合。成交量不仅可以判断技术关键位的有效突破，也可以直接用于识别是“多头行情”还是“多头陷阱”。

金融家点评：

当陷阱发生时，短线投资者应尽快站出来观望，一直等到局势获得澄清。长线投资者应该仔细地审定他所面临的现状，如果处在一个多头陷阱中，依然对未来充满乐观，那么只有继续持有股票"苦等到底"这一条出路了。

477. 如何避免陷入成交量的陷阱?

正常的状况是：股价以高成交量在主要的上升趋势中达到了新的高点，然后以稍低的成交量回档。只要回档不跌破目标的支撑线，就可以解释为多头行情。而多头陷阱一般来说恰好是成交量巨放而且向下回档又跌破了支撑线。

那么为什么成交量巨放反而有可能是陷阱呢?

这是因为，在股价、股指持续上涨的过程中，积累了大量的获利盘，此时一旦接近上档阻力位，获利盘与解套盘就会一起杀出，加入"空方打压盘"的阵营，致使成交量巨放，甚至出现天量。天量意味着股价上涨力量已经达到极限，股价涨不动了，就会引出更多的获利盘与解套盘，多方托不住天量的盘子，"多翻空"瞬间完成，股价、股指必然出现回落。此时，空方会借机拼命打压"指标股"，如大盘股，击穿股指的下档支撑位，制造"空头陷阱"，让人感觉似乎"熊市"已到，引起市场恐慌性抛售。"空头行情"出现，股指迅速下跌，待股指跌幅已深，，消化了获利盘，"套牢盘"也不肯"割肉"，成交量持续萎缩，股指获下档技术支撑位支撑时，抄底盘纷纷杀入，"空翻多"瞬间完成，成交量又开始放大，又一轮"多头行情"开始了。

金融家点评：

当股价跌到一个新的低点时，如果成交量小而且冲不破支撑位，基本可认为是行情看好；如果在新的低价位上成交量反而剧增并且冲破支撑位，就应该慎重从事了。

478. 怎样提防大户的"障眼法"?

大户们在炒作股票的过程中，还有一种与抛砖引玉十分相似的操作手法，那就是"明修栈道，暗渡陈仓"。

在股票市场中，众多的投资散户为了追踪大户的动向，对"热门股进出表"与"自营商进出表"相当重视。大户就利用投资散户的这种心理，采用"欺软"的手法，达到其出货或进货的目的。

大户为了顺利"出货"，往往"明"在一处小量买进，却在"暗"处（经常分散在多处）大量卖出，让散户误认为"主力仍在吃货"而照跟不误。大户若为了压低"出货"，则"明"在的一处"大"量卖出，却"暗"在其他地方买进（其实大量卖出的远远没有分散买进的多），让投资散户误认为"主力出货了"而惊慌杀出。结果一项原本为投资人提供快速"资讯"的通道，到头来，却成了有利于大户获利的工具。

金融家点评：

股市真真假假，虚实难辨，投资者一定要细心分辨大户的障眼法，否则雾里看花，定会掉入陷阱之中。

479. 如何防止被炒家牵着鼻子走?

一位著名的市场高手,在炒作一只纺织股时,一路上都非常顺手,市场跟进的投资者十分踊跃,整个股市的行情也颇能配合,使得这只本质并不突出的纺织股的股价节节上升。但是,由于这只纺织股的本质并不突出,跟进的人虽然见气势不错,且仰慕和信任这位市场业内大户之名而买进,但却是步步为营,且战且走,以防这位大户开溜了结。在这种情况下,虽然这位大户非常满意股票上涨的幅度,但却为如何顺利出货而感到困扰。

有一天,这只纺织股在临收盘时,突然涌现出强烈的卖盘,股价急剧滑落。跟进的投资者自然积极探听原因,经过多方查证后,所有的进出数据都显示这位大户仍在买进,卖盘则是来自市场的另一位高手,而且宣称是错卖,这位高手把大户临收市时电话通知不限价买进 100 万股,听成了卖出 100 万股。次日,一些刊物也以显著位置报道了这段"内幕"。

"精研"市场气势的人立即判定这位高手错卖的 100 万股必须补回,有主力照应,而且"空头"待补的情势下,股价一定会有突出的表现。果然这只纺织股当天就因积极的抢进快速涨停,大户临收市时再以涨停价大量挂进,使得收盘后这只股票涨停板挂进数量极为惊人,所有的报纸杂志根据交易所提供的数字,也报道了这突出的涨停板挂进数量。

这样,很自然地这只纺织股接连几天在投资者的抢进中高挂涨停板,只是成交量逐日扩大。这位大户也就顺利地出货获利了结。没有了大户的支撑,这支纺织股往后的发展,当然是不太好,接二连三的跌停板,使得那些后来蜂拥而入的跟进者个个损失惨重。

金融家点评:

在买进或卖出股票时,应充分分析市场行情,了解大户的用意,不要被表面现象所迷惑,不要被人家牵着鼻子走。

480. 如何不被图形分析所迷惑?

在股票市场上的投资者,分别依据着不同的方法买卖股票,有着眼于消息好坏来决定操作的"消息研判投资者",有着眼于公司获利能力,领取股利的"基本分析投资者",有着眼于市场供求因素及差价利润而以线路为凭借的"技术分析投资者"。

随着股票市场的暴涨,越来越多的投资者加入其中,新手们在初涉股市之时,都想学会一种有效的方法,使自己能够看懂股市,于是,便有不少市场老手及新闻媒体教他们如何看图形进行股票投资,于是也就有了那么一些投资者专门以技术分析中的"K 线图"为依据进行股票投资决策。而主力庄家往往就利用这一点,故意"设计"出人意料的图形走势,蒙骗那些对技术分析过于迷信的投资者,使他们在图形上信以为真,以便于自己"低价进货"或"高价出货"。

金融家点评:

有人过于迷信技术分析法,有而走向了真理的反面,被不高明的"技术"所骗。

481. 如何识破技术分析的陷阱?

大户主力是如何用“伪造”的图表来进货或出货的呢?

在这里,大户预谋的关键点在于突破投资者预期的支撑点,或是穿越牢不可破的“压力带”(即所谓的出线),诱使投资者卖盘杀出,或买盘抢进从而中计,或损失惨重或被高位套牢。精通和熟悉技术分析的老手都知道,一旦股票走势超过支撑点或压力带,就预示着新的低价或新的高价的时代可能到来,对于单纯依靠图形分析来投资的投资者来说,自然不会轻易放过作多头或空头,以获取丰厚利润的机会。但主力正是在高价位时出货,在投资者误为空头时,压低价位进货后轧空。

所以大户的真正意义是利用虚假的图形走势引导投资者作出错误的分析判断,接着而来的却是完全相反的情形,多头时候的先期信号,实则为空头信号;出现卖空信号,实际上主力却在暗中低价买进。

金融家点评:

狐狸再狡猾也要露出尾巴,骗法做的再漂亮,也会留下显而易见的痕迹。只要投资者能够冷静分析,就一定会发现破绽。而且如果投资者能够识破主力的“骗技”,抓住时间差,跟进主力坐轿,还能有所收获呢!

482. 怎样提防大户暗中“拔挡子”?

主力大户炒作某只股票时,在拉高股价的过程中,经常会用到这种手法进行洗盘,它使本可获利的中小散户中计而错失赚钱的机会。

当大户要炒作某只股票时,必定要将其股价抬高,因为这是他获利的关键。但如果只顾一味抬高股价,不但过于明显外露,而且跟进的抬轿者也有可能发现其中的蹊跷而中途退出,这样对于有心炒作的主力来说,坐起轿子来就不安稳,操作的成本也在无形中增加了许多。所以主力大户常在股价上升看好的过程中,运用“拔挡子”的手法作为技术性的调节操作。

当股价涨到某一价位时,主力大户会将手中的股票先卖出一些,给上升的股价降点温,使之冷却下来,等股价回低后,再予以补回。这样就可以将市场中浮动的筹码清理掉,减轻日后抬高股价的阻力。顺便也在一买一卖之间获取更多的资金。当然股价只是小有回跌,即予补进,这样会增加大众投资者的信心,使抬轿者不会随意换手,因而主力成功的概率就大,机会也就多。

上海石化的主力机构在炒作的过程中就使用了暗中“拔挡子”的手法。主力机购先将石化股价拉到 3.0 元附近,然后使用暗中“拔挡子”的手法进行一次震荡,然后拉到 3.2 元再进行一次震仓洗筹。投资者们因为对走势摸不着头脑,所以纷纷出货,而主力机构此时却在 3.0 元全部接走抛盘,并在一日之内将股价由 3.0 元拉高到 3.6 元以上,其后,只要有抛盘,都是照吃。然后在 3.6 元附近,再用同样的手法洗盘。为以后的拉升过程,扫除了障碍,因而获利颇丰。而中途下轿者,则损失惨重,错失赚钱的良机。

金融家点评：

小额投资者和中小散户，在股价的一路攀升中，应警惕主力暗中“拔挡子”。

483. 如何识破“转投资”炒作？

大户炒作股票，最常用的炒作题材就是“处理资产”和“转投资”。但这种资产处理只是形式上的、口头上的，往往是处理了多少次，那些资产却还是原封不动。当大户炒作时，便是“利多”，上市公司十有八九闷不做声，等到大户炒的差不多，钞票已经“落袋为安”时，再由公司出面发表“严正声明”，“绝无处理资产或迁厂计划”。

例如某家电机厂在某地的厂房一直在使用中，却年年传出该厂的土地所值如何如何，该厂将要迁厂等等。但是只要投资者认真思考，便不难发现这不过是个圈套。试想一下，一处正在使用中的厂地，如果要迁厂，必定要先找好新的厂地，可是方便的地段必定价值不菲，偏僻的地区虽然便宜，可是原材料供应、产品运销又都成了问题。再加上迁厂费用及重建与停工损失，要迁厂谈何容易？所以只要稍加思索，“炒作题材”就不可能发挥作用。但奇怪的是，这类题材，在股市中不知被炒过多少次，却是次次成功，屡试不爽。

有只食品类股票，只因为拥有了某一地区性银行的股份，这个食品股的股价便猛涨。事实上这个地区性银行在同类银行中，业绩最差，长年处于亏损之中。当大家知道真相后，股价大幅下跌，使追涨的投资者损失惨重。

金融家点评：

买股票重在着眼未来，不能只注重暂时性的获利。要具有独立的分析能力和判断力，遇事要三思而后行，做到了这一点，就可以避免坠入大户的“转投资“炒作陷阱。

484. 怎样远离股票黑市交易陷阱？

作为股票投资者，千万不要被黑市价格的攀高所迷惑，而坠入黑市股票交易的陷阱。因为黑市交易是违法的，可靠性和可信度极低，各种欺诈、骗术常在黑市中蔓延。一旦买了黑市上的股票，就会面临以下几种风险：

(1)买入的可能是已经挂失的股票，或者卖方在卖出后，又到交易所“挂失”，致使买者本利全无，到头来竹篮打水一场空。

(2)购买的可能是假股票。黑市交易中，有人见钱眼开，为了谋取暴利，而制造假股票，而且利用现代科学技术造几张假股票，可谓轻而易举。另外一种可能是在真的股票上做手脚，如涂改相关数据等。

(3)买入后如果股价上升，收益可观，当抛出时，原卖主有可能要求让利，否则，可能会以种种借口不出借股票上载明的股东身份证及印鉴，使你无法将股票抛出。

(4)黑市买卖不受法律保护，一旦被发现后，可能被没收股票及价款。当买卖双方发生矛盾时，政府部门也难于处理。

金融家点评：

黑市上买卖股票安全系数极低，投资者千万莫要自踏险地。

485. 通过典当炒股风险有多大?

在众多影视作品里,当铺一直被看作是剥削阶级的产物,如今成了一些投资者融资的乐土。虽然典当的利息比银行抵押贷款的利息高出许多,但是在火爆的行情面前仍有一部人将典当资金作为股本的来源之一,成为了地道的"风险偏好者",许多人把自己的贵重物品典当了,以典当融资炒股。

眼下到典当行办抵押贷款的投资者越来越多,主要是房产、汽车典当。其实,典当只是一些投资者急于融资的途径之一,为了筹集更多的资金,他们将房产抵押给银行,将汽车抵押给典当行,通过贷款的方式,放大资金偿付能力。典当融资行与银行贷款不同之处在于,典当行并不会要求融资者提供资金用途的说明,也就更不会限制客户将资金用于炒股或者买基金。股市出现的翻番涨幅,让不少人把融资的目光投向了可以较快达到目的的典当融资上。

金融家点评:

历史的教训表明,通过典当炒股如果遭遇股指下跌回调,贷款资金无法偿还,那么房产等抵押品很可能被银行没收或者被典当行拍卖,投资者将一无所有。

486. 典房炒股有哪些潜在风险?

中国股市的狂热,已经波及到了众多的典当行。一批典当大件物品去炒股的人,正成为典当行主要客户,房产典当成为了多家典当行最主要的生意。更有甚者,有人把仅有的一套住房直接卖掉进入股市。比起银行办理贷款相比,典当行作为"零门槛"的贷款方式很受急需资金投资的投资者欢迎,典当行的贷款在 3 至 7 天内就可以到账。

为了增加在股市上的投资,家住北京玫瑰花园的张先生来到典当行咨询房产抵押,意欲典当的是一套 200 平方米左右的房子。这是他几年前以每平方米 2500 元、总价 50 万元所购。典当行房产评估部门对他的房子进行实地评估。因为他的房子曾因装修而改动了原房型,估计评估出来的价格会相对原房型偏低,公司将会按评估价值的 50%~60%的价格给予贷款。

张先生认为,能贷到原房款的 50%就够了。他说:"去年他在股市上投入了 10 万,赚了 40%,现在把房子典当来炒股,我有信心赢回来。去年我的一位朋友也是抵押了房产去炒股,当时典当行给他房价 69%的贷款,结果他赚了不少,而今年典当行的贷款利息比去年还低些。"

典当行给张先生的贷款约定的利息是月息 3.12%,如果超过规定偿还期,不仅每个月要支付3.12%的利息,还要加上每天 1.1‰的罚款。如果还款时间晚了半个月以上,典当行将有权把张先生的房子拿来对外拍卖。

像张先生一样,今年 32 岁的王小姐也是当房炒股中的一员。2006 年,听说股市涨得厉害,王小姐就带上 20 万元的存折去找朋友帮着炒股。不到半年,她赚了 12 万元。尝到甜头后,王小姐就开始鼓动亲朋好友和她一起炒,但包括丈夫在内的亲友都对她的举动表示不可理解。眼见没有筹集到更多资金去炒股,王小姐决定打自己住宅的主意,死缠硬磨地从老公手里要来房产证。2001 年买的一套位于城东 120 多平方米的电梯公寓,她拿去了典当行贷了 20 万元,准备全部投进股市。

随着典房炒股者越来越多，银行系统对贷款挪用情况的审查也使得典当行开始留意，现在一般都要问问客户当房子、当车之后钱用来干什么，防止那些没有在银行拿到贷款的准投资者又转向典当行。

金融家点评：

典当房屋去炒股，资金成本年息超过30%，用这种方式买股票面临的风险极大，尤其在现在的市场条件下，投资者一定要慎之又慎。

487. 怎样看待固定比例赢利法？

投资者经常从很多的股票书中看到，当股票增值20%时就可卖掉股票，获得利润，那么是否可以说在每一年的周期涨跌中，我们只要能得到20%以上的赢利就可以满足了呢？很显然股市在任何一年的涨跌幅度都绝不仅仅20%，从理论上讲每年从股市上获利20%以上并不困难，似乎人人能做到。只要稍有几年股龄的人，回忆一下这几年的行情，都可以认为每年增值100%也不为过。但事实上大多数人却是损失了20%。每年20%的赢利无疑对多数人来说是一个过高的期望。

由于期望过高，那么就很可能会因希望的落空而感到沮丧，而不耐烦情绪又有可能使投资者正好在错误的关头放弃投资。更糟的是，投资者很可能为了追求虚幻的赢利而去冒不必要的风险。

金融家点评：

有时候所谓利润的固定比例只是个虚幻的数字，往往在股市的几番沉浮中，投资者的资金已赔去大半，那个比例也消失得无影无踪了。

488. 怎样用投资组合降低风险？

股票投资组合，就是依据股票的风险程度和年获利能力，按照一定的原则进行恰当的选股、搭配以降低风险的投资策略。

怎样选股、怎样搭配以及拥有多少种股票，这决于投资者的经济实力。投资者可以买2种股票，也可以买10种。可以决定去做复苏股或资产隐蔽股，也可以通过某种渠道了解其中某种股票的行情，从而专炒作一类股或某一只股票，这一切都因人因时而异的。但是，如果仅仅为了多样化而去炒作自己并不熟悉的股票，未必就能降低风险。

为了避免所持有的股票有可能成为不可预测的经济情况的牺牲品，进而避免带来更大的损失，最好不要仅仅拥有一种，即使它是最佳的选择。在小范围的股票选择中，散户拥有3～6种股票，大户可拥有3～10种股票是比较合适的。

若想炒作股市行情中的“黑马”，那么拥有的股票越多，就越可能在它们中出现一个。在所选择的8种发展迅速并极有成长可能的股票中，实际发展最大的往往不是原先估计的那个。而正因为拥有的是多种股票，才增加了赢利的机会。显然，由于拥有的股票较多，就可以灵活地在它们之间周转资金。而资金的风险却被降低了。股票投资组合的核心和关键就是有效地进行分散投资，因为通过分散投资，将投资广泛地分布在不同的行业上，从而可以降低个别股票风险而带来的总风险。

金融家点评：

股票投资组合的基本原则是：在同样风险水平之下，投资者应选择利润较大的股票；在相同利润水平的时候，投资者应选择风险最小的股票。

489. 怎样合理分散投资以规避风险？

"高风险高回报"这句话对许多投资者来说已经耳熟能详，但一具体到投资活动中，许多人并不清楚如何分散投资以规避风险。面对各种不同的投资选择，投资者首先需要确定自己能承受多大的风险。虽然风险承受能力因人而异，很难给出一个适合所有人的公式，但投资者在投资股票之前，必须确定风险承受能力。这里提供一个基本的框架思路，帮助投资者来评估个人的风险承受能力，选择合理的分散投资方式。

在明确了投资本钱可以使用多长时间和赔得起多少钱后，可以使用资产品种分布的"金字塔"图形来规划投资组合，资产金字塔的底层是最为坚固的部分，它以那些低风险和回报可以确定的投资品种为主。只有底层夯实了，才可以承载上面的风险资产。金字塔的中间层是可以获得稳定回报，可以让资产增值的投资品种，虽然风险要高于底层，但也相对安全。金字塔的顶层部分则由风险最高的投资品种组成，这应当是大多数投资者在其整个投资组合中最小的一块。虽然它们可能会产生超额回报，但也可能全军覆没，应当确保即使这里发生损失也不会显著影响自己的财务状况。

每个投资者的情况不同，有的倾向于低风险稳定回报的投资，有的则能承受更大的风险，期望获得更多的回报。所以，投资者可以根据自身状况来改变资产分布结构，那些有能力做高风险高回报的投资者可以增加高风险品种，相应减少其他部分的资产；那些期望稳定回报的投资者可以扩大低风险品种的比重。但对于绝大多数普通投资者来说，应该两者都要兼顾。

金融家点评：

不论做什么事情，都要期望获得回报。就投资而言，不论投入多少资金，风险总是存在的，从理论上讲都有可能赔本，而获取的回报实际上就是对所承担风险的补偿。一项投资的风险越高，应当得到的回报就越大。

490. 怎样确定自己的止损额？

明确自己可以亏多少钱，这是决定风险承受能力的重要考量指标。这种说法听起来可能有些丧气，但却是务实的做法。只有用那些可以承担亏损而不会影响自己生活质量的钱去投资，才不会迫于心理恐慌或资金周转问题而被迫卖出股票。一般而言，能动用的闲钱越多，你的风险承受能力就越强。比如一位个人净资产10万元的投资者和一位个人净资产100万元的投资者，同样投入股市5万元，前者的心理就更容易受到股价下跌的影响，被迫变现时的压力明显大于后者。

金融家点评：

止损额虽然没有固定数字，但与投资者的经济实力直接相关。

491. 怎样确定股票能持有多长时间?

在决定做任何投资之前,投资者先要明确这笔投资可以持有多长时间。如果现在手上有10万元闲钱,计划在一年之内用于购买住房,则现在把这笔钱用于购买高风险的股票就不是明智的选择。因为股票价格波动通常会非常频繁且难以预测,如果持有股票的时间有限,就很有可能遭遇在用钱的时候被迫以亏本价格卖出的结局。只有确定有能力长期持有,投资者才能更加从容地面对短期股价的波动和损失,也就有了更强的风险承受能力。比如这笔10万元闲钱是用作10年后子女的大学学费,就不妨投资于高风险的股票,即便短期遇到了亏损,也有充裕的时间来翻本,不会被迫过早地卖出,形成实际的损失。

金融家点评:

持有时间越长,风险到来时间就会被推迟,而不定因素也会增加。

492. 保守型投资组合能避开风险吗?

保守型的投资组合是投资者以购买发展缓慢股和较高股息的投资股作为主要的投资对象的股票组合。由于此类股票风险小、股息高,在经济稳定成长的时期,能够获取较好的投资回报,即使行情下跌,仍能够领取较为可观的股息红利。

保守型投资组合策略的资金分布是将80%左右的资金用于购买股息较高的投资股,以领取股息与红利,而只将20%左右的资金偶尔作投机操作。

在经济结构转型与衰退期时,要谨慎使用这种方法。因为在经济结构的转型与衰退期,原先投资价值较高的投资股,有可能由于经济结构的转型和不景气,使发行这些股票的公司获利大幅降低甚至转赢为亏,这样就会使所持股票的价值大幅下降而使投资者蒙受损失。

金融家点评:

此种投资的组合主要适宜于经济稳定增长时期采用,是否能避开风险则因具体的投资环境而定。

493. 投机型组合有何优势?

投机型投资组合是投资者以选择价格起落较大的股票作为主要投资对象的股票组合方法。投机型投资组合的资金分布是将80%左右的资金用于价格波动频繁且涨跌幅度很大的股票,而将20%左右的资金用作买进其他比较稳定的投资股,而为准备再做追价与摊平用。由于这种组合方式的投机比重很大,因而称作投机型投资组合策略。

采用投机型投资组合策略的投资者通常以“见涨抢进、见跌卖出”的追价方式买卖股票。由于此种方式的买卖进出较为敏感,故经常能在股价上涨之初,买到日后涨幅很高的黑马股票,给投资者带来极为可观的差价收益,而见跌卖出的结果,也能使股价持续下跌时,不至于亏损太多。

采用此种组合方式进行投资的人如判断正确,往往比其他组合方式收益更丰,但倘若判断失误，当刚买进某种股票，恰逢股价大幅下跌，或卖出股票，股价又大幅上涨，就极容易给投资者带来惨重的损失。此外，运用投机型投资组合策略就必须频繁进出股市，累计交纳的手续费和印花税的数额也较为可观，因此此种投资组合的操作成本也比较高。

金融家点评：

这种投资组合方法不适用于初涉股市的投资者，中小投资者也应谨慎使用。

494. 怎样确定随机应变组合的比例？

随机应变型投资组合是投资者根据股市走向变化而灵活调整证券组合的投资策略。当判定股市走向看好时，则将资金的大部分投放在投资股上；而若认为股市走向是看跌时，则将大部分资金转入购买公债等风险较小的证券。

对于此种投资组合可参考以下比例：在多头市场时，投资股 20%，领头股 20%，投机股 40%，债券或流动资金 10%~20%之间；在空头市场时，有息投资股 10%、投机股 10%、债券和流动资金 80%。资者可根据市场变化情况随时调整比例。

金融家点评：

随机应变型的投资组合策略具有机动灵活、能适应市场变动的特点，是一种较为投资者推崇的投资组合策略。

495. 用投资组合分散风险的原则是什么？

没有完全恰当的方法可以确定风险和收益各占多大比例。一般来说，在分散投资时要把握以下几点：

(1)投资行业的分散。即不集中购买同一行业企业的股票，以免碰上行业性不景气而使投资人蒙受损失；

(2)投资企业的分散。不把全部资金集中购买某一企业的股票，即使企业业绩优良也要注意适当的投资分散；

(3)投资时间的分散。可按派息时间错开选择投资，因为按照惯例，派息前股价往往会骤然升高，即使购买的某种股票因利率、物价等变动而在这一时间遭遇系统风险而蒙受损失，还可期待在另一时间派息分红的股票身上获利；

(4)投资地区的分散。由于各地的企业会因市场、税负和政策等诸因素的影响，产生不同的效果，分开投资，便可收到东方不亮西方亮的效果。

金融家点评：

只要在进行股票投资时能有效地进行投资组合，就能在降低风险的同时，获取较大的收益，这是一个基本规律。

496. 如何应对股市的突发事件？

股海弄潮，形势瞬息万变，股市里的突发事件是频繁发生的，有时是难以预测的。突发事件大多是偶然性因素，而不是系统性原因，不会影响长期趋势。如果投资者受突发事件的干扰，轻易改变之前经过认真分析而做出的判断，做出过度反应，则会导致业绩不佳。

在股市中，投资者经常不愿意将账面损失转为实际损失，尽管这种亏损已经是显而易见、不可逆转的。即使需要现金时，投资者也往往倾向于卖出已经赢利的股票，而继续持有还处在亏损状态的股票，这就是金融行为学上的处置效应。投资者更愿意卖出股价上涨的股票，这是一种非常不良的投资心理，风险巨大，容易导致投资者遭受更多的损失，同时又失去更多获利的机会。究其原因，对于相对肯定的损失，投资者即使不愿意面对，它也是事实，所以，长痛不如短痛，要制定一个参照价格点位来计算相对的赢利或损失，如果目前的股价距参照价位还有下跌空间，此时卖出股票虽有实际损失，但却是相对赢利状态；其次，在购买一只股票之前就要想好在什么条件下需要卖出。

现实情况表明，在投资者卖出一只股票后很快买入另外一只股票，往往被卖出股票的股价在随后一年的表现优于后来买入的股票，一般高出三四个百分点。这说明，对突发事件的过度反应所付出的代价是高昂的。原因就在于投资者的心态发生了变化，把突发事件看成必然事件，所以，就要去寻找新的模式而否定之前的模式。

金融家点评：

在遇到偶然性突发事件时，要稳住阵脚，沉着应对，先分析是否有确凿的理由支持自己对于市场的判断，然后再慎重考虑自己的决策是否有利于减少亏损，扩大赢利。

GUPIAOJIJINTOUZIRUMEN

股票基金投资入门

—下　篇—

基金投资技巧

JIJINTOUZIJIQIAO

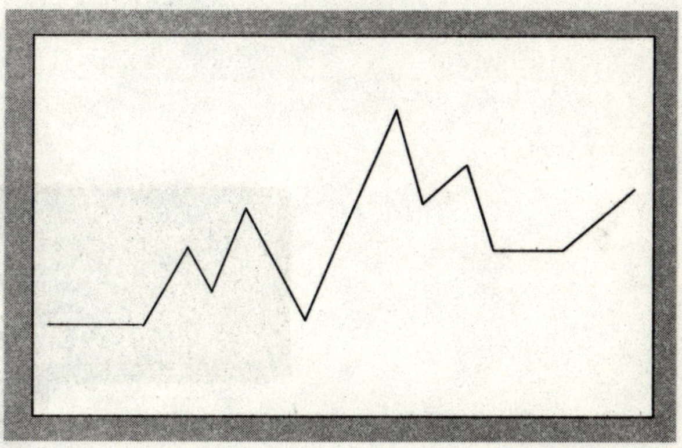

GUPIAOJIJINTOUZIRUMEN

股票基金投资入门

第八章
基金知识必备

基金投资是一种规划幸福、实现资产保值增值的理财方式。很多基金购买者并未悟得投资之道，还未了解清楚各类基金的特点，便贸然入市，结果多是事与愿违。不管投资股票还是基金，投资以前一定要知道自己是在做什么。投资者并非都是专业人员，不用了解很多，但至少要懂得一些起码的常识，了解这些常识后，你就能对未来发生的一些状况做出自己的判断，不会因为一时的涨跌而失去冷静，慌慌张张地去求教别人。

497. 什么是基金?

基金(全称为证券投资基金)是通过发行基金份额,把众多投资人的资金集中起来,形成独立资产,由基金托管人(一般由银行担任)托管,由基金管理人(基金管理公司)负责管理和投资运作,以投资组合的方式进行证券投资的一种利益共享、风险共担的集合投资方式。国内基金均以股票、债券等有价证券做为投资标的,因此基金的全称为“证券投资基金”。

基金是“集合资金、共担风险、共同分享投资利润”的投资工具,其主要功能是分散投资,规避个股的风险,同时分享投资的成果。基金投资者依其所持基金份额的多少享受证券投资基金的收益,同时也要承担投资亏损的风险。证券投资基金不同于银行储蓄,也不同于债券,投资者投资证券投资基金,有可能获得较高的收益,也有可能损失本金。选择不同类的基金要承担不同的风险,也获得相应的收益。一般来讲,获取收益的可能越大,承担的风险也越大。

金融家点评:

基金也好、股票也好,投资前都要慎之又慎,因为投资理财是一种事业,不是赌博,应该以一个认真、谨慎的心态去对待每一次投资。

498. 什么是分级基金?

分级基金又叫“结构型基金”。是指在一个投资组合下,通过对基金收益或净资产的分解,形成两级(或多级)风险收益表现有一定差异化基金份额的基金品种。它的主要特点是将基金产品分为两类或多类份额,并分别给予不同的收益分配。

融资型分级基金通俗的解释就是,A 份额和 B 份额的资产作为一个整体投资,其中持有 B 份额的人每年向 A 份额的持有人支付约定利息,至于支付利息后的总体投资盈亏都由 B 份额承担。以某融资分级模式分级基金产品 X(X 称为母基金)为例,分为 A 份额(约定收益份额)和 B 份额(杠杆份额),A 份额约定一定的收益率,基金 X 扣除 A 份额的本金及应计收益后的全部剩余资产归入 B 份额,亏损以 B 份额的资产净值为限由 B 份额持有人承担。当母基金的整体净值下跌时,B 份额的净值优先下跌;相对应的,当母基金的整体净值上升时,B 份额的净值在提供 A 份额收益后将获得更快的增值。

根据分级子基金的性质,子基金中的 A 类份额可分为有期限 A 类约定收益份额基金、永续型 A 类约定收益份额基金。B 类份额又称为杠杆基金。杠杆基金可分为股票型 B 类杠杆份额基金(其中多数为杠杆指数基金)、债券型 B 类杠杆份额基金(杠杆债基)、反向杠杆基金等。

分级基金可以这样理解,B 类份额“借用”A 类份额的全部资金去炒股,这样 B 类份额相当于资金增加了一倍,上涨时就会成倍上涨,当然,下跌时也是成倍下跌。这样通过“借钱”来放大收益的行为,就叫做“杠杆”。但杠杆指数型属于股票类型,且分级基金往往会约定,在市场出现极端情形下,会进行不定期折算,其中一种情形就是,杠杆份额的净值跌至某一点(“阀门值”)时,要用其本金来保证约定收益份额的收益。因此,在二级市场上,作为 B 份的杠杆基金就会上演冰火两重天的局面,在市场指数反转,由熊变牛时,杠杆基金价格大幅上扬,被称为“牛市发动机”,而步入漫漫熊市时,“牛市发动机”摇身变作“熊市杀人利器”!可见投资风险极高。

金融家点评：

稳健的买 A 类；激进的买 B 类。

499. 什么是主题基金？

主题基金根据经济体未来发展趋势将某一或某些主题作为投资标的，集中投资于某一主题行业或企业的基金。

主题基金的设计，也使得基金管理人能够展开深入研究，把握单一类领域的投资机会，精准地驾驭相应的投资主题。因此，主题投资仍然是基于自上而下的投资分析框架，针对区位或产业经济发展的趋势与动因进行前瞻性研究，挖掘尚不被市场看好且具有长期投资价值的行业与企业。主题投资的另一魅力则体现于分散整体股票投资的风险，投资者通常期望当大市面临下行风险时，主题基金能相对独立于市场行情，降低投资组合的整体波幅。

主题行业基金投资要因人而异。研究表明，大部分投资者并不具备择时能力，积极的择时行为往往带来负面影响。因此，普通投资者在选择主题行业基金时除了要关注基金经理的历史业绩、投资团队稳定性和投资能力高低之外，其持续增长能力和弱波动性是要考虑的重要内容，而具备持续增长能力和弱波动性的主题行业基金无疑是这类投资者的首选。

金融家点评：

准确把握主流投资方向后，选择对应的主题基金能够获得更好的收益。

500. 基金是怎样发展起来的？

基金最早的萌芽，可以追溯到 19 世纪初的荷兰，荷兰国王威廉一世在 1822 年创立了第一个私人基金，委托专业投资人员操作，投资于外国政府证券，这就是早期的证券投资基金。但是，这时的基金还只是为私人服务，并不是大众化的投资工具。

真正意义上的基金诞生于工业文明的发祥地——英国。1868 年 11 月，英国的"海外和殖民地政府信托"在英国《泰晤士报》刊登招募说明书，公开向社会公众发售认股凭证，这是公认的设立最早的投资基金机构。

20 世纪初基金传入美国后，得到了蓬勃发展。1924 年，波士顿的马萨诸塞州金融服务公司设立了"马萨诸塞州投资信托基金"，成为美国第一只共同基金，也是世界上第一只公司型开放式基金。截至 2005 年底，美国基金管理公司资产管理规模合计达到 8.9 万亿美元，占全世界基金资产总额 17.8 万亿美元的一半，是世界最大的基金市场。

中国内地基金业发展较晚，起源于 1992 年，规范的基金起源于 1998 年。1998 年 3 月，基金开元、基金金泰、基金兴华、基金安信和基金裕阳这 5 只基金公开发行上市。2001 年 9 月，由华安基金管理公司成立了我国第一支开放式证券投资基金——华安创新基金，我国基金业的发展进入了一个崭新的阶段。

从 1998 年至今，平均每年新增 4 家基金公司，从 1998 年的 6 家基金公司，到 2006年的 58 家，8 年的时间里增长了近 9 倍；基金的数量与规模也有极大的增幅，从 1998 年的 5 只基金到2006年的307只，增长数10倍，2006年一年新增的基金数量便达到90只，接近2003年全年的规模，基金已经成为近年来中国金融业中发展最快的行业。2006年基金规模突破1万亿，占股市流通值19%，基民数量已突破1500万人。

尽管我国规范基金的历史并不长，基金也经历了多次的起伏跌荡，但基金发展的历史证明了基金是长期理财的有效工具，而不是短期投机炒作的发财工具。历史告诉我们，没有只涨不跌的股票市场，以投机的方式参与市场的投资者，其承受的投资损失越大，恢复本金所花费的时间也越长。

金融家点评：

我国的基金市场被称之为"猛醒之睡狮"，发展潜力很大，增长势头很猛。我国基金发展的历史说明了股票型投资基金是长期理财的工具，而不是作为短期投机炒作的发财工具。

501. 基金是由哪几部分组成的？

从组成架构上看，基金主要由以下几部分组成：

(1)基金投资者。基金投资者即基金份额持有人，通过购买基金管理公司发行的基金份额，将钱交给基金管理公司管理运作，基金赚了钱分享收益，基金亏了承担损失，同时负担基金运作的各项费用，是基金资产的所有者和基金的受益人。

(2)基金管理人。基金管理人即基金管理公司，其最主要的职责就是按照基金合同的约定，负责基金资产的投资运作，在控制风险的基础上为基金投资者争取最大的投资收益。基金管理人在基金运作中具有核心作用，基金产品设计、基金资产的管理、基金份额的销售与注册登记等重要职能多半都要由基金管理人或基金管理人选定的其他服务机构承担。在我国，基金管理人只能由依法设立的基金公司担任。

(3)基金经理。基金经理代表基金管理公司来投资运作基金，其主要职责是按照基金合同的约定，根据市场变化情况，做出适当的投资决策。基金经理管理庞大的资金，背后通常有研究团队支持。

(4)基金托管人。基金托管人由取得基金托管资格的商业银行担任，故也称托管银行。为了保证基金资产的安全，基金的投资管理与资金保管是分离的。基金管理公司只负责基金的管理与操作，下达买卖指令。基金的资产实际由托管银行负责保管，买卖的交割、基金的申购与赎回资金都要通过这个独立的第三方，并不经基金公司的手。这样一来，就不会出现基金公司卷走客户资金的情况。

金融家点评：

对基金投资者来说，不论投资一千元、五千元或一万元，都可以和投资几十万、甚至上百万元的人一样，通过同一个专业团队来投资，最后投资获得的利润由基金的所有投资者共同享有，若有亏损也是由所有投资者分摊。

502. 基金的种类是如何划分的？

基金可以按照不同的分类方法进行分类。

（1）根据基金份额在基金合同约定的时间是否可增加或赎回，投资基金可分为开放式基金和封闭式基金。开放式基金是指基金设立后，投资者可以随时申购或赎回基金单位，基金规模不固定的投资基金；封闭式基金是指基金规模在发行前已确定，在发行完毕后的规定期限内，基金规模固定不变的投资基金。

（2）根据组织形态的不同，投资基金可分为公司型投资基金和契约型投资基金。公司型投资基金是指依公司法成立的、以赢利为目的、通过发行股票的方式将集中起来的资本投资于各种有价证券的投资机构。公司型投资基金在组织结构上与股份有限公司较类似，目前国内尚无此类基金。契约型基金也称信托型投资基金，是基金的另一种组织形态，它是按信托契约，通过发行基金受益凭证的方式而组建的投资基金。目前国内的基金均为契约型基金。

（3）根据投资风险与收益的不同，投资基金可分为成长型投资基金、收入型投资基金、平衡型投资基金。

（4）按照投资理念的不同，可分为主动型基金和被动（指数）型基金。主动型基金是一类力图超越基准组合表现的基金。被动型基金则不主动寻求取得超越市场的表现，而是试图复制指数的表现，并且一般选取特定的指数作为跟踪的对象，因此通常又被称为“指数型基金”。相比较而言，主动型基金比被动型基金的风险更大，但取得的收益也可能更大。

（5）按照投资对象的不同，基金分为股票基金、债券基金、混合基金和货币市场基金等基本类型。

股票基金是最主要的基金品种，以股票作为主要投资对象，包括优先股票和普通股票。根据《证券投资基金运作管理办法》规定，60%以上基金资产投资于股票的基金称为股票基金。股票基金的主要功能是将大众投资者的小额资金集中起来，投资于不同的股票组合，投资目标侧重于追求长期资本增值。就风险而言，股票基金的风险最高，混合基金次之，债券基金和货币市场基金最低。

债券基金主要以债券为投资对象，包括国债、企业债和可转债等，根据《证券投资基金运作管理办法》规定，80%以上的基金资产投资于债券的为债券基金。债券基金的申购和赎回手续费较低，适合于想获得稳定收入的投资者。债券基金基本上属于收益型投资基金，一般会定期派息，具有低风险且收益稳定的特点。

混合基金，根据《证券投资基金运作管理办法》规定，投资于股票、债券和货币市场工具，但股票投资和债券投资的比例不符合股票基金、债券基金规定的为混合基金。由于混合基金同时以股票、债券等为投资对象，因此可以通过在不同资产类别上的投资，来实现收益与风险之间的平衡。

金融家点评：

其实判断基金的类别并非轻而易举，如基金契约规定，如果股票投资的下限比例在60%以上，则为股票型基金；如果基金契约中规定的债券投资比例在80%以上，则为债券型基金；其他则为混合型基金。投资者在实际判断时，必须综合各种因素进行考虑。

503. 怎样根据投资风险选基金？

运用投资基金进行投资，投资者必须确定投资于哪一种类的基金，衡量不同基金之间风险的不同,以此作出选择。

(1)成长型投资基金。是以资本长期增值作为投资目标的基金,其投资对象主要是市场中有较大升值潜力的小公司股票和一些新兴行业的股票。这类基金一般很少分红,经常将投资所得的股息、红利和赢利进行再投资,以实现资本增值。这类基金预期的风险和收益水平都较高。

成长型基金以资金的增值为目标,注重基金的长期成长,因而又称长期成长基金。这类基金是投资基金中为数最多的一种。为了达到基金长期成长的投资目标,基金公司把资产投资于信誉好、长期有盈余的公司或者有长期成长前景的公司。通常,这类基金选择的公司成长要比整个股市的平均水平来得快。

成长型基金的投资目标反映出,这是一种收益性不错的投资工具。但现在由于公司所提供的股息不稳定,股票价格存在着较大的波动,使得人们对它的兴趣大减。如果投资者的投资目标是长期成长,投资此种基金需沉得住气。

(2)收入型投资基金。是以追求稳定的经常性收入为投资目标的基金,其投资对象主要是那些绩优股、债券、可转让大额定期存单等收入比较稳定的有价证券。收入型基金一般把所得的利息、红利都分配给投资者。这类基金预期的风险和收益水平都较低。

收入型基金强调获取最大的当期收入,投资于可以带来较稳定收入的有价证券。其又分为固定收入型基金和股票收入型基金两种。固定收入型基金在较低的风险下,强调不变的收入,其主要投资对象是债券和优先股股票。股票收入型基金主要投资于普通股,以求获得最大可能的当期收入,它的成长潜力较大,但比较容易受股市波动的影响。

一般而言,收入型基金很受较保守的投资者及退休者的欢迎。这些人的主要投资目标是最大可能的当期收入,并希望保住本金。

(3)成长收入型基金。此种基金将成长与收入同时作为基金的投资目标。在一般情况下,以成长为重,收入次之。基金投资于可带来收入的证券及有成长潜力的股票,来达到既有较稳定的当期收入又能达到长期成长的双重目的。在成长稍重于收入的情况下,为了顾及收入,所投资的股票必须能分配股利,这与成长型基金投资于有成长潜力但股利甚少的股票有很大的不同。

由于成长收入型基金和成长型基金都投资股票,有时候这两种基金很难区分。基本上,前者投资策略比后者保守,投资于股价波动较小的股票。成长收入型基金适合资金不多的小投资者,这些人希望资金能不断成长,也希望有稳定的当期收入。

(4)积极成长型基金。这种基金又称最大成长型基金,将资产投资于有高成长潜力的股票或其他证券,这类股票通常不付或少付股息,公司为了追求成长,将赢利滚入资本投资。

这类基金的投机性很高,适合于愿意承担高风险的投资者。大多数基金在多头市场比其他类型的基金都表现得好,但碰到空头市场时则跌幅甚巨。

投资者如果对这种基金有兴趣,必须了解这类基金的投资目标是资本利得,不是收入。由于这种基金的波动性比较大,所以了解基金的经理的投资能力,了解基金在股市空头时的表现,是投资者在购买基金的受益凭证前必须考虑的。投资此种基金,最好能懂得抓住进退的进机,股市看好时及时介入,看跌时则及时退出。

(5)平衡型基金。是既追求长期资本增值,又追求当期收入的基金,这类基金主要投资于债券、优先股和部分普通股,这些有价证券在投资组合中有比较稳定的组合比例,一般是把资产总额的25%-50%用于优先股和债券,其余的用于普通股投资。其预期的风险和收益状况介于成长型基金和收入型基金之间。

平衡型基金如同成长收入型基金，既追求资金的长期成长，也要追求当期的收入。所不同的是，成长收入型基金投资的对象是股票，而平衡型基金则分散投资于股票和债券。通常，这种基金将25%～50%的资金投资于优先股及债券，以确保资金的安全性；其余的资金则投资普通股股票。平衡型基金的优点是当股市走下坡路时，表现比专门买股票的基金好，但当股市为多头市场时，成长却不如股票基金。

(6)指数基金。是指按照某种指数构成的标准购买该指数包含的证券市场中的全部或者一部分证券的基金，其目的在于达到与该指数同样的收益水平。主要特点是费用低廉、分散和防范风险、延迟纳税、监控较少，且这些优点在一个较长的时期里可以表现得更为突出。此外，简化的投资组合还会使基金管理人不用频繁地接触经纪人，也不用选择股票或者确定市场时机。

金融家点评：

对投资基金种类的分析和选择，只是基金选择的部分内容。投资者要真正做到选出一种适合自己的投资基金，必须对影响基金选择的各种因素有一个较深入的了解。

504. 什么是特殊类型基金?

一般来说，把难以按照通行的分类方法进行分类的基金，统称为特殊基金，常见的特殊有如下几种：

(1)系列基金。系列基金又被称为“伞型基金”，是指多个基金共用一个基金合同，子基金独立运作，子基金之间可以进行相互转换的一种基金结构形式。我国目前只有9只系列基金(包括24只子基金)。

(2)保本基金。保本基金是指通过采用投资组合保险技术，保证投资者的投资目标是在锁定下跌风险的同时力争有机会获得潜在的高回报。目前，我国已有多只保本基金。

(3)交易所交易基金(ETF)：是在交易所上市交易的，基金份额可变的一种开放式基金。ETF结合了封闭式基金和开放式基金的运作特点。投资者既可以像封闭式基金一样在交易所二级市场买卖，又可以像开放式基金一样申购、赎回。在一级市场上，大投资者可以用一揽子股票换份额(申购)、以份额换一揽子股票(赎回)，而中小投资者难以参与。在二级市场上，无论是大投资者还是中小投资者都可以按市场价格进行ETF份额的交易。ETF都是跟踪某一选定指数的，本质上是一种指数基金。与传统指数基金相比，ETF买卖更为方便(可以在交易时间随时进行买卖)，成本更低。

(4)上市开放式基金(LOF)：是既可以在场外市场进行基金份额申购赎回，又可以在交易所(场内市场)进行基金份额交易的开放式基金。与ETF不同的是，LOF的申购、赎回都是基金份额与现金的交易，既可在交易所也可在代销网点进行；而ETF的申购、赎回则是基金份额与一揽子股票的交易，且通过交易所进行。

(5)基金的基金(FOF)：是以其他证券投资基金为投资对象的基金，并因此间接持有股票、债券等证券资产。一方面，FOF将多只基金“捆绑”在一起，投资FOF就等于投资多只基金；另一方面，FOF完全按照基金运作模式进行运作，同其他基金一样，是一种可长期投资的金融工具。我国目前尚无此类基金。

此外，根据投资货币种类，投资基金可分为美元基金、日元基金和欧元基金等。美元基金是指投资于美元市场的投资基金；日元基金是指投资于日元市场的投资基金；欧元基金是指投资于欧元市场的投资基金。

根据资本来源和运用地域的不同，投资基金可分为国际基金、海外基金、国内基金、国家基金和区域基金等，国际基金是指资本来源于国内，并投资于国外市场的投资基金；海外基金也称离岸基金，是指资本来源于国外，并投资于国外市场的投资基金；同内基金是指资本来源于国内，并投资于国内市场的投资基金；国家基金是指资本来源于国外，并投资于某一特定国家的投资基金；区域基金是指投资于某个特定地区的投资基金。

金融家点评：

一般而言，特殊型基金分散风险的程度小于其他投资基金，运作起来比较复杂，技术要求较高。投资于这类基金，投资者必须花较多的精力留意行情的变动，随时准备将资金转移。对于不愿花心思的人，这种基金不太合适。

505. 购买基金的获利来源有哪些？

一般来说，基金获利的来源主要有下列几种：

股利收入：投资上市公司股票时，配发的股票股利或现金股息。

利息收入：投资国债、企业债、金融债、银行存款等工具时，产生的利息收益。

资本利得收入：投资上市公司股票或债券时，由买卖价差所产生的利得。

其他收入：因运用基金资产带来的成本或费用的节约计入收益。

大多数投资者购买的都是开放式基金，投资赚的是“基金净值上涨”的钱，不像封闭式基金，上市后的价格可能会受市场供需的影响产生溢价或折价的情形。通常，购买开放式基金可以通过以下三种方式获利：

净值增长：由于开放式基金所投资的股票或债券升值或获取红利、股息、利息等，导致基金单位净值的增长。基金单位净值上涨以后，投资者卖出基金单位时所得到的净值差价，就是投资的毛利。将毛利扣掉买基金时的申购费用和赎回费用，就是真正的投资收益。

现金分红收益：根据国家法律法规和基金契约的规定，基金会定期进行分红。投资者获得的现金红利也是获利的组成部分。

红利再投资收益：如果投资者选择了红利再投资方式，则分红后，投资者所持有的基金份额（而不是现金资产）将增加。

金融家点评：

“你买基金了吗？”如今已成了人们见面的问候语。也难怪，在牛市行情中，九成基民都赚了钱，基金如今已经成为家庭储蓄外最大的金融资产。

506. 什么是基金的分红？

所谓基金分红，就是基金实现投资净收益后，将其分配给投资人。基金净收益是指基金收益扣除按照有关规定可以在基金收益中扣除的费用后的余额，包括基金投资所得红利、股息、债券利息，买卖证券差价、银行存款利息以及其他收益。

投资者购买基金后，可以选择以下两种方式之一获取开放式基金的分红：现金分红和红利再投资。所谓现金红利是指投资者以现金形式接受分红。对于红利，投资者可以选择现金分红或者红利再投资两种方式。以银行代销基金为例，对于现金分红，红利由所托管的银行营业网点直接分配到投资者账上；对于选择再投资红利的方式，在分红时由基金管理人将分配的红利直接转换成基金份额。

按照《证券投资基金运作管理办法》的规定，封闭式基金的收益分配，每年不得少于一次，封闭式基金年度收益分配比例不得低于基金年度已实现收益的90%；开放式基金的基金合同应当约定每年基金收益分配的最多次数和基金收益分配的最低比例。

开放式基金的默认分红方式为现金红利，投资人可以在购买时自行设定或在确认份额后将其修改为“红利再投资”。

基金并非每年都会分红，基金分红需要满足一定的条件。根据规定，基金必须在有已实现收益的前提下才能考虑分红，具体分红时遵循以下原则：如果基金投资当期出现净亏损，则不进行收益分配；基金当年收益先弥补上一年度亏损后，方可进行当年收益分配；基金收益分配后每基金单位净值不能低于面值。即使满足分红条件，是否分红还要视基金的投资策略。基金分红除了需要按照相关法规要求外，还要按照招募说明书中的收益分配条款来进行。

要注意权益登记日，权益登记日是指享有分红权益的基金份额的登记日期，只有在分红权益登记日前购入的基金才有资格参加分红。除息日是指在这一天，基金的份额净值中要减去分红金额。红利发放日是指发放红利的那一天。

金融家点评：

由于目前国家对证券投资分红所得暂不征收所得税，所以投资者所得到的分红收益等于派发的现金红利。如果投资者选择了红利再投资，那么，分红所得的现金红利将以分红公告所规定的红利派发日的单位基金资产净值自动转为基金单位进行再投资。需要提醒的是，红利再投资获得的基金份额是免申购费的，可以帮助投资者的长期投资获得更高的收益。

507. 基金分红后资产缩水了吗？

基金分红与否，对投资者而言，资产总值是没有变化的。因为分红后基金净值是要相应除息的(即分红分多少，净值就要相应除息多少)。

举例来说，如果投资者拥有100份基金份额(选择现金分红)，分红前的基金净值是1.5元，那么分红前他的基金账户里面就有150元基金资产，如果大比例分红，每份分给他5毛钱，因为选择了现金分红，那么分红之后他的银行账户里将会出现50元现金资产(50元=100份×0.5元/份)，分红之后基金账户就剩下100份×1.0元=100元基金资产。分红前后总资产都是150元，没有任何变化。所以说基金分红只是投资者资产的转移而非增加。

金融家点评：

形象地说，基金分红是把钱从投资者的左口袋搬到右口袋。

508. 基金是否分红次数越多越好呢?

基金市场火爆时,“分红”成了个热门关键词。“红利股”基金的热销,也让高分红股票成为投资新方向。一家成立不到4个月的基金,已经分红3次,累计分红总额近4600万元;另一家中短债基金,更是在名字上就标榜了“月月分红”。不少基金新发和持续营销时,都将“分红”作为吸引眼球的重点。

基金分红与红利股的“分红”并非同一概念。上市公司由于存在伪造财务报表欺骗投资者的风险,每年多次而稳定的红利派发可作为财务报表赢利真实性的佐证,但基金分红只是对投资赢利的一种处理方式。

每月分红基金之所以大行其道,在海外市场是满足“食息族”的需求。这类投资者为避免坐吃山空,故将一大笔资金投资于此类基金,分红作为当月生活费。这样的理财方式,前提就是资金必须大到可以食息为生。

以目前货币基金2%收益计,如投资5万元,年收益不过1000元,每月不过80元出头。同样的收益率,即使仅要求达到城市每月300元的最低生活保障线,也需投入18万元;至于想生活得舒适一些,每年生活费须达2万元,那至少要有100万元资金,才能过上“食息”生活。而对普通投资者来讲,每月分红只是一种现金流管理方式,而不能成为生活方式。

如何分红其实只是简单的技术问题。波动较大的股票基金要做到有赢利能分红,也许并不容易,但货币市场基金或短债基金年度收益相对稳定,只要操作得法,不要说每月分红,每周分红都行。但是,如果频繁分红,自然会导致基金陷入波段操作的短期行为,而且基金在市场频繁进出,会相应增加印花税和佣金,这些交易成本实际上最终还是要由基金持有人承担的。

金融家点评:

除了分红型基金之外,对于其他类型的基金,分红多并不见得一定是好事,合理分红才是最重要的。因为基金分红要有已实现的收益作基础,基金管理人必须抛出手中获利的股票或债券才能分红。

509. 基金拆分与基金分红有何区别?

基金份额拆分可将基金份额净值精确地调整为1元,是通过直接调整基金份额数量达到降低基金份额净值的目的,不影响基金的已实现收益、未实现利得、实收基金等科目及其比例关系,对投资者的权益无实质不利影响。而基金分红则难以精确地将基金份额净值正好调整为1元,基本上只能调整到1元附近。

基金拆分有点像上市公司送股:比如3月19日持有A基金1000份,当日净值为2.47元。至3月26日拆分日,此持有人将持有1元面值的A基金1000×2.47=2470份(假设在此期间基金净值不变)。这类似于每10股送14.7股,基金份额相应增加的同时基金净值下降,基金持有人的总资产规模不变。基金分红则类似上市公司派发红利现金,即是把可实现的收益(上市公司的已实现利润等)以现金形式分配。例如每10份分红0.40元,此时,投资者的部分赢利已退出了投资渠道。

金融家点评：

基金折分与基金分红虽有联系，但也有明显的区别。

510. 红利再投与现金分红哪个更好？

红利再投资是指投资者在分红时不是以现金方式接受红利，而是将红利自动转为基金份额。基金分红是指基金将收益的一部分以现金或折算成基金份额的形式派发给投资人，这部分收益原来就是基金份额净值的一部分。

从投资收益角度看，尤其对那些通过短债或者货币市场基金储备未来养老钱的年轻人而言，每月分红的数量几乎可忽略不计，反而会降低投资收益。

假设有两类收益率完全相同的产品，第一种每月将当月收益全部以现金方式派发给投资者，而另一类则不派发收益，全部用作再投资，再假设两类月度收益水平分别为0.15%和0.25%，均为货币基金过去曾达到的水平，然后测算两种投资产品各投资1万元后不同年限的收益情况。

两种处理分红的方式，虽然在年度收益较低及期限较短时差别不明显，1万元在0.15%月收益情况下1年才增加了1.49元，就是这么点小钱，让不少投资者忽略了将分红再投资的"含金量"。但如果将时间拉长，便可发现，累积再投资产生的"复利"效应明显增强，尤其是10年后较为突出，如果再配以较高的收益水平，这方面的差异就相当可观了。以月收益0.25%投资30年为例，两者相差竟然要近30%。

金融家点评：

即使像货币基金这样年收益并不高的品种，长期看已显出再投资优势。对普通投资者尤其是年轻的投资者，购买投资产品时，简单地选择以再投资而非现金分红，就可获得如此巨大的投资差异，何乐而不为呢！

511. 选择红利再投资有哪些好处？

基金管理人鼓励投资者追加投资，因此一般规定红利再投资不收取费用。如果投资者领取现金红利后，又要再追加投资的话，将视为新的申购，需要支付申购费用。因此，选择红利再投资有利于降低投资者的成本。

同时，对开放式基金进行长期投资，如果选择红利再投资方式则可享受基金投资增值的复利增长效果。例如，如果开放式基金每年分红5%，选择红利再投资，则10年后资金将增值为62.89%；而如果同样的收益情况，选择现金分红方式，则10年后资金只增值为50%，收益少了12.89%。如果投资时间更长，则差别更大。

金融家点评：

现金分红是直接获得红利现金，不用支付赎回费；而红利转投是将所分得的现金红利再投资该基金，而且再投资的基金份额可以免申购费。牛市中基金净值有望持续走高时，红利转投是更好的选择。

512. 什么是基金转换与基金转托管?

基金转换是指投资者在持有基金公司发行的任一开放式基金后,可将其持有的基金份额直接转换成该公司管理的其他开放式基金的基金份额,而不需要先赎回已持有的基金单位,再申购目标基金的一种业务模式。基金转换只能转换为该公司管理的、同一注册登记人登记存管的、同一基金账户下的基金份额,并只能在同一销售机构进行。而转托管是指同一投资人将托管在某一个销售网点的基金份额转出至(可以是不同销售机构,但须是代理销售所转托管的基金的机构)另一销售网点的业务。

通常,基金转换费用非常低,甚至不收。

基金托管与基金转换有所不同。投资者在变更办理基金申购与赎回等业务的销售机构(网点)时,销售机构(网点)之间不能通存通兑的,可办理已持有基金份额的转托管。办理人在原销售机构(网点)办理转托管转出手续后,可到其新选择的销售机构(网点)办理转托管转入手续。

基金托管费是指基金托管人托管基金资产所收取的费用,通常按基金资产净值的一定比例逐日计算,按月提取。国内的托管费通常为0.25%,根据不同的基金类型也会有所不同。

日托管费=计算日基金资产净值×托管费率÷当年天数

金融家点评:

办理转托管业务需携带的证件和资料与办理申购与赎回时需携带的证件和资料相同。基金持有人在进行转托管时,可以将其在一个销售机构(地点)所购买的基金份额一次性全部转出,也可以部分转出,但在转托管完成后转出和转入销售机构的基金份额余额都不得低于500份。

513. 基金可以作为礼物赠予他人吗?

这种情况叫非交易过户,所谓非交易过户,是指在继承、赠予、司法强制执行等非交易原因情况下发生的基金份额所有权转移的行为。其中,继承是指基金持有人死亡,其持有的基金单位由其合法的继承人继承;捐赠仅指基金持有人将其合法持有的基金单位捐赠给福利性质的基金会或社会团体。

个人投资者办理继承情况下的非交易过户应提交以下资料证件:继承公证书;证明被继承人死亡的有效法律文件及复印件;继承人或受遗赠人的身份证及复印件;填妥的申请表。个人投资者办理捐赠情况下的非交易过户应提交以下文件资料:捐赠公证书;捐赠方的身份证明原件;受赠方的注册证书或登记证书及加盖公章复印件;填妥的申请表。

非交易过户的受让人必须先开立基金账户。办理非交易过户要收取一定的过户费,并由受让方承担。

代销机构在收到非交易过户的申请后,于当日将有关文件资料传真至基金公司,并将资料原件邮寄往基金管理公司。如原件具有唯一性,投资者需要保留原件的,工作人员可将原件交还客户,并将加盖代销网点业务公章的复印件邮寄给基金管理人;如客户不须保留原件,代销机构应将其邮寄给基金管理人。基金公司在收到非交易过户书面资料原件的两个月内处理非交易过户申请,并在处理完该笔非交易过户业务后,将相关信息通知代销机构。

金融家点评:

为防止出现洗钱或非法逃税等情况,目前规定捐赠情况下的非交易过户仅限于捐赠给福利性质的基金会或社会团体,所以在办理业务时要求提供受让方的注册登记证书,以审查其是否为合乎规定的福利机构或团体。

514. 买基金和买股票有什么不同?

基金和股票一样,都属于大众投资工具,也都可以预期较高的回报率。但从投资运作、资金门槛、风险水平三个方面来看,还是有很大的不同,其主要差别有:

(1)反映的关系不同。股票反映的是所有权关系,而证券投资基金反映的是信托关系。股票是由自己来操作管理,基金则是委托基金公司来管理。

(2)在操作上投向不同。股票是融资工具,其资金主要投向实业,是一种直接投资方式。而证券投资基金是信托工具,其资金主要投向有价证券,是一种间接投资方式。

(3)风险与收益状况不同。股票的收益是不确定的,其收益取决于发行公司的经营效益,投资股票有较大风险。证券投资基金采取组合投资,能够在一定程度上分散风险,风险小于股票,收益也较股票稳定。

(4)投资回收方式不同。股票没有到期日,股票投资者不能要求退股,投资者如果想变现的话,只能在二级市场出售。开放式基金的投资者可以按资产净值赎回基金单位,封闭式基金的投资者在基金存续期内不得赎回基金单位,如果想变现,只能在交易所或者柜台市场上出售,但存续期满投资者可以得到投资本金的退让。

(5)投资入门的要求不同。基金投资的资金门槛较低,以国内开放式基金而言,单笔申购最低金额通常只要1000元,而定期定额的投资方式则更低。因此,基金的投资范围比个人投资股票更广。

金融家点评:

基金实行分散投资,基金净值的波动比股票小,投资者较难通过短线的买卖获利。所以说,基金与股票相比,是一个投资的品种而不是投机的品种。

515. 什么是基金与股票的关联性?

基金、股票、债券都是有价证券,对它们的投资均为证券投资。基金份额的划分类似于股票:股票是按“股”划分,计算其总资产;基金资产则划分为若干个“基金单位”,投资者按持有基金单位的份额分享基金的增值收益,契约型封闭基金与债券情况相似,在契约期满后一次性收回投资。另外,股票、债券是证券投资基金的投资对象,在国外有专门以股票、债券为投资对象的股票基金和债券基金。

在购买基金时,要注意基金和股票的关联性。有些投资者舍弃股票而买基金,就是因为自己对股市一窍不通,基金不用管,买了放着就行了。抱有这种想法的人也不少,很多人认为股票不好做,会赔钱,所以都来买基金,认为基金不会亏。而且他们认为基金和股票是两种不同的东西,却不知这两个品种有极大的关联性。大多数人都没有仔细阅读过基金公司的招募说明书，股票基金70%以上的仓位是买卖股票，而且基金是有风险的，过往收益不代表将来。所以，买基金的人不要买了之后就放在那里，也要适当关注一下股市。在波动的时候提前操作，避免来回“坐车”。但因为基金的收购、赎回费用较高，因此小波动的时候不建议频繁操作。

金融家点评：

90%以上的普通散户买股票3年以上的收益率都远低于买基金的收益率，股票远比人们想象的复杂，牛市赚钱比较容易，在熊市中赚钱则很难，股民投资要承担较大的风险。

516. 买基金与买保险有什么不同？

基金与保险是两种不同的理财产品。以投资型保险和开放式基金为例，投资型保险是近年来保险公司推出的将保险和投资结合于一体的保险品种。保险公司将投资者交的资金，一部分用于支付保险保费，另一部分委托保险公司经营，因此保险公司用于投资的只是部分资金。同时，目前保险公司的投资范围非常有限，只能用于银行存款，购买债券，以及通过部分资产购买基金间接投资于股票市场，因此，其获利能力相对比较有限。此外，投资者在需要资金时，要求退保投资型保险，需要支付较高的费用，流动性较差。而且，目前保监会对投资型保险的信息披露要求比开放式基金要松，使得投资者较难了解到投资运作的情况。

开放式基金设立的目的是为了投资获利，而且投资范围目前比保险类产品要广，可以直接投资于股票，收益相对较高。开放式基金可自由申购和赎回，手续费比投资型保险要低得多。并且开放式基金，由于进行了比较充分的投资分散化，可以降低风险。

金融家点评：

开放式基金定期进行信息披露，透明度较高，使得投资者较清楚基金的运作状况。目前有许多保险公司就大量投资于基金产品。

517. 为什么基金宜于长期持有？

个人投资基金与投资股票不同，较好的基金投资方法是长线持有，主要是基于两点：一是专业基金经理人的投资管理，二是市场中仍有具备投资价值的标的。

投资基金是将个人资产交给基金公司的专业经理人来运作管理。以股票型基金为例，基金经理将会根据股票价格的合理性、上市公司经营的竞争力以及市场景气变化来调整投资组合，并随时通过选择最具潜力的个股进行操作。因为如此，投资者可以在基金公司公布的季报、年报中，看到基金的重仓股会随着时间的推移，不断发生变化。

当您选定基金公司、选定基金之后，就等于将应对股票市场风云变幻的事情交给专业的基金经理人。只要仍有足够值得投资的标的，指数下跌就不一定是赎回基金最佳时机。反之，即使指数上涨，如果已经没有可投资的标的，那才是危险的时点。某种意义上，投资基金就是投资于人、投资于趋势。香港的一只基金，自1971年成立以来，净值上涨了150多倍，如果从那时起每月固定投入工资收入的5%作为养老准备金，那么退休后就不必为钱发愁了。

金融家点评：

只要把投资时间放的足够长，不必每日关注净值的波动，投资会成为一件令人愉快的事情。财富的增长不是选择什么时间入市，而是取决于在市场待多长时间，就像“股神”巴菲特股票一买30年不动，结果翻了上万倍。

518. 为什么买基金不需每天盯着大盘？

基金投资本身贯彻的就是长期投资的理念。买基金不同于炒股票，想要通过波段操作获利，频繁地买进卖出，那样不仅伤神，而且得不偿失。其实，基金产品本身的设计，就是想让投资者可以在投资上面花较少的精力来获取收益，所以才有“委托理财”的概念。一旦持有基金之后，就应该相信你所选择的专业管理团队的实力，长期持有静待净值上涨即可。

而很多投资者在买入基金之后，每天查看基金净值也自然而然地成为了生活中“不可或缺”的一部分。那小小的几个数字，仿佛一根拴在心上的吊绳，让许许多多人的心情也随之上下起伏，好像在看惊悚大片。

金融家点评：

如果基金投资变成一种折磨，那么就没有享受到基金的优越性。

519. 买了基金就可以不管它了吗？

尽管基金强调长期投资，但并非意味着投资之后就完全不用理会，投资者还是需要至少每季度检查一次自己的基金绩效表现。比较基金的绩效表现也需要拉长比较时间，不能只比较一周或一个月的表现，至少是一年的时间，如果您投资的基金长期绩效表现远远超越大盘与其他同类型基金，且长期下来能够达成你的理财目标，就不必急着将基金赎回或转换。

投资者需要的是，做好平常的训练准备，在实战中以平和的心态来面对，更多的可以把精力、注意力放在事先对基金产品的选择上。一旦持有基金之后，就应该相信所选择的专业管理团队的实力，长期持有静待净值上涨即可。

与长线相对应的就是短线操作。频繁交易的本质就是没有耐心，一些投资者总是追逐短期业绩排名靠前的基金，基金净值一下跌或者短期表现平平，就抢着赎回，结果往往是错过机会，白忙一场。

长期投资基金并不等于不关心基金的涨跌情况，投资者可以根据自己的时间安排监控已购买的基金的表现情况，如每周查询一次基金的情况。如果时间紧张，也可以每隔更长一段时间全面评估一次自己的财务状况、投资目标和持有基金的业绩表现。

把钱交给了基金经理，并不代表可以高枕无忧了。要充分认识到购买基金是一种投资行为，而不是某种福利的分配。任何投资都存在着赢利与亏损的两种可能性。基金凭着它合理的机制，可以而且能够避免很多经营风险，但不可以完全消灭风险，基金单位的价格及收益程度时时会随着基金单位资产净值和市场因素的变化而升降。

金融家点评：

买基金也是理财，虽不必每天算计，但也不能不闻不问。

520. 怎样看待基金的短期与长期收益?

基金要能创造好的回报,其实与投资股票原理一样,就是低位布局、高位卖出。但是低位布局有时必须耐心等待,有不少中期表现领先的基金,短期业绩排名并不突出,因为基金经理正在低位默默布局。但行情的启动并不是单靠某个基金经理就能主导的,必须天时地利人和都配合到位,只关注短期业绩排名的投资人,当然等不到中期持有的丰收。而且买卖基金的手续费较高,股票基金的申购费一般在 1.5%左右,一年以内的赎回费在 0.5%左右,进出一次就要 2%,频繁交易的高额成本可想而知。

据统计,美国从 1926 年至 1992 年的基金市场,投资 1 年的赚钱概率是 70%,投资 5 年是 89%,而如果能坚持 15 年的话就是 100%赚钱。现在的中国开放式基金市场比当时的美国市场还要迅猛,投资 1 年的赚钱概率是 64.71%,投资两年是 91.38%,投资 3 年是 90%,4 年就到 100%了。

金融家点评:

在投资理财时,投资人应结合自身的投资目标、风险承受度等因素,设定获利点和止损点,同时控制自己情绪来面对各种起落,加强个人"戒急用忍"能力,这样才能顺利达成投资目标。

521. 哪些基金宜于长期持有?

通常来说,基金持有 5 年以上者为长期持有,这对基金投资者来说非常重要。如果为了获取基金净值的价差收益,频繁地买入卖出,会大大增加申购、赎回的成本,实际上损害了投资收益。申购、赎回一只基金要承担 1.5%~2%左右的交易费用,这远高于股票交易成本。

综合而言,基金投资组合的投资方式一般会使得基金在短期内的收益可能不如股票,而能在较长的时间内让基金获得持续、平稳的收益。在股票价格总体不断向上增长的历史趋势中,基金管理人可以根据经济发展的周期和市场的变化调整投资组合和投资策略,为投资者争取高于市场平均水平的收益。理财专家认为,对于投资者而言,花精力在选时上并不妥当,更重要的是选择风格稳定、信誉良好的基金公司,以及适合自己风险偏好的基金品种,并坚持长期持有。

对于基金净值波动、基金业绩的排名先后等基金变化,投资者要注意区分哪些是正常的市场波动,哪些是会影响自己未来收益的实质性变化。只有当基金发生了实质性的变化时,投资者才应该做出改变操作策略的决定。

金融家点评:

要想得到较银行存款更高的回报,就一定要愿意承担风险。风险愈高,收益愈大,这是放诸四海皆准的投资定律。

522. 新基金与老基金到底哪个好?

不少投资者喜欢购买新发的基金。主要是新发基金是一元钱,让人感觉一元基金下跌空间小,而上涨的空间看似比已经涨了不少的老基金要大。其实在市场下跌的过程中,覆巢之下无完卵。一元基金往下的空间同样会有,只是建仓期仓位轻下跌速度可能略小而已,相对而言,老基金的投资风格比较清晰,过往业绩比较清楚,只要它的投资团队没有发生变化,投资老基金心里更有数一些,尤其是在一个市场不断上升的牛市行情中。因此新基金和老基金没有一个绝对的谁好谁坏的标准,虽然新基金的手续费率上要比老基金便宜。投资者应记住基金的长期业绩最终还得取决于基金的产品特征及其背后的投研团队,而不是你所购买的价格。

一般来说,新入市的投资者愿意买新基金,因为和老基金相比,新基金显得便宜。老基金很多净值较高,如 1.5 元、1.7 元,甚至 2 元的都有。而新基金均以 1 元面值发行,似乎很便宜。其实,这是个误区。表面看这两者差异很大,本质上没有区别。因为基金是买股票的,老基金净值高,是享受了一段所持股票上涨的收益,新基金则没有。

而新基金要建仓,所买股票的成本与目前老基金的成本是一样的。就是说,新老基金购买股票的成本是一样的,如果所持股票能继续上涨,那么,新基金净值会上升,老基金净值同样会上升。

金融家点评:

新基金的优势在于,手握巨资能新辟战场,用这些资金推出一个新的热点,从而使得净值增长更快。当然,这要取决于基金经理的操作水平。

523. 新基金的最大优势是什么?

新基金与老基金最大的不同在于,新基金要从零开始建仓投资,这可能是优势,也可能是劣势。以股票基金为例,新基金刚成立时,股票投资比例为零,要达到和老基金一样的比例,通常要 3~6 个月。在这期间,如果市场正处于上升阶段,新基金就比较被动了,通常涨幅不如老基金。在 2006 年市场上涨中,好多投资人抱着对老基金的期望购买了新基金,买了之后总嫌新基金涨的慢,此时应给新基金一点时间。

反之,当市场正处于下跌时,新基金就有一定优势。因为股市下跌时新基金可以避免较大损失,同时有机会“捡”到很多超跌的品种,这都使得新基金能在刚起跑时处于领先位置。

金融家点评:

新基金的优势,只有依靠基金经理的独特眼光和操作水平才能发挥出来。

524. 新基金是怎样按比例配售的?

按比例配售,是较为流行的一种新基金发行方式。只要基金募集规模不超过规定的募集上限,所有的有效认购申请都可以全部予以确认。

如超过规模上限，会按比例对客户的认购申请进行确认，也就是说投资人认购的金额只能部分成交。

比例配售虽然有可能只成交部分金额，但只要在基金实际募集期间提出有效认购申请的投资人，都能成交一定比例，也体现出公平原则。

比如，某基金设定发行规模上限不超过100亿元。如果发生认购金额(不包括利息)超过上限100亿，将按比例对客户的认购申请进行确认(确认不分认购先后)，确认比例为：

配售的比例=100亿元/募集期内有效认购申请总金额

投资者认购申请确认金额=募集期内提交的有效认购申请金额×配售的比例

如果发行基金的规模上限是100亿，而投资人最终的认购申请总额是200亿，则每个投资人确认成交的比例是50%，也就是买到了当初认购金额一半的基金。

金融家点评：

按比例配售，与以往的基金发行方式最大的区别在于，投资者在认购新基金时，也许只能买到申购总额的一部分。

525. 如何看待基金经理的能力？

除了指数基金，主动基金的长期收益率是趋同的，如果一个基金业绩持续表现不好，基金经理是会被解雇的，而换了个经理就是换了种投资思路，该基金的特性完全改变。

目前，中国的基金经理流动性很大，很难有一个经理能连续做满两年的，所以别问某某基金是否适合长期持有，10年间经理都不知换了多少个，投资思路也变了好几次，无法确切判断基金的前景。

投资者不要轻易怀疑基金经理的能力，基金经理都是名牌大学研究生毕业并且在大型的证券公司工作过10年以上，不存在长期收益低于普通小股民的可能，一些新股民赚了很多钱，于是基民就觉得买基金不合算，认为基金经理能力不行，这是错误的观点。新股民的收益是建立在超高风险的基础上的，股市中10个人可能只有两个人赚钱。

金融家点评：

经过这几年市场的锤炼，有些基金公司留下很好的口碑，旗下的基金表现比较稳定，比较突出，这些基金公司新发基金特别受到追捧，说明基民正日益成熟。

526. 为什么说选时机比选基金更重要？

在开放式基金中，大家最关注的是股票型和偏股型的基金，因为其中可能产生暴利，目前累计净值超过2元的基金都是股票基金。然而，这也是最复杂的基金，因为各基金各有不同的投资方向，业绩差异也很大。投资者遇到最大的困惑是：究竟该买哪种类型的基金？买哪个基金？

选择什么基金，的确是个难题。但从另一个角度看，选择时机可能比选择哪个基金更重要。其实，买基金和买股票道理是相同的，买股票我们尽可能要买在低位，那么，在以后的上涨过程中就能获得大利。同样，在基金市场低迷的时候，大家不想买基金的时候，往往是最佳投资时机。因为那时候，必然是股市低迷的时候，你买的基金就能在低位建仓，等于你买到了便宜的股票。只要以后股市上涨,你买的基金必然能获得较大收益。2007年净值增长率较大的基金,大多数属于这种情况。

当然,如果股市已经上涨了,基金也热起来了,并非不能买基金。只要股市能继续上涨,那么,新基金的净值也能很快增长。比如2007年第二季度、第三季度发行的一些新基金,不少在短时间内取得了很好的收益。

金融家点评:

假如股市在高位,未必是适合买基金的时机。因为这意味着基金建仓成本较高,获得巨额收益的难度增加。

527. 公募基金与私募基金有什么不同?

市场上经常听到公募基金与私募基金的概念。公募基金是指可以面对社会大众公开发售的一类基金。私募基金是只能采取非公开方式,面向特定投资者募集发售的基金。与公募基金相比,私募基金不能进行公开的发售和宣传推广,投资金额要求高,投资者的资格和人数常常受到严格的限制。此外,与公募基金必须遵守基金法律和法规的约束,接受监管部门的严格监管,并定期进行信息披露不同,私募基金在运作上具有较大的灵活性,所受到的限制和约束也较少。它既可以投资于衍生金融产品,进行买空卖空交易,也可以进行汇率、商品期货投资投机交易等。私募基金的投资风险较高,主要以具有较强风险承受能力的富裕阶层为目标客户。

金融家点评:

"公募"与"私募",绝非一个字的差别,在承担风险方面有较大不同。

528. 购买私募基金为何要注意法律问题?

法律问题一直是困扰中国私募基金快速发展的制度性障碍,以至市场关于私募基金阳光化的呼声从来就没断过。其实,就大多数学者的观点而言,私募基金完全是合法的。因为翻阅现行所有法律法规,没有发现一条关于私募基金禁止性条款;关于私募基金相关规定已经散见各个部门法当中,其实有法可依。比如公司法为设置公司型私募基金提供了基础,合伙法为合伙型私募基金奠定了法律基础。还有证券法、信托法等。从这个角度出发,尽管有出台更多实施细则的需要,但是并无必要颁布制定一部私募基金法。

中国目前发展私募股权的法律环境已经全面成熟了,各种形式的私募基金都没有大的法律障碍,私募基金很快就会全面推行。

公募基金的基金经理都存在着一个资格认证和审批的问题,而目前的私募基金经理都没经过资格认证和审批,事实上也找不到哪个部门来审批,这其实蕴藏着很大风险。比如,前些年在期货交易过程中,有人给客户理财,一个账户做空,一个账户做多,这两个账户是不同客户的,不管市场是涨还是跌,基金经理都是赢利的。在这种情况下就出现了一个严重的道德风险。如果股指期货推出,出现这种情况就会给这个行业造成不良的后果和影响。另外,公募基金有严格的账户管理。在私募这里面,如果没有证券账户监管,未来还可能出现对敲操纵股价等问题。

目前中国所有私募基金的组建模式不外三种：契约式、有限合伙式与公司制。尽管这三种形式在法律上都有法可依，但在这三种模式当中，最值得鼓励的还是公司制。比如，契约式最容易触及法律高压线，很有可能会变成非法集资，而公司制的法律环境相对更成熟。但目前中国私募基金鲜有采用公司制的，原因在于税收政策还不太明确，但未来的发展前景是光明的。

金融家点评：

尽管私募基金已有法可依，但具体操作层面上的规范性配套制度却处于空白状态，从法律层面对私募基金进行规范，是一个亟须解决的大问题。

529. 开放式基金与封闭式基金有何不同？

开放式基金是指基金份额不固定，基金份额可以在基金合同约定的时间和场所进行申购和赎回的一种基金运作方式。由于投资者可以自由地加入或退出这种开放式投资基金，而且对投资者人数也没有限制，所以又将这类基金称为"共同基金"。

封闭式基金是指基金份额在基金合同期限内固定不变，基金份额可在依法设立的证券交易所交易，但基金份额持有人不得申请赎回的一种基金运作方式。基金份额在证券交易所交易，其价格由市场供求决定。

开放式基金与封闭式基金的区别在于：

（1）基金规模的可变性不同。开放式基金发行的基金单位是可赎回的，而且投资者可随时申购基金单位，所以基金的规模不固定；封闭式基金规模是固定不变的。

（2）基金单位的交易价格不同。开放式基金的基金单位的买卖价格是以基金单位对应的资产净值为基础，不会出现折价现象。封闭式基金单位的价格更多地会受到市场供求关系的影响，价格波动较大，会出现折价现象。

（3）基金单位的买卖途径不同。开放式基金的投资者可随时直接向基金管理公司购买或赎回基金，手续费较低，且收益不需征收所得税。封闭式基金的买卖类似于股票交易，可在证券市场买卖，需要缴手续费和证券交易税。一般而言，费用高于开放式基金。

（4）投资策略不同。开放式基金必须保留一部分现金，以便应付投资者随时赎回，管理要求要对较高。而封闭式基金不可赎回，无须提取准备金，能够充分运用资金，进行长期投资，没有对资金的流动性管理要求。

（5）所要求的市场条件不同。开放式基金的灵活性较大，资金规模伸缩比较容易，所以适用于开放程度较高、规模较大的金融市场；而封闭式基金正好相反，适用于金融制度尚不完善、开放程度较低且规模较小的金融市场。

金融家点评：

目前大多数的投资基金都属于开放式基金。

530. 选择开放式基金有哪些好处？

对于投资者而言，开放式基金相对于封闭式基金的好处主要在于：

（1）投资方便灵活。投资人可以随时申请申购和赎回开放式基金。投资者的交易对手是基金管理人，而不是其他投资者，交易不会受到其他投资者交易意愿的约束或限制。

(2)交易价格合理。开放式基金的申购、赎回价格按照申请当日基金单位资产净值加一定的手续费确定,不存在折价交易情况,对投资人有利。

(3)风险控制更有效。由于投资人可以随时购买和赎回开放式基金,并以基金管理人作为唯一的交易对手,而基金管理人主要收入是以基金净资产为基准提取的基金管理费,这样基金管理公司就面临更大的压力,促使基金管理公司更加精心地管理开放式基金,注重流动性等风险控制和管理,努力达成使投资者和基金管理公司双赢的局面。

(4)信息透明度高。据现行有关法律法规规定,开放式基金的基金管理人应当于每个开放日公告前一开放日基金单位资产净值,此外还要公布季报、半年报和年报,使投资人可比较清楚地了解开放式基金的运作情况,据此作出正确决策。

金融家点评:

有了如此的优势,除了法律法规明令禁止投资的个人和机构以外,年满 18 岁的中国居民以及合法的团体或组织都可以购买开放式基金。

531. 开放式基金怎样为投资者提供方便?

开放式基金已经成为国际基金业的主流,其资产规模占目前全球基金资产规模的 90%以上。以美国为例,目前美国开放式基金所管理的资产占基金总资产的 95%;1990 年到 1999 年,美国开放式基金的资产规模十年增长了 7 倍,基金总额达 68000 亿美元。中国开放式基金规模已经突破 7000 亿,占基金总规模的 81%,在 2006 年的牛市中,股票型基金一举取代货币市场基金成为了最受欢迎的品种。

基金管理人为吸引投资者的资金,努力保证基金有良好的业绩,控制流动性风险,通过各种措施保证开放式基金的流动性。如:保持一定现金以满足日常的赎回需要;保持一定国债比例和高流动性的股票,以应付突然增加的赎回需要;通过进入银行间同业市场获得临时性资金需求,以应付随突发性股市系统风险的出现而产生的基金流动性风险;在法律许可的条件下,向商业银行申请短期贷款,解决临时性赎回资金的需要。这些都为投资者创造了极为有利的条件。

金融家点评:

这些有利条件对吸引投资者具有重要意义。

532. 购买基金要支付哪些费用?

一般说来,从投资者购买基金到赎回为止,涉及的主要费用包括两部分:

(1)投资者直接负担的费用。这部分费用由投资者直接支付。

认购费:在基金设立募集期购买基金称为认购。认购费是向在基金设立募集期内购买基金的投资者收取的费用。为了鼓励投资者在设立募集期内购买基金,许多基金设定的认购费率比基金成立后的申购费率有一定的优惠。

申购费:在基金成立后购买基金称为申购。申购费是在投资者申购时收取的费用。我国法律规定,申购费率不得超过申购金额的 5%。目前国内的开放式基金的申购费率一般为申购金额的 1%~2%,并且设多档费率,申购金额大的适用的费率也较低。

赎回费:赎回费是在投资者赎回时从赎回款中扣除的费用。我国法律规定,赎回费率不得超过赎回金额的 3%,赎回费收入在扣除基本手续费后,余额应当归基金公司所有。目前国内开放式基金的赎回费率一般在 1%以下。

(2)基金运作费用。基金运作费用是为维持基金的运作,从基金资产中扣除的费用,不是由投资者直接支付。

基金管理费:是支付给基金管理人的费用,以负担管理基金发生的成本。基金管理费每日计提,年费率一般在 1%~3%之间,我国目前一般为 1.5%。

基金托管费:是支付给基金托管行的费用,以负担保管基金资产等发生的支出。基金托管费每日计提,年费率一般在 0.25%左右。

其他费用:主要包括投资交易费用、基金信息披露费用、与基金相关的会计师费和律师费、持有人大会费等,这些费用也作为基金的运营成本直接从基金资产中扣除。

金融家点评:

买基金和买其他商品一样,也需要支付一些费用,具体的费用种类及费率标准投资者可以查阅有关基金的契约或招募说明书。

533. 决定基金业绩的因素有哪些?

一般来讲,决定基金业绩的因素主要有 5 个。

(1)资产配置。投资者在配置中股票的比例越高,其承担的风险越高,收益也可能越大。

(2)市场大势表现。衡量市场涨跌的指标是比较基准的变化。多数基金业绩随市场变化而变化,潮起潮落,水涨船高。

(3)基金经理的选股和择时能力。

(4)交易成本的控制。每次交易都有 1‰的交易成本,这些成本要从基金资产中提取。好的基金应该减少操作,以低换手率来维护投资者利益,而不好的基金往往通过频繁交易进行波段操作。换手率越高,交易成本越高。

(5)道德风险。交易过程中,人的因素是非常重要的因素。投资者首先要看基金招募说明书中的"业绩标准",还要考察基金经理及管理者的情况。

金融家点评:

基金业绩是基金经理与基金公司共同缔造的,投资者要既会选基金,又会找到好的经理人与基金公司的组合。

534. 基金净值升跌与哪些因素有关?

基金的高收益率,让很多投资者变得疯狂盲目起来,尽管证监会一直大喊基金有风险,投资需谨慎,并采取种种措施为基金降温,仍然挡不住投资者的热情。进账颇丰的老基民纷纷追加投资,新基民相继涌入,由此引发了一轮轮申购狂潮。基金开户数猛增的同时,基金规模不断创出新高。

每当大盘连续震荡,部分基金净值连连下挫,让投资者有些不知所措,一些投资者就坐不住了:"此时该不该赎回呢?净值还会不会升呢?"不少基民朋友的见面问候,已经由以往的"你的基金赚了多少"变成"你是持有还是抛出?"有投资者甚至提出这样的问题:"基金会不会使本金全部蒸发掉?"那么基金净值的起落,都与哪些因素有关呢?

股票基金净值和大盘有着紧密的关系,2001 年上证指数从 2245 点下跌至 2002 年 1451 点,指数下跌了 35.67%,基金净值下跌 19.18%;2004 年上证指数从 1768 点下跌至 2005 年 1013 点,指数下跌了 40.70%,基金净值下跌 20.42%。

因此,投资者购买基金时要全面衡量基金的风险和收益,不能只看重短期业绩,切忌盲目购买。同时,要选择与自己的风险承受能力相适应的品种,单纯把资金全部用来购买基金,或者把资金全部购买同一只基金的做法是有风险、不明智的,应该把不同类型的基金进行组合,以分散风险。

在不少申购基金的准基民眼中,基金是只赚不赔的投资品种,不少新手在投资基金时存在很大的盲目性,有的投资者甚至不问管理人、不问基金类型、不问投资策略等等;考虑的不是未来市场是涨是跌,而是赚钱多少;他们似乎从来就没有考虑到,基金只是一种投资工具,并非稳赚不赔。

金融家点评:

其实投资基金并非都赚钱,不少基金都是赔钱的。

535. 什么是封闭式基金的折价率?

基金折价率表示了购买封闭式基金的折扣程度,折价率越大,表明越值得购买,也就是人们常说的物美价廉。封闭式基金的价格是在证券交易所二级市场投资者的买卖过程中,根据供求关系形成的。封闭式基金的净值是根据基金的投资情况,按照基金总资产除以基金份额算出的,是每一份基金份额实际代表的基金资产额。投资者可以很容易地查到封基的净值和价格,那么如何计算折价率呢?简单地讲,折价率就是折价与实际价值的比率。对封闭式基金而言,折价等于净值减去价格,因此,折价率就是净值减去价格,再除以净值。

封闭式基金的折价率计算公式为:(市价 – 净值)/ 净值 × 100%

假设某基金的净值为 3 元,价格为 2 元,则:折价 = 3–2 = 1,折价率 = 1 / 3 = 33.3%。用一个算式计算就是:折价率 = 1–2 / 3 = 33.3%

基金分红后,折价率需要按照除权后的数值计算。关键在于,除权后基金的净值和价格都需要减去那份分红的数额,再按照基本方法计算即可。因此,除权后的折价率等于折价除以除权后净值。

金融家点评:

除了投资目标和管理水平以外,折价率是评估封闭式基金的一个重要因素。在多数情况下,封闭式基金的价格低于净值,也即通常进行折价交易。

536. 什么是基金投资的平衡法?

追求从容投资,获取较高收益,已经成为投资者选择基金投资的主要目标。但要实现这一目标,需要投资者在实际的基金投资中学会平衡的投资法。

(1)资产组合的平衡。作为一名成熟而又理性的投资者,需要在不同的基金产品之间,不同的投资产品之间进行认真地搭配和选择,做到分散风险,实现收益的最大化。

(2)投资时间的平衡。基金的业绩表现与证券市场的环境变化密不可分。而证券市场具有一定的涨跌变化等周期性变化规律。投资者不研究和分析证券市场变化特点,将不能实现投资收益的最大化。短期投资,频繁操作,会因基金(认)申购、赎回成本较高而难以实现更多的利润累积。

(3)投资收益的平衡。不同的市场环境下,采取不同的收益实现方式,产生的投资效果是截然不同的。现金分红被认为是众多投资者可以接受的一种收益分配惯例。但在牛市行情中,红利再投资却有着比现金分红更大的投资优势。

(4)投资风险的平衡。投资者在认识和评定基金的投资风险时,应当从自身的投资实际出发,正确地分析和评价基金的风险特征,做到既不高估股票型基金的风险,也不低估债券型基金的风险。既要认识到基金存在风险的可能性,也要知晓通过引入有效的机制而保障基金投资本金的安全(如保本型基金)。

(5)投资心态的平衡。选择了基金投资后,不要因为买了基金而打乱生活节奏,不因基金投资而挤占人生更多宝贵的时间。平衡的心态,是一种自然的心境,更是一种超然的状态。

金融家点评:

投资者大多从事不同的工作,处于不同的年龄阶段,具有不同的人生追求和投资目标。有的是为了子女教育,有的是为了养老金筹备,还有的是为了外出旅游、购车买房等等,不论是哪一类投资目标,都要掌握正确的平衡方法,才不至于顾此失彼。

537. 买基金需要保持哪些好心态?

第一,不要频繁更换目标。投资者在购买基金后,应当耐心地持有基金品种待涨,而不能"这山望着那山高",今天看基金净值落后了就垂头丧气,明天净值增速加快了就兴高采烈。基金是一个长期持久的投资过程,短期的净值涨跌并不能代表基金的未来。因此,投资者根据基金净值的短期表现而调整基金的投资目标,不断地更换投资品种,显然是不明智的。

第二,不要盲目追加投资。每位投资者的资金都是有限的,在基金产品的投资比例的设置上也应保持一定的比例。但投资者遇到了良好的证券市场环境,唯恐错过基金投资的机会,基本上是见新发基金就买。不但自有资金用毕,更是利用借贷的方式跟风操作。这种投资结果直接放大了投资者的投资风险,增大了投资上的压力,破坏了良好的投资心态,从而影响到投资者的投资情绪。

第三,不要跟大势随波逐流。证券市场出现了震荡调整,别人赎回了基金,自己是不是也该进行赎回呢?这还要看投资者持有基金配置品种的结构,而不是受市场气氛的烘托和渲染而不加选择地盲目赎回。

投资者难免就要随着这潮起潮落,在股海中沉浮,在基市中冲浪。良好的投资心态,是投资者进行基金投资的重要法宝,但说起来容易做起来难。因为每位投资者的投资预期和风险偏好都是不同的,反映在投资情绪上也是千差万别。加上有的投资者自控能力较弱,受市场和环境的影响较大,更易产生情绪上的波动,从而直接影响到基金收益的最终实现。

金融家点评：

股市里风云变幻，潮涨潮落。今天红旗飘飘，明天即有可能绿旗一片。凡事想透了，心事就轻了。

538. 基金投资要坚持哪些基本原则？

第一，“基金越便宜越值得买”不可取。新基金在认购期内手续费较低，基金成立后有大量资金可在市场上选择、配置，拥有更多的主动性，但由于缺乏经营业绩，使投资者面临一定的投资风险。基金净值高意味着基金管理团队能力较强，而一些净值偏低的基金表明其运作不太理想。

第二，不能抱着赌博心态来“炒”基金。一些基金投资者把基金当作股票“炒”，频繁地买卖基金，一涨就买，一跌就割肉，这样很难真正享受到基金的高收益。

第三，“束之高阁”错失良机。不少人买了基金后便不去管它，可能会因基金市场或单只基金净值出现较大变化而损失。

第四，犹豫不决，坐失良机。不少人在基金净值上涨时往往犹豫不决，眼睁睁地看着基金上涨而失去投资机会。

第五，“冠军基金”不一定是“常胜基金”。所谓的“冠军基金”是指某个时间段内净值增长表现特别突出的基金。股市一路大涨，容易出现“追涨基金黑马”的现象，只看重基金近期收益增长率，很少注意基金的波动因素。

金融家点评：

如果没有充分的实力支持，“冠军”基金业绩表现的波动性会很大，往往是昙花一现。

539. 买基金怎样辩证看待三大问题？

第一，辩证看待基金经理。选基金看基金经理，本身并无可非议，但基金经理在一只基金的正常运作中所起的作用是有限的，基金经理只是承担起执行和下达投资决策的职能，并不完全决定基金的投资和操作，还要受制于基金管理人严格的内控制度约束。投资者过于依赖基金经理，将会产生投资中的偏向性思维，脱离基金净值增长的重要驱动因素，即基金投资风格和操作策略。

第二，辩证地看待投资年龄。对于投资者来讲，投资的时间价值是非常重要的。不同的投资者在选择基金投资时，均应当考虑到基金投资的周期性。这样才能在投资中做到主动，游刃有余。比如，一位65岁的投资者盲目购买股票型基金和指数型基金，就会面临一个时间周期的问题。随着年龄的增长，投资者的风险承受能力越来越低。选择高风险的股票型基金投资，退出时点就成为投资者面临的一个重要问题。

第三，辩证地看待操作方式。不习惯新的操作模式而选择赎回，习惯了封闭式基金的二级市场操作，转型为开放式基金后却明显感到不适应。是不是需要赎回并不尽然，因为基金的操作方式发生了变化，而基金管理人的基本面并没有发生实质性的变化，投资理念和操作策略也没有大的变化，投资者不要盲目赎回。

金融家点评：

基金市场有很多“长跑能手”，他们是某些基金经理的忠实“粉丝”，即使行情震荡也不舍得放手，慢慢地就积累起了“养鸡”的经验。

540. 基民转股民是福是祸？

赢利心切是投资者的通病。当大多数股票型基金没有跑赢股市大盘，甚至没有超越其比较基准时，基金公司的专业投资能力会遭到一些投资者的质疑，以至于部分新基民转而投身新股民的行列。发财致富，只争朝夕，还是亲自操刀上戏。在指数迭创新高时，股民数量暴增，单日新增开户数量创纪录地暴增。

基民转股民是福是祸，这里不妨分析一下。稍有历史观的人们不难发现，股票市场发展的历史，既是不断开发股民的历史，也是不断消灭股民的历史。这个进程的催化剂就是开放式股票基金的出现和发展，以至于欧美股市最终以机构投资者为主流，散户股民大都投靠基金，指望基金经理为其搏击跌宕起伏的股市。究其原因，非常简单，因为股市长期发展的历史残酷地证明：散户股民投资的最终结局是“七二一”，即七成的人赔钱，二成的人持平，一成的人赚钱。与此同时，美国自从1924年出现开放式股票基金以来，绝大多数基金赚钱且平均年度复利投资收益率为10%至12%。中国自从1998年发行规范的封闭式基金、2001年发行开放式股票基金以来，所有一年以上的股票型基金或偏股型基金清一色地赚钱，且平均年度复利投资收益率为15%~25%，而其间又有多少股民在赚钱或赔钱呢，炒股与炒基金的风险对比对比非常清楚。

其实，一个人到底是选择炒股票还是投资基金，不仅体现为不同的投资模式导致不同的投资收益和风险，而且体现为不同的财富人生观和生活方式。坚定选择投资基金的人们认为：财富人生的最高境界是实现财务自由，在人找钱的历程中，只有依靠共同基金这种能够省心省力的投资理财工具，才能让钱自动找钱，不再为钱找钱费心费力，从而能够更轻松更自由地享受财富带来的幸福人生。而那些仅凭一知半解就投身股市的人们，涨的时候赚钱不知其所以然，跌的时候亏钱也不知其所以然，涨涨跌跌使其寝食难安，最终难免竹篮打水一场空。

面对短期疯狂的题材类股市行情，因为基金收益暂时不及炒股收益，有的人就急功近利地弃基转股，此实非明智之举。

金融家点评：

请不要贪恋赌桌上暂时加高的筹码，请不要忘记千万股民书写过的血泪历史，而对新基民，我们要默默地为其祝福，坚持就是胜利，信任创造财富。

541. 为什么基金投资最适合家庭理财？

目前中国正处在一个负利率时代，如果将金融资产全部由储蓄存款构成，那么用不了几年你就会发现资产正在被越来越高的通货膨胀而逐步侵蚀掉。而人生的各个阶段都在消费，需要资产持续支撑自己一生的消费，因此每一个人都需要对自己的财富进行管理和组合。

同时，个人理财也并不是随心所欲的，在这个过程中，要根据人生不同阶段的收入特征和所承担责任来设计和规划自己的资产投资组合，比如在年轻的时候必须养成定期定额的储蓄习惯，安排好子女教育以及提前做好税务安排和退休计划，从而使自己能最大化地享受通过理财实现财务自由的快乐。因此一定要选择持续、稳定增长的投资品。同时，投资者还要意识到，越早投资收益越高，这正是因为投资中复利的魅力。

而基金有一个红利再投资的因素，体现的也是复利的优势，越早理财，有可能投入较少的资本金还能获得更多的收益。所以，在年轻的时候不要因为手中资金少就忽视理财。

那么，为何基金可以作为家庭理财的重要方式呢？

首先，投资股票或股票基金是财富快速增值的一个捷径，但基金由于可以借助专业机构投资者的身份和力量去深入了解上市公司的业绩，从而避免了个人选股的盲目性，因此，收益比较稳定，而风险相对而言也会较低。

其次，基金作为专业机构可以代表个人进入一些个人投资者进入不到的领域。

最后，作为个人投资股票，一般都是根据趋势确定购买的时机，但通常由于受自身专业知识限制，不能把握最佳卖出时机。而基金公司作为专业的投资机构，能够对国家政策、行业周期变化有较为准确的把握，可以较好地选择投资的方向和时机。

金融家点评：

随着中国股市行情一路攀升，基金公司也赚得金银满钵，老百姓分享到了投资的甜头，投资热情随之被激发出来了，理财需求也越来越强烈。智慧理财，基金添富。基金投资成了家庭理财的最佳选择。

542. 为什么股市的“波段”理论不适合于基金？

投资基金原本是长期投资行为，有的散户投资者把基金当作股票来“炒”，选择波段操作，不断地买入又卖出。结果却弄巧成拙，把“高抛低吸”变成了“低抛高吸”，再加上手续费，忙活了半天回报率并不十分理想。

能够做到“高抛低吸”是股民或基民的理想境界。然而，有多少人能够达到这种理想的境界呢？震荡是证券市场永恒的主题，贯穿于买卖基金的全过程。

2007年初，有19只基金跌破净值，有些基民纷纷采取赎回来应对“唱空论”。其实，虽然市场调整，但也有部分基金的净值下跌较小。投资者还是要本着长期投资的观念，把投资变成一种习惯。

金融家点评：

在市场看不清时，把投资大师巴菲特的一句话送给大家——“不动是最明智的。”

543. 什么是次新基金？

所谓“次新基金”可以分为两种：一种是从价格上看，刚刚进行过大比例分红或者经过基金分拆，净值调整到了1元左右的基金；另一种则从时间上看，是成立后6个月以内、结束封闭期后打开申购不久的基金。

与之相对应，“老基金”则是指成立时间较长，累计净值和当前净值都相对较高的基金。而

“新基金”就是在发行期以每份1元的价格认购的基金，它在认购期后会有1~3个月的封闭期买入股票建仓。

新基金、次新基金与老基金，这三种基金最大的不同在于建仓程度的不同。老基金建仓很成熟，仓位也比较高，因此在股市上涨时期会跟着迅速水涨船高，但如果遇到股市震荡调整，老基金也会遇到较大的损失。而新发基金虽然可以在股市调整期以较低的仓位沉稳应对，但若是在基金的建仓期内市场大涨，投资者则在这段时间里无法完全享受股市上涨的好处，往往会错失一定的投资机会。

而次新基金一般经过2~3个月的建仓期之后，基金的股票仓位已经达到了基金合同中的规定比例，基金的重仓股和投资风险已经露出了眉目，但同时它又可以根据市场的走向适当地在60%~95%的仓位间迅速地作增仓、减仓调整，并且由于净值较低，在需要建仓之时它可以募集到众多资金，因此次新基金在这些方面明显好于新发基金。

金融家点评：

次新基金可以随时停止申购转入，形式非常灵活。

544. 次新基金有哪些市场优势？

(1)市场业绩好。从市场情况看，次新基金表现较好，众多次新基金都重仓买入了“物美价廉”的大盘蓝筹股，而老基金则在取舍上左右为难———既想留住低成本的成长股，又想买进价值诱人的大盘蓝筹股。而此时次新基金所拥有的建仓时机正值大盘蓝筹引领的指数牛市行情处于上升阶段，因而次新基金在投资组合布局上抢到蓝筹，占得了先机。

(2)进退灵活。次新基金没有用过高的仓位与老基金一决高下，而是独辟蹊径，所以当震荡的行情来临时，次新基金表现得比较从容。

(3)应付震荡的能力较强。从市场表现看，带来的高收益使一些成立时间较早的老基金在市场一贯追新的气氛下，即使取得了高收益仍然遭到了市场的大量赎回。老基金一方面要应对赎回压力，另一方面又看好后市尽量保持高的仓位。如此一来，一旦市场出现调整，其净值难免受到比较大的影响。而次新基金往往规模较为稳定甚至可以有效扩大规模，其投资组合里的现金明显增加，足以应付震荡市中低吸股票的需要。

金融家点评：

在以震荡为格局的中短期市场内，次新基金“进可攻、退可守”，无疑具有着新老基金都没有的优势。

545. 保本基金是靠什么保本的？

保本基金是一种储蓄替代产品，一般规定一定的封闭期限，属于“半封闭”的开放式基金。保本基金都设有避险周期，又叫保本期，是基金管理人提供避险的期限。

保本基金之所以可实现避险，是指保本基金可以控制本金损失的风险。基金持有人持有到期，如可赎回金额高于或等于其投资金额，基金管理人将按赎回金额支付给投资者。如果可赎回金额低于其投资金额，基金管理人将按投资金额扣除已分红金额支付给投资者，并由担保人提供担保。由第三方提供不可撤销的连带责任担保正是保本基金与其他基金最大的不同,从而保证期初全部投资的安全。

而保本基金靠什么实现保本,则要看其资金运作机制。以A基金为例,该基金将一定比例资金投资于债券,并将这部分投资获得的固定收益数额放大一定倍数进行股票投资。在实际投资操作中,根据股市、债市上涨和下跌的情况,动态调整股票和债券的投资组合,确保在本金安全的前提下,把握股市上涨的收益机会,获得较高的预期收益。当基金前期收益越多,净值水平越高时,下跌至保障本金水平的余地越大,即基金承受风险的能力越大,此时投资于股票资产的比例上限越大。反之,当基金前期收益越少,净值水平越低时,下跌至保障本金水平的余地越小,即基金承受风险的能力越小,此时投资于股票资产的比例上限越小。

金融家点评:

保本基金通常以保本和增值为目标,主要投资于风险很低、高分红和回报的证券,以保证投资者到期能得到本金加收益的基金,一般能获得高于同期银行存款利息的回报。

546. 保本基金具有哪些明显优势?

当前,股票型基金已成为投资者的"宠儿",很多投资者大举杀进股票型基金甚至是一只股票型基金中,这种单一、激进的投资方式埋下了较大的风险。随着股市的大幅回调,很多初入市的投资者损失惨重。这是为什么呢?

几乎所有的投资人都听过"不要把所有的鸡蛋都放在同一个篮子里"这句经典的投资名言,但大多数人在投资时却经常仅对"某一个篮子"兴趣浓厚,很多人都想选择涨幅第一的冠军基金。从国外的经验来看,几乎没有一个基金可以把很高的净值增长率长期保持下去,而某一类型的基金也不可能在任何市场条件下都保持高收益水平。而要预测下一个季度或者下一年哪个基金会胜出,这种预测的风险性本身就是非常大的。因此,将不同类型、不同投资风格的多只基金组合在一起,根据自己的风险收益特征按比例配置资产,能够帮助投资人在较低风险基础上实现资产稳健增值的同时,满足实际理财需求。保本基金恰恰具有这样的特点。

据统计,保本基金无论在熊市的2005年还是牛市的2006年中,都实现了可观的正收益。2005年,在市场全面下跌的情况下,5只保本基金全部实现正收益,平均收益达到5.78%,而同期82只股票型基金平均收益仅为2.16%;2006年,保本基金的收益更是远高于同期业绩比较基准。以国内某个保本基金为例,截至2007年1月26日该基金成立近3年,实现累计净值增长率达到23.03%,3年中还进行了4次分红,累计分红达到0.44元/10份,远远超越业绩比较基准。

从中长期来看,保本基金不仅能够从容应对不同市场状况,而且能很好地捕捉资产增值机会。风险承受能力较低的投资者可将该类基金作为首选投资品种,能承受中、高风险的投资者可将其作为组合投资风险最低、收益适中的安全品种之一。

金融家点评:

保本基金既能凭借国际成熟保本技术和实力担保机构保证本金安全,又能在保本基础上获取稳定收益,契合大多数投资者"首先不赔本,再追求较高收益"的投资心态,具有"熊市抗跌、牛市稳赚"的独特优势。

547. 保本基金有哪些特点？

具体来看，保本基金具有以下特点：

(1)本金保障。由于保本基金的核心特点就是在投资者持有基金到期时可以获得本金保证，因此，投资者投资于保本基金就可以使本金免受损失。在风险特性上，保本基金的投资风险明显低于其他基金品种，特别适合于那些不能承受本金受损，但又希望能够在一定程度上参与证券市场投资的投资人。

(2)半封闭性。保本基金都会规定一个保本期，基金持有人只有持有该保本基金到期，才能获得保本的保证，而在保本期内赎回则不会获得保本保证，投资者不仅要自己承担基金净值波动的风险，而且还可能要支付较高的赎回费用。另外，保本期内一般不接受基金的申购。这种半封闭性使得保本基金较适合于以中长期投资为目标的投资人。

(3)增值潜力。保本基金在保证投资者本金安全的同时，通过股票或各种金融衍生产品的投资分享证券市场的收益。与银行存款或国债投资相比，保本基金具有较高的增值潜力，在同样保证本金回报的同时，具有较高的预期收益。

金融家点评：

保本基金是一种风险很低的基金品种，在所有现有的基金产品中，保本基金的投资风险是最低的，这是因为保本基金保障了投资者持有基金到期能够获得本金保证。

548. 平衡型基金有哪些优势？

平衡型基金是既注重资本增值又注重当期收入的一类基金。因为平衡型基金在股票和债券上都要适当配置，一般而言，风险和收益较股票型基金都要低些，属于“进可攻、退可守”的品种，在波动市场中更适合随着市场的变化而调整股债比例，达到平衡收益和风险的作用。

在波动行情中，平衡型基金具有明显的优势。在2003、2004、2005年这三个比较波动的年份中，A股市场中平衡型基金的平均回报率不低于股票型基金，甚至高于股票型基金的回报。另外，2007年以来A股市场几次行情调整显示，平衡型基金的波动小于股票型基金。

从海外长期市场表现看，在亚洲各类共同基金中，平衡型基金在过去10年间的总回报远超过了包括股票基金在内的其他类型的基金，这证明了平衡型基金在波动行情中的平稳投资能力。

金融家点评：

对于风险承受能力较低的投资者而言，可将平衡型基金作为波动市场中重点关注的基金品种。

549. 基金公司的选股原则是什么？

基金公司选择股票的原则有两个：

(1)选择优秀的上市公司。要选择具有清晰的治理结构,好的管理团队,成长性的行业,有很强的风险、财务管理能力,来保证赢利能逐年增长。

(2)选择优秀股票。选择股票尤其是重仓股是非常严谨的,研究员要到上市公司调研,然后与基金经理交流、辩论,最后由投资决策委员会、风险管理部、监察稽核部等对股票进行层层监控,来保证股票投资不出现大的风险。

以华夏基金公司为例,公司的固定收益投资已在行业内初步取得一定领先优势,公司坚持和选择追求可持续、可预测、风险可控的稳定收益。2005 年、2006 年华夏债券基金分别获得 9.06%、10.45%的收益率;截至 2007 年 3 月 22 日,2007 年以来获得 4.84%的收益率。华夏债券基金已经连续 21 个月实现正回报,并连续 8 个季度每季度每单位分红 0.02 元以上,在保持低波动性的同时为投资者实现了较高回报。

作为国内规模最大的纯债券基金之一,华夏也许不是某一年收益率最高的基金,但却一直是风险调整收益率最高的纯债券基金。

投资市场瞬息万变,为更好地服务客户,方便客户申购赎回基金,华夏债券基金率先在业内推出 C 类收费模式,在该模式下,客户可以像货币基金一样自由申购赎回基金。

金融家点评:

选择最优秀的上市公司,选择最优秀股票,遵守正确的投资原则,是确保基金公司投资目标达成的关键。

550. 基金公司是怎样控制内部风险的?

基金管理公司控制其内部风险,主要有以下几项措施:

(1)基金管理公司设有风险控制委员会(或合规审查与风险控制委员会)等风险控制机构,负责从整体上控制基金运作中的风险。

(2)制定内部风险控制制度。主要包括:严格按照法律法规和基金合同规定的投资比例进行投资,不得从事规定禁止基金投资的业务;坚持独立性原则,基金管理公司管理的基金资产与基金管理公司的自有资产应相互独立,分账管理,公司会计和基金会计严格分开;实行集中交易制度,每笔交易都必须有书面记录并加盖时间章;加强内部信息控制,实行空间隔离和门禁制度,严防重要内部信息泄露;前台和后台部门实行独立运作等等。

(3)内部监察稽核控制。监察稽核的目的是检查、评价公司内部控制制度和公司投资运作的合法性、合规性和有效性,监督公司内部控制制度的执行情况,发现公司内部管理及投资运作中的风险,及时提出改进意见,确保国家法律法规和公司内部管理制度的有效执行,维护基金投资者的正当权益。

金融家点评:

为提高基金投资的质量,防范和降低投资的管理风险,切实保障基金投资者的利益,基金管理公司都建立了一套完整的风险控制机制和风险管理制度,并在基金合同和招募说明书中予以明确规定。

551. 基金投资常见的十大风险是什么？

(1)政策风险：因财政政策、货币政策、产业政策、地区发展政策等国家宏观政策发生变化，导致市场价格波动，影响基金收益而产生风险。

(2)经济周期风险：随着经济运行的周期性变化，证券市场的收益水平也呈周期性变化，基金投资的收益水平也会随之变化，从而产生风险。

(3)利率风险：金融市场利率的波动会导致证券市场价格和收益率的变动。利率直接影响着债券的价格和收益率，影响着企业的融资成本和利润。基金投资于债券和股票，其收益水平可能会受到利率变化的影响。

(4)经营风险：上市公司的经营状况受多种因素的影响，如管理能力、行业竞争、市场前景、技术更新、财务状况、新产品研究开发等都会导致公司赢利发生变化。如果基金所投资的上市公司经营不善，其股票价格可能下跌，或者能够用于分配的利润减少，使基金投资收益下降。上市公司还可能出现难以预见的变化。虽然基金可以通过投资多样化来分散这种非系统风险，但不能完全避免。

(5)通货膨胀风险：基金投资的目的是基金资产的保值增值，如果发生通货膨胀，基金投资于证券所获得的收益可能会被通货膨胀抵消，从而影响基金资产的保值增值。

(6)信用风险：包括基金所投资的债券、票据等工具本身的信用风险、以及以交易为基础的投资的对家风险，如回购协议等。

(7)技术风险：基金的相关当事人在各业务环节的操作过程中，可能因内部控制不到位或者人为因素造成操作失误或违反操作规程而引致风险，如越权交易、内幕交易、交易错误和欺诈等。此外，在开放式基金的后台运作中，可能因为技术系统的故障或者差错而影响交易的正常进行甚至导致基金份额持有人利益受到影响。这种技术风险可能来自基金管理人、基金托管人、注册登记人、销售机构、证券交易所和证券登记结算机构等。

(8)合规性风险：指基金管理或运作过程中，违反国家法律、法规或基金合同有关规定的风险。

(9)管理风险：基金管理人的专业技能、研究能力及投资管理水平直接影响到其对信息的占有、分析和对经济形势、证券价格走势的判断，进而影响基金的投资收益水平。同时，基金管理人的投资管理制度、风险管理和内部控制制度是否健全，能否有效防范道德风险和其他合规性风险，以及基金管理人的职业道德水平等，也会对基金的风险收益水平造成影响。

(10)再投资风险：市场利率下降将影响固定收益类证券利息收入的再投资收益率，这与利率上升所带来的价格风险互为消长。

金融家点评：

凡事预则立，不预则废。投资理财风险无处不在，其他风险如制度建设、人员配备、内部控制、市场危机、行业竞争等也不容忽视。还有一些意外导致的风险，如战争、自然灾害等不可抗力因素的出现，都应该有所考虑。

第九章
基金入市指南

如果你是一个普通投资者，既没有时间、专业知识及资讯去管理你的资产，又没有足够的能力去聘请专业人才代你理财，那么，基金便是你理想的投资工具。或许你对投资基金的基本知识已有大概的了解，准备把一部分资金投资于基金，不管你如何确定你的投资目标和策略，在做出抉择之前，掌握入市诀窍，比做足任何其他准备功夫都显得重要。

552. 投资基金应有哪些心理和思想准备?

投资基金前应做好充分的心理和思想准备工作，如了解自身风险承受能力和承受意愿，是否准备进行长期投资等。

(1)明确购买基金的目的。买基金的目的是用于投资还是消费?如果是投资,每年的目标年化收益率是多少? 如果是消费,达到多少收益你准备落袋为安? 明确准备购买基金的年限,是1年、3年、5年,或长期投资作为养老金的补充或子女教育经费。明确投资基金占据家庭流动资产的比重,除了基金,是否还有现金或其他及时变现的理财产品? 基金理财是否影响了生活和家庭? 买基金的钱是否曾与家里人沟通过? 基金被套和本金受损是否可以获得配偶的理解和支持?基金被套或流动性出现问题时,是否会影响生活质量和家庭和睦?这些问题都必须在思想上弄清楚。

(2)调整心态,有备而战。人们常说:知己知彼,百战百胜,在实际投资过程中,要完全做到知彼是不可能的,所以对自己的了解就更加重要,也就是要有一个正常、健康的投资心态。确定购买基金之前,要多问自己一些问题:投资的目的是什么? 预期收益率是多少? 能投入多少资金? 风险承受能力又如何? 打算做一个怎样的投资者? 把这些问题都好好想一想,和家人坐下来讨论讨论。

很多有一定经济能力的人喜欢拿出自己的闲钱来投资，因为这样即使输光了也不要紧。这种心态见仁见智,有人赞成,有人反对。其实,投资理财是一种事业,是为了赚钱,不是赌博,千万不要抱着输光了也无所谓的心态来投资。

(3)伺机而动,大胆进击。即使很看好一个基金,也没有必要急着买入,耐心地等待它的回调,耐心地选择、耐心地等待、然后耐心地持有,千万不要忽视时间的力量。

金融家点评:

一位新基民这样谈感受:“我买了基金,那种稳稳赚钱的感觉真爽。资金的放大效应使我获得超额的收益。虽然有时股指上升而基金价格不涨甚至下跌,但想到我又可以用分红款买到更便宜的折价更多的基金时,心里偷着乐呵!”是呀! 有这样的投资心态,感觉自然会很踏实。

553. 到哪里能够买到基金?

对于新基民来说,购买基金可以通过以下几种方式进行:

(1)到银行网点申购。银行的大部分营业网点都有专门营业人员负责此业务。

(2)到有代销资格的券商营业部购买。大部分大型券商都开通了申购通道,投资者可以直接到这些券商的营业部申购。

(3)直接到基金公司直销柜台申购。

(4)大部分基金公司还开通了网上申购服务,投资者足不出户即可申购到证券公司买基金更省钱。

很多人认为买基金只能去基金公司或银行,其实证券公司和基金公司有着千丝万缕的关系,相对银行来说,基金和证券的关系更密切一些。除股票以外,证券公司也都在积极发展代售基金等股票交易之外的副业，但由于证券公司网点较少等原因，难以和银行竞争，因此许多证券公司便在费率上进行大幅优惠。比如同样一只开放式基金，在银行申购的费率为1.5%，而在证券公司最低可以享受5折优惠。

金融家点评：

投资者不妨改变一下习惯思维，尝试一下到证券公司买基金。

554. 到哪儿买基金最省钱?

目前开放式基金销售主要有三个渠道，即基金公司直销中心、银行代销网点、证券公司代销网点。各个渠道认购基金均有各自的优缺点：

(1)基金公司直销中心。优点是可以通过网上交易实现开户、认(申)购、赎回等手续办理，享受交易手续费优惠，不受时间地点的限制；缺点是客户需要购买多家基金公司产品的时候需要在多家基金公司办理相关手续，投资管理比较复杂。另外，需要投资者有相应设备和上网条件，具备较强网络知识和运用能力。

(2)银行网点代销。优点是银行网点众多，投资者存取款方便；缺点是每个银行网点代销的基金公司产品有限，一般以新基金为主；投资者办理手续需要往返网点。

(3)证券公司代销。优点是证券公司一般都代销大多数基金公司产品，可选择面较广泛，证券公司客户经理具备专业投资能力，能够提供良好分析建议，通过证券公司网上交易、电话委托可以实现基金的各种交易手续；资金存取通过银证转账进行，可以将证券、基金等多种产品结合在一个账户管理；缺点是证券公司网点较银行网点少，首次办理业务需要到证券公司网点。

金融家点评：

到哪儿买基金费率最低?在银行和证券公司柜台购买基金严格按基金公司制定的费率标准，不能享受费率优惠。但基金公司网站上的电子交易方式往往可以有认购费率六折以下的优惠。相比较而言，到基金公司直销点即可享受较优惠的认(申)购费率。

555. 基金投资有哪些基本步骤?

第一步，阅读有关法律文件。投资人购买基金前，需要认真阅读有关基金的招募说明书、基金契约及开户程序、交易规则等文件，仔细了解有关基金的投资方向、投资策略、投资目标及基金管理人业绩及开户条件、具体交易规则等重要信息，对准备购买基金的风险、收益水平有一个总体评估，并据此作出投资决定。按照规定，各基金销售网点应备有上述文件，以备投资人随时查阅。

第二步，开立基金账户。投资人买卖开放式基金首先要开立基金账户。按照规定，有关销售文件中对基金账户的开立条件、具体程序需予以明确。上述文件将放置于基金销售网点供投资人开立基金账户时查阅。

第三步，购买基金。投资人在开放式基金募集期间、基金尚未成立时购买基金单位的过程称为认购。通常认购价为基金单位面值(1元)加上一定的销售费用。投资人认购基金应在基金销售点填写认购申请书,交付认购款项,在注册登记机构办理有关手续并确认认购。

在基金成立之后,投资人通过销售机构申请向基金管理公司购买基金单位的过程称为申购。投资人申购基金时通常应填写申购申请书,交付申购款项。款额一经交付,申购申请即为有效。具体申购程序会在有关基金销售文件中详细说明。申购资金单位的数量是以申购日的基金单位资产净值为基础计算的。具体计算方法须符合监管部门有关规定的要求,并在基金销售文件中载明。

第四步,卖出基金。与购买基金相反,投资人卖出基金是把手中持有的基金单位按一定价格卖给基金管理人并收回现金,这一过程称为赎回。其赎回金额是以当日的单位基金资产净值为基础计算的。

投资人赎回基金通常应在基金销售点填写赎回申请书。按照《开放式证券投资基金试点办法》的规定,基金管理人应当于收到基金投资人赎回申请之日起3个工作日内,对该交易的有效性进行确认,并应当自接受基金投资人有效赎回申请之日起7个工作日内,支付赎回款项。

此外,对于开放式基金来说,投资人除了可以买卖基金单位外,还可以申请基金转换、非交易过户、红利再投资。

第五步,申请基金转换。基金转换,是指当一家基金管理公司同时管理多只开放式基金时,基金投资人可以将持有的一只基金转换为另一只基金。即,投资人卖出一只基金的同时,买入该基金管理公司管理的另一只基金。通常,基金转换费用非常低,甚至不收。

第六步,非交易过户。基金的非交易过户是指在继承、赠与、破产支付等非交易原因情况下发生的基金单位所有权转移的行为。非交易过户也需到基金的销售机构办理。

第七步,红利再投资。红利再投资是指基金进行现金分红时,基金持有人将分红所得的现金直接用于购买该基金,将分红转为持有基金单位。对基金管理人来说,红利再投资没有发生现金流出,因此,红利再投资通常是不收申购费用的。

金融家点评:

基金投资,似乎太过专业,离我们普通百姓有点距离,其实说起来也就这几个步骤。

556. 购买基金需要办理哪些手续?

购买基金需办理如下手续:

(1)开户手续。个人投资者申请开立基金账户须提供本人身份证件,基金代销网点当地城市的本人银行活期存款账户或对应的银行卡,已填写好的《账户开户申请表》。

机构投资者可以选择到基金管理有限公司直销中心或基金管理公司指定的可办理代理开户的代销网点办理开户手续,机构投资者申请开立基金账户须提供已填写好的《基金账户开户申请书》,企业法人营业执照副本原件及复印件,事业法人、社会团体或其他组织则须提供民政部门或主管部门颁发的注册登记书原件及复印件,指定银行账户的银行《开户许可证》或《开立银行账户申报表》原件及复印件,《法人授权委托书》,加盖预留印鉴的《预留印鉴卡》,前来办理开户申请的机构经办人身份证件原件。

(2)认购手续。个人投资者认购基金必须提供本人身份证件,基金账户卡(投资者开户时代销网点当场发放)，代销网点当地城市的本人银行借记卡(卡内必须有足够的认购资金)，已填写好的《银行代销基金认购申请表(个人)》。

机构投资者认购基金必须提供已填写好的《认购申请书》，基金账户卡，划付认购资金的贷记凭证回单复印件或电汇凭证回单复印件，前来办理认购申请的机构经办人身份证件原件。

认购的最后一步是缴款，机构投资者申请认购开放式基金，应先到指定银行账户所在银行，主动将足额认购资金从指定银行账户以“贷记凭证”或“电汇”方式，按规定划入“基金管理人申购专户”，并确保在规定时间内到账。

(3)确认手续。投资者可以在基金成立之后向各基金销售机构咨询认购结果，并且也可以到各基金销售网点打印成交确认单；此外，基金管理人将在基金成立之后按预留地址将《客户信息确认书》和《交易确认书》邮寄给投资者。

金融家点评：

由于不同的基金在发布招募说明书时内容各不相同，因此，具体的开户注意事项应以对应的基金公告的为准。

557. 不同渠道购买基金的流程一样吗?

到基金公司和银行网点及证券公司网点办理基金开户或者购买的流程基本一致：

首先，到网点柜台填写《开放式基金账户申请表》→填妥的表格和有效证件提交柜台业务人员→客户自行设置交易密码和查询密码→柜台人员回复《开户受理回执》→客户于T+2日可通过电话、网上、或者前往代销网点查询申请确认结果。

柜台开户需要提供的资料：

①本人有效身份证原件(包括居民身份证、警官证、军官证、士兵证、护照等)；

②本人活期银行卡或存折办理银证转账。

之后，通过电话委托、网上交易或者亲临柜台进行基金认(申)购、赎回手续。

金融家点评：

虽然购买的途径不同，但流程基本上大同小异。

558. 如何选择合适的渠道购买基金?

对于有较强专业能力(能对基金产品进行分析、能上网办理业务)的投资者来说，选择基金公司直销是比较好的选择。只要自己精力足够，可以通过产品分析比较以及网上交易自己进行基金的投资管理。

对于年纪稍大的中老年基金投资者来说，适合选择银行网点及身边的证券公司网点。因为银行网点众多，比较便利；去证券公司则可依靠证券公司客户经理的建议通过柜台等方式选择合适的基金。

对于工薪阶层或年轻白领来说，更加适合通过证券公司网点实现一站式管理，通过一个账户实现多重投资产品的管理，利用网上交易或者电话委托进行操作，辅助以证券公司的专业化建议来提高基金投资收益水平。

金融家点评：

因地制宜，因人制宜，因钱制宜，方为正确的选择。

559. 基金投资要有哪些物质准备？

投资基金前还应做好充分的物质准备工作，重点是：制定切实可行的投资目标，选择有实力的基金管理公司，选择合适的基金投资品种，选择合适的交易渠道，选择合适的投资方式及选择合适的投资时机。

(1)搜集信息。重点是注意搜集媒体、专家、朋友的介绍推荐，确立一个大的范围。没有人第一次选择的基金是完全靠自己的判断分析得出的，平时要多留心媒体、专家、朋友的介绍，多采集接受信息，把这些都记录下来，以备后用。

(2)精挑细选。先选择一个大致的范围，在这个大范围中，逐一的进行了解，分析，一层层的筛选，把值得长期投资的目标留下来。即使经过了层层选拔，留下来的也未必就是对的，还要观察，长期的观察和全方位的了解——这就是所谓的知彼。要做到完全知彼是不可能的，但一定不能偷懒，尽量多的去了解，做到心中有数。最后把投资范围缩小到个人资金可承受的范围以内。

(3)控制风险。基金投资比较明显的风险有“本金受损”和“流动性”两个(这里特指股票型基金)。关于本金受损风险，虽然基金和股票有比较大的差别，套牢不会被套死，但是一段时间内本金受损的可能还是很常见的，短则几天，多则数年。因此它和其他承诺保本的理财产品是不同的，新基民买基前要做好被套的心理准备，但是长远看本金受损的风险是暂时的，因为股市的大趋势是向上的。

关于流动性风险，除了新基金在封闭期内不能赎回之外，还有基金在遭遇“巨额赎回”的时候可能会发生“暂停赎回”而延缓赎回的情况，买基金前一定要考虑到此类特殊情况，切莫把所有流动资产投资到基金中。

金融家点评：

如果想清楚以上问题，你觉得自己也有一定地风险承受能力，那么大胆地购买基金吧，你的基金理财生活将是愉快和充实的。

560. 怎样开立银行交易账户？

个人投资者购买基金，需要开立银行的交易账户，具体操作步骤如下：

(1)备齐本人有效身份证明原件(身份证、军人证、武警证)；

(2)到银行柜台办理银行卡；

(3)填妥《基金开户申请表》(此名称银行各有不同，有的称《基金业务申请书》；

(4)按照要求填写交易协议书。

投资者开立了银行的交易账户，就可以直接到银行代销网点认(申)购基金。银行接受了该认(申)购申请后，会先自动提交一个开立基金账户的业务申请，再录入投资者的认(申)购申请，也就是说，银行自动为投资者同时办理了开立基金账户和第一笔认(申)购的业务。

需要注意的是，一个投资者只能开立一个基金账户，不能开立多个基金账户。投资者不能委托他人办理开户，开户必须由投资者本人亲自办理。个人投资者认购基金时须提交由本人签署并填妥的认购申请表、本人的银行卡和银行基金交易卡。

金融家点评：

在开立交易账户的同时投资者即可以办理认购业务，在发行期内，投资者可以同时办理交易账户和认购业务，而无须多次跑代销网点。

561. 设立基金账户应注意哪些具体事项？

(1)基本信息资料要准确统一。在所有的基金账户中，基金账户、银行记录、签名卡、个人资料等均需使用同样的名字和地址，做到资料统一，从而简化基金账户中许多会计和档案处理工作。

(2)个人投资者在填写签名卡时，一定要特别指明他和他的亲属(如配偶、子女等)的签名均有同样的法律效力，这样可以提供许多方便。如投资者不能亲自前往，可以让他的亲属去，这样他的财产就不需自已亲自确认后才能运用，从而节约了时间。

(3)基金账户最好分别设立。针对不同的投资目标设立不同的账户，可以方便投资。

金融家点评：

真实是资料的生命，如果弄虚作假，可能会给你的投资过程带来麻烦。

562. 如何办理基金账户资料的变更？

投资者的姓名、身份证号码等重要信息之一发生变化，投资者要到基金代销机构提出申请，投资者的联系地址、邮政编码及联系电话等信息发生变化的，可以通过四种途径进行修改：

(1)携带相关证件前往基金代销机构网点办理变更手续。

(2)致电基金公司客服中心，通过电话进行修改。

(3)登录基金公司网站的“网上查询”系统，点击进入“修改个人信息”即可修改。

(4)将交易对账单的回执寄至公司总部的客服中心进行修改。

金融家点评：

重要账户信息是指个人投资者的姓名、证件类型、证件号码，机构投资者的机构名称、证件类型和证件号码。若个人身份证明文件要素更改，还须提供户口所在地公安机关或文件颁发机关出具的有关证明。

563. 如何注销基金账户？

被注销的账户必须没有基金单位余额，同时，账户必须处于正常状态且无未达权益。

投资者办理注销基金账号时，应提供相应材料。个人投资者应提供注销基金账号申请表，本人身份证明文件，银行借记卡，银行基金交易卡。机构投资者应提供加盖单位公章的注销基金账号申请表，加盖法定代表人签章和单位公章的授权委托书，经办人有效身份证及复印件。

金融家点评：

需要注意的是，个人投资者不得委托他人代办注销基金账户，必须本人亲自办理。

564. 怎样才算基金认购成功?

基金认购成功须有两个明显的标志：

(1)选购的基金成立。按照《开放式基金管理暂行办法》的规定，开放式基金成立的条件是：①设立募集期限内，净销售额超过 2 亿元；②在设立募集期限内，最低认购户数达到 100 人。当基金达到基金成立的条件时，基金管理人可公告基金成立，并自成立之日起将客户认购的基金份额正式转入其开设的基金账户。

(2)投资者拿到确认书。一般来说，投资者拿到代销机构的业务受理凭证，仅仅表示业务被受理了，但业务是否办理成功必须以基金管理公司的注册登记机构确认的为准，投资者一般在 T+2 日才能查询到自己在 T 日办理的业务是否成功。

金融家点评：

购买基金后，一定要确定是否购买成功，切不要认为，把钱投出去，你就万事大吉了。

565. 如何计算基金的申购费用和份额?

按照规定，1000 万元以上（含本数）时申购费率为 1.2%，1000 万元以下时申购费率为 1.5%。计算公式：

申购费 = 申购金额 × 申购费率

申购份额 =(申购金额 − 申购费)/ 基金单位净值

举例：甲投资者拟申购 1500 万元的某基金，假设申购当日基金单位净值为 1.2 元。按照上述规定的申购费率，计算如下：

申购费 =1500 × 1.2%=18 万元

申购份额 =(1500 − 18)/1.2=1235 万份

金融家点评：

申购费用四舍五入，保留小数点后两位；申购的有效份额保留小数点后两位，小数点两位以后的部分舍去，舍去部分所代表的资产归基金所有。

566. 从哪里能迅速了解基金的相关信息?

投资者可从下列途径了解开放式基金的相关信息：

(1)基金公司、代销机构等营业场所和办公场所提供的备查文件；

(2)基金公司的宣传资料；

(3)基金公司的客户服务电话；

(4)基金公司的网站；

(5)中国证监会指定的信息披露网站，如上海证券交易所网站 www.sse.com.cn，深圳证券交易所网站 www.sse.org.cn 及 www.cninfo.com.cn 网站；

(6)中国证监会指定的信息披露报纸，如《中国证券报》、《上海证券报》、《证券时报》等。

除此以外，有些基金公司还提供定制手机短信服务，具体方法，可以利用拨打公司的客服电话、发送传真、邮寄《开户确认书回执》等方法办理。

金融家点评：

兵马未动，情报先行。迅速了解基金相关信息非常重要。

567. 如何在多个销售机构购买基金？

投资者在开立基金账户后，如需要在开立基金账户的销售机构以外的其他销售机构办理基金业务的，需首先登记基金账号。换句话说，登记基金账号是投资者已在一家销售机构开立了基金账户，而又想要在另一家销售机构办理基金业务时所必须经过的手续。

未开立基金账户的客户不可以办理登记基金账号业务，但可以直接办理开立基金账户的业务。

登记基金账号需要提交相应的资料：个人投资者应提交银行借记卡、银行基金交易卡以及填妥的《登记基金账号申请表》，机构投资者应提交加盖预留印鉴的登记基金账号申请表以及办理开户时所需的全部资料。

金融家点评：

如果在多个机构购买基金，最好建立自己的投资档案。

568. 你的情况适合买基金吗？

如果你属于以下几种情况，你可以考虑将你资产的一部分投资于开放式基金：

(1)希望获得比存款更高收益的人士；

(2)没时间理财的职业人士；

(3)缺乏投资专业知识的人士或不愿承担股市高风险的人士；

(4)正在考虑为子女准备教育资金或为将来退休生活准备资金的人士；

(5)其他有需求的人士。

总之，如果你有适当的资金，为实现资金的增值或是准备应付将来的支出，你都可以投资于基金，委托基金管理公司的专家为你理财，既可分享证券市场带来的收益机会，又能避免过高的风险和直接投资带来的烦恼，达到轻松投资、事半功倍的效果。

金融家点评：

没有最好，只有更好；没有最合适，只有更合适。

569. 怎样认购和申购基金?

认购是指投资人在基金募集期按照基金的单位面值加上少量手续费购买基金的行为,基金的发行价一般为 1 元。投资人办理认购等基金业务的时间为开放日,具体业务办理时间以销售机构公布时间为准。

申购是指投资人在基金成立之后,按照当日收市后计算出的基金单位资产净值加上少量手续费购买基金的行为。通常投资者在开放日,即上海证券交易所和深圳证券交易所的交易日(上午 9:00~ 下午 15:00),15:00 前提交的有效申购申请,将按"未知价"原则以当日计算出的净值确认,15:00 之后提交的申请通常按下一开放日计算的净值确认。

目前,我国对投资者申购开放式基金金额没有设定上限;对于单笔投资来说,通常为 1000 元;对于"定期定额"投资来说,一次申购下限一般为 500 元,最低的有 100 元。

投资者不得撤销在份额发售期内已经被正式受理的认购申请。对于在当日基金业务办理时间内提交的申购赎回申请,投资者可以在当日 15:00 前提交撤销申请,予以撤销。15:00 后则无法撤销申请。

如果您在某个工作日(T 日)提交了申购申请,通常您可以在第三天(T + 2 日)9:30 之后就可以到销售网点打印确认书或查询确认情况。

在购买基金时要注意基金募集期。基金募集期指基金合同和招募说明书中载明,并经中国证监会核准的基金份额募集期限,自基金份额发售之日起,一般为一到三个月不等,最长不超过三个月。

金融家点评:

世界公认的股神巴菲特的年收益率是 24%, 带着一份平常心长期投资基金,别指望通过投资来暴富。该出手时就出手,该赎回时就赎回。

570. 申购和认购哪个更好?

认购和申购是购买基金的两种形式,认购就是在基金发行的时候购买,和买股票原始股有点相似;申购就是基金出了封闭期之后再购买,和在二级市场上买股票一样。

很多有炒股经验的人便认为认购肯定比申购合算,但实际上,除了认购费比申购费略低外,认购几乎没有优势可言。

投资者可以静观一只基金走出封闭期后的表现,如果基金净值出现下跌,这时可以采取观望或选择其他更好的基金;如果这只基金的净值稳步上升,这时则可以考虑采用申购的方式进行投资,这样投资风险会相对小一些。

因为开放式基金有认购和赎回费用, 所以一般情况下树立长期投资的理念是正确的,但当股市不太稳定时,经常是股指涨到一定程度又会回到原地,使得基金净值的波动幅度较大,有时算着自己的基金已经收益了 5%,可几天没有看又成亏损了。所以,在这种情况下,不妨转变一下投资思路,如果基金净值已经出现了可观的升幅,并且你对后市不太看好,这时可以及时赎回,落袋为安,保住自己的胜利果实。而等基金下跌到一定程度,投资价值显现的时候,;再申购回来,一年跟着股市涨跌进行两三次"投机",不但能规避风险,还能取得较为可观的投资收益。

金融家点评：

现在发行的开放式基金可以说良莠不齐，盲目采用认购的方式买基金很可能和买股票一样被“套牢”，而采用申购的方式，可守可攻，进退自如。

571. 怎样赎回基金？

赎回是指投资人将已经持有的开放式基金单位出售给基金管理人，收回资金的行为。通常投资者在开放日，即上海证券交易所和深圳证券交易所的交易日(上午 9:00~ 下午 15:00)，15:00 前提交的有效赎回申请，将按“未知价”原则以当日计算出的净值确认，15:00 之后提交的申请通常按下一开放日计算的净值确认。基金遇到大规模赎回的，依基金合同规定办理。

申购到的份额何时可以赎回呢？如果申购成功(销售机构未按规定将申购款划至注册登记人账户上的非正常情况除外)，则 T+2 日就可以使用该份额，例如进行赎回等(前提条件是基金已经开放了日常赎回)，基金管理人应当自接受基金投资人有效赎回申请之日起 7 个工作日内，支付赎回款项。如果申购没有成功，申购资金在 T+2 日前就已经退回到指定的银行账户中，当时即可用这笔资金继续申购。

根据有关规定，认购期购买的基金一般要经过封闭期才能赎回，申购的基金要在申购成功后的第二个工作日进行赎回。所以在封闭期后再买基金叫申购。申购无封闭期的限制，你也可以在封闭期内购买，封闭期的限制是你如果在募集期认购基金的，不能在封闭期赎回。

金融家点评：

投资者要分清申购与认购的区别：基金首次募集期购买基金的行为称为认购；在基金成立后购买基金的行为称为申购；一般情况下，认购期购买基金的费率相对来说要比申购期购买优惠。

572. 怎样办理基金赎回手续？

基金赎回采取份额赎回的方式，即投资者申请赎回一定份额的基金单位，基金管理人根据申请当日的基金单位净值计算投资者的赎回总额，再扣除赎回费用后即为投资者应得的赎回金额。

个人投资者办理赎回需要提交赎回申请表、银行借记卡、银行基金交易卡。机构投资者办理赎回需要提交加盖预留印鉴的赎回申请表。

投资者在 T 日提出的赎回申请一般在 T+1 日得到注册登记机构的处理和确认，投资者自 T+2 日起可以查询到赎回是否成功。基金持有人赎回基金份额，赎回款项通常在 T+3 日，最长不超过 T＋7 日从托管行划出。

根据规定，同一投资者在每一开放日内允许多次赎回。当日的赎回申请可以在当日交易停止前(即 15:00 前)撤销。撤销赎回申请所需提交的资料与撤销申购申请相同。投资者每笔赎回的最低额为 500 份基金单位。

从法律上讲，赎回是持有人的权利，基金公司对赎回申请只能接受。较大量的赎回对基金的投资操作肯定有影响，因为基金需要被动卖出股票兑现给持有人。当然，基金公司会在基金投资管理等方面进行科学合理的安排，以应对赎回压力。

金融家点评：

投资者赎回时，当某笔赎回导致其在代销机构交易账户的基金单位余额少于500份时，余额部分必须一同赎回；如果投资人因其他原因(如转托管、非交易过户等)，使其在代销机构的账户余额低于500份时，允许其赎回份额低于500份，但也必须一次全部赎回。这种情况又叫强制赎回。

573. 遇到巨额赎回该怎么办？

巨额赎回是指当开放式基金的当日净赎回量超过基金规模的10%时，基金管理人可以在接受赎回比例不低于基金总规模的10%的情况下，对其余的赎回申请延期办理。巨额赎回申请发生时，投资人可选择连续赎回或取消赎回两种方式，连续赎回是指投资者对于延期办理的赎回申请部分，选择依次在下一个基金开放日进行赎回。

在出现巨额赎回时，基金管理人一般有两种处理方法：一是全部赎回，当基金管理公司认为有能力兑付投资人的全部赎回申请时，即按正常赎回程序执行，对投资人的利益没有影响。二是部分延期赎回，基金管理公司认为兑付投资人的赎回申请有困难或可能引起基金资产净值的较大波动等情况下，可以在当日只接受10%的比例，对其余赎回申请延期办理。

此外，当开放式基金连续发生巨额赎回时，基金管理公司可按基金契约及招募说明书载明的规定，暂停接受赎回申请；已经接受的赎回申请可以延缓支付赎回款项，但不能超过正常支付时间20个工作日，并必须在指定媒体公告。

金融家点评：

投资者需注意，由于延期办理的赎回将按下一开放日或更后开放日的基金单位净值计价，因此在提出赎回申请时，投资者应在申请表中选择如发生巨额赎回是否顺延续赎回。也就是说，应明确表示一旦发生这种情况其是否要将当日未获受理的部分赎回予以撤销，即是选择“连续赎回”还是“非连续赎回”。如果投资者未作出选择，则将被默认为连续赎回。

574. 如何计算申购费用和买到的基金份数？

开放式基金的申购金额里实际包括了申购费用和净申购金额两部分。申购费用可以按申购金额或净申购金额的一定比例计算。国内的做法一般是按申购的价款总额(含费用)乘以适用的费率计算申购费用，并从申购款中扣除。这样，对一笔申购金额实际可以买到的基金单位的计算方法为：

申购费用 = 申购金额 × 适用的申购费率

净申购金额 = 申购金额 − 申购费用

申购份数 = 净申购金额 / 申购当日的基金单位净值

这是市场通用的计算方法。这种方法的优点在于，在采用“未知价法”的情况下，计算比较简便。

根据中国证监会基金部的有关规定，在基金赎回时，基金有效认(申)购费用的计算方法是不同的,如果认/申购费是在购买基金时收取,通常按照购买金额的大小递减,称为前端收费;在赎回时补收认/申费的,通常按照基金持有时间的长短递减,称为后端收费。

金融家点评:

请注意,有些后端收费在持有基金到达一定年限后可免除。

575. 如何计算赎回费用和赎回的金额?

为了应对赎回产生的现金支付压力,基金将承担一定的变现损失。如果不设置赎回费,频繁而任意的赎回将给留下来的基金持有人的利益带来不利影响。目前我国的证券市场发展还不成熟,投资者理性不足,可能产生过度投机或挤兑行为,因此,设置一定的赎回费是对基金必要的保护。

投资人在卖出基金后,实际得到的金额是赎回总额扣减赎回费用的部分。其计算公式为:

赎回总额 = 赎回份数 × 赎回当日的基金单位净值

赎回费用 = 赎回总额 × 赎回费率

赎回金额 = 赎回总额 - 赎回费用

金融家点评:

收取赎回费的本意是限制投资者的任意赎回行为,某种程度上说,也是合理有效的。

576. 如何计算基金的收益?

基金的收益率虽然有七天收益率、月收益、季度收益、年收益等等,但哪是为了比较基金的一个阶段业绩,仅供投资者买卖这个基金看它优劣的参考。对于基金的投资者而言,最重要的你投入的基金净值涨了多少.你的收益要看赎回当天的基金净值与申(认)购时基金的净值比较,看基金净值是涨了还是降了,这个比较才是最根本的。

开放式基金买卖的价格是以基金单位净值为基础计算的。基金单位净值的计算如下:

基金资产净值 = 基金资产总值 - 基金负债总值

基金单位净值 = 基金资产净值 / 基金单位总份数

基金资产总值是指基金所拥有的各类有价证券、银行存款本息及其他投资等的价值总和,基金负债总值是基金运作时所形成的负债,包括各种应付费用、应付收益等。

金融家点评:

懂得基金收益的计算方法非常重要。

577. 如何查询基金净值?

基金资产净值是在某一时点上,基金资产的总市值扣除负债后的余额,代表了基金持有人的权益。单位基金资产净值即每一基金单位代表的基金资产的净值。

单位基金资产净值 =(总资产 - 总负债)/ 基金单位总数。其中,总资产指基金拥有的所有资产，包括股票、债券、银行存款和其他有价证券等；总负债指基金运作及融资时所形成的负债，包括应付给他人的各项费用、应付资金利息等；基金单位总数是指当时发行在外的基金单位的总量。

累计单位净值＝单位净值＋基金成立后累计单位派息金额。

基金净值的高低并不是选择基金的主要依据，基金净值未来的成长性才是判断投资价值的关键。净值的高低除了受到基金经理管理能力的影响之外，还受到很多其他因素的影响。

基金单位净值每日计算，基金的交易，无论是申购或者赎回，都是按交易当日（正常工作日下午15时之前）的份额净值来折算成基金份额的。份额净值采用“未知价”原则，要在交易结束后当晚清算得出，即申购当天是不能确切知道当日份额净值的，只能参考前一日或几日的净值来进行交易。其中基金资产净值是用当天证券交易所收市后对基金所拥有的各项资产进行估值并扣除负债后得出的，基金单位总数是该日日终基金的总份数。

金融家点评：

各公司管理的基金的份额净值，会在当天交易结束、系统清算完毕并经托管银行复核以后，在公司网站和客服热线自动语音系统中自动更新，投资者也可以第二个工作日在中国证券报、上海证券报、证券时报上查询。

578. 购买基金如何交税？

一般情况下，基金投资者会涉及三种税金：

(1)所得税，针对投资者的红利和资本利得征收。

(2)交易税，基金在交易时需要交纳的税金。

(3)印花税，交易中的有关单据须交纳的税金。

我国目前对个人投资者的基金红利和资本利得暂未征收所得税，对企业投资者获得的投资收益应并入企业的应纳税所得额，征收企业所得税。基金的投资对象是证券市场，基金的管理人在进行投资时已经交纳了证券交易所规定的各种税率，所以投资者在申购和赎回开放式基金时也不需交纳交易税。印花税按照国家的有关规定征收。

金融家点评：

照章纳税是每个公民应尽的义务，投资者须分清纳税的具体情况。

579. 什么是基金投资未知价法？

基金的申购和赎回一般都采取“未知价”原则，即申购和赎回以申请当日的基金单位资产净值为基础进行交易。

采用“未知价法”，是为了避免投资者根据当日的证券市场情况决定是否买卖，而对其他基金持有人的利益造成不利影响。举例来说明，如果开放式基金的买卖采用“历史价”法，即根据当日公布的前一日的基金单位资产净值来申购和赎回，那么，在当日证券市场价格上涨的情况下，基金单位净值会随之增加，而因为是按当日已公布的前一日的净值计价，投资者只需付出较少的资金就可实现当日上涨后的净值；而当证券市场下跌时，投资者赎回就会避免当日净值下跌的损失。这样有可能引起套利的行为，对基金的长期投资者不利，同时也不利于基金的稳定操作和基金单位净值的稳定，所以我国开放式基金的买卖都采用“未知价法”，按次一日公布的基金单位净值计算申购赎回的价格。

金融家点评：

事实上，投资者在买卖基金时，并不知道该交易的确切价格。

580. 开放式基金投资有哪些限制?

根据有关法规，基金投资组合有以下限制：

(1)1 个基金投资于股票、债券的比例，不低于本基金资产总值的 80%；

(2)1 个基金持有一家上市公司的股票，不超过本基金资产净值的 10%；

(3)同一基金管理人管理全部基金持有一家公司发行的证券，不超过该证券的 10%；

(4)1 个基金投资于国家债券的比例，不得低于该基金资产净值的 20%；

(5)基金名称显示投资方向的，基金的非现金资产应当至少有 80%属于该基金名称所显示的投资内容；

(6)中国证监会规定的其他比例限制。

与此同时，有关法规禁止用基金资产从事以下行为：

(1)基金之间相互投资；

(2)基金管理人以基金的名义使用不属于基金名下的资金买卖证券；

(3)动用银行信贷资金从事基金投资；

(4)将基金资产用于担保、资金拆借或者贷款；

(5)从事证券信用交易；

(6)以基金资产进行房地产投资；

(7)从事可能使基金资产承担无限责任的投资；

(8)将基金资产投资于与基金托管人或者基金管理人有利害关系的公司发行的证券；

(9)当时有效的法律、法规、规章、中国证监会及《基金契约》规定禁止从事的其他行为。

金融家点评：

法律法规是不可逾越的底线，任何情况下都必须遵守。

581. 买基金有哪些风险?

基金能分散风险，但并不是没有风险。投资基金的风险具体来说有：

(1)市场风险。购买基金，虽可有效地分散投资和利用专家优势，但其收益风险依然存在，市场的系统风险也无法消除。

(2)基金管理能力风险。由于在知识水平、管理经验、信息渠道和处理技巧等方面的差异，基金管理人的管理能力也有所不同。

(3)基金份额不稳定风险。当基金遇到巨额赎回、其流动性受到影响时，基金管理人不得不降低股票仓位，被动地调整投资组合，原定的投资计划可能改变，基金重仓股的异常波动，基金投资者的收益也将受到影响。

(4)基金价格波动风险。股票价格长期下跌，将导致基金净资产缩水。目前在深沪证交所上市的基金品种有封闭式基金、LOF、ETF等，这些基金除具有普通证券投资基金的固有投资风险外，投资者通过场内交易基金还可能因为市场供求关系的影响而面临交易价格大幅波动的风险。

金融家点评：

除上述以外，还有基金公司违反契约的信用风险，基金资产投资运作过程中的不规范操作风险，基金资产的流动性风险等。

582. 如何分散基金的投资风险？

基金投资虽然不应像股票一样短线进出，但适度转换或调整投资组合也是必要的，因为有些风险基金是无法避免的，如市场周期性风险，即使是明星基金也必须承担随着市场景气与产业周期起伏的风险。

一些追求高回报的投资者，不把稳健型、保守型投资品种放在眼里，全然不顾自身风险承受能力，只投资高风险的股票基金。

有研究显示，理财成功的关键，有85%归功于正确的资产配置，10%来自选择具体投资品种的能力，5%则靠运气。因此正确的投资组合应该是做到资产类别分散，而且彼此关联度要低。股票基金之间的关联度一向较高，往往同时上涨或下跌，这种组合就无助于分散风险。一旦股票市场从高点回调，就需要有稳健的获利来弥补损失。对于大多数持有人，还是需要将一定的资产比例分布在稳健型和保守型投资工具上面。

金融家点评：

在追逐高回报的同时，还是要有风险控制的概念，在1个篮球队里不能有5个姚明，在1个足球队里也不应该是11个前锋。

583. 如何把握基金投资的度？

基金投资重点在于完整的资产配置，搭配投资过程中灵活调整，这样才能有效提升投资的胜算。以下两个原则可供投资者参考：

(1)确定资金的投资期限。若投入的资金在一段时间后要赎回变现，建议至少半年之前就关注市场时点以寻找最佳赎回时机；

(2)设立获利点和止损点。选择基金投资前，根据自身情况设定合理的收益预期，进而设定获利点和止损点；

(3)正确对待新老基金。有些投资者对新基金总不放心，认为还是老基金靠得住，他们甚至怀疑新成立的基金公司会倒闭。这是个很无聊的假设，基金公司都是国内大型金融机构(四大银行和证券公司)组建的，是不会轻易倒闭的。即使倒闭，投资者的钱也是安全的，会有其他基金公司接管相应的投资份额。

金融家点评：

过犹不及，把握投资的度很关键。

584. 股市连续下挫，投资基金如何应对？

股市中震荡下挫的格局是在所难免的。在振荡的股市中持有怎样的基金投资策略？在振荡市场中应选择风险控制力强，能够针对市场的变活及时灵活调整的基金产品。配置型基金既能分享牛市收益，又能控制市场高位下存在的系统风险，是个人投资者的良好选择。

相对于股票型基金，配置型基金在投资控制上更为灵活，体现出防守能力。在股市单边上扬的时候，配置型基金可以增大股票的配额；在股市震荡甚至下跌的时候，配置型基金可以适当减仓，将资产配置在债券、货币等短期金融工具上，但不同的投资组合为投资人带来的收益都是持续稳定的。在股市单边上扬的情况下，股票型基金会获得更多利益，但在市场整体震荡的情况下，选择更为灵活的配置型基金才是明智之举。

暴涨暴跌成了近期股市的一道风景线，人们的情绪也随着像“过山车”般的行情走势而上下起伏，在恐慌性抛盘涌出之时，人们倒掉了洗澡水，连小孩也一起倒了出去，这是市场不成熟的表现，看来投资者教育的任务还是很艰巨的。有多少新投资者不顾一切地涌入股市，相对应的就会有不顾一切地落荒而逃，这也是近期市场投资情绪不稳定的一个重要原因，由于股市存在着难治的健忘症，也由于股市中少有坚定的所谓多头和空头，更多的是风吹两边倒的人，这是导致中国股市暴涨暴跌的主要原因，如果股市的政策也缺乏稳定的预期，那就更加催化市场的激烈震荡。

除了基金收益这一重要指标外，还要关注基金产品的风险收益特征、操作风格和风险波动指数等。类似中信红利精选基金、中信经典配置基金这样风险系数评价为低，而收益水平处于同类产品前列的基金产品，是震荡市中的投资佳品。

金融客点评：

在面对当前的慢牛震荡行情时，投资者应该根据自身的风险承受能力来选择适合自己的基金品种。

585. 选择哪些基金品种最合适？

一般来说，人们手里最常见的基金品种有指数型基金、混合型基金和债券型基金。如果大盘横盘振荡，指数型基金表现不会很理想；混合型基金应该根据基金公司基金品种的选择决定取舍，好公司的产品可以保留，表现不好的逢高卖出予以转换，待大盘企稳后再进行出击；债券型基金可以持基观望。

另外，还要根据品种和投资的时间进行决策，好的品种前景看好，暂时不用的钱就可以长期持有。基金适合长期投资，两到三个月横盘整理是可能的，如果承受不了就赎回了。

有经验的老基民指出：“你只需要三个基金足矣！”，意思是说，投资者只需要货币市场基金、股票指数基金和债券指数基金三个基金就可以了。

不过，需要强调的是，三个基金不是让投资者买三家基金公司的产品，而是根据个人的投资风格和风险承受能力，按比例买三只不同风格的基金。在股市处于横盘期，很多人一下子买进了好多基金，其实都是股票型基金。在股市下跌的时候，它们都会跌，股市涨的时候，它们又都会一起涨。

金融家点评：

只要你购买了相同风格的基金，那就意味着收益和风险都差不多。

586. 选择基金品种有哪些策略？

从基金品种的角度来说，选择基金要注意三大策略。

（1）主题、行业基金要谨慎。大部分以主题、行业为投资标的的基金，涨跌幅度难以把握，因为其均存在周期性，所以变化比较剧烈。

（2）指数型基金交易成本低。比如，上调印花税直接的影响就是增加交易成本，而以ETF和LOF形式存在的指数型基金既可以像股票一样实时交易，又无须缴纳印花税，成本优势显现。

（3）平衡型、混合型基金具备天生优势。由于本身特性原因，在动荡股市中，平衡型、混合型基金对风险的控制值得重视，天生具有较强的抗跌性。

金融家点评：

尽管基金的品种多种多样，但要记住：别认为债券或是货币型基金是理想的投资品种，债券基金的收益率和银行定期储蓄差不多，而且要持有满一定时间才会给你计算收益，货币型基金收益率更是和银行活期储蓄一样。

587. 封闭式基金不如开放式基金好吗？

到底是封闭式基金好还是开放式基金好？这是个见仁见智的问题。

单从基金经理来看，封闭式基金经理的经验要比现在开放式基金的经理要多点。但其实这方面可以忽略不计，能当上基金经理没有多年证券从业经验是不可能的。不需要怀疑他们的能力，而且中国基金经理喜欢扎队买股票的，没看见有哪个经理是独立于其他基金选股思路的。

从费用来看，封闭式是按千分之几来算的，开放式基金是按百分之几来算，无疑封闭式基金的优势更明显。

市场号召力方面，开放式基金要强得多。而且随着开放式基金队伍不断壮大，以后会强得更多。而封闭式基金将逐步边缘化，各基金公司花在封闭式基金上的精力也会减少，而且封闭式基金没有赎回压力，基金经理就有可能在投资操作上没有尽全力.

从题材方面来看，封闭式基金有更多的热点可以挖掘：封转开，股指期货套利等，都促使封闭式基金的折价率进一步降低。举个例子，假如一家开放式基金和一家封闭式基金拥有同样的股票，理论上应该每日净值增长是相同的，但因为封闭式基金的交易价格相对于他的净值有折价，而这个折价在不久的将来因为封转开，股指期货套利等原因会归零，所以封闭式基金会涨得更多些。但封闭式基金折价已经相对较少了，在国外成熟市场，折价5%左右是正常的。

所以，从短期投资角度来看封闭式基金优势较大，长期在封闭式基金折价题材透支后，开放式基金将因为市场的主导优势渐渐成为投资的首先品种。

由于封闭式基金成立之后不能赎回,除了成立之时投资者可以在交易所或者指定单位购买之外，一旦封闭式基金成立，投资者只能在证券公司通过交易所平台像买卖股票一样买卖。

封闭式基金是交易所的一个交易品种,所以投资者只要拥有证券账户,就可以很轻松地像购买股票一样购买封闭式基金。

金融家点评:

对于没有证券公司股东账户的市民来说,只要带身份证去任意一家证券公司开设股东账户,然后开设资金账户,存入保证金(或者在银行办理银证通业务后把保证金存入银行)就可以买卖封闭式基金。

588. 如何购买封闭式基金?

封闭式基金成立之后不能赎回,除了成立之时投资者可以在交易所或者指定单位购买之外,一旦封闭式基金成立,投资者只能在证券公司通过交易所平台像买卖股票一样买卖。

封闭式基金是交易所的一个交易品种,投资者只要拥有证券账户,就可以很轻松地像购买股票一样购买封闭式基金。

对于没有证券公司股东账户的市民来说,只要带身份证去任意一家证券公司开设股东账户,然后开设资金账户,存入保证金(或者在银行办理银证通业务后把保证金存入银行)就可以买卖封闭式基金。

金融家点评:

由此看出,购买封闭式基金的程序并不复杂。

589. 哪些封闭式基金最值得购买?

(1)市净率上升空间相对较高的品种。在较长的一段时期内,封闭式基金的市净率和其规模有着较强的负相关关系。而在同规模基金中,不同基金的市净率也保持着一个比较稳定的相对强弱关系。因此投资者在以市净率为依据选择基金时,需要考虑的是该基金市净率的相对上升空间,而非折价情况。

(2)有中期分红可能的基金。根据相关基金管理条例,基金分红后单位净值不得低于面值,为了稳妥起见,要首先考虑单位净值大于1.05元的基金。此外,基金在分红时必须先弥补上一年度亏损,这些单位净值大于1.05元的基金也全部符合该项条件。

(3)选择净值运营较好的基金。从市场运行形势以及市场运行的规则来看,强者越强的趋势在短期内应该不会有大的改变,因此在同样的情况下,选择基金时有必要优先考虑那些单位净值增长良好的基金。

金融家点评:

强者恒强,天下同理。

590. 怎样查看基金相关指数?

为反映基金市场的综合变动情况,深圳证券交易所和上海证券交易所均以现行的证券投资基金编制基金指数,很多网站和报刊都为投资者提供两市行情指数。主要内容有:上海证券交易所 50 指数成份股列表、上海证券交易所 180 指数成份股列表、已出年报社保基金持股变动情况一览表、沪深股市统一指数、沪深 300 指数列表、上证 180、上证 50 指数样本股调整等系列基金指数。

(1)深市基金指数。深圳证券交易所自 2000 年 7 月 3 日终止以老基金为样本的原“深证基金指数”(代码:9904)的编制与发布,同时推出以证券投资样本的新基金指数,名称为“深市基金指数”(代码:399305)。

(2)上证基金指数。上证基金指数选样范围为在上交所上市的证券投资基金,上证基金指数将同现有各指数一样通过行情库实时发布,上证基金指数在行情库中的代码为 000011,简称为“基金指数”。计算方法:采用派许指数公式计算,以发行的基金单位总份额为权数。

(3)指数计算公式:报告期指数 = 报告期基金的总市值 ÷ 基期 × 基日指数其中,基金的总市值 = ∑(基金市值 × 基金单位总份额)

金融家点评:

基金指数与现有的综合指数等 9 个指数均属于股份指数,基金指数属于基金价格指数,不属于股价指数,不纳入任何一个股份指数的编制范围,这一点投资者需要引起注意。

591. 从哪里能获得基金信息?

开放式基金信息披露内容包括招募说明书(公开说明书)、定期报告和临时报告三大类。定期报告又由每日公布单位净值公告、季度投资组合公告、中期报告、年度报告四项组成。法定披露信息由基金管理人编制,基金托管人复核,于规定时限内在中国证监会指定的信息披露报刊和网站上发布。

(1)招募说明书。招募说明书(初次发行后也称为公开说明书),该报告旨在充分披露可能对投资者做出投资判断产生重大影响的一切信息。包括管理人情况、托管人情况、基金销售渠道、申购和赎回的方式及价格、费用种类及比率、基金的投资目标、基金的会计核算原则、收益分配方式等。

(2)公开说明书。公开说明书是指基金成立后定期公告的有关基金简介、基金投资组合公告、基金经营业绩、重要变更事项和其他按法律规定应披露事项的说明。

(3)基金年度报告 。基金年度报告是反映基金全年的运作及业绩情况的报告。除中期报告应披露的内容外,年度报告还必须披露托管人报告、审计报告等内容。该报告在会计年度结束后 90 天内公告。

(4)基金中期报告。基金中期报告是反映基金上半年的运作及业绩情况。主要内容包括:管理人报告、财务报告重要事项揭示等,其中,财务报告包括资产负债表、收益及分配表、净资产变动表等会计报表及其附注,以及关联事项的说明等。该报告在会计年度的前 6 个月结束后60日内公告。

(5)基金资产总值。基金资产总值是包括基金购买的各类证券价值、银行存款本息以及其他投资所形成的价值总和。

(6)基金资产净值。基金资产净值是指基金资产总值减去按照国家有关规定可以在基金资产中扣除的费用后的价值。

(7)基金单位资产净值。基金单位资产净值是指计算日基金资产净值除以计算日基金单位总数后的价值。

(8)基金累计净值。基金累计净值是基金单位资产净值与基金成立以来累计分红的总和。

金融家点评：

书山有路勤为径，只要肯学善学，全面了解掌握基金信息就不是一件难事。

投资股票
基金

第十章 基金投资实务

基金投资使理财多了一个窗口，生活多了一处风景。基金应该是用一生的时间来投资，并不是说市场好就来投资基金，即使在熊市时投资者仍然可以选择投资，这就要求投资人要懂得一些基本的投资实务。当基金投资者选择了最优基金，在进行具体操作时，就需要根据自身的条件和投资目标，选择明智的投资策略。投资赢利的策略多种多样，需要在实践中不断摸索，灵活掌握。

592. 选择最佳基金的依据是什么?

市场上的基金有很多不同的类型,不同类型的基金,各自也有不同的投资目标、投资策略。在选择基金时,投资者需要注意浏览各种报纸、销售网点公告或基金管理公司的信息,了解基金的收益、费用和风险特征,判断某种基金是否切合其投资目标。选择最佳的基金应该重点考虑以下几点:

(1)基金以前的市场表现。基金的回报水平是否有吸引力,它的过往表现是否一贯。

(2)基金管理公司状况。基金管理公司是否值得信赖,基金经理对管理基金是否具有足够的专业知识和投资经验。

(3)基金是否满足自己的愿望。基金的投资目标、投资对象、风险水平是否与个人目标相符,比如说:每个人因年龄、收入、家庭状况的不同而具有不同的投资目标。一般而言,年轻人适合选择风险高些的基金,而即将退休的人适合选择风险较低的基金。

(4)能否承受相应的风险。一般来说,高风险投资的回报潜力也较高。然而,如果投资者对市场的短期波动较为敏感,便应该考虑投资一些风险较低及价格较为稳定的基金。假使投资者的投资取向较为激进,并不介意市场的短期波动,同时希望赚取较高回报,那么一些较高风险的基金或许符合其需要。

此外,在其他条件相当的情况下,投资者还可以关注一下基金的费用水平是否适当。

金融家点评:

没有最好,只有更好,选择最佳基金,关键是选择最适合个人的基金。

593. 影响基金选择的主要因素有哪些?

(1)基金的投资目标。根据基金的投资目标不同,基金可分为不同类型,其特征也各不相同,如成长型基金,其投资目标是随时间推移增加投资的总值,投资方向主要是股票,注重追求股票买卖价格的涨价收益,在股市剧烈波动时,通过频繁的买入、卖出交易获利。如果投资者个人的投资目标是保证正常收入却选择了成长型基金,则极有可能事与愿违,尤其是股市风云的变幻莫测,常令投资者叫苦不迭。

(2)基金的规模。基金的规模大小是一个值得考虑的因素,尤其是对于初次进入基金市场的普通投资者来说,情况更是如此。通常而言,基金规模大,能够提供适当的多样化投资,即通过分散投资来减少风险,同时,经营管理费用水平低。基金规模小,不但不利于通过分散投资来减少风险,费用水平也高。

(3)基金价格变化。基金价格与投资者的投资效益及风险程度紧密相关。投资者一般都希望基金价格稳定,这样可试图通过投资者个人持份的回收和销售实现流动。

确定基金价格变化情况可从基金的历史经营记录中获得,一般应根据在市场行情看涨或趋疲两种状况下基金的运营记录来比较基金余额。

(4)基金受益凭证的周转率。较高的周转率能够纠正过去的投资失误,特别对于成长型基金来说更是这样,因而,在一定条件下较高的周转率是可以接受的。

(5)管理费用和总费用率。购买基金时,投资者需要支付基金一定的管理费用与其他经营费用，这些费用的多少，与投资收入应形成一种合理的对应关系。发达国家的经验表明，就开放型基金来说，费用在投资收入的10%至15%之间，在资产值的0.5%至2%之间。随着基金规模的扩大，费用水平会相应降低。总费用过高固然会影响投资者的投资效益，但明智的投资者宁可选择费用率较高但成效显著的基金，也不选择那些费用较低但业绩一般的基金。

(6)销售费用。投资者在选择基金时，不应仅仅依据初始销售费用，或只着眼于附加费低甚至没有附加费，经营状况更加重要。在选择投资基金时必须考虑销售费用，并以此作为计算成本收益的参考因素。

金融家点评：

影响基金选择的因素很多，上述因素必须认真考虑。

594. 基金公司提供的特殊服务是指什么？

投资者在选择基金时，有些基金公司会明确提供特殊服务，这些特殊服务包括：

(1)股息自动再投资。即基金投资所得再自动作为资产投入，在新的受益凭证发行时无需销售费用。

(2)自愿积累计划。据此投资者每隔一定时期进行一定数量的投资，通常与股息再投资一道进行。新的受益凭证最初购买的最小额度以及以后的正常购买额度都是预定的。其具体操作过程类似银行的零存整取储蓄，投资者可随时从中退出。

(3)转移权利。这一权利使得投资者可以从一个基金转移到同一管辖范围内的另一个基金。如投资者可根据个人投资目标的改变要求从一个成长型基金向收入型基金转移，转移时只需支付一小笔费用。

(4)退股计划。投资者在进行最小额度的初始投资后，甚至可能每个月都要向基金支付一定的金额。有时投资者的资本可能不得不抽出以弥补这种支付。

金融家点评：

投资者要仔细辨别，是否需要这些特殊服务。

595. 如何选择最优秀的基金公司？

基金是由基金公司管理和运作的，基金公司的管理水平如何，将直接影响到基金的表现，因此选择信誉卓著的基金公司，是投资过程的一个重要方面。以下几个方面不容忽视：

(1)公司背景。管理公司的母公司或关联公司如果实力雄厚，往往能够掌握第一手资料和快捷的消息，使其投资表现优于其他公司。投资人应选择信誉良好、无违法违规记录、内部管理及控制完善的基金管理公司。

(2)资产规模。投资人应选择管理资产规模较大，管理的基金在多数时间相对同业及大盘有较好表现的基金管理公司。

(3)投资程序及经验。投资人应选择投资经验丰富，投资程序科学先进的基金管理公司。

(4)信息资讯网络。如果资讯网络发达，即使是一些较小的公司，也能够接触到世界各地的资讯，信息来源充足，其表现不会逊色于大公司。

(5)对客户的服务态度及水平。投资人应选择能提供较完善客户服务的基金公司。

金融家点评：

归结起来，好的基金管理公司的判断可以从五个方面去观察：背景、规模、资产、程序和服务。

596. 如何判断基金公司的管理水平？

不少公司都有自己特别擅长的王牌产品，即在众多基金或投资对象中表现最好的产品。管理水平高的基金公司，为了保持竞争优势，必然会集中最优秀的专家和资源用于这些品种的研究和开发。至于一些管理水平较低的公司，不但没有什么王牌，仅仅只有一两种基金，而且内部秩序混乱，基金经理不能全力以赴，因此它们的投资绩效也一定较差。

有的公司组织结构严密，隶属层次分明，每遇重要决策，不须层层请示汇报，常常迅速决策，对市场作出反应，不会贻误战机。而一些组织结构简单、管理却极其复杂的公司，层次很多，层层请求汇报，缺乏灵活应变的管理风格，这类公司极有可能因管理效率太低而增加失误。

金融家点评：

管理水平决定着公司的业绩，决定着基金的质量。投资者可以通过基金公司管理的基金的总体表现来评估其管理能力。

597. 如何判断基金公司的团队实力？

首先，团队是一个基金公司的核心，一个公司的团队是否团结合作、专业高效直接决定着公司各方面的表现；其次，要看这个公司是否有着清晰的、科学的投资理念，而且在实际操作过程中是否严格遵循这个理念；再次，公司要有严格、规范的流程控制，良好的制度流程可以在很大程度上规避团队人员流动带来的风险；最后，要关注公司过往的业绩表现，如果以上四点都具备了，就是一家优秀的基金公司。

金融家点评：

一个基金公司就是一个团队，实力较强的公司应具有丰富的行业及市场研究经验、较好的证券分析素养和较高的职业操守。

598. 怎样分析基金公司的赢利水平？

投资者购买基金，首先应该看的是基金公司的投资业绩，如若投资稳定，盈余较多，说明此公司投资理念正确。

基金管理公司是基金产品的募集者和基金的管理者，其最主要职责就是按照基金合同的约定，负责基金资产的投资运作，在风险控制的基础上为基金投资者争取最大的投资收益。但是基金管理公司的收入主要来自以资产规模为基础的管理费，这就造成基金管理公司都有扩大其资产管理规模的冲动，以提高其管理费收入。

基金管理公司要得到投资者的信赖，一定要有成熟的投资理念、专业化的研究方法、良好的治理结构、标准化的产品、严格的内部风险控制制度、严格的外部监管和信息披露制度。它要与证券公司相互制衡，对上市公司进行合理估值和定价，促进上市公司改善公司治理，推动产业升级，优化产业结构，加快技术、产品和制度创新，提高资本回报率，让广大投资者分享公司成长的红利，实现投资者与资本市场的共赢。同时，它还要按照诚实信用、勤勉尽责的原则，认真履行受托人义务，根据市场投资价值的变化，搞好投资者教育，合理决定基金募集的时机和规模。

海外的基金评级标准，是成立3年以上的基金才纳入评级体系，在中国也是只对运作一年以上的基金进行评级。而目前国内很多投资者用一个季度、一个月甚至一天来衡量基金的业绩，这是不客观也不够专业的。

金融家点评：

广大投资者应该充分意识到基金管理公司所宣传的业绩往往不能代表未来的收益，对那些片面宣传、不充分揭示风险、作误导广告的基金管理公司保持高度的警惕。

599. 怎样正确看待基金净值?

在众多基金投资者中，通过各种途径关注自己所购买的基金的净值已经成为每天生活的一部分。许多人因为涨了几分钱欣喜若狂，也有人哪怕净值下跌一天都颇为郁闷。

什么是基金份额净值呢？基金份额净值指的是每份基金份额的净值，等于基金的总资产减去总负债后的余额再除以基金份额总数。基金累计净值指的是份额净值与基金成立以来累计分红派息之和。累计净值反映该基金自成立以来的总体收益情况的数据。

千万别太在意基金净值，10元的基金和1元的基金收益率是相同的，因为你始终是用1万元去买基金，10元的基金买1000份或是1元的基金买10000份，某日两只基金都涨或跌了2%，你的两只基金收益和损失是一样的！因为涨的2%或是跌的2%都是按1万元算的。而且一个基金能涨到10元，另一个基金徘徊在1元也是有原因的，说明了他们过去的业绩区别，这种区别不会因为你的介入而改变，10元的还是会向20元奔去，1元的还是只会在1元。

金融家点评：

投资者要更加理性地对待每日净值，不能为其所困，更不能因为净值高低而错失投资机会。

600. 净值低的基金就是好基金吗?

其实，净值低未必涨势好，关键要看大盘行情。很多基民愿意买新基金和净值低的基金，因为大家认为这样保险，其实这是个误区。基金经理拿着大家的钱都是买股票，股市走的好，基金都会涨，股市不好，净值一样会下降，谁也不能保证基金不会跌破发行价。而且新基金因为募集后有1~3个月的封闭期，这期间不能申购和赎回，流动性不好。

以广发聚丰为例，这只2005年12月底成立的基金，2006年2月大盘在1287点时，净值为1.09,投资者一个月轻松挣了10%。一些投资者便赎回基金，寻求落袋为安的感觉。而没有申购的则认为那时的净值很高，打算等它回调后再买入。同年3月9日，这只基金的净值为

1.06元，许多人认为自己判断正确了，但到了3月底，大盘仍然在震荡，但聚丰却涨到了1.2元。这时候赎回的人觉得后悔，没买的人则打算再次等待回调。但从此之后净值却再也没有跌回来，许多人白白错失机会。

金融家点评：

基金净值低时对市场没信心，基金净值高时对价格没信心，既怕套牢又怕踏空，这是投资者的典型心态。投资者如果看好后市和基金公司，应果断地买进、坚定地持有才能获得更高的收益。

601. 基金净值下跌应该尽快赎回吗？

基金净值下跌，会有多种不同的原因。应该通过不同渠道了解净值下跌的原因之后再采取行动。

如果是市场的下跌造成净值下跌，你最好不要轻易赎回，因为这种下跌很可能是正常的调整和波动，是暂时的；而投资者购买基金的目的是希望通过长期投资取得稳定收益，所以轻易赎回容易把暂时的账面损失变成实际亏损，使投资前功尽弃。

投资者需要明白一个很简单的道理，基金的净值可不是每天稳稳地涨一小点这么累计着增长上去的，总会遇到波动或净值下跌的时候，往往在这种时候就更需要投资者格外的耐心。

但是，如果是基金经理的判断出现重大失误，并且在一段时间内又没有改善的迹象，你可以考虑卖出或转换基金。

金融家点评：

不要去幻想每天都吃鱼翅、鲍鱼，要放平投资心态，才能享受到长期投资的切实的回报，得到投资过程中一步步走来的乐趣。

602. 基金净值越低价格越便宜吗？

由于基金按交易品种不同，分为上市交易型开放式基金和非上市交易型开放式基金。对于非上市交易型基金，其申购、赎回的参考价格就是基金的净值，而对于上市交易型开放式基金来讲，基金的价格与净值是不同的，基金的价格变化受一定的市场供求关系影响呈现不同的变化，而基金的净值则是由基金运作业绩所决定的。

金融家点评：

正是由于基金价格和基金净值的不同步而造成价格偏差，才给参与上市交易型开放式基金套利的投资者创造了机会。

603. 基金净值低就具有投资价值吗？

基金的现有净值只是基金历史业绩的一种反映，并不代表基金的未来业绩。当投资者挑选一只基金产品时，购买的只是基金的即期净值，而基金的远期净值变化是不可预测的，存在走高、走平或走低的可能性，而影响基金净值未来变化的是基金管理人的未来运作水平。因此,以即期的基金净值高低,作为是否对基金进行投资的依据也是有失偏颇的。

金融家点评:

为了更好地分析基金净值,观察净值变动,更好地把握净值变动规律,正确选择和投资基金,需要投资者走出低净值基金在理解上的误区。

604. 基金净值越低波动越小吗?

由于基金与证券市场的变化关联度极强,证券市场股票的价格波动,均会在同一时间内影响基金资产配置品种中的股票资产的市值变化,从而使基金净值处于不断的变化之中。

正是由于股票资产价格的连续波动性,从而使基金的净值也呈现一定的连续波动性。只要基金不进行实际的清算交割,基金的净值就是一个"虚拟"的参考价格,并不构成基金资产的实质性增加,更不会产生实质性的损益。

金融家点评:

用静态的、孤立的方法看待低净值基金是不全面的。

605. 高净值基金就没有高收益吗?

很多投资者在基金投资中都有"恐高症",尤其是初次购买基金的投资者有时会偏好低净值的基金,认为这样成本相对较低,这实际上也是一种认识误区。

事实上,基金投资的回报是来自于持有期该基金的增长率,与购买时的单位净值并没有直接关系。

净值高的基金,是其过去投资能力的直接体现,意味着每份基金所包含的资产价值高。相对于新发基金,高净值基金历经熊市、牛市双重考验,基金管理人的管理运作水平和风险控制能力,完全可以依靠以往的基金业绩来说话。例如美国富达基金管理公司旗下的麦哲伦基金成立于1963年,已运作了44年;2005年4月底净值曾达到114.96美元,约合900多元人民币。

金融家点评:

实际上,高净值基金的成长性并不弱于新成立的基金;这些经历过市场检验的基金,散发出"高"而弥坚的持续成长能力。对于基金持有人来说,以净值判断基金的表现是最直观、最容易的方式。

606. 基金净值高意味着持有的股票被高估吗?

不是的,基金净值高不等于它持有股票的价格已被高估。基金不是股票,"高抛低吸"并不适用于基金投资。基金的价值由其资产净值决定,高净值的背后,是基金经理的操作能力。好的基金经理,对自己所选股票有自己的动态估值,当基金经理持有的股票被高估时,他就会获利了结,然后再买他认为价格被低估的股票。所以,高净值基金里,未必有价格被高估的股票。

另外,高净值基金就一定存在类似股票高估之后一样的下跌危险么?其实不然,股票存在内在价值，股票价格越高风险越大，但基金不同于股票。开放式基金的价值是其投资的各类证券的现值。无论基金净值多高，都不存在净值偏离实际价值的风险。

金融家点评：

判断基金好坏的依据并不是净值的高低，基金净值没有最高，只有更高。

607. 如何避免购买基金的“恐高症”？

有的投资者经常会问：花3万元钱去买2元的基金，要比买3元的基金得到的份额多，是否就意味着更安全？

其实，你可以简单地算笔账：同样是3万元，投资一只2元的基金和投资一只3元的基金，如果一年后两只基金的增长率都是20%的话，虽然前只基金你得到的份额是15000份，后者得到的份额只有10000份(不计手续费的话)，但是你一年后获得的收益其实都是6000元。我们不能因为同样的金额可以购买更多的份额，就认为份额多投资回报一定更高。其实投资基金赚钱与否是它的增长率，与所得到的份额没有关系。

金融家点评：

基金净值高不代表其持有的股票价格高，因为股票被认为高估时，基金可以获利了结，调整组合和持仓品种。

608. 怎样运用分批买入法择机退出？

在生活中，商场打折时会人满为患，但股市下跌时却很少有人敢买。投资者在市场里受到非理性心理的影响，追涨杀跌。在股票上涨时非常想买入，下跌时则很想卖出。针对这一人性弱点，分批买入能够有效克服投资者优柔寡断、追涨杀跌的心理。分批买卖法克服了只选择一个时点进行买进和沽出的缺陷，真正做到有目的地投资，也给择机退出提供了便利。

例如，投资者在2004年11月决定投资A基金，总共200万元。该投资者将资金均分为4笔，每笔50万，计划大盘每下跌50点，投下一笔资金。从2004年11月到2006年2月，15个月中大盘从1387跌到过998点，又回升至1300点。该投资者在2006年2月赎回所有基金，赎回总金额为2363044元，收益率能够达到18%。

金融家点评：

这种成功是不可复制的，因为不可能每次都判断对。难怪华尔街有这样一句谚语：“成功的选择进出股市的时机要比空手接住一把落下的飞刀还难。”

609. 只有“低买高卖”才能赚钱吗？

其实，并不是必须在低点买入，高点卖出才能赚钱。投资者热衷于通过判断市场的高低、基金净值的高低来决定购买时机是舍本逐末的做法，不仅劳心劳力而且还很难得到自己所期望的结果。

有时，投资者为掌握基金投资的有利时机，往往根据基金价格和升跌情况，抢做短线，在各类基金间频繁调换。这样做容易出两个问题：

其一，很多投资者往往根据小道消息或大户动态更换进出，免不了要赔钱；

其二，要达到与长期持有股票同样的收益率，正确判断应在80%以上，这一点很难做到。再加上买卖要付手续费，可能会加重损失。

很多基金投资者总是慢了半拍，看人家赚钱，不管价位是不是已过高就贸然进入，结果行情转坏，被套牢。等市场不景气时，多数投资者往往对长期的低价位失去信心，纷纷退出，迫使基金必须卖掉持份，结果基金资产净值一路下跌。相反，聪明的投资者遇低档时会再买进一些持份，将来脱手的速度可快些，缩短亏损的时间。

金融家点评：

股市变化莫测，各种力量错综复杂，一个普通的投资者准确判断时机更是困难。在市场中，真正通过判断时点挣钱的人很少，就连巴菲特也难以做到。

610. 分批买入时要考虑哪些因素？

投资者进行分批买入时，必须要考虑如下两个因素：

(1)关注大盘指数，或者是所投资基金的风格指数。不同的基金有不同的投资风格，比如一些小盘基金主要投资于小市值公司，这些公司往往在一些细分子行业中占有绝对的市场占有率，其成长性也较好。对这类公司研究透彻，同样也能带来不错的收益。这些指数的调整可以作为分批买入的前提条件。

(2)以月份为周期，如果大盘指数或风格指数的调整都没有达到交易的促发点，可以选用时间周期为条件。

分批买入的一种特殊形式为定投。所谓定投，是定期定额投资的简称，就是指在固定的时间以固定的金额投资到指定的开放式基金中，类似于银行的零存整取方式。和其他基金投资方式相比较，因为定投的方式在投资过程中自动逢低加码，逢高减筹，所以自动摊低投资成本，风险要略低于平均水平，而收益则略高于平均水平，在国外十分流行。

金融家点评：

采取分批投入这种方法，在下跌的市场环境下投资也不会让人有被套牢的感觉。只要月收入大于月支出的人群都可以通过定投的方式有效管理自己的资产。有些人觉得小钱不值得打理，殊不知对每月的小钱进行有效投资，在10年、20年后对自己生活带来的影响会是巨大的。

611. 能选择不收费的基金吗？

基金一般有收费基金与不收费基金之分。据统计，以一定数量的资金投资于一个收费8.5%的基金与投资不收费基金相比，在其他条件相当的情况下，前者资金总额要经过2年以后才能赶上后者。可见付费与否，关系甚大。

收费基金尚有另外的不足之处。由于投资者付了销售费，万一他急需用钱，想将持份变现，得到的资金往往比当初投入的少。如果管理公司提供转换基金的服务，投资者可根据自己的需要，将资金从一个基金转到另一个基金。如果这些基金都是收费基金，那么每转移一次，就要被扣去一部分，十分不合算。不收费基金便没有这些麻烦。

基金管理费指基金管理人管理基金资产所收取的报酬。基金管理人可按固定费率或固定费率加提业绩表现费的方式收取管理费。业绩表现费指固定管理费之外的支付给基金管理人的与基金业绩挂钩的费用。按固定费率收取的管理费按基金资产净值的一定比例逐日计算，按月提取。国内的管理费通常为1.5%，根据不同的基金类型也会有所不同，其计算公式为：

日管理费＝计算日基金资产净值×管理费率÷当年天数

金融家点评：

收费基金的计算方法较为复杂，但投资者起码要把基金管理费搞清楚。就中短期投资者而言，最好优先考虑不收费基金。

612. 怎样进行基金转换？

虽然基金转换是收取费用的，但通过转换业务变更基金投资品种，比正常的赎回再申购业务享有较大幅度的费用优惠。从交易时间来看，按照原来的交易程序，以股票型基金为例，先赎回再申购，一般需要5个工作日，而选择基金转换，则只要2个工作日就够了。基金转换确认只需要T+1个工作日，T日享受转出基金收益，T+1日开始享受转入基金收益，真正实现“无缝收益”。

因为转换的成本，必须由新转入基金的收益来承担。一定要注意成本的控制。注意分析基金转换公告中关于转换费用的陈述。这是因为时机的选择并不能保证每次都正确，而且各家基金公司的转换费率并不相同，交易频繁将增加成本。

由于基金是一种专家理财产品，基金业绩都有一定的周期性。投资者不能因为基金净值在短期内低于了心理预期净值增长率，就盲目为追求基金的净值，而进行不同类基金产品之间的转换。不但增加了基金的转换成本，而且也使失去了原有基金产品应有的获利机会。

金融家点评：

频繁转换的后果就是，基金公司和投资者都是受害者。不要频繁转换，要控制转换次数。

613. 怎样把握基金转换的时机？

投资者在基金转换时，除了要考虑转换费率，还要准确把握和选择基金转换的时机。

⑴根据宏观经济形势把握转换时机。投资者要注重宏观经济以及各类金融市场的趋势分析。在经济复苏期，股市逐渐向好时，投资者应选择股票基金；当经济高涨，股市涨至高位时，投资者应逐步转换到混合型基金；当利率高企，经济过热，即将步入衰退期时，投资者可转换到债券基金或货币基金。

⑵根据证券市场走势选择转换时机。股票市场经过长期下跌后开始中长期回升时，适宜将货币型、债券型基金转换为股票型基金，以充分享受股票市场上涨带来的收益；当股票市场经过长期上涨后开始下跌时，适宜将股票型基金转换为货币型或债券型基金，以回避风险。

⑶根据具体基金的赢利能力选择转换时机。随着基金规模的不断壮大，大的基金公司下一般都会有几只不同风格的配置型基金和股票型基金，表现有差异也是必然会出现的事情，

当目标基金的投资能力突出，基金净值增长潜力大的时候就可以考虑将手中表现相对较差的基金转出。

(4)注意分红对基金转换时机的影响。比较在意分红的投资者可以选择在目标基金具有较好的分红条件，即将进行分红的时候转入；在目标基金分红的后转入则同样的转出基金份额可以换取到更多的转入基金份额，单位成本更低。

金融家点评：

投资者必须注意转换时机的把握，真正做到恰到好处。

614. 怎样抓住基金公司优惠活动进行转换?

基金转换这种投资策略的基本假定是：每种股票或每种基金均有上有下，随市场状况而变化。投资应追随强势基金，必要时只能割舍业绩不佳的基金，转换强势基金。通常这种投资策略在多头市场时比较管用，在空头市场时就不一定行得通。因为空头市场时，差不多各类基金都行情惨淡，难以更换。

为了鼓励投资者进行基金产品的转换，基金管理公司都为其旗下的基金产品转换，创造了良好的转换条件，并给予了一定的转换基金费率的优惠措施。目前，由于基金产品的同质化程度较高，基金产品之间的收益差距还不是十分明显。基金产品资产配置的趋同型，导致了投资者在选择基金产品时，还是应当考虑基金的转换费用。当基金的收益足以吸引投资者，而且可以忽略转换费用时，投资者可以在不同的基金管理公司之间选择同类基金产品。

基金公司为了留住老客户、吸引新客户或者是推广基金业务，往往会推出一些基金转换的优惠措施，在这种时段办理转换业务往往可以获取最低廉的转换费用。不过需要注意的是“费用低廉”永远都不应该成为作出转换决策的理由，即便再低廉的费用也是一笔额外的支出，只有在办理转换后比不转换多获取的收益部分减去转换成本大于零的情况下，这笔转换才是一笔合算的交易。

金融家点评：

千万要注意优惠活动的陷阱。

615. 怎样根据营销渠道进行基金转换?

(1)不要跨营销渠道转换。根据基金营销的需要，基金管理公司选择了直销和通过渠道商代销等形式，渠道商代销主要存在于银行和券商之间。由于银行和券商服务水准和服务文化存在一定的差异性，特别是针对不同的基金产品，会显现不同的专业化服务。风险厌恶型投资者，特别是银行的定期存款客户都热衷于通过银行购买基金产品，而股票型投资者都习惯于通过券商经营网点购买基金产品。投资者从一方渠道转向另一方营销渠道，会因服务方式的改变而产生诸多不适应，需要付出较多的转换成本。

(2)要精心选择营销渠道。如股票型投资者，可选择在券商处开立基金账户，并与股票的资金账户相连，既可以进行股票投资，也可以进行基金投资。基金产品和股票之间也可以进行资金转换，可大大提高投资效率。又如银行储户，如果客户属于风险厌恶型投资者，可保留在银行开立基金专户，并利用银行卡的功能，也可进行储蓄产品和基金产品之间的资金转换。

金融家点评：

如何根据营销渠道的特点，巧妙进行基金品种之间的转换，对投资者创造基金投资收益，起着十分重要的作用。

616. 不熟悉的基金产品怎样转换？

转换基金产品，就等于转换了投资者的投资理念，要慎重对待不熟悉的产品。习惯于投资货币市场基金的投资者，不宜马上进行股票型基金的投资转换。由于基金产品的资产配置特点各不相同，投资者如果对基金产品的资产配置组合缺乏应有的研究和分析，就不易掌握基金净值波动的规律，也不宜把握基金产品的投资机会。另外，对于初次购买基金产品的投资者，在对各种基金产品运作特点和运作规律不熟悉的情况下，也不宜进行盲目的基金产品之间的转换。因此，投资者在进行基金产品的转换前，先进行投资理念的转换是十分有必要的。

金融家点评：

基金品种之间的转换，绝不能象买卖股票一样轻松随便，一定要慎之又慎。有时为了省时快捷，投资者往往因采取不科学的转换策略，因而遭受不应有的损失。

617. 网上购买基金的流程是什么？

对于广大基金投资者来讲，用网上银行买基金的流程其实很简单。首先，要开通银行卡的基金服务；其次，需要新开一个基金账户；再次，待基金公司确认以后就可以进行一系列操作，如基金认购、基金申购、撤单、转换、赎回等各种基金交易。

金融家点评：

以上三个步骤，在现有各大银行都是可以进行的。

618. 什么是基金网上直销？

基金网上直销是客户通过基金公司网上交易系统开立基金直销账户并进行网上基金交易和账户管理的一种交易形式。网上直销凭借低成本高效率的网上自助交易平台为投资者提供优惠的交易费率，24 小时和跨地域的交易服务，让平日里无暇理财的投资者随时随地地享受一站式基金。目前网上直销的付款方式主要有如下两种：

(1)普通方式：是指在直销系统上提交认/申购申请后，通过各大银行柜台将认/申购资金汇款至基金公司直销中心汇款账户，也可以先汇款再提交申请。通过这种方式的认/申购交易费率通常不享受优惠费率。

(2)网上银行支付：是指客户开通个人网上银行后，将基金网上直销账户与个人网上银行账户关联在一起，客户在网上使用个人网上银行对基金直销支付认/申购资金。通过这种方式多可享受优惠费率。目前，已有多家银行在其网上银行中开通了基金业务，投资者亦可以选择在个人网上银行中直接认/申购基金。

金融家点评：

作为国内基金托管单位的各商业银行，已经建立了网上基金超市，为投资者提供更好的服务，凡是通过网上银行申购基金的，还可以享受到费率优惠。

619. 网上购买基金有哪些基本步骤？

利用网上银行购买基金，和银行柜台代销一样，可以直接登录网上银行，选择其基金超市中的各种基金产品进行申购。其实，网上银行对基金买卖的处理也要转送到基金公司的交易平台进行处理，所以其本质与基金公司的网上交易平台类似。在选择这两种平台之前应先向基金公司咨询好各种优惠政策，以免错过电子交易带来的利益。大致上有以下步骤：

(1)办卡。需要携带身份证件到代销基金的银行，办理一张该行的普通储蓄卡，部分银行会要求办理另外的专门进行证券交易的关联卡，如建设银行就要求办理证券卡和您的储蓄卡进行关联，才可以买卖基金。需要说明的是，有些银行网点不办理基金业务。

(2)开户。在银行柜台工作人员的帮助下，投资得只需确认购买的基金产品，就可以建立该基金公司的基金账户，进行买卖。

(3)确认。一般来说，投资者可以到您购买基金的银行网点进行份额及净值查询，以后也可以随时持储蓄卡到柜台进行查询。各个基金的申购确认时间和赎回到账时间都由各个基金公司所定。

金融家点评：

面对基金投资热潮，利用现代化的信息工具，坐在家里，轻点鼠标，一切OK。你一定也打算加入网上基民大军的行列吧。做好投资有风险的心理准备之后，就赶快行动吧！

620. 网上直销基金有哪些好处？

开放式基金较高的申购和赎回费一直令许多投资者困惑，基金净值增长了2%，应当赚钱了，可实际赎回后一算账，除去不菲的申购、赎回费用，几乎是分文没赚，白忙活一场。而网上直销带给投资者的最大好处就是费率优惠，许多基金的申购费可以打到4折，例如持某银行卡的投资者在网上进行一站式开户和交易，500万以下申购费率为0.6%，相比通常1.5%的申购费率就等于打了4折。这样，基金的申购和赎回费加在一起还不到1%，投资者利润空间就会增大。通过网上直销渠道也可以进行基金转换，费率也比正常渠道低不少，掌握好窍门还可以享受曲线免费买基金的待遇。

另外，从银行或证券公司的网点买基金要受营业时间限制，包括多数银行自身推出的网上基金业务在内，也只有在证券市场的交易时间内才可以买卖，但基金网上直销可以通过网络实现一年365天、一天24小时的全天候、多方位基金交易服务，客户可以随时查询、下单、撤单以及进行基金转换和定期定额申购，非常适合上班族们在八小时之外进行从容投资。同时基金网上直销还可以做预约智能化交易，如预约大盘在1200点以下买某某基金，预约1400点以上卖出，从而达到不操心也能理财的目的。

金融家点评：

投资者都知道买开放式基金可以去银行或证券公司，但这些销售单位都是代理机构，肯定会从客户的申购和赎回费中赚取一定的代理手续费，这就和商品的出厂、批发、零售三个环节一样，环节越少，价格就会越便宜。

621. 怎样购买网上直销基金？

基金网上直销的主要交易模式有“银联通”和“银基通”两种。“银联通”是基于中国银联的跨行转账平台，使基金账户与个人银行卡账户之间实现资金互转，比如易方达基金和中银基金都选择了“兴业银联通”系统，投资者需要持有兴业银行借记卡。“银基通”则是一个与银行实时连接的资金转账系统，与银证通相似，可以实现银行资金和基金账户资金的互转，比如“华安—民生银基通”“银华—工行银基通”等等。

开通“银联通”和“银基通”首先要有开办此项业务银行的借记卡，与银行签订“银基通”开通协议；“银联通”只能使用具备中国银联跨行转账功能的银行卡，在卡内存入适量现金，然后在相关的基金公司网站注册开通，就可以进行网上基金交易了。

金融家点评：

很多基金公司争相推出了“基金网上直销”业务，就可以使买基金的中小投资者享受“出厂价”的待遇，利用这种方式投资开放式基金将更加便利和实惠，购买起来也很方便。

622. 网上基金直销为什么能实现优惠？

截至2007年6月，我国共有基金公司62家，各公司旗下的开放式基金就有300多只，对于刚接触基金的投资者一听到这个数字就愁了，这么多基金该怎么选？就像进了商品琳琅满目的超市，不知道该买什么好。网上基金直销为什么能实现优惠呢？

这主要是因为，在基金投资方面，银行发挥了其专业独有的优势。银行可以通过其专业的理财团队和资金深的理财分析人士，选择出部分业绩、实力均出众的基金，组成“基金菜篮子”让投资者选择。像工商银行这样的银行，联合了15家基金公司，精选出了27只绩优基金，作为基金定投通道供选择。很多银行在推出基金定投时，举行优惠促销活动，减少了一般投资者购买基金的盲目性。

一般来说，投资者都是通过银行网点或证券公司营业部柜台购买基金，但随着网上银行客户群的发展，以网银支付为基础的基金网上交易也渐入人心。

金融家点评：

随着投资者对网上交易的认同度不断提高，基金网上交易已成为基金不可或缺的营销平台。

623. 网上买基金需要注意哪些问题?

为了充分发挥基金网上交易的优势,在操作时需要注意以下问题:

(1)选择好买卖时间。根据基金网上交易 T+1 日的确认规则,投资者一般不要选择周五或周末买基金;根据基金网上交易股票基金赎回资金 T+3 日到账的规则,投资者最好选择周一或周二赎回,能保证资金本周内可使用。

(2)以货币基金为桥梁。基金网上交易因为非常便捷,可以随心所欲的交易。投资者可以通过自己的判断,不断动态调整家庭资产在股票型基金与货币型基金之间的配置比例,既可以及时规避风险,又可以稳健获得收益。

(3)利用好网上费率优惠活动。基金网上交易买基金享有手续费优惠,活动期间,投资者只要通过网上银行申购基金,其申购费率就可以享受优惠。而在具体费率优惠方面,可享受到大约 0.6%的优惠率。

金融家点评:

无论怎样在网上选择基金,或者选择哪类基金,在进行投资前,都须预设最高获利点和最低亏损点,并切实执行。一方面确保获利成果,另一方面可以使亏损不至于太大。

624. 网上买卖基金如何确保安全?

互联网虽然快捷方便,但也存在许多安全隐患,如病毒、黑客攻击等。网上买卖基金时要注意以下问题:

(1)尽量不要使用公共场所的电脑上网操作基金。

(2)使用私人电脑,把硬盘重新格式化,重新装操作系统和相关软件。

(3)操作系统最好选择 WindowsXP 或更高版本。

(4)选择优秀的防病毒软件和防火墙。

(5)养成良好的上网习惯,不要去一些乱七八糟的网站,以免碰到恶意网页。尽量不要玩网络游戏,这很容易出问题。

(6)不要轻易打开来源不明的电子邮件。

(7)经常检测系统是否安全,发现病毒或中了木马,尽快处理。

(8)设置复杂的密码至少 8 位数,字母和数字混合,而且字母必须要有大写和小写的混合,一段时间过后还要强制改变密码。或者选择银行提供的数字证书。

金融家点评:

网上交易有很大的好处,那就是便捷和低成本。不用去银行排队,只要有电脑,在家就能操作,但是网上交易的安全问题必须慎之又慎。

625. 单身贵族怎样选基金?

人们喜欢把白领称之为单身贵族,他们年纪青,有活力,来日方长,正处于财富积累的黄金时期,拥有持续赚钱的能力,再加上家庭压力小,较能承受风险,完全可以在基金投资领域大显身手。

因为年轻,没有思想负担;因为单身,没有家庭的拖累;较长的投资期限不仅使单身贵族有更高的风险承受度,而且提供了足够长的时间让资本随时间增值。而这是年纪较长的人花钱也买不到的。作为一名投资者,时间是最宝贵的,因为时间能使微小的投资通过复利价值随着时间逐渐增长。如果25岁的年轻人每月投资400元,假设年平均回报为9%,到65岁的时候,这些投资会增长到180多万。相反,如果45岁才开始积蓄投资,这些投资到65岁时价值只有26万左右。因此,越早开始投资越有利,单身贵族应该充分利用年轻的优势,循序渐进地储蓄、投资。

根据这个年龄段的特点,可选择风险较大的基金,以求获得较大的收益,为将来打下良好的经济基础。适合以股票为投资对象的股票型基金,以追求长期资本增值为目的的成长型基金。

金融家点评:

你不理财,财不理你。单身贵族像八九点钟的太阳,正处于挥汗打拼的人生阶段,而心中充满了对财富的向往,盼望有钱又有闲的日子早日到来,理应寄托着致富的希望。

626. 年轻人买基金应遵循什么原则?

其实,对于刚刚起步的年轻人,要实现理财目标并不困难,只需有步骤、理性地循序渐进便可。而基金作为一种长期投资的专业理财工具,可以成为并无太多闲暇时间盯住市场的年轻人实现投资目标的优良载体,为其提供财富积累的平稳手段。

(1)从小额投资做起。投资金额较小,投资期限较长,是年轻人基金理财的主要特点。由于年轻人处于财富积累过程的早期,更多拥有的是人力资本,而金钱资本通常较少。因此,许多年轻人往往抱怨:“我一个月的工资,在付了伙食、房租、水电等日常开销后就不剩多少了,哪还有多少钱投资呀?”但是,如果不再追求潮流总是抢先购买最时尚的手机,如果在选购电视的时候不再总是挑选最贵的液晶电视,如果在超市购物的时候可以货比三家,你可能可以省下许多前用于投资。如果你可以象关心油价一样,细心关注物品价格,控制各项开销,经过一段时间后,你可能会比其他人更富足。

(2)从定额投资做起。基金投资初始投资金额往往很小,为投资金额较小的年轻人提供了很大的便利。此外,目前许多基金提供定期定额投资计划,即投资者每个月固定时间投资固定金额的资金。定期定额投资计划可以促使年轻人养成定期储蓄、投资的习惯,让小钱积少成多,随着时间增值。而对于年轻人来说,投资最困难的可能就是难以坚持。由于年轻人接触新鲜事物比较多,容易受到外围环境的影响,往往在投资路上半途而废。而投资是贵在坚持,因此年轻人应该摒除外界的诱惑,坚持自身定好的投资计划,循序渐进而持之以恒。

(3)从长远计划做起。年轻人的另一大资本就是"年轻",其投资期限通常比较长。当然,根据个人具体情况不同,每个年轻人不同时间都可能有不同的投资目标。但是,大部分年轻人的理财的投资期限都比较长。如果以退休作为投资目标,其投资期限可长达二三十年。如此长的投资期限,使年轻人比其他人生阶段的投资者有更高的风险承受能力,因为其投资可以在足够长时间中抹平市场短期的波动,即使投资在短期内亏损了,其仍有相当一段时间可以随市场的回暖而最终实现投资目标。当然,虽然较长的投资期限提高了风险承受能力,由于不同人的成长经历、性格等方面的差异,即使同为年轻人,也会有不同的风险承受意愿,例如女性可能比男性更不愿意承担更大的风险。但是,结合风险承受能力和风险承受意愿,总体而言,年轻人的风险承受度较高。

(4)从具体目标做起。由于具有较长的投资期限以及较高的风险承受度,年轻人在基金投资中可以采用较为激进的投资策略,将更多的资产投资于高风险高收益的股票型基金中。如果没有较具体的投资目标,对于长期的基金投资,高风险承受能力的年轻人可以将70%~90%的基金资产投入股票型基金中,而根据自己的流动性需求保留一定的短期需求资金在债券型基金或者货币市场基金上。

金融家点评:

年轻人往往是投资新手,投资经验尚处于磨练阶段,面对理财既大胆憧憬又如履薄冰。从生活的一点一滴开始,积少成多、日积月累可以让年轻的你在财富增长公式中的投入更多,从而增加更多未来收益的可能性。

627. 怎样学会做短线?

做短又称做短线,这在基金投资中相当盛行。由于基金买卖是以净资产值计算,所以投资者更容易做短。资产信托契约的规定,开放型基金的买进价是以前一日的基金净资产值为准,卖出价是以后一日的基金净资产值为准。因此,只要股市大涨,当日购买的基金持份差不多就已赚到差价,连涨数日后即可抛售获利。

这种投资策略,投资者完全以市场行情作为进出依据。当预测市场行情要跌时,就减少投资额;当预测市场行情要涨时,就增加投资额。采用这种投资策略时,进退的程度因人而异。有些人看好市场时将钱全数投入,看坏时则全数撤出;有人则在看好时留部分资金不投入,看坏时仍在基金上留一些投资。客观上,任何一个投资者都希望能成为适时投资者,但问题是如何吃准市场行情。根据投资专家的经验,要靠适时进出获利,必须有70%、80%的把握,否则交易手续费和纳税将使投资者得不偿失。

金融家点评:

做短线的关键是预测准确,投资者一旦预测失误,碰到一日跌似一日的行情,做短线只能是"偷鸡不成反蚀一把米"。

628. 双薪族家庭怎样选基金?

初为人父或人妻时,正是事业打拼的黄金时期,一种人生的责任感油然而生,此时要想着为自己心爱的小宝宝营造一个美好的未来,要供养子女上学,为他们准备足够的教育基金。已经组建了小家庭，拥有双倍收入的同时，要考虑换一个更大的房子，承受风险的能力也有限，可选择风险性适中的基金，在不影响日常生活的基础上，努力把握将来。这类家庭适合以债券为投资对象的债券基金，同时投资于股票和债券市场的股债平衡基金，以支付当前收入和追求资本的长期成长为目的的平衡型基金。股票型基金的特点是长期报酬率较高，但与此同时波动也会较大，比较适合教育基金这种长期投资。

金融家点评：

双薪家庭情况差异较大，买基金还要根据不同的年龄段来进行选择。

629. 中老年人如何选基金？

俗话说“四十而不惑”，人到中年，这个年龄段最为辛苦，既要为孩子学业、工作操心，又要为已经父母贡献孝心，真是名符其实的夹心族，同时，面对来自比他们年轻许多的新鲜人的压力，还要在事业上继续打拼。进入中年以后，子女教育，退休后的养老金问题等接踵而来，所以只能考虑把低风险的基金作为投资对象，在稳定中求得将来的发展。这个年龄段，在适当考虑股票型基金的同时，可能更多地关注平衡型基金，此种基金特点是平衡有余，激进不足，比较适合奉行中庸之道的投资者，在追求增长的报酬率的同时，尽可能降低风险。同时，中年人适合以债券为投资对象的债券基金，以国债、大额银行可转让存单、公司债券等货币市场短期有价证券为投资对象的货币市场基金，以追求为投资者带来高水平的当期收入为目的的成长型基金。

退休以后的老年人，深知“儿孙自有儿孙福”的道理，闲来无事，或悠然自得，或自寻其乐，平衡健康开心地生活是最大的心愿，在此阶段，债券型基金或货币市场基金比较合适，此类基金收益稳定，在不冒很大风险的同时，能够使晚年生活丰裕无忧。对于老年人而言，应以稳健、安全、保值为目的，可选择货币型和债券型基金这些安全性较高的产品。同时，要注意长期目标对应长期工具，如以养老为目的，应选择指数型基金。

金融家点评：

再好的鞋子，也要看合不合自己的脚。用到选择基金身上，也是同样的道理。如果你是比较保守的投资者，稳定收益的平衡型或债券型基金会比较适合你。如果你追求高收益高风险，则可考虑成长型或股票型基金。只有选择自己合适的基金品种，才能做个快乐的投资者！

630. 固定比例投资法有何优点？

固定比例投资法能使投资经常保持低成本的状态。当某类基金价格涨得较高时，就补进价格低的其他基金品种或售出价格高的该基金；而当这类基金价格跌得较低时，则补进这类低成本的基金或售出价格相对较高的其他基金品种。这样一来，使得投资者保持已赚来的钱，见好就收，不至于因过度奢望价格进一步上涨而使已到手的收益成为泡影。同时，这种投资策略保持各类基金按一定比例分配投资金额，能有效抵御投资风险，不至于因某类基金的表现不佳而使投资额大幅度亏损。

金融家点评：

这种投资策略以“稳”见长，不能经常性地一有变化就急着调整。

631. 怎样使用固定比例投资法？

固定比例投资法，是将投资资金按固定的比例投资于股票基金、债券基金、货币市场基金等不同种类基金。当由于某类基金净资产变动而使投资比例发生变化时，就迅速卖出或买进这类基金的持份，从而使投资比例固定在原来的基础上。

投资者可以按照这样的方法来分配比例：将60%的资金投资于股票基金，将25%的资金投资于债券基金，将15%的资金投资于货币市场基金。当股市大涨时，股票基金的价值就会增值，这时，投资者将增值的部分卖掉，使股票基金投资仍占50%的份额。如果股市下跌，股票基金贬值，则购进适当的股票基金，仍维持原有的投资比例关系。

金融家点评：

有经验的投资者大致遵循这样的公式：股票基金涨20%就卖掉一部分，跌25%就增加投资。或者，投资者每隔一段时间(如3个月或半年)就调整一次投资组合的比例。

632. 什么是核心组合法？

“核心组合”是基金的一种资产配置策略。所谓“核心组合”就是将基金的股票资产分成两部分，每个部分一般分别由不同的投资组合组成，其中一个部分在整个投资组合中所占的权重更大些，对整个投资组合的安全和收益起到“保驾护航”的决定性作用，因而称之为“核心”；另一个部分在整个投资组合中所占的权重略小，以核心组合为基本依托，但是就像一颗颗卫星围绕着大行星遨游太空一样，在一定条件的约束下，它可以有更加广阔的投资空间，投资更加主动、更加积极、更加灵活，它往往能获得令人惊喜的收获。

金融家点评：

由于核心组合与其他组合的相关性很低，能够有效地分散和降低股票资产的整体风险，从而达到在控制相对市场风险的前提下，追求中长期的资本增值。

633. 如何用好核心组合法？

一般来讲，核心组合投资多选择具有良好稳定性的大盘蓝筹股，这一部分的投资比例占全部股票资产净值的55%~65%，并采用跟踪误差控制技术等方法来降低波动性，从而使核心组合的长期绩效较为稳定；其他组合则投资于品质优良、成长潜力高的中小型股票，这一部分的投资比例占全部股票资产净值的35%~45%，这一部分瞄准的是风险与收益相对较大的资产，可以为整个投资组合提供上涨时的积极动能。

通过这样的组合，既能发挥核心组合长期收益稳定、低风险的优势，又能充分体现其他组合发现和把握获取超额收益机会的优势。

金融家点评：

采用“核心组合”进行投资的“核心”在于巧妙组合，重点是选好某一权威的大型指数进行跟踪投资，控制投资组合相对于市场的系统风险，并获得市场平均水平的收益。

634. 如何确定核心组合与非核心组合的比例?

对于占其大部分投资资产的股票型基金组合，虽然可采用激进的投资策略，但是基金组合仍应遵从构建基金组合的基本原则分散投资。也就是说，可以选择两三只业绩稳定的、投资策略较分散的基金做为核心组合，然后根据自己的投资偏好和市场判断，投资一些集中在某些行业、波动性较大的基金做为增加回报的非核心组合。

在现有的基金中，核心组合中的基金，不妨选择波动相对较小的基金。这部分核心组合的比例应在股票型基金资产总和的 50% 以上，当然可根据自己的风险偏好将其控制在 50%~70%，即如果投资者偏好较为平稳的基金则增加这部分的比例，偏好波动的投资者则相反。

而非核心组合部分，则构成了股票型基金资产的剩余部分，比例可保持在 30%~50% 之间，投资者可参考波动性较大的基金。

金融家点评：

核心组合与非核心组合的比例，不仅取决于投资者自身的风险偏好，还可以根据投资者自身对于市场的判断进行战术性调整，增加或减少非核心组合的比例，例如市场趋好时，投资者可适度增加非核心组合的比例以追求更高的收益。

635. 如何减小投资组合的波动性?

为了达到更好的分散投资效果，投资者在构建了核心组合与非核心组合之后，应对整个股票型基金组合进行检视，看组合是否在股票市值大小、行业属性、风格特征上实现一定的分散。

如果组合中的基金都大量持有一只或几只股票，基金的分散投资特征也是无法更好的体现，应当避免将重仓股集中在几只股票的基金同时纳入基金组合。例如一段时间内在国际市场走势强劲带动下，有色金属类股票成为许多基金的重仓，如果基金组合中的基金均持有该行业股票，虽然在这类股票走势强劲的时候可以获得更高的收益，但是在市场回落时基金组合则会由于行业过度集中而回报大幅下降，从而增加了组合的波动性。风险暴露程度固然取决于投资者个人的偏好，但是对于投资经验较浅的投资者，谨慎投资不失为较为稳妥的做法。

金融家点评：

有一定投资经验的投资者，可以根据其对未来短期内市场走势的判断，合理确定组合内容，确保组合的相对稳定。

636. 如何注意基金的搭配?

(1)要注意分散投资。要在银行、保险、资本市场中合理配置资产,不要把所有的鸡蛋放在一个篮子中。

(2)要注重产品选择与风险承受能力和理财目标相匹配。

(3)要注意选择优秀基金管理公司的产品。并非大公司就是好公司,有些小公司同样有优异的业绩表现。应该选择产品风格比较稳定、持股集中度和换手率较低、信息透明度较高、注重投资者教育的基金管理公司的产品。

(4)要关注定时定额投资。定时定额是一种好的投资策略,可以合理控制买入成本。对于大额的投资于股票型基金的决定应该避免在市场过度炒作时作出决策。

金融家点评:

要从自己的年龄和收入、所能承担的风险和期待的收益等方面出发,搭配好所选择的基金产品。

637. 投资组合最常犯的错误有哪些?

(1)预期获利设定太高。基金是以分散投资的形式投资于证券市场,为消除风险,才将基金设为投资组合,这是一种较为保守的投资策略,收益会比某些较"牛"的基金稍差。因此,基金投资者必须明白,基金组合的收益不仅与风险有关,也受整个市场变化的影响。不要对投资组合预期过高,否则会感到失望,或然贸然舍弃组合而蒙受损失。

(2)过于集中某一行业。基金投资组合过于集中基金一般都有风险投资的政策,但有些特殊型基金集中投资于某一行业,这样就容易出现大好大坏的景象。特定行业看好时,获利就高,特定行业不景气时,赔得也惨。因此,对于特殊型基金投资切忌过猛,否则,可能血本无归。

(3)不清楚投资组合策略。各类基金投资组合策略五花八门,常常大相径庭。投资者若不事先搞清楚,常常发生事与愿违的情况,希望取得长期资本增值的投资者,却投资了收入型基金;而希望取得稳定的经常收入的投资者,却投资了成长型基金。

(4)过分相信以往的经验。根据投资专家的经验,很少有表现优异的基金组合会一再重复优异的绩效,很多明星基金在重新组合后,其表现甚至不如整个市场的平均水平,因为该基金必定有相关的风险因素,高获利可能是高风险的结果。因而,投资者在选择组合元素时,应全面考察基金状况。

金融家点评:

前车之覆,后车之鉴。基金投资者若能了解基金投资中的常见错误,吸取别人教训,就可以少走弯路。

638. 分散投资是否"越散越好"?

为了分散风险,是不是该买尽量多的基金产品作组合呢?

基金的优势之一就是组合投资，组合投资就是不把鸡蛋放在一个篮子里，以此来控制风险。如果为了控制风险，拿了很多篮子，而把每一个篮子里只放一个鸡蛋的话，风险可能还是很大，因为我们只有两只手。其实基金本身就是分散投资的工具，如果购买多只同风格的基金，不见得会有效降低风险，反而可能降低收益率。正确的做法应该是根据自己的风险偏好，持有3~5只优质的投资风格不接近的基金为最佳。

金融家点评：

应该选择投资的范围和你本身所想投资的范围更切合的基金，这样的分散才有意义。

639. 管理基金和指数基金哪个好?

按照基金的投资方式的不同，基金可分为两种。一种是由基金管理人依投资理念决定投资范围，称为管理基金，也叫做主动投资基金。另一种是完全比照某一指数来进行投资，称为指数基金，属于被动投资基金。

由于管理基金是由基金管理人来决定投资，因此若选择投资此种基金，就等于相信这支投研团队的实力。选对了投资团队，也就选对了基金。不过，投资者在购买之前，应该多参考一些相关数据，了解该基金管理团队的过去表现和管理该基金的时间长短。

金融家点评：

对基金团队进行考察时，如果该团队的基金涵盖越多你所想投资的公司股票或债券，那就越理想。

640. 选择基金定投有哪些好处?

投资基金的主要方式有单笔投资和定期定额投资两种。单笔投资是指投资者一次性投资于指定基金的一种投资方式；定期定额是基金申购的另一种方式，它通常指投资者通过基金销售机构，约定每期扣款时间、金额、方式和申购对象，由销售机构于约定日，在指定资金账户内自动扣款投资基金。基金定投有以下特点：

(1)定期投资，积少成多。基金定投的一大特色是让投资人做小额、长期、有目的性的投资。投资人不必筹措大笔资金，每月运用生活必要支出外的闲置金钱来投资即可，既能强迫储蓄又不会造成经济上额外的负担，更能积少成多，使小钱变大钱，以应付未来对大额资金的需求。基金定投的金额虽小，但长期投资下来，通过复利效应而累积的资产却不可小觑。

(2)长期投资，摊低成本 。在投资中最困难的是时机的选择。基金定投让投资者避免选时的烦恼，每隔一段固定时间，不论市场行情如何波动，都会定期买入固定金额的基金。当基金净值上升时，买进的份额较少；而在基金净值下降时买进的份额较多，长期累积下来，成本及风险自然会摊低。

(3)轻松投资，省心省力。投资人只需在投资前与银行约定好自动转账的扣款账户，往后在每个月约定的扣款日期，银行会自动从约定账户扣款，不仅省去了舟车劳顿的辛苦，也节省投资人办理的时间，方便有效率。

金融家点评：

定投开始流行起来了，是一个非常好的现象，说明越来越多的投资者开始变得成熟了，同时提醒大家，定投说到底只是一种投资方式，决定前要慎之又慎。

641. 怎样理解基金定投的核心优势？

基金定投的核心优势就是：长期投资，摊低成本。其观点成立的理由是"在投资中最困难的是时机的选择"，以此为定投树立基础信心。当然，对于一个市场，预测明天是跌是涨当然比较困难，但是中长期的趋势却是可以根据基本面来分析和判断的。

以定投这种方式购买基金，核心优势主要表现在：一是不必担心进场时机。二是小钱就可以投资。在国外，通过定期定额投资于基金，最低投资金额相对很低（在香港每个月只需要1000元港币；而在台湾的最低投资金额则为每月3000元台币）。三是长期投资报酬远比定期存款高。尽管定期定额投资有些类似于零存整取的定期存款，但因为它投资的是报酬率较高的股票，只要股市从期来看是向上的，其投资报酬率远比定期存款高，变现性也很好，随时可以办理赎回，安全性较高。四是种类多、可以自由选择。目前，一般成熟的金融市场上可供投资的基金种类相当多，可以让投资人自由选择。

金融家点评：

定投是超长线投资，所以投资之前更加要慎之又慎，有人买定投是因为它的便宜和方便（费率低、银行自动扣取），在决定定投之前，一定要好好想想：自己赚这些钱时多么的辛苦，不要以随随便便的心态就草率决定了。

642. 如何分析定投基金的成本优势？

所谓基金定投，即每隔一段固定的时间(如一个月、一个季度等)，以固定数额的资金去购买某种基金的持份。由于基金单位价格经常处于变动状态，因而每次以相同金额所能购买的基金持份是不一样的。当价格较高时所能买到的基金持份就较少，当价格较低时所能买到的基金持份相对就多。

采用定投法后，基金单位价格波动对投资者的影响就通过多次购买行为抵销。长期下来，就控制了购买每个基金单位的平均成本。因而，此种策略适合于长期基金投资。有经验的投资者均有体会，以同样金额认购基金单位，采用这一策略所买到的基金持份往往比一次性投资所能购得的持份为多。有些投资者习惯上总是一次性地将全部资金一下子投入某个基金，一旦价格下跌就自叹倒霉，焦虑不已，等到回到原来价位，就赶快脱手，松了一口气，庆幸解套，结果是白白投资了几个月。如果采用基金定投法，一部分资金被套牢，但在低价时投资者以相同的资金买进更多的持份，等价格反弹至当初价位时，已经赚了一些差价了。

金融家点评：

基金定投的好处可归结为平均成本法。平均成本法的功能之所以能够发挥，主要是因为当股市下跌时，投资人相信股市长期的表现应该是上升趋势，在股市低档时买进的低成本股票，一定会带来丰厚的获利。

643. 怎样购买定投基金?

采取定投方式需要具备两个条件:其一,投资者必须做长期投资准备,持之以恒,连续不断投资。如果时间较短,这种策略的好处就发挥不出来。其二,投资者必须具备相当数额的稳定资金来源,用于固定性地追加投资。除此之外,还要注意以下几点:

首先,不是每只基金都可以定投的。哪只可以定投,基金公司的网站上都有说明。定期定额的一大好处就是通过长期投资,来消除股市的波动性、降低风险,获取投资收益。所以,定期定额在震荡的行情表现尤其出色。进行定期定额投资,也最好选择波动程度稍大的基金品种,例如股票基金。

其次,定投只能在银行进行。选择定投,最好在自己的工资卡那家银行进行,比如你是工行的卡,可以在工行的网站上查询,有哪些基金可以定投,找到一只自己满意的就可以了。如果你是中行的卡就上中行的网站上找,如果有开通网上银行,那就不用到柜台去操作那么麻烦,可以直接在网银上进行。其具体流程是:先到银行去开通网上银行,登陆网银到“证券交易 – 基金 – 基金定投”栏目,所有银行代销的定投基金就都列表出来了,找到你所购买的基金名称,点击“定投”,然后输入金额,选择后端收费(注意:有些基金规定只能前端收费),再选定时间是几年,点击确定就行了。当然,如果没有网银,也可以直接去柜台排队办理。

定投协议就从现在开始了,每月的扣款日是当月的第一个工作日(并不是每个月的 1 号,也不是第一次操作的那个日子),净值就是该日的净值。

如果在某个月的扣款日卡里没钱了或是钱不够怎么办呢?没关系,这时银行不会扣款,直到你卡里的钱够为止,但是要记住,不能连续 3 个月都没有钱,如果这样,定投就自动终止了。

如果你想取消定投,一是直接去银行办理终止,一个就是连续三个月不让银行扣款成功,就自动终止了!

俗话说,不积跬步,无以至千里;不积小流,无以成江海。对于没有投资经验,或者投资经验缺乏的新手来说,可以选择定期定额的方式投资基金。特别是对于花费较高的年轻人来说,这种类似于“强制储蓄”的投资方式可以帮助您养成投资的良好习惯,也是踏出理财的第一步。

要搞清楚的一点是定投本身只是一种相当科学稳健的投资方法,但不是储蓄。打个比方来说,你定投一只股票,但这个公司年年亏损,几年后退市了,10 年后倒闭清算,那对你来说这 10 年定投就变得毫无意义,除了亏还是亏。所以一个成功定投的关键在于你选择定投的对象。

金融家点评:

很多人买定投时心态不正确,认为定投就是傻瓜理财,合同签好后自己什么都不用管了,银行自动帮你存一笔钱进去,自己坐在那里等钱生钱就可以了。事实上如果真的那样的话,那储蓄就没有存在的必要了。

644. 选择定投后要关注哪些问题?

定投的基本要求是不能影响现有的生活,为了完成定投而使生活拮据就没有必要了。另外,选取定投方式以后,还需要注意以下两个问题。

(1)在获得满意收益后,赎回也要讲究方法。定投计划完成的日期并不是合适的赎回日期,投资前要注意资金流动性要求。一般投资者在需要使用资金前两个月就应该开始注意基金净值,以便在一个较好的点位赎回。

(2)在选择分红方式方面,红利转投会远好于现金分红。以2006年1月6日开始进行A基金的定投为例,截止到2007年6月1日,共投资18期,以红利转投的方式投资收益是69.22%,以现金分红的方式投资收益是64.59%。

另外,不是每只基金都适合定期定额投资。投资的基金需要有一定的弹性,才能更有效地摊低投资成本,股票型基金更适合做定投。如果选择了货币型基金做定投,由于其净值变化不大,也就不能体现出这一方法降低风险的优点。

金融家点评:

因为定投是一项长期投资,要选择具有长期增长能力的优秀基金,也要更多关注所选择的基金在牛市和熊市的综合表现。

645. 选择定投要遵循哪些基本规则?

定期定额投资基金的方式已经为越来越多的投资者所采用,定期定额每月自动扣款所具有的手续简便、平均成本、分散风险和具有复利效果等优点也开始为大家所熟知。在此系统介绍一下定期定额的各项原则,可以更好地运用这种方式积少成多:

(1)设定目标。每个月可以定时扣款3000元或5000元,净值高时买进的份额数少,净值低时买进的份额数多,这样可分散进场时间。

(2)量力而行。定期定额投资一定要做得轻松、没负担。

(3)选择升势。超跌但基本面不错的市场最适合开始定期定额投资,即便目前市场处于低位,只要看好未来长期发展,就可以考虑开始投资。

(4)明确对象。选择波动幅度较大的基金其实更能提高收益,而且风险较高的基金的长期报酬率应该胜过风险较低的基金。

(5)持之以恒。长期投资是定期定额积累财富最重要的原则,这种方式最好要持续3年以上,才能得到好的效果。基金定投低于3年是看不到任何效果的,而且就目前中国股市来看,5年后赎回也是极不合算的,因为5年后中国股市有可能正处在下跌通道中,所以定投要坚持10年左右,那样收益是非常惊人的。

(6)把握时机。定期定额投资的期限也要因市场情形来决定,比如已经投资了2年,市场上升到了非常高的点位,并且分析之后行情可能将进入另一个空头循环,那么最好先行解约获利了解。如果您即将面临资金需求时,例如退休年龄将至,就更要开始关注市场状况,决定解约时点。

金融家点评:

基金定投,建议选择大公司的基金,那些可以存活10年以上的基金公司,具体哪个基金是无所谓的,因为基金随着基金经理的不断轮换,基金的投资风格也是不断变换的。

646. 基金定投有哪些特殊策略?

对于投资者来说,选择定期定额投资基金方式时,要用对地方,用对产品,才能高效率地发挥定期定额投资的优势。

(1)要选对基金品种。定期定额投资最好选股票型基金或者是配置型基金。债券型基金等固定收益工具相对来说不太适合用定期定额的方式投资,因为投资这类基金的目的是灵活运用资金并赚取固定收益。投资这些基金最好选择市场处于上升趋势的时候。市场在低点时,最适合开始定期定额投资,只要看好长线前景,短期处于空头行情的市场最值得开始定期定额投资。

(2)要兼顾波动大和绩效平稳两个因素。波动较大的基金比较有机会在净值下跌的阶段累积较多低成本的份额,待市场反弹可以很快获利。而绩效平稳的基金波动小,不容易遇到赎在低点的问题,但是相对平均成本也不会降得太多,获利也相对有限。

(3)要活用各种弹性的投资策略。可以搭配长、短期理财目标选择不同特色的基金,以定期定额投资共同基金的方式筹措资金。以筹措子女留学基金为例,若财务目标金额固定,而所需资金若是短期内需要的,那么就必须提高每月投资额,同时降低投资风险,这以稳健型基金投资为宜;但如果投资期间拉长,投资人每月所需投资金额就可以降低,相应可以将可承受的投资风险提高,适度分配积极型与稳健型基金的投资比重,使投资金额获取更大的收益。

(4)灵活调整投资金额。随着就业时间拉长、收入提高,个人或家庭的每月可投资总金额也随之提高。因此,适时提高每月扣款额度也是一个缩短投资期间、提高投资效率的方式。尤其是在原有投资的基金趋势正确、报酬率佳,而且原有的投资组合分散风险的程度已经足够的时候,就不需要另行申购其他基金,依照原有的投资比重重新分配投资金额,可早日达到自己的投资目标。

金融家点评:

定期定额不仅可以让你的长期投资变得简单化,也会减少您在理财规划上面花费的时间和精力。不过,只有选对投资目标,才能带来理想的回报。

647. 市场下跌时该不该停止定投?

基金定投因为每隔一段固定时间,不论市场行情如何波动,都会定期买入固定金额的基金。当基金价格走高时,买进的份额数较少;而在基金价格走低时买进的份额数较多,长期累积下来,成本及风险自然会摊低。

开始定期定额投资后,若临时必须解约赎回或者市场处在高点位置,而自己对后市情况不是很确定,也不必完全解约,可赎回部分份额取得资金。若市场趋势改变,可转换到另一轮上升趋势的市场中,继续进行定期定额投资。

定期定额长期投资的时间复利效果分散了股市多空、基金净值起伏的短期风险,只要能坚守长期扣款原则,选择波动幅度较大的基金更能提高获利,而且风险较高的基金的长期报酬率应该胜过风险较低的基金。因此,如果有较长期的理财目标,如 5 年以上至 10 年、20 年,不妨选择波动较大的基金,而如果是 5 年内的目标,还是选绩效较平稳的基金为宜。

定期定额投资不必过分在意短期涨跌和份额数累积状况，在必要的时候可以咨询专家的意见。

金融家点评：

其实选择基金定投就等于选择一种投资的规则。如果在市场一直向上或是向下走的时候停止基金定投，还能发挥定投的优势吗？要把投资作为一种生活方式，定投就是培养投资习惯的上佳品种，因此没必要因为短期的市场调整而停止基金定投。

648. 选择基金定投怎样因人因时而异？

有些基金公司在宣传中把定期定额投资说成是“老幼皆宜”，是零存整取的替代产品。其实，定期定额投资只是申购基金方式的一种，虽然和零存整取相类似，但两者在投资的稳妥性上却有很大差异，只要银行不倒闭，零存整取就能按期取得本息；基金却会因净值变化有可能得不到任何收益，甚至会影响本金的安全。所以，追求安全稳妥的投资者不适合定期定额投资开放式基金。

另外，收入不稳定的投资者也应慎用定期定额投资。这种投资方式要求按月拿出一定资金供基金公司扣款，按基金公司规定，扣款日内投资者账户资金余额不足，即被视为违约，超过一定的违约次数，定期定额投资计划将被强行终止，由此可能会给投资者带来一定的损失。所以，收入不稳定的投资者应尽量采用一次性购买、多次购买等方式来投资基金。

如今各种新基金不断推出，与此同时，越来越多的基金推出了定期定额投资，“专家理财”的基金公司通过完善服务和更新发行方式本来会给投资者带来更加丰厚的回报，但一些基金却成了“扶不起的阿斗”，一方面，部分基金公司仍然摆脱不了“靠天吃饭”的窘境，不能给定期定额投资者和一次性投资者带来理想的收益；另一方面又要收取高额的管理费和申购费、赎回费，投资者们把辛辛苦苦挣来的血汗钱按月交给“理财专家”，换来的却是资产的不断缩水。

所以，投资者一定要对基金的业绩进行综合衡量和分析，然后选择基金净值高、增长幅度快的基金进行定期定额投资。如果没有很好的定期定额投资基金品种，干脆就继续存零存整取，或者自己去寻找其他的投资渠道。

开放式基金一般是以投资股票为主，所以，其净值与股指走势有很大的关系。如果股指持续走低，而你对股指未来的走势把握不准，这时比较适合定期定额投资。但如果预测股指和基金净值将进入下降通道，买基金会早买早套，晚买晚套，这时就不应“明知山有虎，偏向虎山行”了。比如，某基金净值为 1.1 元时采用定期定额投资，此后基金净值以每月跌去 0.01 元的速度往下跌，那么，一年左右的平均申购价约为 1.05 元；而如果预测底部为 1 元，等跌到这个价位时进行一次性购买，这时的购买成本仅有 1 元，比定期定额投资便宜了 0.05 元。

金融家点评：

总起来看，定期定额投资基金有其固有的投资优势，也有其投资缺陷，是否是一种“人人皆宜”的理财方式还值得研究。

649. 何种情况下投资者的申购申请会被拒绝？

通常情况下，投资者在办理开放式基金业务时，需准确提供相关资料，并认真填写相关的表格，如填写有误，您的申购申请有可能会被拒绝。

此外，开放式基金在基金契约、招募说明书规定的情形出现时，会暂停或拒绝投资者的申购。一般包括如下情形：

(1)不可抗力，如遇到战争、严重的自然灾害等；

(2)证券交易场所在交易时间非正常停市；

(3)基金管理公司认为市场缺乏合适的投资机会，继续接受申购可能对已有的基金持有人利益产生损害；

(4)基金管理公司认为会有损于已有基金持有人利益的申购；

(5)基金管理公司、基金托管银行、基金销售机构或注册登记机构的技术保障或人员支持等不充分；

(6)法律法规规定或经中国证监会认定的其他情形。

金融家点评：

暂停申购及重新开放申购时，基金管理公司都会在中国证监会指定信息披露媒体发布公告。

650. 怎样防范基金公司的管理缺陷？

在经过爆炸式增长后，基金作为中国资本市场最大的机构投资者，其管理缺陷已经非常明显，特别是与私募基金的比较竞争、与公众对基金作为最大的机构投资者的期望相比还有不少的差距和不足，投资者需引起注意。

(1)盲目追求规模以赚取管理费。证券投资基金作为公募基金，一个重要特点就是，以获得管理费收入为主要经营目的。基金规模越大管理费收入越高，这就决定了基金业势必追求管理规模，即使管理规模超过了管理能力并影响到持有人的收益水平；而与此相对，私募基金追求绝对的收益回报，它会自觉保持适当规模，自觉控制规模不要影响到运作的灵活性和收益水平。

(2)基金投资同质化可能导致行情暴跌。国内基金的同质化非常严重。号称是进行价值投资的基金，其持有的组合市盈率比成长型基金的市盈率还要高；号称是小盘的基金，所持股票和大盘基金没有太大区别；号称投资指标股的大盘基金，在指标股行情比较好的时候，它偏偏走得差。由此可以看出，一些基金公司并没有按照对投资者的承诺进行投资。在某些特定的行业，或比较优质的公司中，基金的持股量已超过 50%，甚至达到 70%，基金投资行为的高度趋同蕴藏着危机。如果基金投资同质化、羊群效应依然存在，那么暴跌行情会随时出现。

(3)基金经理的散户化倾向。在前些年，单个基金达到几个亿的规模就不错了，而现在，几个小时就可以募集 100 个亿。基金业的发展走得太快，总结和思考还没赶上来，管理也没有赶上来，基金行业原来一度存在的优胜劣汰机制在一定程度上受到抑制和破坏。基金的投资理念、运作机制没有明显改善，它从原来很小的规模膨胀后，其投资行为不变，有些已变成放大的散户，一样去追涨杀跌。

金融家点评：

一个理想的基金资产管理人应该少看盘，多看企业，投资股票就是投资企业，考虑的是要选择什么样的职业经理人，要选择什么样的行业；基金经理如果像散户一样总是看盘，就会像一个拿着榔头的木匠，在房间里转来转去，总恨不得找个地方敲打一下，不断看盘的结果就是总会频繁买卖。

651. 股市大盘是选基金的唯一参照吗？

事实上，一个基金做得好不好，更多要看它打败比较基准的能力，而不是仅仅拿大盘作参照。

对于很多人来说，接受业绩比较基准，从而接受基金业绩的相对表现，是一件挺困难的事。当你买的基金跌破面值，甚至滑落到0.9元以下的时候，基金报告里却偏说该基金"跑赢了比较基准，战胜了市场"，是不是让人感到难以理解？

"比较基准"是用来评价投资组合回报的指标。如果你买的基金是以上证指数作为比较基准的话，投资运作一段时间后，将基金实际回报和上证A指的回报作比较，可以评估基金管理人的表现。当然也有很多基金会采用一些我们非常陌生的指数作为参照，比如新华富时中国A600指数、中信300指数等等。

通过业绩比较基准更能方便你为一只基金准确定位。比如申万巴黎强化配置基金，虽然被划分到平衡型基金当中，但是它的策略是绝对回报，所以比较基准是一年期定期存款利率。这一条，其实已经表明它的风险回报都会跟保本基金差不多，只适合风险偏好很低的投资者，把它跟一般的平衡型基金比较就会有问题。

金融家点评：

股市大盘只是指标之一，建议投资者通过历史业绩来寻找一些好基金。但对于一些特定投资的基金来说，因为市场周期的特点，说不定过往表现不好的基金在你投资之后就时来运转了。

652. 怎样看懂基金公司的业绩公告？

根据有关规定，各家基金公司必须报告投资的运作情况，作为了解基金的第一手资料，投资者通过阅读不同基金的定期报告，在投资时就能做到有的放矢。

在一份基金季报中，投资者首先看到的是该基金产品概况、净值表现和简要的投资策略，由于报告推出要滞后于报告所记载的信息截止日一段时间，所以对于基金的绝对收益可以作为大致的参考。在基金对于市场展望的阐述中，投资者可以清晰地了解该基金的投资思路，以及对市场的分析和行业的配置策略。作为一只基金的"成绩单"，投资者可以对该基金有一个大致的认识，也可凭此与其他基金进行初步的横向比较。但投资者也应该认识到，过往的业绩并不能代表其未来的收益。

同上市公司一样，基金的半年报和年报是比较详尽的，披露了该基金的所有持仓组合，而季报披露的是占基金净值前十大位置的"重仓股"。如今年业绩冠军华夏大盘精选基金，观察其持仓组合可以发现两大特点：一是其十大重仓股占基金资产不到30%的比例，分散投资的趋势明显,也具备良好的风险控制能力;二是与多数基金重仓股不同,华夏大盘精选基金的选股有很强的独立性。

金融家点评:

在购买商品时,消费者总要精挑细选,详细了解商品的品牌、性能以及是否合适自己等,在投资基金时更应该避免盲目投资。投资者只有加强自身的知识水平才能真正做到对自己的资产负责,那么不妨就从阅读基金公司的公报开始。

653. 基金季报需要关注的重点是什么?

每一个季度过后,所有的基金都会公布其在上一个季度的报告。对于普通投资者来说,基金定期报告可以使我们对所持有基金的状态进行简单的判断与分析,更好地跟踪自己基金的运行情况。阅读基金定期报告主要关注以下情况:

(1)基金的份额变化情况。基金季报会披露"期末基金份额总额"的数据,基金规模过大或者规模过小,对基金的投资组合流动性、投资风格、投资难度等都会存在不利影响,就像人太胖或太瘦都不健康一样,百亿元以上的"航母"、或者2亿元左右的"微型基金",都值得我们警惕。同时,我们还应关注基金份额变化。大规模的申购与赎回肯定都会使基金经理由于资金的压力而调整基金仓位,影响投资回报。

(2)基金的仓位变化情况。基金仓位的变化直接反映出基金经理们对下一季度行情的看法。一般而言,基金仓位越重或加仓幅度越大,越意味着基金经理对短期行情很乐观。反之,如果基金仓位较轻或减仓幅度较大,就意味着基金经理对短期行情不乐观。要注意的是,如果你所持有基金的仓位比同类型基金的仓位偏离很多,要警惕基金经理的投资风格是否过于"特立独行",如果仓位明显高出其他同类型基金仓位很多,说明这只基金是在用高风险博取高收益。相反,如果有的基金的仓位只是同类型基金的平均水平,投资回报率却排名靠前,这也一定程度上反映出该基金的较高投资管理能力。

(3)基金的投资组合状况。基金季报中还会披露"十大重仓股明细",这也是考察基金投资风格和选股思路的重要依据。从重仓个股的行业和特征可以看出基金经理的偏好,比如某只基金的前十大重仓股大多是大盘蓝筹股,那可以基本判定这只基金的投资风格趋于稳健。我们还可以通过"持股集中度",来看基金投资的分散度。

此外,还可以看基金的"持股延续性"。如果十大重仓股每一季都是新面孔,说明基金调仓比较频繁,基金经理相对比较偏好短线操作。

金融家点评:

读基金的季报不能光看披露的数据,毕竟季报中的数据只截止到上个季度的最后一天,公告时间与投资组合时间本来就存在20天左右的时间差。就在这20天内,说不定基金经理早已经"暗度陈仓",盲目追捧基金经理的重仓股就会变成一个"美丽的陷阱"。最重要的,还是从基金季报中读懂基金经理选择个股的思路和投资风格,以及基金经理对未来市场的看法。

654. 怎样关注基金投资中的细节?

基金的购买方法有认购和申购之分,这就是基金投资中的"细节"。投资者对一只基金产品的建仓期充满信心,享受一次新股中签的感受和愉悦,可以选择在基金认购时买入。而对基金的建仓期收益不确定,可选择基金认购的方式。基金投资中的潜在收益就隐藏在这"细节"之中。

同样,购买一家基金管理公司旗下的多只不同类型的基金,也可以根据基金配置品种的市场变化,进行同一家基金管理公司不同类基金产品之间的转换,不但可以起到灵活投资的目的,还可以减少不必要的申购、赎回费用。这同样也是"细节"在起作用。

另外,基金投资理念中的"细节",同样也能产生基金投资中的额外收益。基金产品的申购、赎回费率是比较高的,特别是持有基金产品的时间越短,基金的申购、赎回费率就越高。为此,基金管理公司开发了保本型的基金产品和设置了不同的费率标准。投资者只要坚持长期投资理念购买基金产品,不但可以享受到较低的费率,还能享受到避险期内免除费率的优惠。由于没有一定的额度限制,只要具备长期投资理念,中小投资者虽然没有强大资金支持,也同样可以实现高于基金产品本身运作所带来的高收益。

基金投资简单法中的"细节",是指基金营销中的费率精计算、巧节省。但这些在基金购买过程中,充其量是赚些基金投资的小钱,在基金运作业绩不佳的情况下,降低些损失。但真正捕捉基金中的"黑马",分享由基金净值的高增长而带来的高收益,还需要把握基金投资中的复杂方面。

比如,优选基金管理公司。优秀的基金管理公司不但内控制度健全,经营业绩稳健,而且基金运作水平高,社会信誉度高,给投资者的分红回报多。尤其是综合管理能力强的基金管理公司,当一只基金因市场因素影响业绩时,投资者也可以在节省费用的前提下进行基金产品之间的转换,起到一箭双雕的作用。

再比如,关注基金的净值变动。基金的净值变动与其配置资产相关市场的联动影响极大。投资者通过基金净值增长的结果,观察和了解基金净值变化的过程,特别是基金配置品种的收益变化,对"高抛低吸"赚取基金差价也是很有帮助的,特别是净值出现剧烈波动时,购买股票型基金是比较适宜的。这就是投资基金中的复杂中的"细节"。

金融家点评:

细节决定成败。基金投资是一件既简单又复杂的事情。简单表现在其交易方式环节少,只涉及申购、赎回,并享受从申购到赎回中产生的收益;复杂表现在优选基金必须观察基金净值的变化。既简单,又复杂,但一个都不能少。因为,所有的基金投资的收益和损失,基金营销的成败和得失,都与这简单和复杂的诸多"细节"有关。

GUPIAOJIJINTOUZIRUMEN

股票基金投资入门

第十一章 基金制胜方略

选择基金之前，必须明确自己的投资目标，以及为实现这一目标而应该采取的策略。在理财日益成为一种专门投资艺术的市场经济活动中，由于投资者社会地位的不同、年龄大小不同，收入水平不同、理财观念各异、性格层次分明，从而产生的投资目标也因人而异，但掌握投资技巧却是人人必需的。

655. 购买基金后如何进行有效管理?

(1)时刻留意基金公告等相关信息。要关心基金的表现,如基金单位净值、投资组合、投资策略以及后市的发展变化,掌握该基金的投资现状和收益水平。投资者有什么问题,可以咨询基金公司或销售机构的投资顾问

(2)了解市场对基金投资的评论。听专家分析,可以使投资者对资产的运行状况有更清楚的认识。可以借助一些专家对基金市场的评论,加深对基金投资的全面认识,比如同类基金的业绩表现,投资市场的景气状况等,以此来帮助投资者对基金的后市表现和发展前景作出客观、准确的判断。

(3)关注基金公司人事变动。如果基金公司发生了重大人事变动,那么应该密切关注该基金的投资变动情况,以便及时调整投资策略。

(4)适时调整分红方式。开放式基金有现金分红和分红再投资两种方式,可以自由选择。如果希望增加基金投资额,可以向基金公司申请红利再投资的方式,这样可以简化再投资手续并节省费用。

金融家点评:

购买基金后并不是万事大吉了,需要做的工作还有很多,要花一些时间来跟踪基金的表现情况,再结合自己的投资需要和财务状况来调整投资组合。

656. 怎样看懂每日基金动态估值图?

每日基金动态估值是根据基金前十大重仓股和其他相关数据算出的,经过测试比一般性基金网站的估值要准很多,虽然不一定正确,但至少能大概看出当天该基金的净值变化。

在净值估算图中,有红色数字、黑色数字、绿色数字,还有估算净值、估算涨幅、单位净值、累计净值、申购费率上限、赎回费率上限等栏目,这些都是什么意思呢?

一般来说,红色数字代表涨,黑色数字代表不涨不跌,绿色数字代表跌,估算净值代表估算价格,估算涨幅就是(昨日净值减今日估值)除以昨日净值,单位净值就是现在的价格,累计净值就是不考虑分红分拆因素的价格,申购费率上限和赎回费率上限就是投资者买卖基金的手续费。

金融家点评:

这和看股票的走势图有点类似,看不懂图也就看不懂得基金的走势。

657. 怎样正确设置基金账户类型?

投资基金所提供的账户有三种,即定期账户、累积账户和提款账户。投资者应熟悉每一种账户的特性,设立合适的账户。

(1)定期账户。这种账户允许投资者在选定的时间购入投资基金的单位,投资者收到存单,上面注明了股东身份,基金投资者可将基金单位存入受托管理人银行金库,除非投资者愿

意，他无需自己负责保存。对大多数人来说，这种程序比较有利，它消除了基金转让代理人、银行和投资者间的凭单转移，操作方便。基金投资的收入定期支付给投资者(每月、每季、半年或一年一次)。

(2)累积账户。累积账户包含两种计划，即自愿性计划和契约性计划。前者给予投资者在追加资金数量上的灵活性，大多数累积账户允许投资者以少量资金开设账户，但投资者要定期追加投入。后者在约定的期限内(通常为10~15年)投资者要按规定的间隔期投入一定数量的资金。从原则上讲累积账户的设立比较理想，因为它强制投资者连续投资。当投资者希望不追加投入资金时，上述两种计划都类似定期账户。

(3)提款账户。提款账户允许客户定期提取资金，投资者每月或每季可以自动地收到基金确定的一个适度的提款数额，以保证提款不大于基金的投资收入而使基金规模减少。投资者应注意，提款数额往往以基金资本量的百分比表示，当基金价值变动时，提款额也相应变动。

金融家点评：

设置基金账户是一个比较繁杂的工作，投资基金均有投资服务代表，要充分利用他们，这样可省去投资者的许多麻烦。一个具有良好的服务态度的投资服务代表是一个管理完善的投资基金所必备的，投资者不可浪费了这一宝贵资源。

658. 怎样选择货币基金？

货币基金主要投资票据等短期货币工具，最大特点是具有较强的灵活性，一般1~2个工作日即可赎回，并且其年收益一般在2%以上，高于一年定期存款收益，购买货币基金可谓是“存活期的钱，拿定期的收益”，针对这一特点，投资者可以买只货币基金来替代传统的活期储蓄和一年内的定期储蓄。现在各理财报刊和网站经常会刊登货币基金7日年化收益排行榜，可以初选几只“候选”基金，观察一段时间，或查询一下基金的历史收益情况，然后选择一只收益较为稳定的基金进行投资，目前年收益率一直排在前列的主要有南方现金增利、华安现金富利等基金。

金融家点评：

投资者可以就近从银行网点购买或网上申购。

659. 怎样选择债券基金？

债券基金主要投资国债、企业债和可转债，债券投资比率一般为总资金的80%，以两年定期存款税后利率作为业绩基准，在投资风险控制和收益方面具有明显优势，2005年1~10月份净值增长在6%以上的债券基金就有很多种；同时，债券基金的申购和赎回手续费较低，一般为股票型基金的一半，很多短债基金还可以完全免手续费，在赎回上一般实行T+1，收益也非常客观，90日年化收益率为2.3%左右。

金融家点评：

选择债券基金应参考其公告的历史净值、最近30日的年化净值增长率等指标。

660. 怎样选择股票基金?

股票基金是投资于上市公司股票,主要收益为股票红利和股价上涨的赢利,投资股票的基金资产一般不低于总资金的60%。从目前股票基金的净值增长情况,很多基金的年收益超过了10%,这点是货币基金和债券基金望尘莫及的。所以,有了其他类型的股票,同时再购买一只股票型基金,可以在灵活性和稳妥性的基础上增加整体投资的收益性。选择股票基金的难度相对大一些,因为股票基金的数量最多,有的基金净值一年增长10%,有的则下滑10%,因此选择这种基金要看基金净值是否稳定增长,同时要留意它的持股结构是否具备上涨潜力。

金融家点评:

兵无常势,水无常形,选择基金也是如此。

661. 牛市为何要选择指数基金?

众所周知,大盘蓝筹股是资本市场中的中流砥柱,通常具有赢利稳定、估值合理以及流动性好的特征,是股票市场的主流投资品种。有时大盘蓝筹股会沉寂一时,但一旦爆发出来,就会表现出王者风范,具有良好的抗跌性,并引领大盘回升。当蓝筹股成为大盘的主导时,被动投资的指数型基金将展现出活力。因为指数型基金一般是跟踪沪深市场流通市值最大的几百只股票,这些股票大都处于各行业的龙头地位。海外成熟市场的经验表明,在牛市环境中,指数型股票基金的收益优于多数主动型基金。统计显示,股市处于牛市时有很多基金跑输了大盘,投资者选到跑赢大盘的主动型优秀基金非常困难,而且即使跑赢指数也只是暂时的,在美国2000多只基金中,能连续5年跑赢指数5个百分点的基金经理,已经是相当不错了。

金融家点评:

指数型基金运作简单透明,赚了指数就赚钱,而且被动组合投资可以有效规避风险。

662. 股市剧烈震荡时如何选出好基金?

(1)做好心理准备。投资者需要注意基金净值的变化,同时还应当充分地认识到净值变动的复杂性。基金净值的变化受很多因素的影响,有基金管理人运作水平方面的差异,也有政策影响或经济环境影响的外部因素。

(2)做好资金准备。在任何环境下,投资者留存部分备用资金是必要的。特别是在出现巨幅震荡的情况下,投资者可以利用资金进行补仓,从而摊低原购买基金的成本。因此,震荡行情的出现,对投资者来讲,既是危机,但更是转机。危机是因为基金净值下跌造成了投资者浮盈收益的减少,而转机是因为基金净值下跌为投资者创造了购买基金的机会。

(3)不盲目做短线。股市的剧烈暴跌,大都是在瞬间完成的。而对于赎回时间在T+3交易日的股票型基金来讲,这边赎回的资金刚刚到账,而那边证券市场又走出了新一轮的上升行情。因此，对于牛市行情中的暴跌，投资者应当有明确的理解和认识，而不能盲目地进行调整。因为基金不同于股票，更不像权证投资，资金的到账时间异常迅速。基金赎回资金的到账制约着投资者实现套利的可能性。

(4)保留高质量基金。像股票投资一样，基金投资者在证券市场的持续上涨行情中重势将高于重质，而在下跌的市场中，重质将胜过重势。因为只有重仓持有抗跌性强的绩优蓝筹股票，基金的下跌空间才有被缩小的可能。投资者在证券市场的震荡调整时，应当选择优秀行业中的龙头股票品种的基金。

(5)观察基金净值振幅空间。一只基金的振幅剧烈，说明基金投资组合具有极大的不稳定性，并受市场环境的影响巨大，当其配置资产品种成为投资者追逐的热点时，无形之中增大了基金投资的风险。投资者应当慎选此类基金。

金融家点评：

在投资市场每年都有好机会，你要随时做好准备，抓住时机，你会欣喜地发现一颗小小的的橡果会长成巨大的橡树林，只要勤奋和持之以恒，凡事都可有成，你本人希望成功的决心才是最重要的的因素。

663. 怎样买基金最省钱?

(1)选择后端收费。基金发行时就收取认购费的方式叫前端收费，后端收费是指认购新基金时暂不收费，而在赎回时补交费用的发行方式。后端收费的补交费用会随着持有基金时间的延长而减少。以某基金为例，如果投资者选择前端收费，认购费率为1.0%，而选择了后端收费，只要投资者持有时间超过1年以上，赎回时补交的认购费率只有0.8%；持有3年以上认购费率只有0.4%，并且赎回费全免；如果持有期超过5年，则认购费和赎回费全免。

(2)选择团购。按照基金公司的规定，认购、申购数额越高，手续费越低。比如某基金申购金额低于50万元时费率为1.5%，高于500万元时费率仅为0.5%，二者相差数倍。根据这一规定，同事、朋友、网友们可以"团结"起来，使一次性购买基金的额度达到享受手续费优惠的金额便有可能节省一大笔费用。另外，目前国内出现了专门的基金团购网，办理该网站指定银行的银联卡，开通"银联通"业务，然后就可以在团购网的指导下购买相关基金，享受团购费率优惠。比如，购买"华夏宝利配置"基金，普通的申购费率是1.2%，通过团购网可以享受0.48%的优惠。

(3)选择认购。同样一只基金，发行时认购和出封闭期之后申购其费率是不一样的，基金公司为了追求首发量，规定的认购费率一般低于申购费率。比如认购5万元某基金的费率为1%，封闭期结束后的申购费率则为1.8%，二者相差0.8%。如果单从节省手续费的角度考虑，看好某一只基金，应尽量选择在发行时认购。

(4)网上购买。过去认购、申购开放式基金只能到证券公司或银行网点才能办理，现在工行、招行等金融机构都推出了"网上基金"业务，且银行对网上基金交易都有一定的优惠政策：从网点开立基金账户一般要缴纳一定的开户手续费，而在网上自助开立基金账户则是免费的；网上认购、申购开放式基金可以享受一定的手续费折扣，比如，通过某银行"银基通"购买开放式基金，申购费最多可以打4折。最关键的是网上购买基金可以节省大量的时间，对于现代人来说，节省时间就等于创造金钱。

(5)红利再投。基金投资者可以选择两种分红方式,一种是现金红利,另一种是红利再投资。为鼓励大家继续投资,基金公司对红利再投资均不收取申购费,红利部分将按照红利派现日的每单位基金净值转化为基金份额,增加到投资人账户中。这种方式不但能节省再投资的申购费用,还可以发挥复利效应,从而提高基金投资的实际收益。

金融家点评:

开放式基金日渐受到广大投资者的青睐,但有些人因为对基金公司收取不少的申购、赎回费用难以接受。其实,投资开放式基金有很多省钱之道,掌握了这些减免手续费的窍门,你的投资顾虑可能很快就会烟消云散。

664. 怎样选择在分红前后买基金?

基金分红有现金分红和红利再投资两种方式。根据《证券投资基金运作管理办法》,若投资者未指定分红方式,则默认收益分配方式为现金分红。投资者可以在权益登记日之前去购买基金的机构进行分红方式的修改。

很多投资者会问,应该在分红之前购买还是分红之后购买基金?由于分红派发的基金收益是基金净值的一部分,分红后基金净值会比较低,购买是否比较划算?假设在权益登记日和红利再投资日之间市场没有波动,那么投资者无论是在分红前购买还是之后购买,其拥有的资产是没有差别的。这是因为,虽然分红之前购买可获得分红并转换成基金份额,但分红之后购买由于基金净值下降,同样的申购金额可购买更多的基金单位。

金融家点评:

不比不知道,一比有奥妙。究竟哪一种方式好,投资者要对比分析。

665. 指数基金的种类有哪些?

指数基金可以按照所跟踪指数对应的资产类型不同或投资区域的不同进行划分。比如说在美国,根据所跟踪指数涉及的资产类别不同,可以将指数基金分成股票指数基金、债券指数基金、不动产指数基金等;股票指数基金可以根据投资区域的不同进行划分,如美国标准普尔500指数基金、英国金融时报100指数基金、日本日经指数基金等等。

目前的指数基金以股票基金为主,根据基金所跟踪的股价指数的特点可以进一步细分为以下几种类型:

(1)综合型的指数基金。综合型指数基金是目前市场中见得最多、也最为典型的指数基金,它们以市场中某一反映整个市场状况的综合性指数作为跟踪标的,如我们常听说的上证指数、深证成指、上证180指数、深证100指数以及国际上著名的道琼斯工业平均数、标准普尔指数等等,都属于综合型的指数。由于这些综合性的指数反映的是整个市场的平均收益,不仅具有非常强的市场代表性,也充分分散了个股的风险,所以这类综合型指数基金也就成了指数基金的主流品种。

(2)按照板块分类的局部型指数基金。这一类的指数基金以反映市场中某一板块的指数作为跟踪对象,其中最常见的是按上市公司的规模分类的指数,以及它所对应的基金,也就是大盘股指数基金、中盘股指数基金和小盘股指数基金。另外还有一种较为常见的是按投资目标进行区分的指数基金:按投资目标的风格类型进行划分,可以将股票分为价值型或成长型股票,于是也就有了价值型指数基金与成长型指数基金。

(3)行业指数基金。某些股价指数可以是描述某一特定行业上市公司股价的变化情况,由此就产生了各种类型的行业指数,以这些行业指数作为跟踪目标的指数基金就是行业指数基金。

(4)混合型指数基金。这一类的基金是上述几种类型的组合,也就是将上述的行业或板块进行复合后作为标的指数的指数基金。

金融家点评:

根据指数基金本身的投资操作方式,可以把指数基金分为完全被动跟踪指数的指数基金与增强型的指数基金两类。前者是完全意义上的指数基金,后者跟踪指数的同时加入了积极投资的成分以期战胜市场,在提高收益预期的同时,也在一定程度上增加了风险与成本。

666. 大盘调整时优质基金要赎回吗?

大盘调整时好基金不要轻易赎回。有时调整的过程很漫长,因为股市里永远都有盲目的人,投资者要记住,资本市场就是个资金池,有人赚了必然有人亏,聪明人赚笨人的钱。就2007年的市场来说,由于大盘的调整,至少有1000万被套住的人,其实本来可能有2000万,但有一半已经忍不住割肉走了。坚持下来的1000万苦苦的等着解套,所以接下来的一波调整可能就是这波汹涌无比的解套潮。

很多受了打击的股民撤出股市开始转作基民,但正应了这句话,江山易改,本性难移,很多人买了基金之后还是把基金当成股票一样来做,频繁的买进卖出,追涨杀跌。应该说,正是这些不稳定的基民,加剧了股市的波动,因为在他们的带动下,基金经理开始被动地做短线。

此时,有的人怪股市,怪基金经理,其实没必要去责怪谁,应该改变的是自己。在基金市场失败也好成功也好,眼睛不要老是盯着别人,多分析一下自己,你不可能改变市场,只能改变自己。投资基金一定要长期持有才能看到收益,请不要赚一点或亏一点就跑掉,无论遇到任何困难,只有耐心和毅力才能达到目的。

金融家点评:

在股市中输了钱的人,做基民后如果思想不能转变,结果还是一样的,成功的人在哪里都能成功,失败的人也一样。

667. 市场波动时基金投资如何操作?

基金投资如何应对波动的市场?应注意以下三点:

(1)坚持长远战略。对投资人而言,面对未来可能出现的市场震荡,试图以波段操作的方式获取收益是一种不明智的做法。历史数据显示,业绩优秀的基金能获得超越大盘的良好回报。从2003年开始计算,排名前20%的开放式基金每一年都战胜了大盘,并且获得了正收益,那些长期持有股票基金的投资者才是A股市场最大的赢家。因此,投资者在看好市场趋势的时候，精选出优质的基金作为战略品种，并长期地持有，从而在牛市中最大限度地分享收益。

(2)更重投资组合。面对市场剧烈震荡，组合投资可以有效地降低投资风险。由于每种类型的基金均有其不同的功用和风险收益特征，投资者应更加注重优秀公司的不同类型(股票型、平衡型)基金的组合和不同投资标的(小盘股、大盘股)基金的组合，以便在获取投资收益的同时，有效地实现差异化的投资目标。

(3)适量选择定投。基金定投是一种长期投资的方式，投资者每隔一段固定时间，不论市场行情如何波动，都定期地买入固定金额的基金，从而避免因市场波动而产生的选时烦恼。通过基金定投方式，当基金价格走高时，买进的份额较少；而在基金价格走低时买进的份额较多，长期累积下来，成本自然会摊低。对于金额较大的资金，可采用定投的原理分批购买，经验证明，基金定投是能够有效应付当前市场波动的最佳方式之一。

金融家点评：

成熟的投资理念一方面有赖于基金公司对投资者的长期教育，另一方面，市场本身也在教育投资者。股市与基金是连体儿，股市出现剧烈震荡，基金必然有反应。

668. 购买基金怎样做到“三要三不要”？

人人都知道，购买基金要量力而行，尽量不要借钱投资，因为长期投资中难免有下跌行情，以免为利息负担和短期套牢所累。选择基金要多元化，如果资金足够多，可以考虑根据不同基金的投资特点，分散投资于多个基金。这样，倘若某基金暂时表现欠佳，通过多元化的投资，不理想的表现便有机会被另一基金的出色表现所抵消。

大部分投资基金的人都有长线准备，因为长期投资可以让资本有时间增值，也可以克服短期的波动。一般而言，股市的短期波动性很大，但如果投资的时间足够长，就可以避免短期波动的风险，再加上专业基金经理的选股和操作，长期下来就会有较大的胜算。除了这些技巧之外，投资者还应做到以下几点：

(1)要丢弃幻想，不要盲目预测。基金为投资者提供的是资本长期稳定增值的前景，而非一夜暴富的机会。从国外来看，各国投资基金的收益也都有一定的平均获利水平，而且投资收益总会有好有坏。投资者应该根据基金的投资风格、基金经理的投资操作以及证券市场的大市环境，形成对基金收益的合理预期，否则，可能难以实现设定的投资目标。

(2)要时刻警惕，不要忽视风险。必须时刻提醒自己，任何投资活动都有风险，而且风险跟收益是对应的。虽然基金是专家理财，能实现组合投资，但也只能是分散风险，把风险降低到可以承受的水平，而不能彻底消除风险。虽然承担高风险并不一定能赚取高收益，但是为了追求高收益，就一定要承担高风险。所以基金投资仍是有风险的，也就是说，存在损失资金的可能。

(3)要关注基金动向，不要不闻不问。在作出投资决定之前，需要先了解个人的投资需要和投资目标。在选择基金时，需要仔细阅读基金的基金契约、招募说明书或公开说明书等材料，并从报纸、销售网点公告或基金管理公司等正规途径了解基金的相关信息，以便真实、全面地评估基金和基金管理公司的收益、风险、过往业绩表现等情况，以免选择不适合自己的基金品种。

669. 基金投资要警惕哪些投机行为?

作为基金投资者,以下的投机操作行为是应当克服的:

(1)利用基金管理人的人事变动进行投机操作。一只基金的基金经理及其他高管人员发生变动,不应当成为投资调整基金的理由。因为基金经理对一只基金的贡献度必定是有限的。利用基金管理人的人事变动做波段价差,明显是不适宜的。

(2)利用震荡市行情做波差投机。震荡行情往往从理论上产生一定的价差套利空间,但当投资者进行实际操作时,常常会因为震荡行情的时间较短而难以取得良好的投资效果。这种纯粹进行价差套利的投机行为是不足取的。

(3)利用费率的优惠及时点的选择进行投机,不是基金投资的常态。尽管投资者在购买基金时,基金管理人均会为投资者提供一定的费率优惠措施,但这些只是投资者在进行选择和购买基金时的一种低成本的投资方法,但并不能成为投资者进行基金投资的一种常态。更不能为投资者进行基金投资的首选要件。

(4)利用基金分红进行投机。基金分红是对基金投资收益的一种分配方式,并不能够从根本上为投资者创造更多的投资收益。投资者利用基金分红选择将基金赎回,只是一种基金投资上的错觉,仍然是基金的一种投机心理因素影响而已。

(5)利用不同基金净值差频繁换基金。这并不是明智之举。买入低点的基金,卖出高点的基金,从而实现不同基金净值的价差套利,也是不适宜的。因为,不同的基金产品进行套利时,需要同时买入两种基金,而两种基金的成长性会存在很大的不同。特别是其未来的净值增长能力更是存在一定程度上的差异,需要投资者谨慎采用。

金融家点评:

基金产品因其价格受市场供求关系的影响较小,进行投机操作是很不适宜的。

670. 怎样运用固定比例法购买基金?

固定比例法是将一笔资金按固定的比例分散投资于不同种类的基金上,当某类基金因净值变动而使投资比例发生变化时,就卖出或买进这种基金,从而保证投资比例能够维持原有的固定比例。

例如投资者决定把50%、35%和15%的资金分别买进股票基金、债券基金和货币市场基金,当股市大涨时,设定股票增值后投资比例上升了20%,便可以卖掉20%的股票基金,使股票基金的投资仍维持50%不变,或者追加投资买进债券基金和货币市场基金,使他们的投资比例也各自上升20%,从而保持您原有的投资比例。如果股票基金下跌,就可以购进一定比例的股票基金或卖掉等比例的债券基金和货币市场基金,恢复原有的投资比例。当然,这种投资策略并不是经常性地一有变化就调整,有经验的投资者大致遵循这样一个准则:每隔三个月或半年才调整一次投资组合的比例,股票基金上涨20%就卖掉一部分,跌25%就增加投资。

金融家点评：

固定比例法不仅可以分散投资成本，抵御投资风险，还能见好就收，不至于因某只基金表现欠佳或过度奢望价格会进一步上升而使到手的收益成为泡影或使投资成本大幅度上升。

671. 怎样运用顺势操作法购买基金？

顺势操作法是基于以下假定之上的：每种基金的价格都是有升有降，并随市场状况而变化。投资者在市场上应顺势追逐强势基金，抛掉业绩表现不佳的弱势基金。这种策略在多头市场上比较管用，在空头市场上不一定行得通。

采用这种方法，投资者完全依据市场行情的变化来买卖基金。通常，采用这种方法的投资者，大多是具有一定投资经验，对市场行情变化较有把握，且投资的风险承担能力也较高，毕竟，要准确地预测股市每一波的高低点并不容易，就算已经掌握了市场趋势，也要耐得住短期市场可能会有的起伏。

金融家点评：

顺势而为，不要逆潮流而动，是适应市场发展变化的重要原则。

672. 如何选择次新基金？

其实，所谓的次新基金只不过是一个相对的概念，由于时间的延伸，次新基金和老基金都会向适合市场的仓位调整。所以"次新"的概念只是暂时的、中短期的概念，事实上即便次新基金占了建仓的有利时机，仍有不少优质老基金后劲十足。所以，不管新老，表现更好的基金才更值得关注，毕竟大部分的次新基金都没有经历过逆境的考验。选择次新基金时要关注三大因素：

(1)基金的规模。由于新基金发行市场异常火爆，诞生了众多规模超过百亿的巨型基金。虽然巨型次新基金收益不错，但它们更适合那些追求稳健收益，特别是大盘蓝筹股投资收益的投资者，随着众多大盘蓝筹股将进一步进入中国A股以及中国宏观经济的稳步快行，巨型次新基金完全有可能获得丰厚的投资回报。

(2)次新基金的仓位状况。判断一只次新基金的仓位高低，是一个相对的、动态的概念。需要注意的是，以时间判断为次新基金的基金可能已经仓位较高，但由于新资金的不断进入，不能用静态的眼光认为次新基金的仓位已经很高而与老基金相提并论。投资者真正需要回避的是重仓股涨幅过大并且出现滞涨的次新基金。

金融家点评：

次新基金跑得飞快，已对百亿规模的巨型老基金构成了挑战，一些业绩优异的次新新基金，已经高于股票型基金的平均收益水平，值得投资者多加关注。

673. 怎样巧妙利用减仓股？

一般来说，基金减仓主要有两大原因：一是涨幅过大，套现欲望强烈。二是行业面临着估值的分歧。就如同银行、地产、钢铁等周期性行业一直成为基金进出的主要对象一样，有色金属等强周期性行业在去年四季度也面临着这样的特征。

由此，基金减仓股也存在着一定的机遇：一是因为涨幅过高的行业或公司股价经过基金持续减仓之后，已经通过持续的调整得到了改善。更为重要的是，涨幅过高并不一定意味着公司的估值水平过高，因为部分行业面临着质的变化的契机，所以，随着股价的调整到位，估值优势仍然会产生新的投资机会。

金融家点评：

对于基金减仓股不能忽视，发掘基本面仍有较大发展机会的个股以及行业周期面临重估可能个股，它可能带给你意想不到的收获。

674. 怎样灵活运用重仓股？

基金重仓股可能成为市场杀跌的主要力量，其原因既有市场内在的调整要求，也有来自宏观政策方面的打压。这些因素会直接导致基金重仓股的暴跌，引发基金赎回，进而拖累股指下跌。但从估值本身来看，经过一段时间的暴跌之后，基金重仓的整体市盈率水平会逐渐恢复，使得市场基础更加夯实。

同时，基金重仓股的下跌也不不排除是一种市场操作的策略，为了防止其持仓状况完全被展现，基金在报告披露期前后，也会或多或少地使用一些“障眼法”。比如，先减仓某只股票，待披露结束后再买入；或是先增持，再减持。

金融家点评：

对于基金重仓股，要辩证地看待，应该说，进入基金视野的股票大都是主流资金的关注焦点，短期表现不佳也许正是投资者介入的机会。如此看来，调整往往是买入的好时机。

675. 急需用钱时怎样赎回基金？

急需用钱也就是投资者有资金周转需求的时候。一般来说，投资基金最重要的不是去判断未来的涨跌，而是做好自己的理财规划，把这些闲来不用的钱购买基金，投资者应该对自己5年、10年、20年后的生活进行规划，然后按照自己这一规划制定现在的投资方案，尽量避免在紧急情况下赎回基金。

如果投资者用闲钱去买基金，突然家庭情况有变，需要用这笔钱的时候，就可以选择赎回基金。对于偏股型基金而言，当需要用这笔钱的时候，应该提前两个月考虑赎回。赎回基金应该在大涨的时候，而不要选择在大跌的时候赎回。

金融家点评：

人算不如天算，投资者要考虑紧急情况下基金投资的备选方案。

676. 什么情况下基金必须赎回?

(1)收益情况不理想时。在国外，一般将 3~5 年作为一个考察周期，在中国相对短一些。投资者至少应该观察一只基金一年以上的时间。另外，基金投资不是百米冲刺，而是马拉松，只要是跑在第一团队的基金都是不错的基金。通常基金表现能够处于同类型基金收益前 20%的水平就是一个让人满意的表现。

(2)基金情况发生重大变化时。这种变动包括很多因素，如股权、高管、核心投研团队等。基金更多地依靠团队作战，而团队总会有一些核心人物。有时候基金公司大股东发生变化，就有可能造成董事长等高管发生变化，公司的经营可能产生变动。另外就是投研团队发生重大变化，也可能对基金的风格产生影响。

(3)市场发生根本性变化时。这并不是说指数涨跌多少，而是指整体经济形势。近年来，中国经济一直增长强劲，股市虽然估值已经不低，但金融改革、更多优质企业 A 股上市、优化上市公司的结构以及更多企业管理能力的加强、成本的下降、赢利能力的增加及人民币增值、流动性过剩等因素将继续推动牛市行情，基金能够继续看好。

金融家点评：

一旦市场和外在形势发生变化，该出手时就出手，该赎回时就赎回。

677. 如何选择平衡型基金?

平衡型基金可以分为两种：一种是股债平衡型基金，即基金经理会根据行情变化及时调整股债配置比例。当基金经理看好股市的时候，增加股票的仓位，而当其认为股票市场有可能出现调整时，会相应增加债券配置。

另一种是在考虑股债平衡的同时，比较强调到点分红，更多地考虑落袋为安，这也是规避风险的方法之一。以上投摩根双息平衡基金为例，该基金契约规定：当已实现收益超过银行一年定期存款利率(税前)1.5 倍时，必须分红。偏好分红的投资者可考虑此类基金。

选择一只好的平衡型基金，先要选择值得信赖的基金公司。投资者可通过比较各基金公司旗下基金的业绩水平、基金经理的稳定性、投研团队的实力以及权威机构提供的评级结果来综合判断。

金融家点评：

选择平衡型基金时，知名评鉴机构评出的明星基金公司及五星基金产品都可作为参考，但也仅能作为参考，大主意还要投资者自己拿。

678. 基金投资要关注哪些关键日期?

基金投资者购买基金以后,虽然不必每天计算收益情况,但要关注以下重要日期:

(1)分红权益登记日。指享有分红权益的基金份额的登记日期,即只有在分红权益登记日前(含当日)购入的基金有资格参加分红,而分红权益登记日前(含当日)赎回的基金则不享受分红。投资人在权益登记日以前(含权益登记日)到开户的销售机构进行分红方式变更的,以变更后的分红方式为准。

(2)除息日。是指分红方案中确定的将红利从基金资产中扣除的日期,除息日的基金份额净值与上日价格相比,已扣除分红金额,所以该日的基金份额净值一般会比上日有所下降。

(3)派现日。是实施红利分配的日期,如果分红方式是红利再投资,等额的现金红利将按派现日的基金份额净值折算为相应的基金份额;如果分红方式是现金分红,现金红利将于派现日从基金托管库划往投资人的账户。

金融家点评:

一般情况下,如果分红权益登记日为 T 日,则除息日为 T+1 日,派现日为 T+2 日。投资者要牢记这些日子。

679. 如何按照"4P 标准"选基金?

选择适合自己的基金品种是有效控制风险的前提之一。现在基金种类很多,花样也很多,该如何选择一只合适的基金呢?有一个国际通行的"4P 标准",值得投资者参考。

(1)理念(Philosophy)。买基金前,首先应该看基金的投资理念是不是卓有实效并能始终坚持,比如知名基金公司的投资理念,是以企业基本分析为立足点,挑选高质量的证券,做中长期投资布局,以获得持续稳定增长的较高投资收益。

(2)操盘人(People),这只基金的团队是不是稳定,专业经验是不是丰富。

(3)流程(Process),投资是不是严密、科学。

(4)绩效(Performance),基金过往业绩如何,以及能否提供好的服务。

上述信息从哪些能够得到呢?

为防范非法证券投资咨询活动,方便投资者查询合法证券投资咨询机构名单、联系电话等基本信息,中国证券业协会在其网站建立了证券投资咨询公司信息公示专栏。该专栏专门向社会公示合规证券投资咨询机构名单、注册地址、办公地址、法人代表、总经理、投诉电话,以及取得证券投资咨询执业资格人员名单、执业资格证书号码等信息。

金融家点评:

购买基金之前,一定要看清以上四点,而不要盲目购买。

680. 如何正确选择"1 元基金"?

市场上"两元基金"和"三元基金"的出现,使新发行或者低净值的基金特别受宠。投资者之所以偏爱价格便宜的基金是因为他们对高净值的基金存在“太贵买不起”、“未来涨不动甚至很可能跌下来被套”、“不如1元基金划算”等错误理念。”

基金的增长取决于其投资组合的增长潜力，同样的投资组合，未来的回报率是一样的。因此，净值的高低并不能成为选择基金的一个标准，而基金累计净值增长率可以作为印证基金管理人的投资实力和选股能力的一个简单而直观的指标。

例如：投资人A花3万元买了3元基金1万份额，投资人B花3万元买了1元基金3万份额，如果这两只基金投资组合一样，在同期内都为投资者带来30%的收益，经计算后得知，A与B所获得的投资本利总额都为3.9万元。

金融家点评：

基金的现有净值只是基金历史业绩的一种反映，并不代表基金的未来业绩。当挑选一只基金产品时，购买的只是基金的即期净值，而基金的远期净值变化是难以预测的，存在走高、走平或走低的可能性。

681. 怎样查看基金评级？

对基金的评级是投资者可以参考的重要指标，网站、报刊等各种媒体每年、每半年、每季度、每月甚至每周都有基金排名表，并对大部分基金进行了星级评定。在参看评级的时候要注意，星号较多的基金并不一定就是低风险基金，有可能是高报酬的同时也是高风险的基金。因此建议投资人，除了观察星号多寡之外，也要注意该基金的波动风险是否过大，是否适合自己承受风险的能力。

基金评级是以过去绩效作基础。基金评鉴机构的评级，由于采用的数据是基金过去的表现，因此只能反映基金过去的绩效，并不是未来获利的保证。

基金星号是针对同类型基金的比较，不同类型的基金不能单纯用星号来比较孰优孰劣。比方说，一只三颗星的债券基金就不一定比一只四颗星的某地区基金差。

金融家点评：

决定基金报酬率最大的成分还是在于市场行情。基金选股的差异虽然会造成不同的绩效表现，但大盘涨跌毕竟还是基金成败的主要因素。评级由于是同类型的基金在比较，如果遇到该类型基金投资的市场状况不佳，即使选五颗星的基金也只是在同类型中“亏得比较少”的基金。

682. 为什么选基金不能完全看星级？

基金评级是一项非常严肃的工作。一个好的基金评级系统，应该做到评级结果公正、评级方法科学。在国外，最受投资者认同的基金评级公司通常是第三方机构，专业从事基金评级业务，与被评级的基金或基金公司之间不存在关联。如果评级机构与被评级的基金公司之间存在利益上的联系，则容易受到利益的影响而有意识地操弄评级结果。量化指标讲究的是用数字说话，数字本身是单纯的、是客观的，然而选择哪些数字、使用多少数字却是主观的，取决于运用这些数字的人。

适合自己的才是好基金，只有符合投资者需求的基金才是好基金，对于一个偏好低风险产品的投资者来说，一个高风险的基金无论其收益率多高、评级机构给予多少颗星，都未必是一个好的投资选择。

投资者应该注意的是，正确的投资方法比好的评级体系更可信赖。研究数据显示，如果分别采用下面这三种投资方法：固定投资在前一年业绩表现最好的基金、固定投资在前一年业绩表现最差的基金和分散投资于不同类型的基金，从长期的结果来看分散投资的策略是最成功的。因此，投资者在投资基金时，挑选出市场形象好的基金公司，然后在这些基金公司旗下的基金中，参考基金评级的结果，挑选出几个风格各异但适合自己需求的基金产品，最后合理地将资金分配在这几个基金上长期持有。

金融家点评：

目前市场上有很多基金评级，这些基金评级系统对基金的历史业绩、风险等进行了大量的数据分析和比对，有助于投资者们对基金进行选择和投资。但如果简单地认为，排名越高的基金就越值得投资，是不完全正确的。

683. 怎样根据“星级”选基金？

基金评级，其实只是一个相对评级，只有一年以上历史的基金才能参与这个评级。整个评级过程是在考虑了基金的收益和风险，并将两者结合起来以后打分产生的，各项考核指标综合排名靠前的其星级最高，以后依此类推。评级机构会根据基金表现情况对各类型基金进行评估，并对每只基金进行星级评定，然后在相关媒体进行公布。

为了帮助投资者选择基金，一些比较权威的机构对基金进行评级，这些机构有的是基金市场的投资研究机构，有的是国际基金评级的权威机构。目前国内比较权威的“评级”就是美国晨星评级，整个评级过程是在考虑了收益和风险，并将两者结合起来以后打分产生的，各项考核指标综合最靠前的10%的基金将被评价为“五星”。

其实，评级的过程也是一个比较的过程，同是五星级基金，还是有差异的。评级时还有一个评判风险的指标，就是波动率指标，该数值越低的基金，说明波动越小，业绩越稳定。如果在评选为五星级基金的基金中，某基金的波动率最低，就说明选择这只基金的投资者所需要承担的风险比较小。例如排在前面的8只“五星级”中，A基金的波动率最低。除美国晨星评级以外，中国银河证券基金研究中心也将其评定为五星级基金，成为罕见的“双五星”基金。投资者可据此选该基金。

金融家点评：

不少从没买过基金的投资者，在面对市场上种类繁多的基金产品时常常不知道如何下手，专家表示，看基金产品的“星级”评价不失为一种简便的入门方法。

684. 怎样认识不同类型基金的投资风险？

任何基金产品都是具有一定风险的，只是风险程度的大小不同而已。怎样认识和了解不同类型基金的投资风险，这是摆在每位投资者面前的一个最基本、也是最重要的问题。

（1）保本型基金。这种类型的基金被认为是在避险期内没有风险的投资，但这只是认识上的一种错觉。尽管保本型基金设计了一定的保本机制，但管理和运作基金还需发挥基金管理人的能力。

(2)货币市场基金。体现更多的是其流动性风险。对于货币市场基金来讲,其投资资产品种的独有个性决定了其收益的相对有限性,表现在收益上也不是很明显。而作为一种投资工具,其流动性具有更为明显的优势,投资者在进行投资的过程中,需要加以分析。

(3)股票型基金。风险具有不断转化性。不是说投资者购买了股票型基金,就一定会产生投资中的风险。这种风险是一种动态的、可变的,也是容易转化的风险。投资者只要坚定基金的投资信心,做好长期投资的打算,就可以通过持有时间的延长而规避这种净值波动的风险。

(4)指数型基金。风险主要体现在宏观经济形势方面。可以说,作为国民经济的晴雨表,证券市场与国民经济的发展息息相关。投资者投资指数型基金,即投资于证券市场上的一篮子股票。只要国民经济保持持续的增长,证券市场的长期牛市格局不变,持有指数型基金无疑是一种明智的选择。

此外,选择分红方式不当也会造成风险。牛市行情中选择红利再投资,将会有利于资产的增值,而在震荡市行情中选择现金分红,则可以有利回避基金净值下跌而产生的风险,同时,还能为投资者提供低成本购买基金的机会。因此,在基金投资过程中,投资者根据市场的变化灵活地调整分红方式是非常必要的。

金融家点评:

因为基金的风险和收益总是相伴而生的,投资者在基金投资过程中,除了需要了解系统性风险对基金投资产生的影响之外,还需要对基金固有的投资个性进行分析和研究,才能更好地把握基金投资中潜在的风险因素,从而推动基金投资收益水平的提高。

685. 投资 QDII 基金需防范哪些风险?

现阶段,投资者购买 QDII 基金需注意防范三大风险:

(1)汇率利率风险。2007 年初以来,人民币对美元不断升值,据多数宏观分析家预计,人民币的升值幅度仍会攀升。同时,考虑到中国仍在不断加息,如果按 3%的基准利率计算,那么 QDII 基金的年收益率至少要超过 8%投资者才有利可图,如在一年赎回,计算基金的各项费用,则 QDII 基金的年收益至少要在 14%以上。

(2) 市场风险。目前对银行系 QDII 投资海外股票的比例限制上限为 50%,对基金券商 QDII 投资股票的上限比例还未做限制,未来的发展趋势是会不断加大,这意味着风险也将加大。

(3)流动性风险。包括 QDII 基金资产可能不能迅速转变成现金,或变现成本很高等。由于 QDII 基金涉及跨境交易,投资者从申请赎回到赎回款项到账通常要 20 个工作日左右。

金融家点评:

国家有关部门对 QDII 业务全面放行后,投资者可以通过购买基金、券商或银行的集合理财产品曲线投资海外股市。但是,如果投资 QDII 基金仍面临汇率利率风险、市场操作风险和流动性风险。投资需引起注意,谨慎操作。

686. 如何把握基金配置的比例?

在坚持长期投资的前提下，把不同类型的基金搭配在一起进行投资可以在一定程度上防范风险。配置好自己所投资的基金，要将收益、风险、成本、时间等因素综合在一起来考虑，在坚持长期投资的前提下，应该选择基金组合，即把不同类型的基金搭配在一起进行投资，目的是在防范风险的基础上，追求适当的收益率，这也是投资基金的本质。配置比例可有不同的选择，例如一种可以保持策略性比率固定，选择同类但不同公司的基金产品进行配置，也可以根据收益变化改变配置比率。不同的投资策略可以配置不同的比例：

(1)积极型组合投资策略。其中股票型基金 50%、偏股型基金 15%、指数型基金 15%、平衡型 10%、货币型 10%。

(2)稳健型组合投资策略。其中股票型基金 50%、偏股型基金 10%、指数型基金 10%、平衡型 20%、货币型 10%。

(3)保守型组合投资策略。股票型基金 30%、偏股型基金 10%、指数型基金 10%、平衡型 20%、货币型 30%。

金融家点评：

其实，基金投资没有一种适合所有人的投资方案，之所以按比例进行基金组合配置，意在告诉投资者一种配置的方法，具体的投资比例及品种还要取决于投资者自己。

687. 如何掌握基金比较的正确方法?

"为什么大盘指数在飞涨，我的基金净值却原地踏步呢？"

"为什么这基金像坐云梯似的，每天净值以近 1%的速度增长呢？"

这是两个投资者小 A 和小 B 的对话。虽然小 A 和小 B 同样买的是股票型基金，但两者风格截然不同。中小板 ETF 属于指数基金，追踪的是中小板股票，当时这一板块的股票相对比较沉寂，所以中小板 ETF 想要表现好都不可能。

小 B 买的股票基金并不受特定板块和指数的限制，实际上这只新基金正好建仓时赶上大盘蓝筹股很便宜，所以买了一大批，结果在下半年的行情中沾了光。

一般来说，不同类型的基金不好硬比。最简单的情况是，至少股票型基金、平衡型基金、债券型基金和货币市场基金之间不能简单横向比较，否则牛市中，你永远都会为债券基金和货币基金表现迟钝而火气冲天。

即便都是同类基金也不好作比较，因为基金投资目标和范围的限定不同，很大程度会决定基金在一段时间的表现。就像小 A 的中小板 ETF。

关于行业性基金的比较，有些基金的投资范围限定在某些行业中，这对于投资者的意义在于，当你看好某个行业，但是没有时间和精力去仔细研究这个行业内的具体公司时，那就可以直接购买行业基金。因为不能的行业更难进行比较，不过严格来讲，股市的行业基金还是给它所投资的"行业"划了一个不算很小的圈子。不像美国，行业基金分得非常细，有稀有金属基金、日用消费品基金，等等。

金融家点评：

这里涉及到不同类型基金之间的比较问题，只有用正确的比较方法，才能得出正确对待结论。

688. 如何控制基金投资成本？

基金购买者要对投资成本的发展趋向等情况有所了解。低成本的基金能为投资者带来什么，能不能带来未来基金净值的快速增长，是需要投资者注意和重视的。因为投资者只有选择了未来净值增长较快的基金产品，其成本的付出才具有真正的价值和意义。否则，即便投资者购买了较多的基金份额，也可能会导致投资亏损。基金投资者过程中控制成本要注意以下两点：

一是了解不同种类基金的成本差异。不同的基金产品，投资者所付出的成本是不同的。购买货币市场基金的成本是固定的，因为基金的购买价格均为 1.00 元。而股票型基金和债券型基金的净值处于不断的变动之中(除新发基金外)，其净值也表现出很大的不同。

基金的投资成本主要是指(认)申购、赎回成本。不同的基金产品有不同的标准，投资者应当充分考虑到这些标准对一只基金成长所起的作用。股票型基金的成本相比指数型基金要高一些，主要原因是股票型基金的主动性投资和指数型基金的被动投资策略不同。基金管理人为了谋取更多的投资回报，均会在投入资源等方面比指数型基金付出更多，从而增大了相应的成本。而指数型基金主要是被动跟踪指数，从而使管理费率比股票型基金小得多。

由于基金管理和运作的时间不同，基金管理人在管理和运作基金的能力上存在差异，导致基金的净值不同。投资者购买不同的基金产品，或在某个阶段购买基金产品，就会产生很大的成本差异，这就需要投资者结合自身的理财需求，做好成本分析，制定出最佳方案。

二是准确进行成本分析和研究。这是一项综合性的工作。因为决定基金成本的因素很多，有显性成本，也有隐性成本，更有投资过程中市场环境变化引起的成本变化。因此，为了更好地检验一家基金管理公司管理和运作基金的能力，投资者定期对投资基金进行成本分析是非常必要的。只有将影响基金成本的因素扣除之后，才能显现出基金管理人选择和组合基金资产的能力。

有了对基金成本的认识，并了解了各种基金产品的成本特点后，投资者还需要编制相应的成本计划，以便对基金的投资做出安排。如购买增值潜力较强的股票型基金，就应当在资金的使用上分配更多的额度，才能保障基金投资目标的实现。特别是对于资金有限的投资者来讲，面对增值能力较强的高净值基金，可以利用市场震荡的良好时机进行投资，从而起到降低购买成本的作用。

金融家点评：

投资者在基金投资过程中，仅仅认识到基金的投资成本是远远不够的，更重要的是需要对成本有一个全面的分析研究和计划控制，通过制定一系列的措施使成本控制落到实处。

689. 怎样根据时间周期评价基金?

评价一只基金是好是坏,投资者当然要关注基金过去的表现,但是如果考察业绩的时间短到只有半年或者几个月,这样的评价就会失去公允。根据排行榜上最近一年或最近半年表现最好的基金来投资,这是有失偏颇的,因为这些基金的管理人,通常将大部分资金冒险投资于一种行业或一种热门类型的公司,并且取得了成功。而在下一年度,若这个基金管理人不是那么幸运,则可能会排到排行榜的最后。

这实际上告诉我们一个不争的事实,即基金业中的短跑冠军未必是长跑冠军。尤其是那些只能做短跑冠军者,长期下来的表现却排在后面,这就说明其净值的上下起伏非常大,对于这样的"冠军",投资者还是谨慎为好。

金融家点评:

评价一只基金,关键还是要看它业绩表现的稳定性和持续性,建议大家把评价一只基金表现的时间周期尽可能拉长到 3 年以上。

690. 怎样考察基金的隐性风险?

考察一只基金,不能光看收益,还必须将基金的回报率与风险程度进行综合考察。对于那些在震荡行情中天天都有钱赚的基金,很可能基金管理人喜欢进出交易,你在享受净值上涨时也要认识到它的风险。

有些风险是看得到的,比如市场的系统性风险、基金经理过往运作水平参差不齐等。但有些风险,比如基金偏离了合同规定的投资范围、ST 股票或者 *ST 股票有时也会进入基金经理的重仓中、净值波动很大,显示基金管理人喜欢追逐热点,这些我们难以把握的风险最好是远离。

投资者在进行基金产品投资过程中,除了关注容易看到的显性风险之外,还应当充分评估隐性风险,并采取相应的投资策略,从而避免因选择时机不当或选择对象错误而造成风险。

金融家点评:

彼得?林奇关于基金投资有句话值得记住:看得见的风险要提防,看不见的风险更要提防。

691. 怎样选择优秀的基金经理?

从一定程度上讲,投资者购买一只基金产品,首先要看运作这只基金的基金经理是不是一位优秀的基金经理。正是诸多不利因素,而使投资者在选择基金和评价基金经理时面临一定的困惑。优秀的基金经理应有以下几个方面的特点。

(1)淡化个性的基金经理。基金的个性化运作规律应是基金产品的运作规律,是资产配置组合的运作规律,而不是以基金经理的个人投资风格来决定的,更不是个人投资策略的简单复制。一只基金运作的好坏,应是基金经理背后团队的力量。作为基金经理应是指挥和引导基金团队运作的带头人。因此，崇拜基金经理个人应当转变为依赖基金运作的团队。因此，过分的宣扬基金经理的个人人格魅力也是不足取的。

(2)多面手的基金经理。通过对基金经理的履历可以发现，研究型的基金经理较多。基金研究在基金产品的运作中起着十分重要的作用。但实践证明，具有丰富实战投资经验的基金经理，在基金运作中的胜算系数更大。投资离不开研究，但研究的根本目的是为了更好地运用于投资。因此，一个良好的基金经理，应当是一个包括研究和投资、营销在内的多面手，基金业也应当着重培养这样的多面手。

(3)业绩稳定的基金经理。一只基金能不能保持基金净值的持续增长和基金份额的稳定，对提升投资者信心是具有积极意义的，也是衡量一只基金运作好坏的重要判断标准。

金融家点评：

投资者购买基金，关注基金经理是必不可少的。一位好的基金经理，将给基金带来良好的经营业绩，为投资者带来更多的分红回报。

692. 为什么说基金经理不易频繁更换？

一般来说，仅凭短期的基金运作状况是很难发现基金经理的潜在优势的。证券市场发展有一定的阶段性，股价变化也有一定的周期性，宏观经济更有一定的运行规律。不考虑这些周期性因素和阶段性变化对基金资产配置品种的影响，基金的运作业绩很难通过周期性的变化体现出来。因此，基金经理的更替也应当在遵循资产配置规律的前提下进行。基金要有好的业绩，必须达到一个良好的资产配置，如果还没有享受到资产配置带来的收益，基金经理就换人了，而进行持仓品种的调整，从而频繁打破原有的资产配置组合。长此以往，基金的运作业绩可想而知。因此基金经理更换不应以年份的长短来衡量，而更应当以资产配置的周期性长短来衡量。

另外，基金经理的频繁变动，基金持仓品种的频繁调整，也将会影响到基金净值的稳定性。基金重仓持有一只股票，动不动运用资金几千万元、上亿元甚至十几亿元，这对于市场承载能力较弱，且流通盘较小的股票影响是巨大的。因此，基金净值出现异常波动就不为怪了。

金融家点评：

只有稳定才能发展，基金经理应保持相对的稳定性。

693. 怎样认识货币市场基金的特点？

根据《货币市场基金管理暂行规定》的规定，我国货币基金的投资范围包括：现金；1年以内的银行定期存款、大额存单；剩余期限在 397 天以内的债券；期限在 1 年以内的债券回购；期限在 1 年以内的中央银行票据；中国证监会和中国人民银行认可的其他具有良好流动性的货币市场工具。货币市场基金与传统的基金比较具有以下特点：

(1)资产净值固定不变。货币市场基金的资产净值是固定不变的，通常是每个基金单位 1 元。投资该基金后，投资者可利用收益再投资，投资收益就不断累积，增加投资者所拥有的基金份额。

(2)更看重收益率。衡量货币市场基金表现好坏的标准是收益率，这与其他基金以净资产价值增值获利不同。

(3)安全性高。这些特点主要源于货币市场是一个低风险、流动性高的市场。同时,投资者可以不受到日期限制,随时可根据需要转让基金单位。

(4)风险低。货币市场工具的到期日通常很短,货币市场基金投资组合的平均期限一般为4~6个月,因此风险较低,其价格通常只受市场利率的影响。

(5)投资成本低。货币市场基金通常不收取赎回费用,并且其管理费用也较低,货币市场基金的年管理费用大约为基金资产净值的0.25%~1%,比传统的基金年管理费率1%~2.5%低。

(6)开放性好。货币市场基金均为开放式基金。货币市场基金通常被视为无风险或低风险投资工具,适合资本短期投资生息,特别是在利率高、通货膨胀率高、证券流动性下降,可信度降低时,可使本金免遭损失。

金融家点评:

上述特点说明,拥有一定金额的短期闲置资金,并希望有稳定增值机会的投资者,均适合投资货币市场基金。具体来说,追求本金安全、高流动性并希望获取稳定收益的投资者,最适宜将货币市场基金作为现金管理的工具。

694. 购买货币市场基金有何技巧?

货币市场基金的特点是收益比定期储蓄高,又和活期存款一样存取方便。购买时有如下技巧:

(1)坚持货比货。各银行都在打为客户理财的牌子,但实际上很多都是为了推销产品和完成存款任务,为达到这两个目的,有的银行员工会隐瞒一些基金产品的实际情况甚至有意误导客户。这就要求广大投资者掌握一些开放式基金的投资常识。货币市场基金属于开放式基金的一种,投资者可以关注银行、基金公司在各大报刊上发布的销售公告和消息,或采用登录银行网站、拨打服务电话等形式进行了解。

(2)喜新不厌旧。货币市场基金和其他开放式基金一样,投资者可以在发行时认购,也可以在开放之后进行申购,货币市场基金没有基金净值,只有“7日年收益率”,并且申购费率和认购费率无差别,购买和赎回也不收手续费,在价格和手续费上,新基金和老基金是一样的。不过,购买新基金有一个认购期,收益是按活期存款计算的,这样就不如买老基金合算了;另外,新基金没有经过市场检验,收益情况还是个未知数,从这个角度来说,还是买业绩好的老货币市场基金更令人放心。

(3)宜短不宜长。货币市场基金主要是投资央行票据、记账式国债、金融债、协议存款等稳健型金融产品,这就决定了它不可能像股票型基金那样会有“暴利”。货币市场基金投资者主要应该是看中它的流动性,而不是它的收益,但有的投资者却只看中收益,忽略了流动性优势,把货币市场基金当成了长期的理财工具。当前,人民币理财等高收益理财产品越来越多,这些产品可以说比货币市场基金更稳妥,收益也更高。所以,有长期投资意向的投资者,不应只认货币市场基金一条路,在保持稳健的前提下,应积极选择收益更高的理财方式。

金融家点评：

由于各货币市场基金由不同的银行发售，各家银行肯定都说自己发售的基金好，投资者要掌握各基金的大体收益情况，慎重选择，精心鉴别。

695. 选择货币基金怎样把握机会？

现金管理是投资理财的重要一环，现金管理的首要目标是要确保安全性、流动性，以便满足不时之需，并时刻准备把握更好的投资机会。其次才是收益性，即提高现金利用率，减少现金闲置浪费。货币市场基金是目前最好的现金管理工具，具有收益稳定、买卖免费、天天有息、分红免税等特点，可完全满足现金管理的要求

安全性是所有货币市场基金的基本特点，流动性则大有文章。流动性有两方面的含义，一是能否迅速转换为现金；二是在市场机会来临时，能否快速地转换为所需要的投资品种。如果投资者已经购买了A货币市场基金，现在预计市场即将有大行情，为了抓住这次市场机会，立即赎回A货币市场基金，等资金到账之后，再去申购B股票型基金；预计市场要调整时再反向操作，赎回B股票型基金，等资金到账后，再申购A货币市场基金。在此过程中，来回申购赎回要耗费好几个工作日，延误投资时机，而且手续十分繁琐，在申购、赎回股票型基金时还要支付高额的申购赎回费。但如果A货币市场基金和B股票型基金刚好是同一家基金管理公司旗下的基金，情形就大不一样了，当投资者看好市场时，只需方便地将A货币市场基金转换为B股票型基金，马上就可享受市场上涨的收益；当不看好市场时，再将B股票型基金转换为A货币市场基金可规避市场风险。

金融家点评：

不少投资者已经接受了这样一个观点：选股票型基金就是选基金公司。其实，将这个观点扩展一下，对货币市场基金也同样适用。选货币市场基金就是选优秀的基金管理公司。

696. 怎样比较债券基金与货币基金的优劣？

从投资期限看，债券基金风险和收益必然超过货币基金。也有个别货币基金表现较好，收益率甚至超过中短债基金，但这与其持有券种有关。

在两者资产估价中，都有一个修正条款，即基金要在每个交易日采用市场利率、市场报价和交易市价，对基金持有的估值对象进行重新评估，当重新评估的基金资产净值与“摊余成本法”计算的基金资产净值产生重大偏离时，就需进行相关调整，以使基金资产净值更能公允地反映基金资产价值。当这种偏离发生时，两者的风险度就不一样了。债券基金比货币基金对市场利率的短期变化更敏感，也就是短期波动会更加明显。

从收益指标来看，货币基金表示为“7日年化收益率”，更适合以7天为运用周期的资金。而债券基金多为中短期的资金，其运用周期在一个季度以上。

投资债券基金时，两个基本要素是利率敏感程度与信用情况。债券价格的涨跌与利率的升降成反向关系，利率上升时，债券价格下滑。债券价格变化从而债券基金的资产净值对于利率变动的敏感程度用久期作为指标来衡量，久期越长，债券基金的资产净值对利息的变动越

敏感。债券基金的信用素质取决于其所投资债券的信用等级。

金融家点评：

债券基金与货币既有相似之处，也有一定差别，主要体现在收益率和风险度上。

697. 怎样充分了解债券基金信息？

市场上的债券基金很多，债券基金和货币基金一样，都免申购、赎回费，基金赎回款 T+1 或 T+2 日就可到账。债券基金投资债券的期限一般控制在 3 年期以内，大大超过货币基金的组合投资期限，又被称为"货币基金的加强版"。

投资者可以通过以下几个方面有所了解债券基金信息：基金招募说明书中对所投资债券信用等级的限制；基金投资组合报告中对持有债券信用等级的描述。同时，投资者还需要了解其所投资的可转债以及股票的比例。例如，基金持有比较多的可转债，可以提高收益能力，尤其是集中持有大量转债的基金，其回报率受股市和可转债市场的影响可能远大于债市，但也放大了投资风险。

金融家点评：

如果资金打算放一个季度以上，不妨投资中短债基金，享受高一点的收益；但如果期间会有急用，不如买货币基金，免得赎回中短债基金时正好在其净值波谷。

698. 购买基金时怎样养成保持稳定的习惯？

基金投资中频繁操作，是一种不好的习惯。因为，基金的交易费用，来回就是 2%。你若做不到最低点买入，也做不到最高点卖出，2%的认（申）赎费用就足以摊薄掉你近一年的定期存款，并最终影响到你收益目标的实现。另外，不断调整自身的基金投资组合，也是造成基金投资稳定性的主要原因。

追求稳定的管理运作，这似乎是基金管理人的事情，与一般的投资者关系不大，其实不然。一般投资者要同样追求稳定的股票市场。因为在牛市行情下，基金持有的股票品种上涨的机会和概率就大；而震荡行情和熊市行情，随着股票风险的增大，基金的净值也会受到影响，即使基金管理人有较强的管理和运作基金的能力，在取得市场平均水平的收益上难度也很大，这就是基金的系统性风险。因此，"稳定压倒一切"在股票市场也是硬道理。

买一只净值能稳定增长的基金，是每位投资者的愿望。但并非每位投资者都能意识到影响基金稳定性的因素。在投资过程中，顾此失彼的情况常有发生。因此，影响基金稳定性的因素不容忽视，尤其是个人的习惯性因素，更应注意。

金融家点评：

习惯影响投资，习惯决定命运。

GUPIAOJIJINTOUZIRUMEN

股票基金投资入门